KB253685

宋兆麟

生育神과 性巫術

洪熹 譯

東文選

한국어판 서문

졸작《생육신生育神과 성무술性巫術》이 한국어로 출판된다니 진심으로 기쁘다.

어느 민족의 문화이건 모두 입체적이어서 상층문화·하층문화, 혹은 민속문화로 구성되어 있다. 민속문화는 가장 오래 된 문화이며 민족문화의 모체이고 젖줄이며 토양으로, 그것은 또 상층문화에 끊임없이 영향을 준다. 그러나 오랫동안 상층문화는 지나치게 중시하면서도 하층문화에 대해서는 인식이 부족했다. 더욱이 사회의 거대한 변화는 민속문화에 큰 충격을 주어, 1,20년도 지나지 않아 현재는 흔히 볼 수 있는 민속문화가 역사의 구름 속으로 사라질 것이다. 본서는 민속문화를 연구한 하나의 성과로서, 이러한 문화의 중요성을 설명하고, 사람들에게 시급히 구해 내야 한다는 사실을 환기시키고, 민속문화 보호의 열정을 촉구하여, 민속문화가 당연히 발해야만 하는 광채를 갖도록 하는 데에 주안을 두었다.

인류 사회의 발전은 기본적으로 두 개의 큰 줄기가 있다. 하나는 물질적 생산으로 산식産食문화라고 하고, 다른 하나는 사람의 생산으로 생식문화라고 한다. 양자는 상호의존적이며 상호보완적이다. 당연히 일정한 역사 시기 혹은 일정한 지역에서는 어떤 생산 상황이 있기도 하지만, 긴 역사의 물줄기에서는 역시 물질 생산이 중요하다. 왜냐하면 물질 생산은 인류가 존재하는 물질적 기초이고, 이것이 없으면 사람도 없고 이것이 없으면 사람이 번성할 수도 없기 때문이다. 물질 생산 수준은 또 인류의 결혼 형식을 결정지어, 혈연혼·씨족 집단혼·대우혼對偶婚은 원시사회의 생산 수준과 상호 부응하는 것이다. 생산력의 발전과 사유재산제가 나타난 이후에야 비로소 남성 중심의 일부일처제가 나타났고, 여성이 진정 사회적으로 남성과 동등한 지위를 확보한 후에야 비로소 남녀가 평등한 가정이 있게 되었다. 따라서 단편적으로 생육문화의 역사상의 역할을 과장하는 것은 근거가 없는 것이다.

생육문화는 두 방면을 포괄한다. 한방면은 현실 생활 중의 이성 관계 및 그 생육 방식, 이를테면 연애·결혼·가정·임신과 생육·교육 등이고, 다른 한방면은 생육에 대한 각종 신앙, 이를테면 생육신화·생육신·성기신앙·인생 예속禮俗·자식 기원 무술 등, 간략히 말해서 생육신앙 혹은 생식 미신인데, 이것은 생육문화의 중요한 구성성분이다. 인류의 인식사를 개관해 보면, 대체로 상고시대의 환상, 고대의 경험론과 근대의 과학관, 이 세 단계를 거쳤다. 본래 생육은 인류 특유의 본능이지만, 오랫동안 모두 신비화되어 미신으로 역사를 설명해 왔다. 고대의 생육 미신은 바로 환상·미신 혹은 경험으로 해석되는 것이다.

생육관으로 말한다면, 최초에는 자연이 사람을 낳았고, 좀더 발전해서는 여성이 신령에 감응하여 사람을 낳았으며, 최후에는 남녀 양성이 교합하여 사람을 낳았다고 보았다. 연대가 오래 될수록 생육관은 황당하고 그릇되었지만, 시간의 추이에 따라 인류의 생육관은 점차 과학에 접근했다. 당연히, 당시에 미신으로 역사를 설명한 것이 역사가 모두 미신이라는 것과는 결코 같지 않으며, 그 중에도 많은 역사 지식과 과학적 상식이 포함되어 있다고 지적할 수 있다. 이에 대해서는 반드시 진지하게 총결짓고 연구해야만 할 것이다.

필자는 현장에 나가 직접 조사하여 가능한 한 제1차 자료를 수집한 연후에, 그것을 역사 문헌·고고학적 발견과 결합시키고 많은 학문 분야와 비교 연구하여, 중국의 생육문화의 발전 맥락 및 그 역사적 위상에 대해 초보적이나마 탐색하는 연구 방법을 취했다.

한국과 중국은 유구한 역사적 관계가 있고 생육문화상의 반영 또한 그렇기 때문에, 적지 않은 공통성도 있고 또 많은 차이도 있다. 따라서 본서가 한국에서 간행되어 한국 학자들의 관심을 불러일으키기를 기대하고, 또한 비판과 지적도 바란다.

한국 학자 홍희洪熹 교수는 평소부터 중국 역사와 문화에 관해 깊이 연구해 왔으며, 중국에서는 나에게 민족학과 고고학을 배우면서 함께 민족 지구를 조사하였다. 그러면서 본서의 번역과 출판에 많은 애를 썼다. 이에 대해 깊이 감사드린다.

1998년 6월 北京에서　宋兆麟

전언前言

　　현재 중국 학술계는 바야흐로 전에 없던 열정으로 모든 주의력을 문화사의 연구에 돌려 중국 문화의 뿌리를 찾고 있다. 그 중에서도 중국 전통문화의 발전법칙을 파악하여 경험과 교훈을 흡수하고 있다. 이것은 의심할 바 없이 좋은 현상이며, 또 사회과학 종사자들의 전가할 수 없는 책임이기도 하다. 생육신앙이나 성문화 연구도 그 중에서 두드러진 인기 분야이다. 그런데 이 문제에는 두 가지의 그릇된 경향이 있다. 하나는 홍수나 맹수처럼 엄청난 기세로 생육신앙과 성문화만을 거론하여 성스런 과학의 전당을 더럽힌다는 것이고, 다른 하나는 아무런 관계가 없는 문화 현상을 모두 성기와 관련시켜 〈성〉을 고대문화의 핵심이라고 하면서, 〈유성론唯性論〉·〈범성론泛性論〉에 빠뜨리는 것이다.

　　중국의 생육신앙과 연관된 연구 영역은 미개척의 처녀지로, 그 중의 많은 진귀한 문화 사료는 아직 진지한 연구를 기다리고 있다. 이른바 생육신앙이란, 생육과 번식과 성기와 성행위에 대한 고대인들의 신앙 및 그 의식으로, 생육신·성기 그리고 성무술 및 그것의 문화상의 반영을 포함한다. 따라서 생육신앙 연구의 확대는 중요한 의의가 있다.

　　우선 성생활은 인류의 기본적인 생활 요구이다. 만일 일반 동물의 성욕이 본능적 충동이라고 한다면, 사람은 본능이라는 측면 이외에 감정 혹은 애정적 요소를 지니고 있어, 『양성 사이의 감정을 통하여 인류 생활의 내용을 풍부하고 아름답게 할 수 있는데, 이것은 사람과 사람 사이의 관계를 승화시켜 예술적으로 향수케 하며, 동시에 인류 사회가 더욱 높은 단계로 발전하도록 하는 원동력이 된다.』(靄理士,《性心理學·後記》, 三聯書店, 1988年, 556쪽) 사실상 11억 중국인 중 이미 결혼한 인구가 8억에 달하여 4억 쌍의 부부에 해당된다. 그들의 성생활과 성도덕은 중요한 문제로, 부부 관계가 원만하고 성생활이 조화로우면 개인의 생활과 가정의 행복과 자녀 교육 내지는 사회 전체의 안정에 긍정적인 작용을 하게 되지만, 그렇지 않으면 여러 부정적인 영향을 끼칠 수 있다.

다음으로, 생육신앙과 성문화는 인류 자신의 번식과 관계 있다. 인류의 생육은 그 자신의 생존을 유지하는 기반 중의 하나이다. 비효통은 이렇게 지적했다.『생식작용은 사회를 지속하는 생물적 기초이다. 인류는 남녀가 나뉘어진 동물로, 생식작용은 반드시 남녀의 양성 관계를 통해야만 한다. 따라서 양성 관계는 사회가 생존할 수 있는 크나큰 일이다』(앞의 책, 554쪽) 사회 생산력이 저하될수록 인류는 인력 수요의 보급이 절박해지므로 번식을 가속시켜 생산력의 저하를 보충한다. 중국은 예로부터『불효에는 세 가지가 있는데, 자식이 없는 것이 큰 것이다 不孝有三 無後爲大』『인륜에는 다섯 가지가 있는데, 부부가 첫째 人倫有五 夫婦爲先』라고 강조해 왔다. 그 근원은 낙후된 개별적 농업 경제에 있는데, 농가마다 모두 많은 노동력을 필요로 하고, 농업 경제는 또 많은 인구수를 갖고 있었다. 이것이 중국의 인구가 끊임없이 팽창해 온 역사적인 요인이며, 지금까지도 작용하고 있는 사회적 요인이라고 말하지 않을 수 없다. 따라서 생육신앙과 성문화의 연구는, 중국의 인구가 발전해 온 근원을 이해하는 데에 도움이 되며, 출생 계획을 선전하는 데에 상당한 도움이 된다.

셋째, 생육신앙과 성문화 연구는 현대적 결혼의 변화와 밀접한 관계가 있다.

현재 서양 국가들의 결혼 상황은 중대한 변혁에 직면하고 있는데, 그 주요 원인은 생산력이 고도로 발전하면서, 여성들이 보편적으로 사회에 참여하여 인구 출생률이 저하되고 가사노동이 급격하게 감소하고 있기 때문이다.『전통적 결혼 규범은 이미 효력을 상실했다. 여성들이 경제적으로 독립하고 가정이 핵가족화하며 출생률이 저하되고 있는데, 이것은 성생활에서의 그들의 역할과 성생활이 그들에게 미치는 영향 모두에 변화를 일으키도록 한 것이다. 바로 이러한 현상들이 성행위의 신기원을 열었음이 분명하다고 할 수 있다』『서양 사회는 이미 〈계속되는 다배우자제도〉가 일부일처제를 대신했다. 다시 말해서 한 사람이 일생 동안 계속해서 여러 사람과 부부 관계를 맺을 수 있다.』(安德列耶夫娜,〈性婚姻和家庭—西方的觀念〉,《國外社會科學》1981年 9期) 그리하여 많은 사회 문제가 발생했다. 예를 들면 성이 범람하고 에이즈가 유행하고 이혼율이 상승하고 자녀 교육이 위기를 맞게 되었으며, 이러한 것들이 이미 사회 각계의 주목을 받고 있다. 중국은 나름의 국가적 상황과 경제적 기초와 결혼 관습과 문화 관념이 있다. 우리는 외국의 유익한 결혼 관습을 받아들일 수도 있지만, 또 나름의 전통을 고려하고 민족의 합리적인 가정 결혼 관념을 발양하여 사회발전의 수요에 적응해야만 한다. 이를 위해서는 반드시 생육제도와 관련 신앙의 발전사, 그리고 사람들의 성관념의 변화 법칙을 연구해야만 한다. 이것은 의심할 바 없이 당면한 결혼 가정 연구에 유익한 것이다.

그 밖에 생육신앙과 성무술은 신비한 고대문화를 이해하는 데에 중요한 도움이 된다.

인류는 생존하기 위해서, 물질적 생활 자료의 생산—채집·어로와 수렵·농업과 목축에 종사하여 먹고 입는 근본 문제를 해결해야 하며, 또 인류 자신을 번식시켜야만 한다. 이것은 인류 사회가 존재하고 발전하는 양대 지주이다. 당시 사람들의 이 두 가지 생산에 대한 태도는 인류 자신의 유한한 노력 이외에 또 신령과 무술 등의 수단을 통하여 도움을 빌었다. 장구한 세월 동안, 인류는 생육 기능면에 자신의 과학적 지식이 매우 적음을 알고, 점차 생육신앙 혹은 성숭배를 형성해 왔다. 옛날 사람들은 바로 자신의 노력과 신령의 도움에 의지해야만 끊임없이 번식해 갈 수 있다고 믿었다. 성무술 혹은 번식 무술의 의의는 넓은 의미의 것이다. 한편으로 인류의 번식에 쓰이고 다른 한편으로는 동식물의 번식에 이용되어, 풍성한 어로와 수렵·농업·목축과 양잠을 촉진시키고자 했고, 심지어는 비를 내리도록 하는 데에도 번식 무술을 이용했다. 반대로 또 동식물의 번식을 통하여 인류의 번식을 촉진했기 때문 번식 무술은 이중적인 것인데, 이것은 사회 생활에 뿌리를 둔 번식 무술의 각 방면을 결정했다. 그러므로 고대의 번식 무술은 특히 원시시대에 매우 중요한 것으로, 사람들이 공통적으로 준수해야 할 생활 원칙이었다. 그 목적은 인류 자신의 번식과 사회의 물질적 생산을 촉진하기 위한 것이었다. 따라서, 이것은 보편적인 사회 현상으로, 생산 경제·물질문화·결혼 관습과 문화예술상에 모두 깊이 각인시켰다. 이것은 인류 생산의 종교신앙상의 반영이며, 또 고대 역사의 수수께끼를 푸는 열쇠이기도 하다.

중국은 역사가 유구하고 민족이 많아서 생육신앙과 성문화 자료가 매우 풍부한 나라이다. 역사적인 원인 때문에 정사正史에는 이에 대한 기록이 많지 않고, 자료가 분산되었고 잡다하다. 신화·전설·고고·문물·언어 등의 분야에서 산견되는 자료 이외에, 또 각 민족의 민속 자료 가운데 광범하게 보존되어 있다.

필자는 오랫동안 고고학·민족학·민속학의 조사 활동 과정에서, 생육신앙과 성무술의 자료를 상당히 주의하여 수집해 왔는데, 이는 후에 역사 이전의 역사를 탐구하고 또 민족학과 고고학을 비교 연구하고, 〈생육신과 토템〉·〈원시의 석조石祖 숭배〉·〈상사절고上巳節考〉·〈양성 동체 숭배〉·〈인류 조상 신화와 생육 무술〉·〈남성 성기 및 그 유형〉 등 관련 논문을 쓰기 위한 것이었다. 이러한 전문 주제의 연구는, 생육신앙과 성무술 중의 여러 문제를 비교적 철저히 연구했을 뿐만 아니라, 생육신앙에 대해 내가 여러 가지 이론적인 해석을 하도록 이끌어 주기도 하였다.

《생육신과 성무술》에서는 다음의 세 가지 문제에 중점을 두어 말하고자 한다.

첫째, 생육신앙은 매우 복잡한 것으로 다른 층차를 갖고 있다. 이를테면 생육신은 성무술과 관계가 있을 뿐만 아니라 차이도 있다. 따라서 성신앙을 일괄적으로 생육신 숭배로 보는 것은 피해야 한다.

이른바 생육신은 나름의 정형성을 갖고 있다. 신은 『종교 관념의 하나로, 초자연체 중의 최고자이다. 일반적으로 물질적 신체를 갖추고는 있지 않다고 여겨지지만, 단지 신체적인 형상을 갖추고 있지 않고 자연 법칙의 제한을 받지 않을 뿐이지, 물질세계에 대해 영향을 끼치고 물질세계의 일

부분 혹은 전부를 주재하기까지 한다.』(任繼愈 主編, 《宗敎辭典》, 上海辭書
出版社, 1981年, 824쪽) 중국 고대의 시조 여신·토템·고매高禖·선조·
낭랑신娘娘神 및 장선張仙 등은 모두 생육의 신이다. 그런데 어떤 학자들
은 민간에서 어린아이의 혼을 부를 때 쓰는 지인紙人이나 시와와〔喜娃娃〕
도 당연히 생육신으로 봐야 하고, 심지어는 시조신으로까지 봐야 한다고
하지만, 이것은 잘못이다. 그것들은 사실 무술의 산물이지 결코 신이 아
니다. 성기가 비록 일종의 신앙 대상이 되기는 했지만, 일반적으로는 신
이 아니다.『남성의 생식기관과 여성의 기관인 음문陰門은 종교적 상징이
다. 대부분의 기관은 신이 아니고 아울러 숭배도 받지 못한다. 그것들은
단지 이러한 기관을 통하여 자신의 그러한 역량이나 혹은 신적 상징을
나타낼 뿐이다. 그것들은 반영된 신의 속성을 표현하고 있기 때문에 신성
하게 된 것이다.』(魏勒, 《性崇拜》, 中國靑年出版社, 1988年, 77쪽) 사실상 성
기는 신령의 상징·무술 수단과 수장품으로 구분되며, 각기의 기원과 기
능 또한 같지 않다. 따라서 그것들을 일괄하여 신이라고 말하는 것은 과
학적이 아니다.

　둘째, 인류가 성과 생육의 관계를 인식하는 것에 대해서는 정확한 추정
이 있어야 한다.

　과거에는, 원시시대의 인류는 성과 생육의 인과 관계를 몰랐다는 견해
가 매우 널리 퍼져 있었다. 인류의 어린 시절만을 가리킨다면 그것은 가
능한 것이다. 그러나 원시사회 후기에 이르러 상황이 변화했다. 바로 토
템 제도 연구에서 제시한 바와 같이, 인류가 신앙하는 토템은 여성과 토
템과의 교감작용에서 나온 것이 확실하다. 이른바 교감작용이란 성관계이
다. 그러므로 토템 시대의 인류는, 성교와 생육간의 연관을 명확히 하는
것이고, 생육에서의 남성의 역할을 부정하는 것일 뿐이다. 더욱이 옛날에
는 인류가 성교와 생육의 인과 관계를 인식하는 것이 더욱 까마득했다.
역사 이전의 역사와 민족학의 연구에서는, 혈연혼과 비혈연혼 말기에 사
람들은 이미 근친 성교가 건강하지 못한 자녀를 출생시킬 수도 있음을
인식하기 시작했고, 이에 따라 혈연내혼에서 혈연외혼으로 향하는 과도기

에 이르러 씨족 선조가 출현했음을 증명했다. 그러므로 성교와 생육의 인과 관계에 대한 인류의 인식은, 관습적인 인식에 비해 빨랐을 것이다. 바로 이러한 이유 때문에 생육신앙의 연원은 아득히 멀고 오래 되었다. 그러나 모계 씨족사회 시기에는, 씨족 집단혼을 했고 배우자들은 저녁에 만났다 아침이면 헤어졌으므로, 자녀들이 어머니를 따르고 〈자기 어머니는 알면서 아버지는 모르는〉 것은 자연스러운 일이었다. 이러한 친속 관계는 필연적으로 생육에서의 남자의 역할을 희석시켰다. 성교가 생육을 결정하는 것이 하나의 일이라면, 생육과 부자 관계를 명확히 하는 것도 하나의 일이어서, 양자는 별개이므로 함께 말할 수 없는 것이다.

셋째, 생육신앙의 성격에 관한 문제이다.

이 문제에 관해서는 두 가지 견해가 있다. 하나는 『생식기 숭배는 단지 자연 숭배의 한단계일 뿐으로, 자연 숭배는 또 사람들로 하여금 천체를 신으로 여겨 숭배하도록 했다』(앞의 책, 322쪽)는 생각이다. 다른 하나는, 원시 종교에는 생식 숭배·토템·조상 숭배의 세 발전단계가 있다고 생각하는 의견이다. 이러한 관점은 생식 숭배를 가장 원시적 종교로 보는 것이다. 상술한 두 가지 관점은 모두 가일층 연구할 필요가 있다.

현재 남아 있는 자료로 볼 때, 최초의 종교는 인류의 자기에 대한 인식—육체와 영혼의 분야에서 싹텄으므로, 영혼신앙을 출현시켰다. 그러나 인류는 자신의 이해를 근거로 하여 자연계를 인식하므로, 인간에게는 영혼과 육체의 구분이 있을 뿐만 아니라 자연계도 예외가 아니어서, 그것을 자연 현상에 대한 인식으로 발전시켜 자연 숭배를 낳았다. 당시 사람들은 또 성기의 숭배를 알지 못했으므로, 생식 숭배 혹은 생육신앙을 인류 최초의 원시 형태의 종교 형식으로 생각하는 것은 근거가 부족하다. 사실상 생육 숭배는 그로부터 발전되어 나와 오랜 과정을 거쳤고, 그 중 몇 단계와 유형으로 구분할 수 있는데, 어떤 생육신앙은 멀리 토템·조상 숭배와 비교하여 연원이 오래지 않지만, 어떤 생육신은 또 토템보다 앞서기도 한다. 그러므로 생식 숭배를 원시 종교의 발전단계 중의 하나로 보는 것은 정확한 것이 아니다. 생식신앙은 자연 숭배에 속하는가? 그렇게 말할 수 없을 것 같다. 인류는 사회적 동물로, 원래 고립적인 존재가 아니다. 더욱이 성생활과 생육신앙에서는 모두 일정한 형식의 남녀의 결합에 의해 형성된다. 그러나 생육신앙과 성무술 등의 활동은 종종 생육신에 대한 제사를 포함하며, 남녀 교합 무술을 쓰고, 여성의 생육 등을 본뜨기도 한다. 이러한 것들은 물론 자연 숭배가 아니고, 자연 숭배와 구별되며 혹은 조상 숭배와도 구별되는 일종의 특수한 신앙, 즉 생육신앙이다.

생육신앙은 비교적 새로운 연구과제로, 필자 역시 초보적 연구단계이다. 그러므로 본서는 오류를 면하기 어렵다. 삼가 여러분의 질정을 바란다.

제 1 장
생육신

중국에 생육신앙이 있는가? 대답은 긍정이다. 뿐만 아니라, 상고시대로부터 그것은 중요한 신앙으로, 생육신 숭배·성기관 숭배와 성행위 숭배를 포함한다. 전자는 각종 생육을 주재하는 신령의 숭배를 가리키는 것이고, 뒤의 두 가지는 기본적으로 무술적 성질에 속한다. 따라서 생육신앙이 신령의 맨 앞에 선다고 말할 수는 없다. 사실 신령은 인간보다 높고 또 인간을 주재하는 초자연적인 엎드려 절하는 대상으로 반드시 일정한 제사를 드려야 하지만, 무술은 사람들이 환상적이고 초자연적인 수단을 이용하여 자신의 어떤 목적에 이르기를 기대하고, 객관적 대상으로 하여금 응분의 통제를 받도록 하는 것이다. 그들의 관계를 설명하기 위해서는 반드시 먼저 생육신부터 말해야 한다.

생육신은 인간의 생육 번식을 주재하는 신령을 가리킨다. 『신은 지혜의 연못이다. 연못이 맑으면 앎이 밝아진다. 神者智之淵也. 淵淸則知明也』(《淮南子·俶眞訓》) 생육신은 이러한 기능을 갖고 있다. 그러나 그것은 광범위한 개념으로 다른 역사 시기, 각 민족이 신앙하는 다른 생육신을 포괄한다. 여기서 소개하고자 하는 것은, 시조 여신·토템·조상·낭랑신과 장선張仙 등이다. 이로부터는 인류의 생육 관념 및 관련 신앙의 변천을 알 수 있다.

제1절 시조 여신

인류는 인식세계가 시작되고서부터 비교적 많이 자신을 인식해 왔다. 이것은 눈으로 볼 뿐만 아니라 몸으로 깨닫기도 한다. 사람은 큰 사람도 있고 작은 사람도 있으며, 남자도 있고 여자도 있으며, 자녀를 낳을 수도 있고 또 죽음도 있다. 특히 생로병사는 인류에게 심각한 인상을 남겨,『아주 이른 시기에는 여인의 생육 능력이 신성한 힘으로 여겨져 신이 관할하고 있다고 생각하였으며, 사람들은 이를 찬미하고 감사했다』이러한 신이 최초의 생육신이었다. 뿐만 아니라,『창조력 혹은 신의 가장 초기 개념에서 여성·모성·부녀·성모聖母를 숭배하는 형식을 찾을 수 있다』(魏勒, 앞의 책, 41쪽) 중국에서 가장 유명한 시조 여신은 여왜女媧이다.

1. 女媧

여왜는 과瓜에서 음을 취했다. 혹은 왜왜娃娃의 발음에서 소리를 취했다.(楊堃,〈女媧考〉,《民間文學論壇》1988年 6期) 그러나 그녀 자신은 여성으로, 신화 전설 속의 인물이다.『여왜는 옛날의 신성한 여인으로, 만물을 변화시키는 자이다. 女媧 古之神聖女 化萬物者也』(《說文》) 그 모습은 사람 머리에 뱀의 몸이다. 왕일王逸은 《초사주楚辭注》에서 이렇게 말했다.『전설에 의하면 여왜는 사람의 머리에 뱀의 몸으로, 하루에 일흔 번 변한다고 한다. 傳言女媧人頭蛇身 一日七十化』어떤 사람은, 여왜가 중국의 다른 고대 여신과 마찬가지로 애정도 없고 성생활도 하지 않는다고 하지만, 사실은 그렇지 않다. 다음을 보자. 여왜는 사람의 머리에 뱀의 몸으로, 자체에 사람과 뱀이 꼬리를 꼬고 있는 성격을 갖고 있는 일종의 토템 신앙이다. 그리고 이러한 신앙은 바로 모계 씨족사회 초기의 양성 관계의 반영이다. 후에 여왜는 또 복희伏羲와 결혼하여 부부가 되었다. 한漢나라 때의 화상석畵像石에 있는 여왜와 복희의 형상도 대부분 꼬리를 꼬고 있는 모양인데, 이것은 그들이 성애를 하고 있는 모습의 반영임이 분명하다.〔그림 1〕 그러나 이러한 혼인 관계에는 일정한 배경이 있다. 즉『사회의 발전, 더욱이 부계父系제도의 성숙에 따라, 남녀——부부신은 존귀함과 비천함, 음과 양의 구별이 생겼다. 복희·제준帝俊은 태양신太陽神이 되었고, 여화女和(月母·亦常儀)·여왜女媧는 태음신太陰神이 되었다』(蕭兵,《楚辭與神話》, 江蘇古籍出版社, 1986年, 335쪽)

문헌 기록에서 보면, 여왜는 복희보다 앞서며, 남방에 널리 퍼진 신화이고, 남방 소수 민족 선조의 부인이다. 몽문통蒙文通은『만蠻과 민閩이라는 글자는 모두 훼虫에서 나왔고 뱀이다. 파巴도 큰 뱀이다. 여왜는 뱀의 몸을 하고 있는데, 바로 남방 민족의 전설이다』(蒙文通,《巴蜀古史論述》, 四川人民出版社, 1981年, 34쪽)고 하였다. 또 어떤 학자는 여왜가 〈먀오족의 조상〉〔苗族之祖〕이라고 분명하게 지적했다.(芮逸夫,〈苗族的洪水故事與伏羲女媧的傳說〉,《人類學集刊》1卷 1期, 商務印書館, 1938年) 후에 북방에 전파되어 역사적 원인, 특히 통치계급과 유가儒家의 제창으로 해서, 여왜는 점차 전국적인 여 시조신이 되었다.

상고시대의 여왜는 가장 능력 있는 여성으로, 그 주요 공적은 세 방면에 있다. 하늘을 보수하고 땅을 다스렸으며〔그림 2〕 흙을 뭉쳐 사람을 만들고, 중매를 담당한 신이다.

먼저 하늘을 보수하고 땅을 다스렸다는 내용이다.『옛날에 4극이 무너지고 9주가 균열되었으며, 하늘은 위를 덮지 못하고, 땅은 널

2. 女媧補天

리 싣지 못했으며, 불이 활활 타올라 사그라지지 않고, 물은 넘쳐 그치지 않았으며, 맹수들은 우매한 백성들을 잡아먹고, 사나운 새들은 노약자를 낚아챘다. 그리하여 여왜는 다섯 가지 색깔의 돌을 불에 달궈 푸른 하늘을 수리하고, 큰 자라의 발을 잘라 4극을 세우고, 검은 용을 잡아 기주를 건지고, 갈대의 재를 쌓아 제멋대로 흐르는 물을 멈추게 했다. 푸른 하늘이 보수되고, 4극이 바로잡히고, 제멋대로 흐르던 물이 고이고, 기주가 평탄해지고, 사나운 벌레들이 죽고, 우매한 백성들이 살고, 네모난 땅을 등에 업고, 둥근 하늘을 안게 되었다. 往古之時 四極廢 九洲裂, 天不兼覆, 地不周載, 火爁炎而不滅 水浩洋而不息, 猛獸食顓民 鷙攫老弱. 於是女媧煉五色石以補蒼天 斷鰲足以立四極 殺黑龍以濟冀州 積蘆灰以止淫水. 蒼天補 四極正 淫水涸 冀州平 狡蟲死 顓民生 背方州 抱圓天』(《淮南子·覽冥篇》) 유사한 신화도 많아서,《논형論衡·담천편談天篇》·《열자列子·탕문湯問》·《사기史記·보삼황보기補三皇補紀》·《논형論衡·순고편順鼓篇》 및 《상서대전속보유尙書大傳續補遺》(盧文弨 편집) 등에 모두 기록이 있다.

〈여왜가 하늘을 보수했다〉〔女媧補天〕는 것은 물론 과장된 주장이지만, 원시인들의 사유가 자아중심적이고 상상이 풍부했음을 보여 준다. 따라서 〈하늘의 보수〉는 또 일정한 역사적 문제를 반영하고 있다. 어떤 사람은 여왜가 돌을 달궈 하늘을 보수했다는 것은 금속을 발명한 것이라고 말하지만(孔숲谷, 〈說文月刊序〉,《說文月刊》1卷 1期, 1942年), 이것도 어떤 사람은 반대하여, 여왜가 『이때(구석기 중기)에 〈처음 결혼제도를 만들고〉〈성씨를 바로잡은〉 씨족사회 초기의 전설적인 인물인데, 어떻게 그 시대에 야금冶金 기술을 발명할 수 있느냐』(吳澤, 〈女媧傳說史實探源〉,《學術月刊》1962年 1期)고 하였다. 이러한 의문은 옳다. 현재의 고고학적 자료에서 볼 때, 중국의 야금술은 기원전 4,5천 년 전에야 비로소 생겼고 또 아주 원시적이었는데, 여왜는 지금부터 최소한 몇만 년 전에 있었고, 당시의 인류는 또 야금도 몰랐고 아직 농사를 지을 줄도 몰랐으므로, 여왜가 금속을 발명했다고 하는 말은 실제와 맞지 않는다. 그러나 〈돌을 불로 달궜다〉〔煉石〕는 것은 불을 만드는 것과 관련이 있는 듯한데, 이 점에 대해서는 앞서 지적한 사람이 있었다. 조익趙翼은 《해여총고陔餘叢考·연석보천煉石補天》에서 다음과 같이 말했다. 『육심은 이렇게 생각했다. 옛날에는 백성들이 매우 순박하여 털이 있고 피가 있는 채로 요리를 하지 않고 날로 먹어 제대로 다 이용하지 못했다. 여왜씨가 오색 돌을 불에 달궈 어둠을 통하게 하는 변화를 일으켰고, 적당하게 삶고 요리하도록 도와 준 것은, 하늘의 보수가 미치지 못했기 때문이다. 후세에 밤낮으로 열심히 일하며 횃불로 어둠을 밝힌 것은 모두 이러한 뜻이다. 陸深以爲古時生民甚樸 茹毛飮血 未能盡大之用. 女媧氏煉五色石以通昏黑之變 輔烹飪之宜 所以補天之所不及. 後世焚膏繼晷 爝火代明 皆此意也』 여왜는 인류가 불을 사용하거나 인공적으로 불의 발명을 가능하게 하는 중요한 공헌을 했다. 더욱이 불을 발명한 후 인류는 비로소 적철赤鐵 광석과 부싯돌을 서로 부딪쳐 불을 만들어 냈는데, 이 두 가지 돌은 또 색깔이 있는 것이다.

소병은 여왜가 하늘을 정돈하고 땅을 보수했다는 신화가 생성된 곳은, 『활화산이 있는 남방의 어느 지역으로, 시대는 물론 원시 씨족사회·석기 시대일 가능성이 가장 크다』(蕭兵, 앞의 책, 336쪽)고 하였다. 구체적으로 말하면, 구석기시대 후기 최후의 빙하기에 인류는 거대한 위협을 받아, 인공적으로 불을 만드는 방법을 발명해 냈다. 더욱이 후에 이르러 또 홍수가 발생하자, 씨족 수장으로서의 여왜는 자연히 씨족 구성원들을 거느리고 온갖 고생을 하면서 적지 않은 발명을 했는데, 이 때문에 사람들에게 하늘을 보수했다는 위대한 신화를 남긴 것이다. 그러나 이러한 신화들은 오랫동안 가다듬어지면서 형성되었기 때문에, 여왜의 모습은 또 어느 한 시대의 역사 인물 같지는 않다.

다음은 흙을 뭉쳐 사람을 만든 이야기이다. 《회남자淮南子·설림편說林篇》에는 이런 기록이 있다. 『황제가 음양을 만들고 상변이 귀와 눈을 만들고 상림이 팔과 손을 만들었는데, 이것은 여왜가 일흔 번 변화한 것이다. 黃帝生陰陽 上駢生耳目 桑林生臂手 此女媧所以七十化也』 이에 대해 고유高誘는 이렇게 해석했다. 『황제는 옛날의 천신이다. 처음 사람을 만들 때 변화시켜 음양을 만들었다. 상변과 상림은 모두 신의 이름이다. 여왜는 세상을 다스린 사람이다. 일흔 번 변하며 조화를 일으킨다는 것은, 조화를 일으키고 세상을 다스림이 한 사람의 공적이 아니라는 말이다. 黃帝 古天神也. 始造人之時 化生陰陽. 上騈桑林皆神名. 女媧王天下者也. 七十變造化 此言造化治世非一人之功也』《태평어람太平御覽》 권78에서는 《풍속통風俗通》을 다음과 같이 인용하고 있다. 『사람들의 말에 의하면, 천지가 처음 열렸을 때는 사람들이 없었다. 여왜가 황토를 뭉쳐 사람을 만드는데, 일이 너무 많아 힘을 다하여도 쉴 겨를이 없어, 새끼줄을 진흙에 늘어뜨렸다가 들어올려 사람을 만들었다. 그래서 부유하고 지체 높은 사람은 황토로 빚은 사람이고, 가난하고 지체 낮은 보통 사람은 새끼줄로 만든 사람이라고 한다. 俗說天地開闢 未有人民. 女媧搏黃土作人 劇務 力不暇供 乃引繩於絚泥中 擧以爲人. 故富貴者 黃土人也, 貧賤凡庸者 絚人也』

여왜가 비록 남방 민족의 신화이기는 하지만, 그가 흙을 뭉쳐 사람을 만들었다는 것과 관련된 전설은 매우 널리 유포되어 있어, 한족漢族·장족藏族·이족彝族·나시족〔納西族〕·바이족〔白族〕·투자족〔土家族〕·먀오족〔苗族〕·둥족〔侗族〕·부이족〔布依族〕·좡족〔壯族〕·다이족〔傣族〕·아창족阿昌族·서족〔畬族〕·야오족〔瑤族〕 등에 모두 전해져 온다. 허난〔河南〕 화이양〔淮陽〕의 인조묘人祖廟에는 사람의 조상할머니인 여왜가 모셔져 있고, 그 앞의 시장에서는 진흙으로 빚은 개 〈니니고우〉〔泥泥狗〕를 내놓고 파는데, 원숭이 얼굴에 사람의 몸으로 체구가 거칠고 난폭하며 음부가 돌출되어 있고 중앙에는 붉은 줄이 그어져 있으며, 양측에는 녹색 줄이 그어져 있고, 또 위에는 몇 개의 가로줄이 그어져 있다. 많은 학자들은 그것이 여성 성기의 형상이라고 생각하지만 또 〈니니고우〉의 전체적인 모습은 여성의 형상과 같아, 분명히 복희는 아니고 여왜이다. 유럽의 『비너스의 최초 모습도 돌기둥이었지만, 거기에는 아름다운 여성의 머리가 올라가 있고 기둥 앞면에는 여성의 음부가 새겨져 있다』(魏勒, 앞의 책, 181쪽)

왜 여왜가 사람을 만들었다는 신화가 널리 퍼졌을까? 이유는 간단하다. 여왜는 살았을 때 씨족의 영도자였고 씨족 구성원을 낳아·기른 사람으로, 『사람은 여왜로부터 나왔다. 人從女媧出』 여왜는 사후에 조상으로 받들어졌는데, 조상은 생육을 주재한다. 그러므로 사람들은 자신의 근원으로 거슬러 올라갈 때 종종 여왜가 자신을 만들어 냈다고 여긴다. 물론 이것은 진흙에 대한 사람들의 인식과도 상당한 관계가 있다.『사람들은 처음 노동할 때 항상 몸에 땀과 흙을 묻히게 되는데, 손으로 쓰윽 문지르면 곧 진흙 줄이 쳐진다.』이것이 사람들로 하여금 쉽게『사람은 진흙으로 만들어진 것이라는 느낌』(馮天瑜,《先秦民族史專集》, 四川民族研究所內部資料, 1982年, 128쪽)을 갖도록 하는 것이다. 필자는 어린 시절에 이러한 경험을 한 적이 있다. 한번은 모두 밭에서 김을 매고 있는데, 한 아이가 어른에게 「몸에서 어떻게 진흙이 나와요?」 하고 묻자, 한 어른이 「사람은 흙으로 만들어졌기 때문이야. 옛날에 여왜가 흙으로 사람을 빚어서 비로소 사람이 있게 된 것이고, 지금까지 몸에 흙을 묻히고 있는 거야」 하고 대답했다. 게다가 사람들은 신석기시대 이후에는 제도술制陶術을 발명했는데, 그 중에는 진흙으로 만든 인물상과 동물 조형이 적지 않다. 이러한 지식들은 틀림없이 여왜의 신화 속에 스며들었을 것이다. 또 지적해야 할 것은, 여왜가 생육의 신이기 때문에 토지와 자연스런 관계를 갖게 된 것이 틀림없다는 점이다.『진흙으로 사람을 만들었다는 신화에서 가장 중요한 의의 혹은 근원은, 원시인들은 사람과 토지의 밀접한 관계를 힘써 발견하고 〈실증〉하고자 하였고, 더욱이 많은 식물 재배 기술을 파악하고, 때로는 사람이 농작물과 마찬가지로 땅에서 나와 성장하는 존재라고 상상할 수도 있었을 것이라는 점이다. 따라서 사람은 몸에 〈토〉질을 함유하고 있고, 진흙 또한 쉽게 만들어진다. 그러므로 〈진흙으로 사람을 만든다〉는 것과 〈토지가 사람을 낳는다〉는 신화는 종종 겹쳐 나타난다. 여왜는 〈땅에서 나온〉 것으로, 농작물신 겸 토지신·진흙신의 성질을 띠고 있다』(蕭兵, 앞의 책, 364쪽)

　다시 중매신으로서의 여왜를 보자. 중국 상고시대의 중매신, 혹은 생육신으로 여왜를 첫머리에 든다.《노사路史·후비后妃 이二》에서 나평羅苹은《풍속통風俗通》에 주석을 달고 인용했다.『여왜는 소원을 빌고 제사드리는 신으로 빌면 남녀가 맺어지게 되었으므로 그에 따라 혼인했다 女媧

禱祠神 祈而爲女媒 因置昏姻』를 《노사·후비 이》 주석에서는 『그(여왜)가 남녀를 중매해 주어 후세에 나라가 있게 되었으므로, 고매의 신으로 제사지냈다 以其載媒 是以後世有國 是祀爲皐禖之神』고 했다. 《여론餘論 이二》에서는 『고매는 옛날에 여왜를 제사지냈다 皐禖古祀女媧』고 했다. 이것은 『도산씨涂山氏 여왜가 하夏나라 사람들의 조상할머니이고, 또 하나라 사람들의 고매高禖임』(崔盈科, 〈姜嫄之傳說和事略及其墓地的假定〉, 《古史辨》 2冊 99쪽, 京城印書局, 民國 21年 인쇄)을 설명하는 것이다. 산시〔山西〕 차오현〔趙縣〕에는 여왜의 사당이 있다. 능양조凌陽藻의 《여작편蠡勺編》 권29 〈여왜묘女媧廟〉에는 다음과 같은 기록이 있다. 『세상에서 여왜가 여성이라고 잘못 알고 있은 지 오래다. 강희 임신년 태상경 김덕영이 명을 받들어 역대 제왕의 능침사로 제수받고는 또 이렇게 상소했다. 「신이 여왜릉 앞 침궁 안에 빚어놓은 여신상을 보니, 황제와 비빈들도 모시고 고을의 백성들도 후사를 구하는 신으로 받들어, 법도에 없는 제사를 받고 있었사옵니다……」 臣見女媧陵前寢宮中塑女像 帝侍嬪御 鄕愚奉爲求嗣之神 等諸淫祀……』 사당에서 여왜를 제사 드리는 것은 차오현 한 곳뿐만이 아니고, 화이양의 인조묘에 인형을 걸어놓거나 자손을 구하는 굴을 파놓거나 또 린퉁〔臨潼〕 여왜 묘회廟會의 구자求子 풍속 등은 모두 여왜가 생육신이었다는 유속이다.

여왜는 박이므로 사람은 박에서 나온 것이라 생각하고, 박을 보내어 아들을 바랐으며, 또 여왜가 생육을 주재하는 증좌가 된 것이다. 문일다聞一多는 이렇게 지적했다. 『여왜女媧의 왜媧는, 《대황서경주大荒西經注》·《한서漢書·고금인표고주古今人表考注》·《열자列子·황제편석문黃帝篇釋文》·《광운廣韻》·《집운集韻》 모두에서 음이 과瓜이다. 《노사路史·후비后妃 이二》의 주석에서는 《당문집唐文集》을 인용하여 여왜를 〈포왜姷媧〉라고 하여 음으로 그것을 찾았는데 사실은 호과瓠瓜이다. 포희包戲와 포왜姷媧, 포호匏瓠와 포과匏瓜는 모두 하나의 말이 변한 것이다. (包戲가 변하여 伏希가 되었고, 女媧가 변하여 女希가 되었으니, 역시 戲와 媧의 두 음이 변할 수 있었던 과정을 알 수 있다.) 그러므로 복희伏羲와 여왜女媧는 이름은 비록 둘이지만 실제 의미는 단지 하나일 뿐이다. 두 사람은 본래 모두 호로박[葫蘆]의 화신을 말하는 것으로, 다른 것은 단지 성별일 뿐이다.』(聞一多,《神話與詩·伏羲考》, 古籍出版社, 1954年, 60쪽) 고대의 홍수 신화와 생육 신화 중에서는 종종 박이 나타난다. 이 박은 곧 생육과 번식을 주관한다.《개원점경開元占經·석씨중궁점편石氏中宮占篇》에서는《황제점黃帝占》을 인용하여 다음과 같이 말하고 있다.『포과성은 후궁을 주관한다. 匏瓜星主后宮』『포과성이 밝으면…… 후궁에 자손이 많고, 별이 밝지 않으면 후가 세력을 잃는다. 匏瓜星明……則后宮多子孫, 星不明 后失勢』중국의 민간에는 8월 15일 중추절에 박을 어루만지면서 아들을 기원하거나 박을 보내어 아들을 구하는데, 이것은 곧 박이 번식을 상징하는 것임을 나타내는 명절 풍습이다. 사실 이것도 여왜가 박이라고 보고 숭배하는 것이며, 단지 무술적 형식을 취한 것일 뿐이다.

중국 고대의 시조 여신은 여왜에 한정되지 않고, 서왕모西王母〔그림 3〕·희화羲和·상희常羲·낙빈雒嬪·여이女夷·여기女岐·화서華胥·여등女登·부보附寶·누조嫘祖·여절女節·경도慶都·여황女皇·등비씨登比氏·아황娥皇·여추女樞·여희女嬉·간적簡狄·강원姜嫄·여수女脩 등 매우 많다. 이러한 신들의 공통성은 다음과 같다. 첫째, 모두 진인眞人에서 출발한 전설상의 시조 혹은 사람의 조상신, 즉 씨족·부족

3. 西王母

혹은 민족의 조상으로서 나타난다. 둘째, 그들은 모두 여성에 속하여 여신으로 받들어지는데, 이 점은 모계 씨족사회에서 기원했을 가능성이 있다. 셋째, 그들은 여인으로서, 모두 일정한 배우자가 있거나 토템에 감응하였거나 자신의 남편이 있거나 해야 비로소 생육할 수 있는 여신이 된다. 넷째, 그들은 모두 전설상의 군주의 아내로, 왕국유王國維의 고증에 의하면, 『후后라는 글자는 모두 여女에서 왔거나, 혹은 모母·자子에서 온 것으로, 아들을 낳은 형태를 본뜬 것이다. 后字皆從女 或從母從子 象産子之形』(《王國維遺書》第2冊,《殷卜辭所見先公王續考》, 上海古籍出版社, 1983年) 이러한 의미에서 보면, 그들은 또 생육의 신이기도 하다.

민족학 자료에서 보면, 중국의 민족들은 모두 시조 여신의 전설을 갖고 있다.

윈난성〔雲南省〕 다이족〔傣族〕의 전설에는, 하늘의 신 머이가 남자 한 사람과 여자 한 사람을 만들었고, 그 둘이 또 많은 진흙 인간을 빚어 숨을 불어넣자 살아나 인류가 있게 되었다고 한다. 또 어떤 전설에서는, 어떤 유력한 신이 몸에 있는 때를 밀어 사람 모양을 만들어 후에 인류가 있게 되었다고도 한다. 이러한 전설들은 여왜가 사람을 뭉쳐 만들었다는 이야기와 궤를 같이 하는 것이다.

벙룽족〔崩龍族〕(德昻族)의 전설에서는, 하늘의 유력한 신인 가메이와 가사메이가 진흙덩어리로 사람을 만들었는데, 먼저 남자를 만들고 나중에 여자를 만들어 숨을 불어넣자, 두 사람은 피가 돌고 또 일을 하고 자녀를 낳아 기를 수 있게 되었다고 한다.(谷德明編,《中國少數民族神話選》, 西北民族學院民族研究所內部資料, 1983年, 602쪽)

윈난성 닝랑현〔寧蒗縣〕 융닝〔永寧〕 지역의 머숴인〔摩梭人〕들은 그곳의 깐무산〔干木山〕을 여신으로 받든다. 이 부족은 주방혼走訪婚(訪問婚)과 모계母系제도가 성행했기 때문에, 이 여신도 집단혼 생활을 하여 많은 〈성친구〉들이 있다. 재미있는 것은, 남신들도 산을 우상화하고 있다는 점이다. 부근의 하와산〔哈瓦山〕·푸란산〔普蘭山〕·저지산〔則枝山〕과 아디비지〔阿底比吉〕 설산雪山도 모두 여신과 혼인 관계가 있다고 전해지지만, 그들간에는 갈등이 있다. 예를 들면 한번은 저지산의 남신과 여신이 호숫가에서 교합하고 있는데, 강대한 푸란산의 남신이 발견하고는 머리끝까지 화가 나서 칼로 저지산 남신의 생식기를 잘라 버렸다. 전하는 바에 의하면, 다바촌〔達坡村〕뒤의 작은 산이 저지산 남신의 생식기라고 한다.

쓰촨성〔四川省〕무리현〔木里縣〕우쟈오촌〔屋脚村〕에는 〈라즈니커〉동굴이 있는데, 푸메이족〔普米族〕호산虎山 신의 동굴이라는 뜻이다. 이 동굴 안에는 〈파딩라무〉, 즉 푸메이족 지역 여신이 모셔져 있다. 이 여신상은 실제로는 높이 1.7미터, 가슴 둘레 1.5미터의 종유석 기둥으로, 앞가슴에 두 개의 유방 모양 돌기가 있다. 동굴 안에는 연못이 하나 있고, 동굴 밖에는 백향수 한 그루가 있다. 푸메이족은 〈파딩라무〉 여신에게 흰 상의와 치마를 입혀놓았는데 모두 마포로 만든 것이고, 양고기와 우유만 먹고 오곡과 잡곡은 먹지 않는다.〔그림 4〕푸미족 여성은 월경이 순조롭지 못하거나 나이가 차도 발육이 되지 않을 경우, 무당이 여신 앞으로 데리고 가 향을 사르고 절을 한 후 동굴 안 연못의 물을 마시고, 당일에 동굴 부근에서 〈아주阿注〉(성친구)를 맺고 야합 생활을 하도록 한다. 다음날에는 백향수를 향해 털로 된 공을 던지는데, 털공이 나뭇가지에 걸리면 임신을 의미하고, 걸리지 않으면 계속 던진다. 아이를 갖기 원할 때의 무술도 집안 내에서 병을 없애는 것으로써 행할 수 있다. 무당은 청과맥을 볶은 가루인 참파를 물에 개어 여신 우상의 얼굴을 빚어 집안의 조상을 모신 궤 위에 바치고, 동시에 밤나무로 여자 귀신 형상을 깎아 머리 위에 병든 여인의 머리카락을 붙이고 몸에는 마포 의복을 입힌다. 만일 여성이 아이 갖기를 원하면 목귀木鬼 복부의 두드러진 부분을 마치 임신한 것처럼 하고, 여성의 월경이 불순할 경우에는 목귀 음부에 피를 칠

4. 머숴인의 女神

하고, 이어 무당은 목귀를 몰래 땅속에 묻는다. 주문을 외우고 귀신을 찾는 등의 무술을 하고 나서, 목귀를 파내어 들에 버리면 귀신을 쫓고 병을 제거하여 여성의 병이 낫게 되는 것이다.

이족彝族의 조상『아러와 아미는 8전짜리 백색 진흙과 9전짜리 황색 진흙이라고 한다. 백색 진흙으로 여성을 만들고 황색 진흙으로 남성을 만든다……. 아러와 아미가 그들에게 숨을 불어넣으면, 이 진흙 사람들은 머리를 끄덕일 수 있게 된다』(雲南省民族民間文學紅河調査隊,《阿細的先基》, 雲南人民出版社, 1978年, 34쪽)

리쑤족〔傈僳族〕 전설에, 하늘의 신 무부파가 하늘의 진흙으로 지구와 날짐승과 뭍짐승을 빚었으며,『또 진흙으로 원숭이 한 쌍을 빚었는데, 원숭이가 점점 자라 그로부터 지구상에 사람이 있기 시작했다』(劉輝豪等, 〈天地人的形成〉,《山茶》, 1981年 2期)는 이야기가 있다.

구이저우〔貴州〕의 몇몇 먀오족들은 조상에 대한 제사인 츠구창〔吃牯臟〕에는, 반드시 제단에 나뭇가지를 쌓아 동굴을 만들고 그 안에 여성의 복장을 한 우상을 모셔, 야외에서 혈거 생활을 하던 여성 조상으로 삼는다. 타이장〔台江〕 등지에서는 조상에 대해 제사지낼 때 반드시 산속 동굴 안에서 〈앙공央公〉·〈앙모央母〉의 나무 우상을 꺼내오는데, 한 사람이 여성 조상의 우상을 등에 지고 한 사람은 남성 조상의 우상을 안고 끊임없이 교합 동작을 흉내내고, 다른 한 사람은 호로박으로 물총을 만들어 술지게 미를 뿜어 사정하는 모양을 하면서, 조상의 도움으로 종족 인구의 번성을 기도한다.

수이족〔水族〕은 땅의 어머니인 낭랑娘娘을 섬기는데, 매년 음력 섣달 축일 묘시에 가구 단위로 제사를 지낸다. 돼지와 닭을 잡고 붉은쌀로 밥을 짓고 찹쌀에 대추 등을 넣어 댓잎이나 갈잎에 싸서 쪄먹는 종자粽子를 빚고, 무당이 경을 읽으며 아들 낳기를 빈다. 무당은 주인을 거느리고 땅의 어머니인 낭랑娘娘에게 배례드리고, 또 종이로 사람을 많이 만들어 벽에 붙이는데, 이것은 주인이 자식과 자손이 많을 것이라는 것을 상징한다.

구이저우성 룽장현〔榕江縣〕의 많은 마을에서는 모두 〈사마沙麻〉, 즉 조상할머니를 모시고 있다. 일반적으로 마을 밖의 가옥에 모시고, 흰돌이나 은으로 만든 우상을 숭배 대상으로 삼으며, 주위에는 기둥 네 개를 묻고 그 위에 우산 하나를 꽂아둔다. 이 부족은 〈사마〉가 그들의 최대의 신이라고 생각하여, 집단적으로 마을 밖에 모여 투우를 하고, 달을 보며 노래를 하거나 친척들이 모일 때 반드시 이 우산을 쓰는데, 이것은 조상할머니가 동행함을 상징한다. 평상시에는 조상할머니가 제사를 관리하기 때문에, 초하루와 보름에는 반드시 향을 사르고 절을 한다. 매년 1월과 2월에 조상할머니를 제사하는 융숭하고 장중한 의식이 있는데, 돼지 한 마리·오리 한 마리·닭 두 마리를 잡는다. 이때 반드시 마을 어귀에 풀묶음 하나를 걸어놓아 다른 마을의 사람이 들어오는 것을 막는다. 마지막으로 사람들은 모두 고기 한 접시와 술 한 병을 가지고 조상할머니 앞에 모여 한바탕 즐기고 다같이 식사한다.

무라오족〔僐佬族〕은 파왕婆王을 제사지내는데, 또 화파花婆·여신女神이라고 하여, 생육을 주재하고 어린이를 보호한다는 것이다. 파왕의 사당 안에는 판관判官과 포자낭랑抱子娘娘 그리고 위내유랑喂奶乳娘의 세 신을 모신다. 3월 3일은 파왕의 생신이라 생각하여, 마을 사람들은 모두 돼지를 잡아 제사를 지내야 한다.

광시성〔廣西省〕 환장현〔環江縣〕의 샤난위〔下南圩〕와 마주 보고 있는 마산봉馬山峰 사이에는 여인의 모습과 유사한 바위가 있는데, 역시 아들을 안고 있다. 그곳의 마오난족〔毛難族〕들은 그녀를 〈성스러운 어머니〉라고 부르며 정기적으로 제사를 지낸다. 성스러운 어머니의 배에는 동굴이 하나 있고, 복숭아 나무 한 그루가 자라고 있는데, 해마다 많은 복숭아가 열린다. 여름에는 근처의 여인네들이 모두 붉은 달걀이나 찹쌀에 대추 등을 넣어 댓잎이나 갈잎에 싸서 찐 종자를 가지고 와서, 성스러운 어머니에게 제사지내고 복숭아를 먹으며 자식을 낳게 해달라고 빈다. 이와 유사한 예들은 헤아릴 수 없이 많은데, 이는 여신이 매우 보편적임을 설명하는 것이다.

야오족〔瑤族〕의 역사시 〈미뤄타〉에는 미뤄타라는 여신이 밀랍으로 사람을 만들었다고 한다.『하늘에는 해와 달이 있고요, 미뤄타는 사람을 만들 수 있다오. 여신은 산 위에서 벌집을 가지고 돌아와 벌집 속에서 벌의 애벌레를 꺼내고, 밀랍으로 사람 모형을 만들고 사람 모양을 만들었다네』

투자족〔土家族〕 전설에서는 하늘을 뒤덮은 장구라오가 돌로 사람을 만들고, 땅을 다스리는 이구라오가 진흙으로 사람을 만들었는데,『그저 앉아 있기만 하고 숨을 쉬지 않았으며, 서 있기만 하고 걸을 줄을 몰랐다. 여신 이뤄낭랑이 대나무로 골격을 만들고 연잎으로 폐와 간을 만들고 광저기〔豇豆〕로 창자를 만들고 호로박으로 머리통을 만들어…… 앉아서 숨을 쉴 수 있고 걸을 수 있는 인류가 있게 되었다』(《中國少數民族神話學術討論會論文集》, 貴州人民出版社, 1984年, 下冊 111-112쪽) 어떤 투자족에서는 〈아미마〉를 모시는데, 생육 시조신의 하나로서 대부분 종이를 가위질하여 우상으로 만들어 벽 위에 붙이고, 생육과 인구의 번성을 지켜 준다고 생각한다.

몽골족에는 다음과 같은 전설이 있다. 천신이 진흙으로 사람을 만들어 몇몇 사람들은 남방에 떨어뜨리고 일곱 사람은 북방에 떨어뜨렸지만 아이를 낳지 못하자, 천신이 또 일곱 마리의 면양을 북쪽의 진흙인과 짝지어 주었는데 그것이 몽골족으로 변했고, 닭을 남쪽의 진흙인과 짝지어 주었는데 한족漢族으로 변했다고 한다.(앞의 책, 28쪽)

만주족의 여시조 — 푸퉈마마〔佛托媽媽〕 또한 시조 여신이다.〔그림 5〕〈푸〉는 옛〔舊〕·오래 된〔古老〕 혹은 묵었다〔陳〕는 의미이고, 〈퉈〉는 어른〔長〕으로, 할머니·선조의 의미이면서 또 여성이기도 하다. 〈푸푸〉는 또 여성의 생식기로 의미가 확대된, 사람의 뿌리이다. 어떤 사람들은 〈푸퉈마마〉에는 세 가지

5. 푸퉈마마

6. 야오야오

의미가 있다고 생각한다. 첫째는 시조할머니이고, 둘째는 자손 낭랑신이고, 셋째는 버들가지 낭랑신이다.(張紫晨主編,《民俗調査與研究》, 河北人民出版社, 1988年, 346-350쪽) 이 여신은 서쪽 벽에 조상과 함께 모셔진다. 청명절淸明節에 성묘할 때 분묘 위에 옥수수 알 하나를 꽂고 〈푸튀마마〉의 상징으로 여긴다. 만주족에는 전지剪紙 가운데 〈오무로야오야오〉〔歐木樓吆吆〕가 있는데, 일종의 생육신으로 야오야오신〔吆吆神〕 중의 하나이다.〔그림 6〕

유사한 예는 또 많다.

이로 보건대 중국의 각 민족에게는 모두 자신의 시조 여신이 있어, 그들이 인간을 창조했으며 생육을 주재하고 씨족이나 부족 혹은 민족의 번성을 도와 준다. 이는 최초의 생육신이 여성 시조이고, 조상과 합일됨을 설명하는 것이다. 인류는 왜 최초에는 여신을 숭배했고, 또 그녀들을 생육신으로 삼았는가 하는 것은 연구할 가치가 있다.

먼저, 여성은 생산과 생활에서 중요한 위치를 차지하고 있다는 점이다.

상고시대에는 인류가 채집과 어업과 수렵에 종사했고, 나중에는 또 농업과 가축 사육을 생각해 냈다. 그 중에서 채집은 주로 여성들이 담당했는데, 농업을 시작하고부터는 여성들이 가축 사육도 겸하게 되었다. 그러면서 동시에 밥을 짓고 그릇을 만들고 옷감을 짜는 일까지 하였다. 이러한 생산활동은 인류에게 대량으로 안정적인 의식衣食의 자원을 제공했으며, 그 하나하나가 경제 생활에 중대한 영향을 끼쳤다. 그러나 남성들은 숲속을 드나들면서 야생 동물을 쫓아다녔기 때문에 씨족의 거주처에서 멀리 떨어져 있었고, 동시에 어업과 수렵 경제는 또한 안정적이지 못했기 때문에 생산활동에서의 남성들의 역할은 중요도에 있어서 여성들에 미치지 못했다. 더욱 중요한 것은, 씨족의 경제 생활은 물론 씨족 생활의 관리까지도, 즉 남녀의 결혼이나 자녀의 교육이나 노인의 부양 등 중요한 것들 또한 주로 여성이 담당했다는 점이다. 따라서 여성은 사회 생활의 주인이었다. 그러므로 당연히 죽은 후에도 존경을 받을 수밖에 없었던 것이다.『여신의 지위는 곧 여성이 예전에 더욱 자유로웠고 더 강한 힘을 가졌던 지위에 관한 기억이다.』(馬克思,《摩爾根〈古代社會〉一書摘要》, 人民出版社, 1965年, 39쪽)

다음으로, 여성은 인류 생육의 구현자이다.

인류의 번성은 남녀의 교합과 여성의 생육에 의존하는 것이다. 그러나 오랜 기간 동안 인류는 이러한 생육의 진정한 원인을 전혀 인식하지 못했다. 특히 생육에서의 남자의 역할을 이해하지 못하고, 아이를 낳는 것은 여성에 의해서만 실현되는 것이라고 생각했다.『고대 이집트 여신인 모든 신의 어머니—이지타는 스스로를 낳아 길렀다. 동시에 또 처녀신이기도 했다……. 그녀는 오로지 스스로 독립할 수 있었고, 남자에 의존할 필요도 없었으며, 남자의 참여를 필요로 하지 않고도 임신할 수 있었다.』(徐松石, 《華人發現美洲考》, 香港東南亞研究所, 1981年, 34쪽) 사실상 상고시대에는 임신·출산·양육은 물론 자녀 교육까지도 모두 여성에 의해 실현되었다. 어머니는 아이의 최초의 교사였다. 당시에는 씨족외혼의 군혼群婚이 행해져 아이의 아버지는 씨족 밖에서 생활하는 낯선 사람이었기 때문에, 자녀들은 자기 어머니는 알아도 아버지는 알지 못했다. 그러므로 사람들은 항상 남자를 생육의 밖으로 배척했던 것이다.

이러한 상황은 외국에도 존재한다. 콜롬비아의『하이다인은 여자아이가 남자아이보다 낫다고 좋아했다. 왜냐하면 여자들은 씨족의 인구를 증가시킬 수 있었기 때문이었다. 설령 병약하거나 쌍둥이이거나 혹은 사생아와 같은 상황일지라도, 낙태시키거나 어린아이일 때 살해하지 않았다.』(穆達克,《我們當代的原始民族》, 四川民族研究所, 四川民族出版社內部發行, 1980年, 160쪽) 여기서 우리는 인구의 번성이 얼마나 중요한 위상을 갖는지 알 수 있는데, 이러한 일은 주로 여성에 의지하는 것이었다. 멕시코의 아즈텍인들에게 있어서『타고난 어머니의 일은 전투에서의 작전만큼이나 중요하다. 어머니가 아이를 하나 낳는 것은 전사가 적으로부터 포로를 하나 잡는 것과 같다. 따라서 아이를 낳다 죽는 여성은 전사가 전쟁터에서 죽는 것과 동등한 영예를 누린다.』(위의 책, 243쪽)

위와 같은 상황에서, 『원시시대의 어려운 물질 생활과 종족이 멸망의 위기에 자주 처하는 생육의 위기는, 원시인들로 하여금 종족의 번성과 인구의 증가를 갈망하게 하여, 자연히 생식력과 생식기 숭배 사상을 발생시켰다. 이것은 여성이 출산한다는 사실에서 기원한 것일 뿐만 아니라, 또 여성이 임신하는 과학적 이치를 이해하지 못했기 때문이다. 그러므로 초기의 생식 여신은 단지 그 성기관의 역할을 강조하고 그 신체상의 특징이 신격화된 것일 뿐이다. 나중에 비로소 잉태 토템의 역할을 찾았고, 그후 모계사회 말기에서 부계사회로 넘어오는 과도기에 비로소 남신이 참가하는 남녀 동체 관념이 있게 되었다. 그러므로 최초의 조상은 자연히 여신이었던 것이다.』(汪盼玲, 〈東西方早期維納斯比較硏究〉《民間文學論壇》 1987年 3期)

인류의 시조 여신은 일정한 특징을 갖고 있는데, 일반적으로 모두 유방이 두드러지고 엉덩이가 비대하며 배가 불룩 나왔다. 이것은 상술한 특징이 여성의 특징이자 생육의 상징이면서 또한 옛스럽고 소박한 아름다움이기 때문이다. 『여인의 부푼 젖가슴은 남성을 끌어들이는 심미적 역할을 하는 이외에, 자손에게 젖을 먹이는 것을 목적으로 한다.』(魏勒,《性崇拜》, 中國靑年出版社, 1988年, 262쪽) 과거 윈난성의 몇몇 하니족〔哈尼族〕은 한쪽 유방을 노출시켰다. 가린 유방은 남편의 것이고, 밖으로 노출시킨 유방은 친구의 것이다. 친구는 그녀의 유방을 쓰다듬어 대면의 예절을 차린다. 『중세시대의 유럽 사람들은 임신한 여자를 여성미의 최고 극치로 보았다.』(靄理士,《性心理學》, 三聯書店, 1988年, 70쪽) 임신부의 신체적 특징은 일종의 아름다움이기도 하면서 또 새생명을 기르는 것이기도 하므로, 그 가치는 매우 큰 것이다. 그리고 가치 있는 형상일수록 신비함이 더한다. 『유럽·아프리카·아시아 세 대륙의 토착 부족들은 모두 여자의 비대한 둔부를 아름답다고 한다. 이 제2차 성징은 본래 신체 구조상 여성형과 남성형을 나누는 가장 분명한 것이면서, 또한 여성의 생식 기능에 필수적인 조건이기도 하다』『둔부가 크면 골반 또한 크고, 골반이 커야 큰 머리통이 통과할 수 있고』(靄理士, 앞의 책, 69쪽) 생육에 도움이 된다. 이러한 것은 중국에도 없지 않다. 원매袁枚는 《자불어子不語》 권21에서, 숭정崇禎 임금 때 상공 한 사람이 있었는데,『아름다운 여성의 둔부와 미남의 모습 보기를 좋아했다. 남자의 아름다움은 앞에 있고, 여자의 아름다움은 뒤에 있다고 생각했다 好觀美婦之臀 美男之勢, 以爲男子之美在前 女子之美在後』고 말했다. 필자는 60년대 초 윈난성 시솽판나〔西雙版納〕에서 1년 동안 지내면서 민족 조사에 종사했다. 그때 하니족 여성들이 항상 치마허리를 둔부에 묶은 것을 실제로 보았다. 일부러 둔부를 노출시킨 것을 조사를 통하여 발견한 것이다. 그들은 자기 부족이 생육할 수 있는지의 여부를 여성의 가치의 관건이라고 생각하여, 둔부가 크면 성적 능력이 발달한 것을 보여 주는 것이며, 또 많이 낳고 잘 기르는 것의 상징이라고 여겼다.

　19세기 이래, 유럽의 많은 국가들에서 모두 풍만한 유방·큰 배·커다란 둔부의 여성 나체상을 발견할 수 있다. 3,4만 년 전부터 3천 년경까지, 이러한 신상은 실제로 조상 여신이었다.〔그림 7〕 중국 랴오닝성〔遼寧省〕 커쥐〔喀左〕 둥산줴이〔東山嘴〕와 넝웬〔凌源〕의 경계 지역에서 발견되는 홍

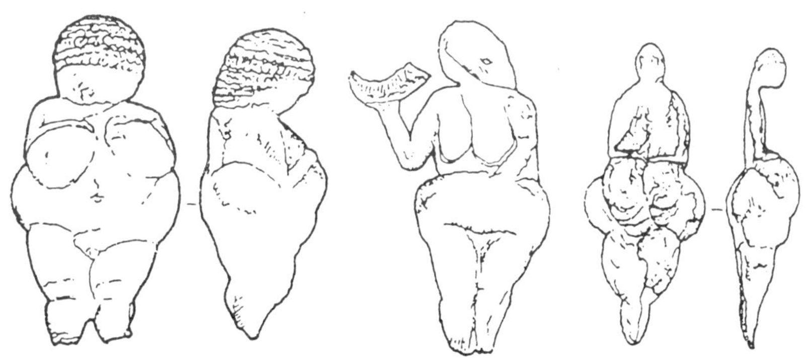

7. 유럽 석기시대의 女神像

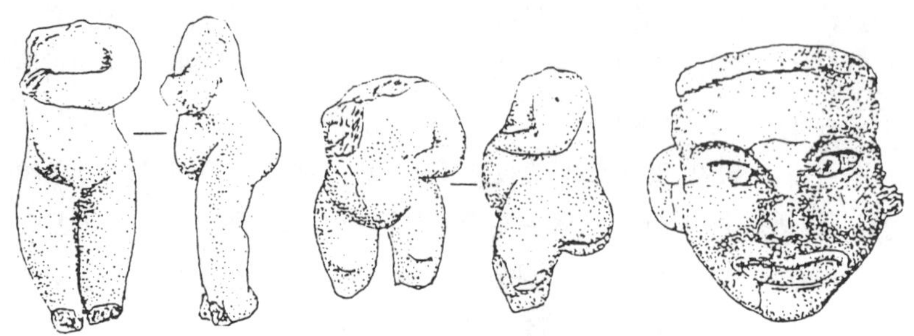

8. 중국 紅山 文化의 女神과 替身

산紅山 문화의 여신상 역시 이러한 성격의 것이다.〔그림 8〕 이것은 시조 여신의 유래가 오래 되었고, 최초의 생육 여신임을 설명하는 것이다.

제2절 토 템

  시조 여신의 뒤를 이어 나타난 생육신은 토템이다. 이것은 토템의 기원과 성질로부터 살펴야 한다.

  토템이란 말은 북아메리카인디언 어지프와인들의 방언으로, 〈그의 친족〉이란 의미이다. 이러한 신앙은, 사람이 어떤 동물이나 식물 혹은 무생물과 일종의 특수한 관계가 있고, 각 씨족들은 모두 어떤 동물이나 식물 혹은 무생물에서 왔다고 생각하는데, 그것들이 바로 토템이다. 토템은 씨족의 조상이고 보호신이며, 또한 씨족의 휘장徽章이고 표지이며 상징이다.

  상고시대의 종교는 끊임없이 발전해 왔다. 처음에는 인류 자신과 확실하지 않은 환경과의 관계 때문에 영혼신앙이 나타났고, 후에는 또 그것이 확대되어 자연계까지 이르게 되어, 예를 들면 하늘·땅·산·강·해·달·별·비·바람·번개·우뢰·동물·식물 등의 자연물을 숭배하였다. 자연을 정복하는 인류의 능력이 높아지고 사유 능력이 발전함에 따라, 자연 숭배는 점차 한 가지 혹은 소수 몇 가지 자연물과 자기 혈족이 일종의 특수한 관계가 있음을 발견하였다. 이를테면 추위와 굶주림에 시달릴 때 어떤 동식물이 자신에게 필요불가결한 의식주의 자원이 된다거나, 어떤 동물이 인류에게 커다란 위협을 가해 올 때 사람들은 더할 수 없는 엄청난 두려움을 느끼게 된다. 이때 초자연 관념과 범신론의 영향 아래, 사람들은 위에서 말한 어떤 자연물을 자기 생명을 주관하는 신령으로 간주한다. 동시에 그때는 이미 모계 씨족사회가 바야흐로 크게 번성하고 있을 시기였고, 인류가 자신의 내원을 거슬러 올라갈 때 자신의 어머니는 확실히 알 뿐만 아니라, 위에서 말한 자연물을 자신의 내원 중의 하나이고 또 어머니들과 일종의 동거나 감응 관계가 있다고 보았으므로 토템 신앙이 생겨난 것이다.

  중국의 고대에는 수많은 토템 감응 신화가 있었다. 바로 조상할머니가

9. 炎帝

토템과 감응한 후에야 비로소 씨족 혹은 민족의 조상을 잉태하는 것이다. 역사 기록에서 보자.

《태평어람太平御覽》 권78에서는 《시휘함신무詩諱含神霧》를 다음과 같이 인용하고 있다. 『천둥친 흔적이 크게 나타났는데, 화서가 그것을 밟고 복희를 낳았다. 大迹出雷澤 華胥履之 生宓義』 이것은 화서가 거인의 족적을 밟고 복희를 낳았음을 설명하는 것이다.

《사기史記·보삼황본기補三皇本紀》에는 다음과 같은 기록이 있다. 『염제 신농씨는 성이 강이다. 어머니 여등은 소전비인데 신룡에 감응하여 염제를 낳았다. 사람 몸에 소의 머리를 하고, 강수에서 자랐기 때문에 강을 성으로 삼았다. 炎帝神農氏 姜姓 母曰女登 爲少典妃 感神龍而生炎帝. 人身牛首 長于姜水 因以爲姓』 이것은 여등이 신룡을 감응하여 염제를 낳았음을 설명하고 있는 것이다. 민간에 퍼져 있는 전지에는 소의 머리에 사람의 몸을 한 염제의 형상이 있다.〔그림 9〕

《죽서기년竹書紀年》의 『황제의 어머니 부보는 번개가 북두성을 두르고 별빛이 들판에 비치는 것을 보고 감응하여 임신하였다 黃帝母附寶見電繞北斗 摳星光照野 感而孕』는 언급은, 부보가 큰 번개를 보고 황제를 잉태했음을 설명하는 것이다.

《옥함산방집일서玉函山房輯逸書》에서는 《춘추위원명포春秋緯元命苞》를 다음과 같이 편집하였다. 『황제 때 마치 무지개 같은 큰 별이 화저로 흘러내렸는데, 여절이 꿈에 접하고, 속으로 감응하여 주선 임금을 낳았다. 黃帝時 大星如虹 下流華渚 女節夢接 意感而生帝朱宣』 주균朱均은 『주선朱宣은 소호씨少昊氏』라고 주석했다.

《죽서기년》에서 『요임금의 어머니 경도는 붉은 용과 합혼하여 이상을 가지니 요임금이다 堯母慶都與赤龍合婚 合伊常 堯也』고 한 것은, 경도가 붉은 용을 만나 요임금을 낳았음을 설명하고 있는 것이다.

《오월춘추吳越春秋·월왕무여외전越王無餘外傳》에는 다음과 같은 기록이 있다. 『우임금의 아버지 곤은 전욱의 후손으로 유신씨의 딸인 여희를 아내로 맞이하였다. 나이가 들어도 아이를 갖지 못한 여희가 지산에 갔다가 율무를 얻어 삼켰는데, 마치 사람과 감응한 것처럼 임신하여 갈빗대를 가르고 고밀을 낳았다. 禹父鯀者 帝顓頊之後 娶于有莘氏之女 名日女嬉. 年壯未孳 嬉于砥山 得薏苡而吞之 意若爲人所感 因而姙孕剖肋而産高密』

《사기·은본기殷本紀》에는 다음과 같은 기록이 있다. 『은나라 설의 어머니는 간적이라고 하는데 융씨의 딸로 제곡의 둘째 부인이다. 세 사람이 목욕을 갔다가 제비가 알을 떨어뜨리는 것을 보고 간적이 그것을 먹고서 설을 잉태하여 낳았다. 殷契 母日簡狄 有娀氏之女 爲帝嚳次妃. 三人行浴 見玄鳥墜 其卵 簡狄取呑之 因孕生契』〔그림 10〕

《사기·주본기周本紀》에는 다음과 같은 기록이 있다. 『주나라 후직은 이름이 기이다. 그의 어머니는 태씨의 딸로 강원이라고 한다. 강원은 제곡의 원부인이다. 강원이 외출했다가 거인의 발자국을 보고 속으로 기뻐하며 밟고 싶어했다. 그것을 밟자 몸이 움직여 아이를 가진 것 같았다. 나중에 시일이 되자 아들을 낳았는데, 상서롭지 못하다고 여겨 골

10. 簡狄이 알을 먹고서 契을 낳다

목길에 버렸으나 지나가는 소나 말도 모두 피하고 밟지 않았다……. 강원은 신기하게 생각하여 마침내 거두어 길렀다. 처음에 버리고자 했으므로 이름을 기라고 한 것이다. 周後稷 名棄 其母有邰氏女 曰姜嫄 姜嫄爲帝嚳元妃 姜嫄出行 見巨人迹 心忻然說 欲踐之 踐之而身動 如孕者. 後期而生子 以爲不祥 棄之隘巷 馬牛過者皆辟不踐……姜嫄以爲神 遂收養長之 初欲棄之 因名曰棄』

《사기·진본기秦本紀》에는 다음과 같은 기록이 있다.『진의 선조는 제왕 전욱의 후예로, 자손이 여수로부터 나왔다. 여수가 베를 짜는데 제비가 알을 떨어뜨리자 그것을 먹고 아들 대업을 낳았다. 秦之先 帝顓頊之苗裔 孫歸女脩. 女脩織 玄鳥隕卵 女脩吞之 生子大業』

《후한서後漢書·서남이열전西南夷列傳》에는 다음과 같은 기록이 있다. 『야랑은, 전에 어떤 여자가 둔수에서 빨래를 하고 있는데 큰 대나무 두 마디가 발 사이로 떠내려왔고, 거기서 무슨 소리가 들려 가르고 보니 남자아이가 한 명 있어서 데리고 돌아와 길렀다. 성장하자 재주와 무예가 있어 자립하여 야랑후가 되었고, 대나무 죽자를 성으로 삼았다. 夜郎者初有女子浣於遯水 有二節大竹流入足間 聞其有號聲 剖竹視之 得一男孩 歸而養之. 及長 有才武 自立爲夜郎侯 以竹爲姓』

한나라 말엽 응소應劭가 지은 《풍속통의風俗通義》의 기록을 보자.『고신씨에게는 견융이라는 적이 있어서, 임금이 그들의 침략이 걱정되어 정벌했지만 물리치지 못하자, 이에 천하에 견융의 오장군 머리를 가져올 수 있는 사람을 뽑아…… 공주를 시집보내겠다고 했다. 이때 임금이 기르는 개가 있었는데, 그 털이 다섯 가지 빛깔이었고, 이름을 반호라고 했다. 명을 내린 후 반호가 그 사람의 머리를 물고 대궐로 왔다……. 임금은 그래서 딸을 반호에게 시집보냈다……. 3년 동안 열두 명의 자식을 낳았는데, 6남 6녀로 서로 짝하여 부부가 되었다……. 그 후손들이 번성하여 만이라고 불리게 되었다. 高辛氏有犬戎之寇 帝患其侵暴 而征伐不克 乃訪募天下有能得犬戎之吳將軍頭者……妻以少女. 時帝有畜狗 其毛五彩 名曰盤瓠 下令之後 盤瓠遂銜人頭 造闕下……帝乃以女配盤瓠……經三年生子一十二人

六男六女 因自相夫妻……其後滋蔓 號曰蠻夷』그 가운데의 〈만이蠻夷〉는 오릉만五陵蠻, 즉 후의 먀오〔苗〕·야오〔瑤〕·서〔畲〕 등의 민족 선조이다. 그러나 반호 토템을 신앙하는 민족으로는 또 고대의 강인羌人·나라羅羅, 그리고 근대의 먀오·야오·서·다이〔傣〕·수이〔水〕·둥〔侗〕·좡〔壯〕 등의 민족이 있다.

《청태조무황제실록淸太祖武皇帝實錄》에도 다음과 같은 기록이 있다. 『처음에 하늘이 선녀 세 명을 박에 내려가 목욕하도록 했는데, 맏이는 은고륜이라고 하고 둘째는 정고륜이라고 하고 셋째는 불고륜이라고 하였다. 목욕이 끝나고 물가에 올라가니, 신비한 까치가 붉은 과일 하나를 불고륜의 옷 위에 물어다 놓았는데, 그 빛깔이 매우 아름다웠다. 불고륜은 참지 못하고 그것을 주워 마침내 입에 넣었다. 그리고 옷을 입었더니 그 과일이 뱃속으로 들어갔다. 즉, 감응하여 임신한 것이다……. 불고륜이 후에 남자아이를 낳으니, 나면서 말을 할 줄 알고 금세 성장했다. 初 天降三仙女浴于泊 長名恩古倫 次名正古倫 三名佛庫倫. 浴畢上岸 有神鵲銜一朱果 置佛庫倫衣上 色甚鮮姸. 佛庫倫受之不忍擇手 遂銜口中. 甫著衣其果入腹中 卽感而成孕……佛庫倫後生一男 生而能言倏爾長成』

그 밖에도 흉노 여인이 이리와 교합하여 선우單于를 낳았고(《史記·匈奴列傳》) 애뢰이哀牢夷 사호沙壺가 물에 가라앉은 나무와 접촉하여 용의 아들을 낳았다(《漢書·西南夷列傳》)는 등의 기록도 있다.

이러한 전설들이 비록 천차만별이기는 하지만 몇 가지 공통점이 있다. 첫째는 모두 자신들의 여 시조가 있어서 모계 씨족시대의 특징을 갖고 있다. 둘째, 여성들이 남자와 교합하지 않고 어떤 사물의 감응을 받아 자녀를 낳는다. 『원시사회에서는 심한 경우 종종 임신이 성교의 결과라는 것을 이해하지 못한다……. 아룬타와 쿠루크 사람들은 정령(신성한 바위나 나무 등의 물체—楚林格里에 존재하는 토템 숭배의 조상)이 여성의 속에 들어가 임신하게 한다고 생각한다.』(沙利·安什林,《宗敎的起源》, 三聯書店, 1964年, 75쪽) 셋째, 여성들은 누구나 일정한 자연물과 결합한 후에야 위대한 군왕을 낳는다. 이러한 토템은 의심할 바 없이 유가儒家의 천인감응天人感應 사상의 영향을 받은 것이지만, 모두 실제로는 토템과 감응하여 사람을 낳는다는 내용이 담겨 있어, 중국의 고대 토템을 연구하는 사람들에게 참고 자료를 제공하기도 한다. 그것은 역사 어느 시기에 일부 씨족의 성원들이, 자신들은 씨족의 명칭을 갖게 한 어떤 동물로부터 내려왔음을 공공연하게 밝혀, 자신들의 먼 조상은 만물을 주재하는 신에 의해 동물에서 사람으로 변했다고 생각하고 있음을 설명하는 것이다. 다른 한편으로는 토템에 감응한 생산작용은 오직 양자가 결합해야만 후대를 낳을 수 있다고 믿었으며, 여기에서 남자는 제외된다. 이것은 바로 모계 씨족사회의 생육 관념이다. 따라서 당시에는 보편적으로 토템이 생육신으로 여겨졌다.

중국의 민족학 자료에는 많은 토템 신앙의 흔적이 남아 있다.

타이완의 타이얄인〔泰雅爾人〕 가라파〔嘎拉帕〕 씨족들에게는 다음과 같은 전설이 있다. 먀오카허랑이라는 큰 바위가 커다란 굉음과 함께 갈라져 한 여자를 낳았는데, 그날 그 여자가 산꼭대기에 올라 하늘을 향해 돌 위에 누우니 바람이 두 다리 사이로 불어와 후에 임신을 하고 남자를 낳았다. 그 모자가 바로 이 씨족의 선조이다.(佐山融吉等,《生蕃傳說集》, 杉日重藏書店, 1923年, 57쪽)

타이완의 여러 민족들은 또 돌·대·나무·알·뱀 등을 토템으로 삼고 있다.(施連株等,《臺灣民族歷史與文化》, 中央民族學院出版社, 1987年, 467-497쪽)

하이난성〔海南省〕의 메이푸리 전설은 이렇다. 조상할머니가 개와 교합하여 후대를 낳았는데, 후에 아들이 장성하여 아버지가 누구냐고 물으니 어머니가 개라고 대답하자 아들이 부끄러워 개를 죽였다. 지금도 이 계통의 리족〔黎族〕 도사들은 개고기를 먹지 않을 뿐더러 개의 피로 사악한 것을 피하고자 한다. 어떤 사람들은 개고기를 먹기도 하지만, 집에서는 고기를 삶을 수 없다.

광둥성〔廣東省〕과 푸젠성〔福建省〕의 서족〔畲族〕들도 개 토템을 신봉한다. 그들은 개 머리에 사람 몸을 한 반호 이야기를 옷감에 그려 제사를 지낼 때 반드시 걸어놓는데, 사람들은 〈조상 그림〉〔祖圖〕이라고 한다. 조

11. 서족의 祖圖

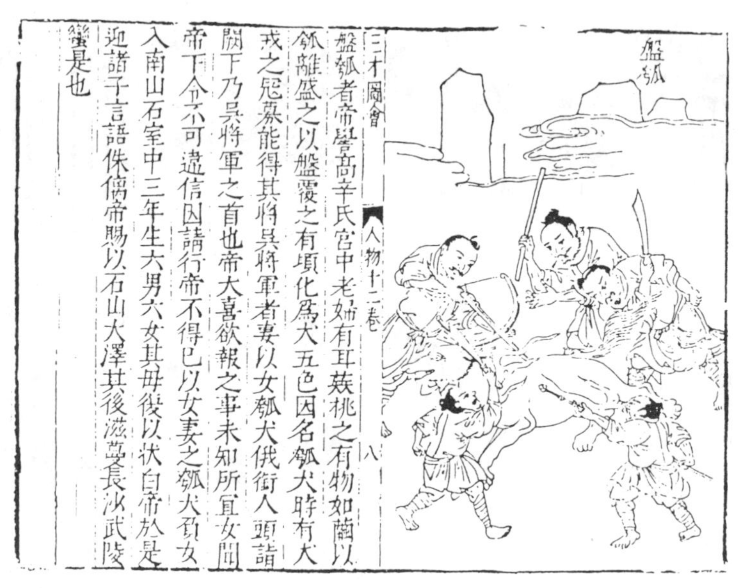

12. 盤瓠

상에 대한 제사 때는 〈구황가狗皇歌〉를 부르고, 개와 서족의 혈연 관계를 이야기한다.〔그림 11〕

후난성〔湖南省〕 장융〔江永〕에 사는 야오족〔瑤族〕들은 환반왕원還盤王願에서 최후에 반드시 자식을 갖고자 하는 의식을 거행하면서 〈구반둔무〉〔狗絆臀舞〕를 추어야 하는데, 사실은 사람과 개가 교합하는 춤으로, 이렇게 해야 자손이 흥성할 수 있다고 생각한다. 광둥과 광시의 야오족들도 개를 토템으로 받든다.

후난성 샹시〔湘西〕의 몇몇 먀오족〔苗族〕들도 반호 사당〔盤瓠廟〕을 세우고 개 토템을 받드는데, 해마다 꼭 큰 제를 지낸다. 그때는 또 용 모양의 배를 만들어 신을 기쁘게 하는 춤을 추기도 한다.〔그림 12〕

구이저우 먀오족의 토템 신앙도 적지 않다. 어떤 곳은 단풍나무를 신앙하고, 어떤 곳은 알을 신앙하고, 어떤 곳은 돌을 신앙한다. 우리는 레이산현〔雷山縣〕 마랴오촌〔麻料村〕에서 용 초청 의식을 보았는데〔그림 13〕 12년마다 한 번씩 대나무로 토템을 대표한다. 사람들은 그것들에게 옷을 입히기

위하여 ── 목화를 뽑아 바치
고, 또 대나무를 마을 안으
로 맞이하여 길에 많은 대나
무를 꽂고 그 위에 종이인형
을 붙인다. 대나무로 만들어
진 용은 자녀를 상징한다.
자녀를 낳은 후에는 여자는
남기고 남자는 버려서 〈여아
그림〉을 만든다. 후에는 남
근 숭배로 바뀌었다.

13. 용 초청 의식

　부랑족〔布朗族〕에게는 〈엔뤄부워〉라는 신화가 있다. 전설에 의하면 부
랑족은 개구리를 조상으로 여기는데, 〈엔뤄부워〉는 바로 개구리라는 뜻이
다. 상고시대에 하늘의 신 바야티엔이 개구리와 싸움을 벌여 대지가 7년
동안 가물었고, 개구리가 하늘에 올라가 토벌하려 했지만 패하고 내려왔
다. 나중에 개미를 파견하고, 개구리는 기회를 타 천신의 무기를 훔쳐 두
번째로 하늘에 올라가서 싸워 이기자 비로소 비가 내렸고, 또 하늘로부터
각종 짐승들을 데리고 내려왔다. 그러나 남자는 짐승들을 다스리지 못하
고 단지 활로만 죽일 수 있었고, 여자들은 세심하게 작은 짐승들을 관리
하였다. 한번은 개구리가 하늘에 올라갔는데, 집에서 아내와 자식이 개구
리 껍질을 먹어 버려 그는 영원히 성인이 되지 못했다. 부랑족은 여인과
개구리가 생육시킨 부족이다.

　아이라오산〔哀牢山〕의 이족彝族은 돌을 토템으로 신앙한다. 어떤 이족
들은 호랑이·호로박·자귀나무 꽃을 토템으로 삼기도 한다.

　리쑤족〔傈僳族〕들에게는 많은 토템 전설들이 있다. 예를 들면 호씨족虎
氏族의 사람들은, 그들의 여 시조가 산에 올라가 나무를 하다가 호랑이가
변한 남자를 만나 두 사람이 결혼하여 호씨족을 낳았다고 전한다. 교씨족
蕎氏族 전설에는 어떤 아가씨가 메밀을 먹고 임신하여 교씨족의 사람을
낳았다고 전해진다. 그들은 메밀을 제사지낼 때 무당의 주관하에 돼지고기

를 바치고, 땅 위에 또 소와 말 그림을 한폭 그려놓는데, 전설에 의하면 메밀에게 쓰도록 주는 것이라고 한다. 무당은 또 역사를 강술하고 풍속을 설명하면서 청년들을 교육시킨다. 그 밖에 이 민족들에게는 곰·원숭이·양·뱀·쥐·새·벌·물고기·삼베·차·버섯 등의 여러 토템이 있다.

　한족의 용등송자龍燈送子의 풍습도 어떤 토템의 잔존이라고 할 수 있다. 《중화전국풍속지中華全國風俗志》하편 권6에는 다음과 같은 기록이 있다. 『정월 보름, 창사의 신년 풍속 시에서는 이렇게 읊고 있다. 「여인네가 용을 둘러싸면 임신할 수 있고, 온 마음으로 아들을 구하니 또한 기이하지 않은가. 진짜 용도 종이용만큼 좋지는 못하고, 기린을 만들면 아들을 보내 주신다지.」正月十五 長沙新年風俗詩「婦女圍龍可受胎 痴心求子亦奇哉, 眞龍不及紙龍好 能作麒麟送子來」』주석은 이렇다. 『여인네가 오랫동안 아이를 갖지 못하면 용등을 집에 보낼 때마다 예물 봉투 하나를 더 보내어, 용의 몸으로 부인을 한번 돌게 하고, 또 용의 몸을 축소시켜 위에 어린아이 한 명을 태우고 사당 앞을 한바퀴 도는데, 이것을 기린 아들 보내기라고 한다. 婦女多年不生育者 每于龍燈到家時 加送封儀 以龍身圍繞婦人一次 又將龍身縮短 上騎一小孩 在堂前行繞一周 謂之麒麟送子』그 밖의 용들은 비록 토템이 아니기는 하지만, 용이 여성과 접촉하는 것은 토템과 여성이 교합하는 형식이 남아 있는 것이다. 한족의 역사에 등장하는 복희伏羲와 여왜女媧는 모두 사람 머리에 뱀의 몸을 하고 있고, 또 양자가 꼬리를 교합하고 있는 형상이다. 고고학자들의 실증에 의하면, 최초의 복희와 여왜의 형상은 상나라 때 나타난다. 예를 들면 안양安陽 후자좡〔侯家莊〕 1001호 대묘大墓에서는 일찍이 〈머리 하나에 몸통이 둘인 뱀 형상의 목

14. 伏羲와 女媧

기〉파편이 발견되었는데, 머리 부분이 손상되었다. 오른쪽에는 횡으로 큰 눈이 그려져 있고, 뱀의 몸은 서로 꼬고 있으며 두 꼬리는 굽어 있어, 후의 복희와 여왜가 교미하는 그림과 비슷하다.(梁思永·高去尋,《侯家莊》第二本, 歷史語言硏究所, 臺北, 1962年) 한나라 때는 여왜와 복희의 형상이 더욱 많지만, 모두 사람 머리에 뱀의 몸을 하고 있다.〔그림 14〕 이것은 이 그림이 뱀 토템에서 기원하였음을 설명하는 것이며, 후대 사람들은 또 사람 머리에 용의 몸을 갖다붙였다. 이로 보아 복희와 여왜의 그림 모습은 토템에서 나왔고 또 토템보다 차원이 높아, 거기에는 조상을 제사지내고 자식을 갖고자 하는 무술의 이중적 의미가 들어 있음을 알 수 있다.

다른 나라에는 토템과 관련된 자료가 더 많다. 오스트레일리아의 아란다인들은 아직도 부권제 관념이 없어서,『임신을 하는 것은 부친의 역할과 어떤 관계가 있음을 인정하지 않고, 어떤 토템의 신령이 모체에 들어온 결과라고 생각한다. 이들의 조상은 노인들에 의해 판정된다』(穆達克《我們當代的原始民族》, 四川民族硏究所, 1980年, 27쪽) 어떤 아란다인들은 『라타파는 태아의 어린 싹으로 조상이 만든 것인데 나무나 돌 틈에 살기 때문에, 그녀들이 기도할 때 라타파가 여성의 몸 속으로 들어와 임신시킨다고 생각한다』(賽普,〈阿蘭達人——一個生活在石器時代的部落群〉,《民族譯叢》, 1979年 1期) 말레이 반도의 써만인도 생육에 있어서의 아버지의 역할을 인정하지 않고,『어떤 새가 역할을 한다』고 여긴다. 한 여성이 임신한 다음에는 반드시 부근의 어떤 나무에 가서 절을 드려야 한다. 그녀 자신이 바로 이 나무로부터 이름을 얻었기 때문이다. 또 그 나무를 잎과 꽃으로 장식해야 한다. 그러므로 영혼 새는 이러한 표식에 의해 유인되어 나무에 날아와 앉고 사나운 새에 의해 죽임을 당한다. 어머니가 이 새를 먹으면, 아직 출생하지 않은 아이에게 영혼을 넣어 줄 수 있다고 생각한다.(穆達克,《我們當代的原始民族》, 四川民族硏究所, 1980年, 65쪽)

유사한 예는 많기 때문에 더 이상 거론하지 않는다. 문헌에 기록된 토템은 물론 민족학 중에도 토템의 흔적이 남아 있는데, 모두《춘추공양전 春秋公羊傳》에서 말하는『성인은 모두 아버지가 없이 하늘에 감응하여

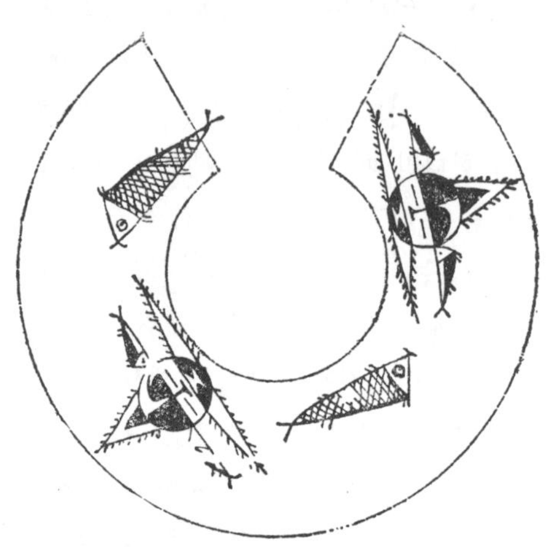

15. 반퍼 人面魚紋

태어났다 聖人皆無父 感天而生』는 것과 같은 것들이다. 이른바 〈아버지가 없다〉는 것은, 당시에는 바로 모계 씨족시대로, 씨족 집단혼이 행해져 아버지가 아직 처가 쪽 씨족에 진입하지 못하였고, 자녀가 자기 어머니는 알지만 아버지는 모르고 있음을 가리키는 것이다. 다른 차원에서 보면, 당시에 토템 신앙이 성행하여 어머니가 토템과 감응하여 태어나고, 당시에 통치적 위상을 갖고 있던 생육관은 〈하늘에 감응하여 태어나는〉 관념이었음을 의미한다.

중국 신석기시대의 고고학 작업 중에 8천여 곳의 유적지가 발견되었지만, 토템과 관련된 자료는 매우 적다. 혹간 토템이 이미 출토되기도 했지만 아직 식별하지 못했다. 일부 학자들은 허무두〔河姆渡〕 문화와 양저〔良渚〕 문화에서 대부분 토템을 신앙하고 있으며, 반퍼〔半坡〕 양사오〔仰韶〕 문화에서는 새 토템을 신앙했었다고 생각하고 있다.〔그림 15〕 베이징 핑구현〔平谷縣〕의 건축물 유적지에서도 새 형태 기둥의 토템이 출토되었다. 민간의 종이 오리기 풍습에는 사람 머리에 두 마리 물고기 형상이 있는데〔그림 16〕 반퍼의 사람 얼굴에 물고기 문양과 비슷하여 상고시대 물고기 토템의 흔적

16. 人首魚身剪紙

일 가능성이 있다. 그런데 또 어떤 사람들은 고고학에서 발견되는 온갖 도안들이 모두 토템이라고 생각하며, 심지어는 중화민족도 용과 호랑이 숭배라는 일종의 통일된 토템을 갖고 있다고 생각한다. 우리가 만약 어떤 동물이나 식물 혹은 무생물이 토템임을 확인하고 싶으면, 반드시 다음과 같은 두 가지 점을 고려해야 한다. 하나는 그것이 토템 시대에 속하는 물건이나 잔여물인지의 여부이고, 다른 하나는 그것이 토템의 기본적 특징을 갖추고 있는지의 여부이다.

토템은 당연히 다음과 같은 특징을 갖고 있어야 한다.

첫째, 어느 씨족이건 모두 자신들의 특정한 토템을 갖고 있어야 한다. 이 토템이 바로 그 씨족의 명칭이고, 나아가 발전하여 성姓이 되었기 때문이다. 한족의 수많은 성 중에 일부 성은 바로 토템에서 나온 것이다. 소수 민족도 그러한 상황이다. 예를 들면, 윈난성 양우〔楊武〕 루퀘이산〔魯魁山〕에 사는 이족彝族의 방方이라는 성은 노루가 변하여 된 것이고, 양楊이라는 성은 면양이 변하여 된 것이며, 장張이라는 성은 푸른 무늬의 비둘기가 변하여 된 것이다. 각 씨족들은 모두 자신들의 주택과 도구와 복식과 문신에서 씨족의 상징으로서 신들의 토템 표지를 표현하는 데에 심혈을 기울인다.

둘째, 본 씨족이 그 토템의 소생이므로 양자는 일정한 혈연 관계를 갖고 있다고 생각한다. 뿐만 아니라 토템에 감응하여 태어났다는 적지 않은 신화를 창조했다. 이것은 민간 문학의 귀한 자산이다. 사람들은 또 자신의 토템에서 자신들의 세계世系를 이끌어 냈다. 이를테면 네이멍구 천파얼후치〔陳巴爾虎旗〕의 어원커족들은 씨족마다 모두 자신들 토템의 기원 전설이 있어서, 물새·작은 새·매·백조 토템을 나누어 신앙한다.

셋째, 본 씨족의 토템에 대한 일정한 제사 의식이 있다. 이를테면 서족의 조상에 대한 제사 의식, 먀오족의 반호盤瓠 사당 참배는 모두 토템에 대한 제사의 반영이다. 좡족의 청와절青蛙節도 청개구리 토템에 대한 제사 의식이다.

넷째, 각 씨족마다 자신들의 토템에 대한 약간의 금기가 있다. 이를테면 토템의 이름을 말하지 못하게 한다든가, 죽이지 못하게 한다든가, 심지어는 토템을 만질 수도 없다. 그러나 본 씨족이 사냥하거나 죽이지 못하는 동물을 기타 씨족은 사냥할 수 있다. 이렇게 당시에는 동물이 비교적 많아서 토템도 각기 달랐기 때문에, 저 부족은 죽여도 이 부족은 죽이지 못하고, 이 씨족은 죽여도 저 씨족은 죽이지 못하게 하는 것은, 특별한 형태는 없었지만 동물에 대해 일정한 보호작용을 하였다. 이것은 생태계의 평형을 보호하는 데에도 유익한 점이 있었다.

다섯째, 토템은 씨족과 동시에 시작하여 끊임없이 발전·변화하였다. 한 씨족이 두 씨족으로 나뉘면, 토템에도 변화가 발생했다. 리쑤족은 곰 씨족〔熊氏族〕의 하나였다가 나중에 세 개의 씨족으로 나뉘었다. 그래서 작은 곰·중간 곰·큰 곰의 세 가지 새로운 씨족 토템이 나타났다. 모계 씨족의 해체와 부권제의 흥기에 따라, 토템도 점차 역사의 뒤안길로 사라졌다.

이상의 분석을 통하여 볼 때, 단지 인류와 일정한 혈연 관계에 있는 숭배물만이 토템이고, 그것은 또 당시의 중요한 생육신이기도 하였음을 알 수 있다. 사람들은 중국에는 하나의 통일된 토템이 없는가 하고 물을 수도 있다. 이것은 불가능하다. 알다시피 토템은 모계 씨족시대의 종교 형식으로, 당시에는 씨족 부락이 분산되어 있어서 서로 왕래가 많지 않았기 때문에, 그들에게는 하나의 통일된 토템이 있을 수도 없고 또 그럴 필요도 없었다. 사실대로 말하면, 고고학이건 민족학 자료이건 하나의 중화민족이라고 말해서는 안 된다. 하나의 구체적 민족, 하나의 구체적 고고문화 또한 하나의 토템에 의해 구성되거나 변천될 수는 없기 때문이다. 토템은 다원적이므로, 중화민족의 조상들도 여러 가지의 많은 토템을 신앙했다. 각 토템 사이에는 예속이 없고 또 주종의 구분도 없다. 이른바 〈통일된 토템〉설은 현대인의 생각에 불과할 뿐이다.

제3절 고매高禖

중국의 고대 문헌에는 또 생육을 주재하는 신—고매가 거론된다. 뿐만 아니라 상사절上巳節이나 3월 3일은 고매에게 제사지내는 날로 생각되었다. 고매란 무엇인가? 옛날부터 여러 가지 견해가 있었다.

하나는 간적簡狄이 고매신이라는 생각이다.《예기禮記·월령月令》의 정현鄭玄의 주석을 본다.『현조는 제비이다. 제비가 살아갈 때 사람들의 집에 둥지를 짓고 알을 품는 것이 아내를 취하는 형상이다. 중매하는 관리를 후라고 한다. 고신씨의 출생은 제비가 알을 낳은 것을 간이 삼키고 설을 낳았다. 후에 왕이 중매 관리를 상서롭다 하여 그곳에 사당을 세웠는데, 중매의 매媒가 변하여 매禖로 변했고, 그것을 신으로 보았다. 玄鳥 燕也. 燕以施生時來巢人堂宇而孚乳 嫁娶之象也. 媒氏之官以爲侯. 高辛氏之出 玄鳥遺卵 娀簡呑之而生契 後王以爲媒官嘉祥而立其祠焉 變媒言禖 神之也』

또 하나는 복희가 고매신이라는 견해이다. 공영달孔穎達은《예기禮記·월령月令》정의正義에서 다음과 같이 해석했다.『다만 처음에는 매라는 그 사람이 누구인지 알지 못했다.《세본》과 초주의《고사고》에 복희는 채단과 가죽으로 결혼하는 예의제도를 만들었다. 그것을 써서 하늘에 짝하고 그 존귀한 매를 만든 것은 물론 복희이다. 但不知初爲媒者其人是誰 按《世本》及譙周《古史考》伏羲制以儷皮嫁娶之禮. 旣用之配天 其尊貴生媒當是伏羲也』한나라 때의 화상석畵像石에는 복희와 여왜 사이에 또 한 명의 어린아이가 있는데, 이것은 복희가 생육신임을 증명하는 것이다.

그리고 또 하나는 여왜가 고매신이라는 설이다. 나필羅泌은《노사路史·여론餘論》에서『고매는 옛날에 여왜를 제사지냈다 皐禖古祀女媧』고 말했고,《노사·후기後記》에서는 여왜가『태호를 도와 신에게 기도하고, 여왜를 위해 기도하여 성씨를 바로잡고, 혼인의 직분을 마련하고 매를 오가게 하여 만백성을 중히 여기는 법칙으로 삼았는데, 이것을 신매라고 했다 佐太昊禱于神 祈而爲女媧正姓氏 職婚姻 通行媒 以重萬民之則 是曰神媒』고 말했다. 주석에서는 『《풍속통》에 여왜가 신에게 기도하고 제사지내어 여매로 삼고, 혼인에 매를 보내도록 했다고 했는데, 이제 이것이 분명하다 《風俗通》云女媧禱祠神祇而爲女媒 因置婚姻行媒 始此明矣』고 했다. 산시〔陝西〕 린퉁〔臨潼〕에서는 여왜를 사람의 조상할머니로 받들어 모신다. 아이를 갖지 못하는 여인이 여왜에게 여러 번 제사드리고 산에서 야합하는데, 그것을 〈단자회單子會〉라고 한다. 이것은 여왜가 생육신임을 설명하는 것이다.

또 하나는 조상이 고매신이라는 견해이다. 채옹蔡邕은 《월령장구月令章句》에서 이렇게 말하고 있다. 『고매는 신의 이름으로, 고는 높다는 것이다. 좋은 일에는 먼저 어떤 상이 보이는데, 사람의 선조라고 하고, 자손을 기구하는 제사의 대상이다. 후비는 비빈을 거느려 모두 고매로 하여금 잉태해 주도록 기원한다. 高禖 神名也 高猶高也. 吉事先見之象 謂人之先 所以祈子孫之祀也 后妃將嬪御 皆令于高禖 以祈孕妊』문일다聞一多·손작운孫作雲·양관楊寬 등도 조상을 〈고매신〉이라고 생각했다.

마지막으로 남근을 고매신으로 보는 견해이다. 곽말약郭沫若은 《석조비釋祖妣》에서 다음과 같이 언급했다. 『옛날 사람들은 본래 여성의 성기를 신으로 삼아 그것을 조상으로 숭배하거나 혹은 이를 사社라고 했다……. 《주례周禮·춘관春官·약장籥章》에는 이런 언급이 있다. 모든 나라에서는 전조에게 풍년을 기원하여 그윽하고 아름다운 춤을 추고 흙북을 치면서 농부들을 즐겁게 한다. 이것이 이른바 〈전조〉, 즉 《모전》과 《월령》의 교매·고매이다. 古人本以牝器爲神 或拜之祖 或謂之社……《周禮·春官·籥章》 凡國祈年于田祖 龡幽雅 擊土鼓 以樂田畯. 此所謂〈田祖〉 卽《毛傳》·《月令》之郊禖·高禖』

이상의 다섯 가지 견해는 사실 다음과 같은 두 가지 견해라고 할 수 있다. 하나는 남근이 고매신이라는 견해이고, 다른 하나는 조상이 고매신이라는 견해이다. 《통전通典》 권55에는 이런 언급이 있다. 『고매라는 것은 사람의 선조이다. 그러므로 돌을 세워 신주를 삼고, 태뢰로써 제사지낸다.

高禖者 人之先也. 故立石爲主 祀以太牢也』그러나 그 중에는 또 여성 선조와 남성 선조를 구분하기도 했다. 이러한 견해들에서 여성 선조와 남근을 고매신으로 보는 것은 나름의 이치가 있기는 하나, 고매신이 결코 고정불변의 것은 아니고 발생과 발전의 과정을 갖고 있어서 몇 가지 발전 단계로 구분할 수 있다. 이것은 고대의 생육신앙과 생육 관념에 의해 결정되는 것이다.

인류는 매우 긴 역사 시기 동안 자신의 구조를 전혀 알지 못했고, 또 성교와 생육간의 인과 관계도 알지 못했다. 모계 씨족이 형성된 후, 사람들은 자녀와 어머니의 관계에 대해서는 명확하여 자신의 어머니는 알았지만 자신의 아버지는 알지 못했다. 이러한 역사적 조건하에서 인류는 자신의 내원으로 거슬러 올라가서, 어머니와 씨족 토템이 결합해야만 자신이 태어난다고 믿었다. 당시 생육신앙은 한편으로는 토템을 믿었는데, 상고시대의 감응하여 태어난다는 신화가 바로 이러한 관계의 반응이다. 다른 한편으로는 여성 시조의 숭배이다. 왜냐하면 여성은 생산활동의 주력이었고 또 씨족 생활의 관리자였으며, 생육도 여성에 의해 실현되는 것이었기 때문이다.『여성은 걱정할 줄도 모르고 멀리 내다보지도 못하는 야만인이 신명神明이라는 데에 대해, 그녀는 총명하면서도 미리 내다볼 줄 알고, 요람에서 무덤까지 그의 운명을 지배한다. 남자는 지적 능력의 획득과 일상 생활 사건의 기초 위에서 자신의 의식 형태를 형성한다. 그러므로 필연적으로 여성을 신격화하기 시작했다』(拉法格,《宗敎與資本》, 三聯書店, 1963年, 61쪽) 따라서 필연적으로 여성 시조를 생육신으로 보았다.

고매高禖는 또 교매郊禖라고도 한다. 교외에서 제를 올리기 때문에 얻은 이름이다. 매禖는 매媒와 같고, 매禖는 또 매腜에서 나온 것이다.《설문說文》에서는『매는 여성이 처음 아이를 잉태한 징조이다 腜 婦始孕腜兆也』고 했다. 주준성朱駿聲은『고매의 매를 보면 처음 아이를 밴다는 뜻의 매이다 按高禖之禖 以腜爲義』고 주석했다.《광아廣雅·석친釋親》에서는『매는 태이다 腜 胎也』고 했다. 이로 보아, 최초의 고매는 여성에 속한다. 뿐만 아니라 성년의 여성이며 임신한 형상을 하고 있음을 알 수 있다. 사실상 상고시대의 몇몇 나체 여성은 비정상적으로 발달한 둔부와 가슴을 갖고 있으며, 또 배가 앞으로 돌출했다. 이것은 생식의 상징이다. 유럽 구석기 후기의 임신한 형상의 여신 조각상이나 중국 동북 지구 홍산紅山 문화의 임신한 모양의 여신 도상陶像은 모두 생육신이며, 고매와 같은 성질을 가지고 있다.

최초의 고매가 여성 조상신이라는 공통성을 갖고 있다고는 하나, 각 민족의 고매신은 오히려 각기 다르다. 바로 앞에서 말한 바와 같이, 상商나라 민족의 고매는 간적簡狄이고, 하夏나라 사람의 고매는 수이修已이다. 혹은 여왜를 고매로 하기도 하여 도산씨涂山氏의 여왜는 하나라 사람의 조상할머니이며, 또 하나라 사람의 고매이기도 하다. 주周나라 민족은 강원姜嫄을 고매로 한다. 《시경·노송魯頌·비궁閟宮》의 내용은 이렇다. 『궁궐문 닫으니 맑고도 조용하고, 건물은 넓고 크며 재목은 조밀하다. 빛나누나 강원이여, 그 덕행 바르구나. 閟宮有侐 實實枚枚, 赫赫姜嫄 其德不曾』《모시毛詩》에서는 〈비궁閟宮〉을 강원의 사당으로 보았고, 또 맹중자孟仲子를 인용하여 『이것은 매궁이다 是禖宮也』고 했다. 산시성〔山西省〕 남부에서 모시는 낭랑娘娘 사당은 강원姜嫄을 주신으로 한다. 이후의 발전에서 여성 시조를 고매신으로 계속 받드는 이외에 점차 생육만을 전담하는 신이 나타났다. 이를테면 광둥성의 커자〔客家〕들이 모시는 아파신阿婆神은 어린아이의 성장을 주재할 뿐만 아니라, 혼인의 신이기도 하다. 사람들은 결혼할 때, 침상 아래에 아파신상을 모셔둔다. 광시성 쫭족의 화파신花婆神도 혼인과 생육의 수호신이다. 구이저우성 부이족〔布依族〕이 모시는 모왕母王도 같은 성질의 신이다. 한족이 모시는 각종 낭랑묘 역시 고매신에서 변화된 것이다. 윈난성 융닝 나시족〔納西族〕 지역에는 깐무 여신을 신앙하여 자기들의 먼 조상으로 받들면서, 다른 한편으로는 일종의 생육신—〈나티〉를 신앙한다. 이 신은 여인 형상으로 생육과 여성과 어린아이의 건강을 주재한다. 조상을 제사지낼 때, 무당 다바는 나뭇가지나 삼대로 〈나티디지〉라고 하는 사각테를 엮어 만든다. 나티의 방이라는 의미로, 중앙에는 대나무를 꽂고 위에는 몇 가닥의 색천을 묶는다. 이와 같은 나뭇가지와 천가닥은 사람이 많고 생명이 왕성함을 상징한다. 나티 우상은 보리나 찹쌀가루를 볶아 경단으로 만든 참파라고 하는 것으로 빚었는데, 배에 달걀을 하나 놓아 큰 배를 뚱뚱하게 만들어 다산의 형상을 보여준다. 달걀은 부화하여 닭이 될 수 있으며, 마찬가지로 자녀의 잉태를 상징한다. 신상은 유방이 돌출되어 있고 배가 크며 음부는 딱 갈라져 있다. 우상을 방 모형 안에 놓은 후, 실·베·물고기·고기·달걀·우유 등을 바치고, 그외에 열여섯 개의 나무를 깎아 그 위에 구멍을 몇 개 파는데, 이것은 자손이 많음을 상징한다. 다바는 이렇게 기도한다.『주인집은 당신을 위해 모두 준비를 잘해 놓았습니다. 가져가실 수 있으니 오래 머무르지 않으셔도 괜찮고, 낮이건 밤이건 아무 때나 오시고 여기저기 눈치볼 필요도 없고 저녁이건 귀신이건 두려워할 필요도 없습니다.』마지막으로 나티와 방 모형을 나무 위에 걸어놓아 보호수로 삼는데, 어린아이가 과일나무와 마찬가지로 건강하게 출생하여 성장하도록 기도하는 데에 그 목적이 있다. 나티는 고매과 같은 일종의 생육신임을 알 수 있다. 고매건 여시조이건, 나중에 나타난 낭랑신이건 모두 모계사회 생육신 및 그 흔적이다. 여기서 최초의 고매는 여성 조상이고, 각 부족은 모두 자신의 고매를 섬김을 알 수 있다.

고매에 대한 제사활동과 관련된 기록은 많다.

채옹蔡邕은 《월령장구月令章句》에서 다음과 같이 언급했다. 『《논어》에 〈늦봄에 기수에 목욕한다.〉 위로부터 아래까지 옛날에는 이러한 예가 있었는데, 요즘은 3월 상사에 물에 기원하는 제사를 지내니, 여기서 나온 것이다.《論語》〈暮春浴于沂〉 自上及下 古有此禮 今三月上巳祓于水溪 盖出于此也』

《한서漢書·외척전外戚傳》에는 다음과 같은 기록이 있다. 『무제는 즉위한 지 몇 년이 지나도 아들이 없었다. 평양주가 좋은 집안의 규수 10여 명을 구하여 꾸며서 집에 모셔놓았다. 무제가 파에서 제사지내고 돌아오는 길에 평양주의 집에 들렀다. 평양주가 모시게 한 미인을 보고도 무제는 좋아하지 않았다. 술을 마시고 노래하는 사람이 들어오자, 무제 혼자

만 그를 좋아했다. 武帝卽位 數年無子. 平陽主求良家女十餘人 飾置家. 帝
祓覇上 還過平陽主. 主見所侍美人 帝不說. 旣飮 謳者進 帝獨說子夫』

《진서晉書·예지禮志》에는 다음과 같은 기록이 있다.『한나라 의례에,
늦봄 상사절에 관리와 백성들이 모두 동쪽의 흐르는 물에 제사냈다…….
위나라에서부터는 단지 3일뿐이었고 상사절에 하지 않았다. 漢儀季春上巳
官及百姓皆祓于東流水上……自魏但用三日 不以上巳也』

왕희지王羲之는 《난정집서蘭亭集序》에서 다음과 같이 말했다.『영화 9
년 계축년 늦봄 초에 회계의 난정에 모여 계 제사를 지냈다. 永和九年 歲
在癸丑 暮春之初 會于會稽之蘭亭 修禊事也』

《법서法書·요록要錄》에 다음과 같은 기록이 있다.『목제 영화 9년 3월
3일에 왕희지가 태상 손통 등 41인과 함께 회계 상음의 난정에 모여 계
제사를 지내고 술을 즐기고 시를 짓고 서문을 쓰고, 누에고치 종이와 쥐
수염 붓으로 글자를 쓰는데, 중요한 것은 모두 다른 체로 썼다. 穆帝永和
九年三月三 王羲之與太常孫統等四十有一人 會于會稽上陰之蘭亭 修禊事
酒酣賦詩制序 用蠶繭紙 鼠鬚筆書字 有重者皆構別體』

두보는 〈여인행麗人行〉에서 이렇게 읊었다.『3월 3일 날씨가 맑으면, 장
안의 물가에는 아름다운 사람들이 많이 모인다. 三月三日天氣新 長安水邊
多麗人』

당언겸唐彦謙은 〈상사일기복공上巳日寄轃公〉에서 다음과 같이 읊었다.
『한식에 이어 상사일 앵화가 떨어진 고요한 새벽, 가랑비가 부슬부슬 내
릴 때, 사람들은 푸른 풀을 밟는다. 上巳接寒食 鶯花寥落晨 微微潑火雨
草草踏靑人』

《몽양록夢梁錄·삼월三月》에서는『3월 3일 상사일에…… 굽이진 강에
잔치를 베풀고 서울 사람들이 모두 계 제사를 지내고 먹고 마시며 답청
을 한다 三月三日上巳之辰……賜宴曲江 傾都禊飮 踏靑』고 하였다.

도종의陶宗儀는 《원씨액정기元氏掖庭記》에서 다음과 같이 말했다.『해
마다 상사일이 되면 모든 비빈들에게 내원의 영상정과 양벽지에서 발 제
사를 지내도록 한다. 발 제사가 끝나면 그곳에서 잔치를 베푸는데, 이것

을 〈상심연爽心宴〉이라고 한다. 양벽지의 한쪽 연못은 향천담이라고 한다. 이날이 되면 향수를 모았다가 이 연못에 붓는다. 연못에는 또 온옥산·백정록·홍석마 등을 갖다놓고 비빈들이 목욕이 끝난 다음 그것들을 타고 놀거나, 난초나 혜초를 가지고 놀거나 격구를 하는데, 이것을 상영상지악上迎祥之樂이라고 한다. 每遇上巳日 令諸嬪妃祓于內園迎祥亭·漾碧池. 祓畢 則宴飮于中 謂之〈爽心宴〉. 池之旁一潭 曰香泉潭. 至此日 則積香水以注于池. 池中又置溫玉狻·白晶鹿·紅石馬等物 嬪妃浴澡之餘 則騎以爲戲 或執蘭蕙 或擊球築 謂之上迎祥之樂』

《중화전국풍속지》상편 권7〈산시〉〔陝西〕에는 다음과 같이 기록되어 있다.『2월 2일 집 바깥 담장에 재로 그림을 그리는데, 이것을 위장衛莊이라고 한다. 이날이 되면 사람들은 고매묘에 가서 후손을 낳게 해달라고 기도한다. 二月二日 以灰畵于莊墻外 曰衛莊. 人于是日 謁高禖廟祈嗣』

이러한 기록들은, 상사절의 유래가 오래 되었고, 고대 명절 중에서 중요한 위치를 차지하고 있음을 나타낸다. 그러나 상사절은 변천 과정을 거쳤다. 처음에 상사절은 주술활동이었는데, 고매에 대한 제사와 발계 제사 그리고 〈남녀 모임〉 활동을 통하여 재난을 없애고 사악함을 피하며 후손을 기원하게 되었다. 이러한 의미에서 본다면, 상사절은 배우자를 구하는 날이고, 후손을 기원하는 날이라고 말할 수 있다. 한나라 이후 상사절은 비록 여전히 모든 백성들이 자손을 기원하는 종교 명절이 되었지만, 이미 호화로이 재산을 자랑하고 봄나들이를 하면서 즐기는 귀족들의 성대한 모임이 되었다. 위진 이후에는, 상사절이 3월 3일로 바뀌어 답청·봄나들이·용주龍舟 경기·그네뛰기 등 주로 오락활동을 하게 되었고, 발계 제사는 이미 두번째 위치로 전락했다. 자식 기원의 의식은 갈수록 소멸되고 〈남녀 모임〉은 이미 그 흔적이 끊어졌다. 바로 이러한 이유 때문에 상사절로서의 주요 활동──〈남녀 모임〉과 자식 기원은 소리없이 사라져 갔고, 발계 제사 또한 봄나들이로 대체되었다. 그 중의 봄나들이 또한 상사절 시기와 가까운 청명절의 주요 내용이었고, 뿐만 아니라 청명절의 절기가 상사절보다 고정되어 있어 상사절은 청명절 속에 병합되었다. 후에 청명절도 주로 산소를 보살피고 조상에 제사지내는 활동으로 바뀌어, 상사절은 역사의 안개 속으로 거의 사라졌다.

상사절은 정말 사라졌는가? 그렇지는 않다. 한편으로는 3월 3일의 활동과 관련된 많은 것들이 한족의 민속 명절 속에 남아 있고, 다른 한편으로 변방의 민족들에게서 그 흔적을 찾아볼 수 있어서, 그것은 사회의 〈활화석〉이다. 바로 옛말에 있듯이 『예가 없어지면 야만에서 찾는다 禮失求諸于野』는 것과 같다. 허난〔河南〕의 한족들은 아직까지도 3월 3일을 지낸다. 속담에 『3월 3일에는 달걀을 먹는다』·『3월 3일에는 대추나무 끝을 자른다』는 말이 있다. 그곳 사람들은 3월 3일에는 반드시 달걀을 먹고 또 칼이나 도끼를 가지고 과수원에 가서 대추나무 끝을 마구 자른다. 이렇게 해야 큰 대추가 맺히고 사람들이 왕성할 수 있다고 생각하기 때문이다. 전자는 물가에 가서 달걀을 띄우던 풍습이 남은 것이고, 후자는 굽이쳐 흐르는 물에 대추를 띄우던 풍습의 흔적으로, 모두 자식을 기원하는 무술성을 갖고 있다. 가장 성황을 이루는 3월 3일은 화이양〔淮陽〕의 인조묘회 人祖廟會이다. 민국民國 때의 《회양현지淮陽縣志》 권2에는 다음과 같은 기록이 있다. 『3월 2일 동이 틀 무렵 숯으로 땅에 원형을 그려 풍년을 빈다. 어린이들은 질그릇을 두드리며 노래를 부른다. 이날에는 사람들이 태호릉에 참배하고 향을 피우며 제를 지내고 3월 3일이 되어야 그친다. 三月二日 黎明用炭圈地作圓形 以兆豊年. 兒童拍瓦罐唱歌 是日民詣太昊陵進香 奠祭 至三月三日始止』 그곳 인근 수백 리의 사람들이 벌떼같이 몰려들어 각종 깃발을 걸고 매일 적게는 수만 명, 많게는 십수만 명이 모인다. 사람들은 인간의 조상——여왜와 복희에게 제사를 드리는 것 이외에 또 점을 치고 자손 항아리(여성의 음부)를 후비고 진흙으로 아이(니니고우)를 만드는 등 주술활동을 한다. 그 밖에 또 무당춤〔巫舞〕과 창희唱戲가 있다. 전하는 바에 의하면 과거에는 인조묘회에 남녀가 야합하는 일이 있었다고 한다. 이러한 것들은 모두 상사절과 결합된 것이다.

유석번劉錫藩은 《영표기만嶺表紀蠻》에 다음과 같이 기록하고 있다. 광시성 평산〔鳳山〕의 쫭족들은 『정월·2월·3월의 자일子日만 되면 일정한 지점에 가서 두 무리로 나뉘어 각기 붉은색과 녹색으로 만든 둥근 공을 가지고 서로 던지고 받고 하여…… 바로 짝을 이룬다. 各于正二三月之子日 于一定之地點 分爲兩隊 各持紅綠色結成之圓球 互相抛接……卽成配偶』쫭족은 3월 3일에 성대한 오락활동을 거행하여, 짝을 지어 노래 부르고 수를 놓은 공을 던지고 애정을 이야기한다.

구이저우성의 부이족도 3월 3일을 지낸다. 건륭乾隆 때의 《남롱부지南籠府志·세시歲時》에는 다음과 같은 기록이 있다. 『매년 3월 초사흘이면 돼지와 소를 잡아 산에 제사를 지내고, 각 마을마다 고기를 나누어 남녀 할 것 없이 술 마시고 황조 쌀밥을 먹는데…… 중국어로 과년過年이라고 한다. 每年三月初三 宰猪牛祭山 各寨分肉 男婦飮酒 食黃糟米飯……漢語呼爲過年』그 사이 청년 남녀들은 사랑의 밀어를 나누고 짝을 지어 노래를 부른다. 누가 노래를 잘 부르고 누가 좋은 목소리를 가졌는지, 해충이 들으면 농작물을 먹지 못한다고 한다. 안룽安隆 지역의 전설에 3월 3일은 산신 생일인데, 황충이 농작물을 해치지 못하도록 쫓으려면 산신에게 제사를 지내고 마을을 청소해야 한다고 한다. 지역에 따라서는 남녀가 〈타산躲山〉, 즉 야합할 수 있다.

광로鄺露의 《적아赤雅》에는 다음과 같은 기록이 있다. 『둥 지역의 여성들은 봄·가을에 꽃·과일·생황·퉁소를 싸서 명산에 가지고 가, 다섯 줄의 실로 동심결을 수놓아 여러 개의 술이 달린 원앙주머니를 만들고, 마을의 나이 어린 여자들을 뽑아 동관녀로 삼는데, 이름하여 천희대天姬隊라고 한다. 나머지는 삼삼오오 산초 물가에서 꽃을 꺾고 비취를 주우며 즐겁게 노래 부른다. 남자들도 삼삼오오 무리를 지어 노래 부르며 나아가 굵은 목소리로 종일토록 노래 부르며, 옷을 벗고 띠를 맺어 서로 주고 떠난다. 봄 노래는 정월 초사흘과 3월 초사흘에 부르고, 가을 노래는 중추절에 부른다. 峒女于春秋時 布花·果·笙·簫于名山 五絲剌同心結 百鈕鴛鴦囊 選峒中之少女子者作峒官之女 名曰天姬隊. 餘則三三五五 采芳拾翠于山椒水湄 歌唱爲樂. 男亦三五成群 歌而赴之 粗得則唱和競日 解衣結帶相贈以去. 春歌正月初三·三月初三 秋歌中秋節』현재에도 둥 지역에서는 3

월 3일에 청춘 남녀들이 모두 깐위(시장)에 가서 서로 과자를 주고받으며 사랑의 밀어를 나눈다. 어떤 지역에서는 서로 폭죽을 쏘므로 화포절花炮節이라고 한다. 젊은이들은 공개적으로 아가씨를 납치하거나, 혹은 아가씨의 어떤 물건을 빼앗아 달아나면 아가씨는 쫓아가는 체한다. 어떤 젊은이는 아예 아가씨를 납치하여 집으로 데려가 열정적으로 대접하고 서로 노래를 주고받는데, 저녁에는 아가씨도 그 젊은이의 집에 머물 수 있다.

구이저우성 룽장〔榕江〕 빙왕채〔丙汪寨〕에 사는 먀오족〔苗族〕은 3월 3일을 지낼 때, 남녀가 너도나도 서로 약속을 하고 동딩산〔洞定山〕에 올라가 고사리를 뜯으면서 노래를 부른다. 그러면서 삼나무 몇 그루를 베고, 산등성이 위에 일곱 명이나 아홉 명의 띠를 두른 사람을 세우는데, 중간에 있는 사람은 키가 크고 양쪽에 있는 사람은 작으며, 그 사이는 1미터 가량 되어야 한다. 젊은 사람들은 띠를 두른 사람들 근처에서 노래를 주고받으며 춤을 추고 나서, 자기가 의중에 두었던 사람을 택하여 개울이나 숲에 가서 성관계를 갖는다.

《중화전국풍속지》하편 권5를 보면, 안후이성〔安徽省〕 우후〔蕪湖〕 지역 주민들은 3월 3일을 〈진청명眞淸明〉이라고 생각하여, 아들이 없는 집에서는 호박 하나를 사서 그것을 삶아 한낮에 탁자 위에 놓고 부부가 함께 앉아 동시에 젓가락을 들고 먹으면 아들을 낳을 수 있다고 생각한다.

유사한 예는 일일이 헤아릴 수 없다. 이러한 것들은 모두 상사절이나 아들을 갖기 원하는 활동의 〈활화석〉들이다. 그것들은, 상사절에는 반드시 생육신에게 제사지내야 하는데, 그 목적은 짝을 구하거나 아들을 기원하는, 이른바 목욕·야합·교합 무술은 모두 이러한 의미임을 우리에게 말해 주고 있다. 그러나 소박한 3월 3일이 지나가고 실용성을 띠고 나서, 후에는 오락성의 활동이 비교적 많이 생겨났다.

상사절의 주요 의식은 고매에게 제사를 지내는 이외에 또 발계祓禊·수계修禊 혹은 목욕활동도 있다. 《주례周禮·여무女巫》에는 『세시풍속에 발제를 지낼 때는 제기 틈새에 희생의 피를 바르고 목욕한다 掌歲時祓除釁浴』는 기록이 있는데, 정현鄭玄은 『세시풍속 중의 발제는 요즘의 3월 상사와 같이 물 위에서 하는 종류의 것으로, 향기나는 풀의 물로 목욕한다 歲時祓除 如今三月上巳 如水上之類, 浴以香薰草沐浴』고 풀이했다. 《삼보황도三輔黃圖》에는 한나라 때 장안長安의 『백자 연못에서는 3월 상사일에 물 위에서 음악을 연주했다 百子池 三月上巳 張樂于水上』고 했다. 《서경잡기西京雜記》 권3에는 『……3월 상사일에 흐르는 물에서 음악을 연주했다 三月上巳張樂于流水』는 말이 있다. 상사절에 아들을 기원했다면 무엇 때문에 발계의 풍속이 있었는가? 이에 대해서도 다른 해석이 있다. 하나는 상나라의 시조와 새 토템의 관계에서 기원했다는 설로, 간적簡狄이 목욕한 것이 발계의 기원이라는 생각이다. 다른 하나의 견해는 목욕이 재난을 제거한다는 생각이다. 《세시광기歲時廣記》 권18 〈상사上巳〉에서는 《후한서주後漢書注》를 인용하여 『역법의 3월 건진의 사는 곧 제로 재액을 제거할 수 있다 曆法三月建辰 巳卽是除 可以拂除災也』고 했다. 이러한 풍속에는 원인이 있다. 《세시광기》 권18 〈상사〉에서는 《예원자황藝苑雌黃》을 인용하여 『3월 3일을 상사라고 하는데, 옛날 사람들은 이날 물가에서 계 제사를 지내고 술을 마셨다 三月三日 謂之上巳 古人以此日禊飲于水濱』고 했고, 또 《운어양추韻語陽秋》에서는 『상사에 흐르는 물에서 빨래를 하고 발 제사·계 제사를 지내고 묵은 때를 없앴는데, 이것을 계라고 했다. 계라는 것은 깨끗이 한다는 뜻이다 上巳于流水上洗濯·祓禊·去宿垢 謂之禊. 禊者 潔也』고 하였다. 이른바 〈묵은 때를 없앤다〉는 것은 병을 치료한다는 의미이다. 『가지를 고치고 잎을 바꾼다 改柯易葉』는 것 또한 바로 상사절의 목욕을 통하여 불임증을 치료한다는 뜻이다.

목욕으로도 출산을 도울 수 있다. 주학령朱鶴齡은 《북사北史·두태전竇泰傳》을 다음과 같이 풀이했다. 『두태의 어머니가 꿈에 바람이 불고 천둥이 치는 것을 보고 임신했는데, 기한이 되어도 아이가 나오지 않아 몹시 두려웠다. 무당이 「강을 건너 치마가 젖으면 틀림없이 아들을 쉽게 낳을 것입니다」고 말했다. 물이 있는 곳으로 가게 했더니 홀연 한 사람이 나타나 「틀림없이 귀한 아들을 낳을 것이니 남쪽으로 옮겨가십시오」 하고 말했다. 어미가 그 말을 따랐더니 얼마 후 두태를 낳았다. 竇泰母夢風雷有娠

期而不産 甚懼. 巫曰「渡河湔裙　産子必易.」使向水所 忽見一人曰「當生貴子 可徙而南.」母從之 俄而生泰』윈난 푸미족〔普米族〕 여성들은 난산일 때 역시 물로 배를 씻거나 심지어는 연기요법으로 출생을 재촉한다.

목욕은 또 다른 질병을 치료할 수 있다.《고금도서집성古今圖書集成·세공전歲功典》37〈상사上巳〉지방지에는 다음과 같은 기록이 있다. 산시성〔山西省〕영무관寧武關에서는『3월 3일 밤에 달에 절하고, 바람과 벌레와 치통을 피할 수 있도록 도와달라고 기도한다. 三月三日夜拜月 祈佑以免風蟲牙痛』같은 책의 장난〔江南〕의진현儀眞縣조에서는『상사일에 나이 든 여인들이 물가에 가서 눈을 씻는 것은, 수계 발제의 뜻과 같다 上巳老年婦女至水邊澡目 猶修禊祓除之意』고 했다.

이상의 분석을 통하여 보면, 상사절의 목욕은 사실상 일종의 무당 의사의 물치료법임을 알 수 있다. 특히 봄날의 복숭아 물로 여성 몸의 불결함을 씻는 것은 각종 악귀를 쫓아 여성의 생육을 위한 여건을 조성하는 것이다. 이름하여 몸을 깨끗이 하고 때를 씻는다는 것은 사실 귀신을 쫓고 잉태를 하고자 하는 것이다. 그것이 아주 오래도록 계속되어 풍습이 되면서 목욕은 상사절에 고매에게 제사지내는 중요한 내용으로 변한 것이다. 상사절에 불로 상서롭지 못한 것을 쫓는 풍습도 있는데, 역시 민속 가운데 계속 보존되어 왔다. 이를테면 산둥 지허현〔齊河縣〕에서는 3월 3일을 신의 날〔神節〕로 본다. 전설에 따르면 3월 3일은 어린아이의 생일로, 보통 하늘에서 영혼이 내려온 아이이다. 이날은 모두 다시 돌아가야 하는, 어린아이에게는 상서롭지 못한 때이다. 어린아이가 요절하는 것을 막기 위해 집집마다 모두 무당을 불러 색종이 인형을 만들어 세우고 불에 태우는데, 이것을〈환신換身〉이라고 한다. 색종이 인형이 세워지지 않으면, 어린아이 얼굴에 솥 밑바닥 검댕이를 바른다. 이렇게 하면 귀신이 환생하는 아이를 찾아내지 못하여, 어린아이가 건강하게 살아갈 수 있다고 생각한다. 따라서 그곳 주민들은 모두 위에 말한 종이 인형을 불에 태우고 얼굴을 검게 칠하는 것을〈타재打災〉라고 하는데, 불은〈타재〉의 유력한 수단이라고 생각한다.(楊茂奎,〈齊河三月三〉,《民俗硏究》1987年 2期)

상사의 발계 제사가 몸을 깨끗이 하여 아이를 갖고자 하는 것이라면, 무엇 때문에 《한서漢書·원소전袁紹傳》에서는 《복시내전馥詩內傳》을 인용하여 『3월 상사일에 서쪽 물가에서 혼백을 불러 제사지내고 상서롭지 못한 것을 제거했다 三月上巳之日 于西水上招魂禊魄 拂除不祥』고 했는가? 여성이 아들을 갖고자 하면 고매에게 보호와 도움을 청한다. 불임증을 치유하고 잉태하여 아들을 얻고자 하면, 반드시 태아의 영혼이 임신부의 체내에 있어야 한다. 영혼이 일단 사라지면 태아는 죽을 수도 있다. 그러므로 아들을 얻고자 하는 것과 혼을 부르는 것은 한 문제의 두 측면이다. 당연히 상사절 기간에는 성인들도 혼 부르기를 하여, 신체의 건강을 기원한다.

최초의 상사절은 결코 3월 3일에 국한되지 않고 한 계절을 가리키는 것이었다. 《주례周禮·월령月令》에서는 〈봄의 가운데 달〉(仲春之月)을 가리키는 것이었고, 《한서漢書·예의지禮儀志》에서는 〈제비가 오는 날〉(玄鳥至之日)을 가리켰다. 옛날 사람들은 춘분을 제비가 오는 날이라고 생각했다. 다시 말해서, 춘분은 2월 하순에 있고 3월 상사는 3월 초에 있어서, 양자는 바로 이어져 있는 며칠 동안을 가리키므로, 2월 말에서 3월 초에 해당된다.

각 지역은 기후가 다르기 때문에 각 지역의 상사절 시기 또한 일치하지 않는다. 그러나 최초에는 며칠이었을 것이라고 생각할 수 있고, 좀더 지나서야 3월 상순의 첫번째 뱀날(巳日)을 명절로 정했을 것이다. 후에 간지干支의 날짜에 앞뒤 차이가 나서 사용하기에 불편하자, 기억의 편리를 위하여 3월 3일로 확정한 것이다. 《송서宋書·예지禮志 이二》에서는 『위나라 이후에는 단지 3일만을 사용하고, 뱀날을 쓰지 않았다 魏以後 但用三日 不以巳也』고 했다.

최종적으로는 당연히, 고매신은 부권사회가 일어난 이후에 또 남성 선조신의 성기—남근에 대한 숭배로 변했음을 지적해야 할 것이다. 그러나 남근은 유형이 많고 성질이 각기 달라, 남근이 고매신과 같은 것은 결코 아니다.

제4절 복희伏羲

  인류가 숭배하는 생육신으로, 시조 여신·토템·고매 외에 후에 남성 선조 혹은 부계 선조가 출현했다. 그들은 씨족의 시조일 것이며, 또 부락 혹은 민족의 시조일 것이다. 이러한 선조는 씨족 부락의 보호신일 뿐만 아니라, 본 씨족·본 부락의 생육을 주재하므로 그들은 생육을 장악한 신의 직책을 갖고 있었다. 사람들의 조상에 대한 제사에도 자식을 갖고자 하는 목적과 각종 활동이 있다.

  이를테면 먀오족의 츠구창은 본래 조상에 대한 제사였지만 자식 갖기를 기원하는 많은 장면이 있고, 홍허〔紅河〕 하니족은 이미 죽은 노인— 가까운 조상을 매장한 후에 많은 사람들이 제약을 받지 않고 야합을 할 수 있다.

17. 伏羲氏

  중국 고대의 남성 생육신으로는 먼저 인간의 조상신 복희〔人祖爺伏羲〕를 들어야 할 것이다.〔그림 17〕 복희는 또 복희伏戲·혁서赫胥·포희包義·포희庖義·복희宓義·노희虜義·의황義皇이라고도 하는데, 곧 같은 이름의 다른 표기이다. 또 태호太昊·태호泰昊·태호太皞·태호太皓라고도 부른다. 역사적으로 복희는 화하華夏의 시조·인간신〔人神〕·공통의 할아버지〔共祖〕·신주神主라고 여겨졌다. 비문에는 〈사문비조斯

文鼻祖〉·〈인근지조人根之祖〉라고 쓰여 있다. 화이양 지역에서는 복희를 〈조상할아버지〔人祖爺〕라고 부르고 여왜를 〈조상할머니〉〔人祖奶奶〕라고 부른다.

오랫동안 사람들은 복희를 삼황三皇 중의 하나로 보았는데, 어떤 사람은 중화민족의 먼 조상신이라고 생각한다. 이것은 허난 화이양 지역에 보존되어 내려온, 감응하여 탄생한다는 신화에서 설명할 수 있다.

1. 화서華胥와 뇌신雷神 소생

화이양 지역에는 전설이 하나 있다. 아주 오래 전 서북쪽에 화서華胥라는 나라가 있었는데, 그곳에는 뇌택雷澤에서 발원한 레이허〔雷河〕라는 강이 있었고, 뇌택에는 뇌신雷神이 살고 있었다. 그런데 뇌신은 보통 화가나 일단 발작하면 거대한 북을 가지고 하늘에 올라가 북을 쳐댔다. 그러면 천둥이 치고 비가 크게 내려 강물이 범람해서 재난을 일으켜 사람과 가축이 수없이 죽었다. 아름다운 화서 아가씨가 있었는데, 그녀는 불과 물에서 사람들을 구하기 위해 천신만고 끝에 뇌택에 이르러 발자국을 밟자 몸에 이상한 느낌이 들었다. 후에 뇌신을 불러 물어보았다. 「신들은 모두 하늘에 있는데 당신은 무엇 때문에 지상에서 나쁜 짓을 하나요?」 뇌신은 생기라고는 하나도 없이 아가씨에게 이렇게 대답했다. 「내가 하늘에 올라갈 수는 있지만, 그대가 함께 가 준다면 좋겠소.」 아가씨는 좋다고 대답하고 함께 하늘로 올라갔다. 이로부터 바람과 비가 순조로워져서 세상이 평안하고 오곡이 풍년 들고 가축들이 번성했다. 화서는 남자아이 하나를 낳았지만 부모님 생각이 간절하여 남자아이를 호로박 속에 넣어 레이허 강물에 띄웠다. 화서의 부모가 마침 물고기를 잡다가 호로박을 발견하고는, 그 속에 앉아 있는 남자아이가 자기들의 외손자임을 알아봤다. 이름을 복희(즉 호로박)라고 지었다. 그런데 복희는 사람 머리에 뱀의 몸을 하고 있었다. 장성한 후 외할아버지를 따라 고기를 잡고 농사를 지었는데, 그도 나무를 세우고 하늘로 기어 올라가는 재주를 갖고 있었다.

2. 공주와 개 소생

아주 오래 전에 완구국宛丘國이라는 나라가 있었는데, 다른 나라와의 전쟁에 져서 몹시 위급한 상황에 처했다. 완구국 왕은 현능한 사람을 널리 초빙하여 적을 물리칠 방도를 찾았으며, 누구든 적병을 물리치면 공주를 그에게 시집보내겠다고 했다. 이때 뇌택에서 개 한 마리가 나와 흰 거북 위에 올라서자, 얼마 지나지 않아 미친 듯한 바람이 일어 모래와 돌을 날려 적병에게 쏟아부어 완구국을 승리하게 하였다. 전투가 끝나자 국왕은 개에게 밥을 먹으라고 했으나 개는 밥을 먹지 않고, 금과 은을 주었으나 받으려 하지 않고, 공주와 결혼하지 않으면 안 된다고 하여 국왕은 매우 난처했다. 그때 한 대신이 진언했다. 개를 항아리에 넣고 49일 동안 두드린다면 사람이 될 수 있다는 것이었다. 그래서 국왕은 정말 그렇게 했다. 27일째 되었을 때 공주는 개가 굶어죽을까 걱정되어 항아리를 깼다. 바로 그때 항아리 안에서 한줄기 금빛이 솟구치더니, 사람 머리에 개의 몸을 한 복희가 나왔다. 〈니니고우〉 중의 사람 머리에 개의 몸을 한 상은 이 전설과 관련이 있는 것이다.

3. 흰 거북 입에서 나온 것

화이양에는 또 흰 거북 전설이 있다. 뇌신의 아들인 복희가 물고기를 잡을 때 하늘과 통할 수 있는 흰 거북을 알았다. 당시에 하늘은 무너지고 땅은 꺼지려고 했기 때문에 복희가 흰 거북에게 방법을 알려달라고 했더니, 흰 거북이 복희를 데리고 다른 세계로 가서 그에게 여왜 아가씨를 소개시켜 줬다. 흰 거북은 복희와 여왜에게 매일 물고기를 한 마리씩만 먹으라고 했는데, 복희가 너무 많이 먹어 벌을 받아 배고픔을 견딜 수 없게 되자 또 흰 거북에게 도와달라고 애걸했다. 흰 거북이 뱃속에서 복희와 여왜를 대지에 토해 내자 곧 인류가 되었다.(淮陽縣文化館,《人祖爺的傳說》(內部資料), 1987年)

이상의 세 가지 전설은 모두 복희와 여왜의 내력을 말하는 것인데, 그 중 두 가지 전설은 모두 여성 조상(화서·공주)과 토템(천둥·개)이 감응 교합한 결과를 가리키는 것이다. 이 전설은 비교적 일찍 생성된 것으로 모계 씨족사회에서 기원했고, 토템 신앙과 관련이 있을 것이다. 흰 거북이 복희와 여왜를 토해 냈다는 전설은 비록 흰 거북의 입에서 나온 것이라는 말이기는 하지만, 그 이야기는 분명히 그들이 부모에게서 태어났고, 비교적 나중의 전설임을 설명하는 것이다. 그러므로 세 가지 전설 가운데 토템과 감응하여 태어났다는 설이 비교적 믿을 만하다. 이른바 천둥·개 등은 천둥이나 개가 결코 아니고, 천둥이나 개를 토템으로 신봉하는 씨족을 가리키는 것이다. 왜냐하면 당시에는 씨족외혼제, 즉 주방혼走訪婚이 유행하여 자녀들이 아직 〈자기 아버지를 몰랐기〉 때문이다. 이로 보아, 복희는 전설상의 인물일 뿐만 아니라 뛰어난 영웅이기도 하다.

먼저, 복희는 생산의 명수이자 발명가였다.

문헌에 기록되어 내려온 전설에 의하면, 복희는 여러 가지를 발명·창조했다고 한다. 우선 어망을 발명하여 어획 기술 수준을 높였다.《역易·계사繫辭》에는『새끼줄을 꼬고 그물을 만들어 사냥을 하고 물고기를 잡았다 作結繩而爲網罟 以佃以漁』는 기록이 있고, 진晉나라 갈홍葛洪의《포박자抱朴子·대속對俗》에는『태호가 거미를 모방하여 그물을 엮었다 太昊師蜘蛛而結網』는 기록이 있다. 다음으로 불을 사용하고 음식을 익혀 먹었다.《역사繹史》권3에는《하도정포좌河圖挺鋪佐》를 인용하여,『복희가 백우에게 배워 나무를 부벼 불을 일으켰다 伏義禪于伯牛 鑽木作火』는 기록이 있다. 인공으로 불을 사용한 것은 불을 일으킨 사람〔燧人〕의 공적이라고 말해야 하겠지만, 인류가 불을 사용한 것은 오랜 역사를 갖고 있고, 또 끊임없이 발전시켜 왔기 때문에 그 사이에 복희가 인공으로 불을 사

용하는 데에 중요한 공헌을 했을 가능성이 있다. 《세본世本》의 『복희가
거문고를 만들었다 伏羲作琴』거나 『복희가 비파를 만들었다 伏羲作瑟』는
기록은 복희가 문화상으로도 공헌을 했음을 설명하는 것이다.

　둘째, 복희는 씨족 부락의 수령이었다.

　《회남자淮南子・원도훈原道訓》에는 『태고에 두 황제가 있었다 泰古有
二皇』는 언급이 있는데, 그에 대해 고유高誘는 『두 황제란 복희와 신농이
다 二皇 伏羲・神農』고 풀이했다. 《한서漢書・고금인표古今人表》에서는
『복희를 최고의 성인이라고 한다 稱伏羲爲上上聖人』고 했다. 그러나 당시
는 아직도 역사 이전의 사회 상태여서 왕이나 황제도 없고 법률도 없었
으므로, 풍습에 의해 사회 관계가 유지되고 있었다. 《상군서商君書・경법
편更法篇》에서는 『복희와 신농은 가르치기만 했지 죽이지는 않았다 伏羲
神農 敎而不誅』고 했고, 《회남자淮南子・남명훈覽冥訓》에서는 『복희와 여
왜는 법도를 만들지 않았다 伏羲女媧 不設法度』고 했다. 그러나 복희는
씨족 부락의 영수로서 문제가 되지 않을 뿐만 아니라, 씨족제도를 유지
보호하는 데에 중요한 공헌을 하기도 했다. 《순자荀子・성상편成相篇》에
서는 『문왕과 무왕은 복희와 의견을 같이 했기 때문에 그것을 따르면 나
라가 다스려지고 그것을 따르지 않으면 혼란스러워질 것이니, 무엇을 의
심하겠는가 文武之道同伏羲 由之者活 不由者亂 何疑爲?』라고 했고, 《장자
莊子・선성편繕性篇》에서는 『당시에는 억지로 함이 없고 자연에 순응하
도록 했고, 덕성이 쇠퇴하자 수인과 복희가 세상을 다스리기 시작했다 當
是時也 莫之爲而常自然　逮德下衰 及燧人 伏羲始爲天下』고 했다. 《한서漢
書・율력지律曆志》에서는 『포희는 하늘을 이어 임금 노릇을 하여 백성을
위해 앞장 서 먼저 덕을 목에서 시작하였으므로, 제 태호가 된 것이다 包
義繼天而王 爲百姓先 首德始于木 故爲帝太昊』고 했고, 《노사路史》에서는
『복희가 성씨를 바로잡았다 伏羲正姓氏』고 했으며, 《통감외기通鑑外紀》에
서는 『아주 옛날에는 남녀의 구별이 없었는데, 태호가 처음으로 결혼을
제도화했다 上古男女無別 太昊始制嫁娶』고 했고, 《역사繹史》 권3에서는
《고사고古史考》를 인용하여 『복희가 결혼을 제도화하여 한 쌍의 사슴 가

죽을 예로 하였다 伏羲制嫁娶 以儷皮爲禮』고 하였다.

그 밖에 복희는 또 무巫이기도 하였다.

무속신앙에서는 보통 사람들은 귀신과 직접 관계를 가질 수 없고, 그 사이에 반드시 중개인, 즉 무당 혹은 샤먼이 있어야 된다고 생각했다. 처음의 무는 씨족 수령을 겸했으나, 후에 전담하는 무—사제가 나타났다. 그들은 사람과 귀신 사이의 교량으로 사람들의 뜻을 위에 전달하고 신의 뜻을 아래에 전했는데, 구체적으로는 조짐을 해석하고, 점을 치며, 제사를 지내고, 무술을 펴고 의료 행위를 하고, 신의 판단을 내리는 등의 활동을 하였다.

복희는 그의 어머니가 신과 교감하여 태어났고 씨족 부락의 수장이었으므로, 인성을 갖고 있으면서 신성까지 갖추고 있어 사람과 신이 교류하는 데에 매개 역할을 할 수 있는, 바로 이러한 무의 신분이었다. 그는 사람들에게 신의 뜻을 전달하고 위로 백성들의 마음을 전했다. 신이나 하늘과 통하는 구체적인 방식은 산과 나무의 도움을 받는 것이었다. 《산해경山海經·해외서경海外西經》에는 『무함국은 등보산에 있었는데, 뭇무당들이 하늘을 오르내리는 곳이었다 巫咸國 在登葆山 群巫所以上下也』는 기록이 있다. 쿤룬산[昆侖山]이나 조산肇山도 이러한 역할을 하는 곳이었다. 《회남자淮南子·지형편地形篇》에는 『건목은…… 여러 신들이 하늘을 오르내리는 곳이었다 建木……衆帝所自上下』는 기록이 있고, 《산해경山海經·해내경海內經》에는 『건목은…… 태호가 즐겨 들렀다 建木……太皥愛過』는 기록이 있다. 복희는 신과 통하고 신을 부를 수 있는 것 이외에 또 점을 치는 일도 했다. 〈흰 거북의 전설〉에서는, 흰 거북이 신과 통하는 영험성을 갖고 있으므로, 흰 거북을 통하거나 거북점을 쳐서 길흉을 예측할 수도 있다고 생각했었다. 인조릉人祖陵 뒤에는 풀을 키우는 곳이 있는데, 복희는 이곳의 풀로 점을 치는 도구를 만들었다고 전해진다. 《사기史記·태사공자서太史公自序》에는 『나는, 복희는 매우 순수하고 두터워 《역易》·《팔괘八卦》를 지었다고 하는 선인들의 말을 들었다 余聞之先人曰 伏羲至純厚作《易》·《八卦》』는 언급이 있고, 《역易·계사繫辭》에는 『포희

가 처음으로 팔괘를 만들자 신들과 통하고 만물을 구별할 수 있었다 庖
羲在始作八卦 以通神明之德 以類萬物之情』는 기록이 있다.

여기서 우리는 복희가 상고시대의 걸출한 인물이었음을 어렵지 않게
알 수 있다.《역易·계사繫辭》에『포희씨가 사라지자 신농씨가 나타났다
庖羲氏沒 神農氏作』는 기록이 있다. 복희는 틀림없이 농업 발명 이전에
존재하여, 어업과 수렵의 도구와 기술 발전에 중대한 공헌을 했을 것이
다. 한나라 때의 화상석畵像石에는 복희의 형상이 사람 머리에 뱀의 몸을
하고 있는데, 이 형상은 틀림없이 그 근원이 있을 것이다. 이것은 당시에
이미 토템 시대로 진입하였고, 모계 씨족사회 초기에 있었음을 설명하고
있다. 당시는 생산력이 매우 낮은 상황이었으므로 사람들이 집단적으로
모여살았고, 혈연의 유대도 깊었다. 따라서 씨족 부락의 수장은 바로 이
러한 유대와 집단 생활의 구현자였다. 그들은 살아서는 사회 생활의 조직
자였고, 죽은 후에는 씨족 부락의 조상신이자 신화 속의 인물이 되었다.
복희라는 이름과 전설, 그리고 화이양의 인조묘에서의 모임에 보존되어
내려오는 풍속에서 볼 때, 복희는 허구의 신이 아니었을 가능성이 있다.
이를테면 어망의 발명, 거문고와 비파의 제작, 결혼 방법의 개혁 등은 모
두 사람의 힘으로 할 수 있는 것들이기 때문이다. 그러나 복희가 결혼의
의식을 제정했다는 말은, 후에 부권제 관념의 견강부회일 가능성이 있다.
왜냐하면 모계 씨족사회 시대에는 아직 결혼제도가 없었기 때문이다. 복
희가 팔괘를 발명했다는 말도 유가儒家에서《주역周易》을 숭상한 결과이
다. 이로 보아 신이 인간을 창조한 것이 아니고, 옛 사람들이 조상에 관한
신화를 창조한 것임을 알 수 있다.

복희가 중화민족 공통의 조상이 될 수 있었던 이유는 역사적 원인 때
문이다.

첫째, 조상 숭배는 가장 오래 되고 보편적인 신앙이었기 때문이다.

상고시대의 인류는 채집과 어로와 수렵으로 생을 영위했고, 혈연으로
원수를 갚고 스스로를 지켰으며, 풍속으로 씨족 부락의 내외 관계를 조절
하였고, 남녀의 혼인으로 후대를 번성시켰다. 다시 말해서 인류의 생존

투쟁에는 두 가지 큰 문제가 있는데, 하나는 생산활동이고 다른 하나는 인류 자신의 번식이다. 이 양자는 상호 제약적이다. 그러나 무속신앙의 지배하에서는 사람들이 천재지변과 인간 스스로의 재앙에 대해서 과학적인 이해를 할 수 없었기 때문에 인간 삶의 주변에 귀신이 있다고 믿었다. 따라서 경건하게 귀신을 믿고, 무속신앙(샤먼교를 포함한)을 숭배하는 것이 곧 상고시대 각 부족 사람들의 통례였다. 초기에 신앙했던 것은 자연신과 만물신이었는데, 좀더 나아가 토템을 숭배했고 후에야 조상신이 나타났다. 이른바 조상신이란 씨족 부락의 시조를 가리키는 것으로, 씨족 부락에는 걸출하게 공헌한 인물이 있어서 후에 가장과 씨족 조상이 나타나게 된다. 《예기禮記·교특생郊特牲》에는 『모든 사물은 하늘에 뿌리를 두고, 사람은 조상에 뿌리를 둔다 萬物本乎天 人本乎祖』는 말이 있다. 사람들이 조상에 대해 제사지내는 것은 조상에 대한 회상의 마음을 표현하는 것이기도 하지만, 또한 조상의 힘을 빌려 씨족 부락의 질서를 유지 보호하고, 조상신의 보호 아래 풍년이 들고 인구가 번성하기를 비는 것이기도 하다. 복희는 바로 이러한 상황 아래 나타난 것으로, 처음에는 씨족 부락의 조상이었는데 시간이 오래 지나면서 민족의 조상으로 변했을 것이다.

둘째, 역대 통치 계층에서 인류 시조의 제사를 자신들의 통치를 공고하게 하는 도구로 삼았기 때문이다.

조상은 씨족제도를 유지하고 보호하는 데에 중요한 공헌을 하였고, 노예사회의 종교제도에도 유익한 점이 있었다. 따라서 역대 통치자들은 모두 그것을 중시했다. 화이양 지역 전설에서는 공자를 인간의 조상으로 매우 중시한다. 전하는 말에 의하면, 동한東漢의 유수劉秀는 일찍이 복희의 도움을 받아 왕권을 잡은 후 인조릉을 대대적으로 수리했다고 한다. 당唐나라 태종太宗 이세민李世民은 화이양에 수릉호守陵戶를 만들었다. 오대五代의 두광정杜光庭은 《녹이기錄異記》 권8에 다음과 같이 기술했다. 『진주에는 태호당이 있고, 동관성 안에는 복희·여왜 사당이 있으며, 동문밖에는 복희묘가 있어, 철벽같이 굳게 지켜 침범할 수 없으므로 당시 사람들이 옹파묘라고 했다. 陳州爲太昊之墟 東關城內有伏羲女媧廟 東門外

有伏羲墓 以鐵錮之 觸犯不得 時人謂之翁婆墓』송나라 태조도 인조릉을 수리하고 정기적으로 제사를 지냈다. 명나라 태조 주원장朱元璋은 인류 시조 사당을 대대적으로 수리했을 뿐만 아니라 친히 제사를 주관하기도 했다. 청나라의 통치자는 원래 만주족인데도 인조묘人祖廟에 융숭한 제사를 지냈다. 역대 통치자들은 모두 자신을 인조人祖의 후대이자 대표자로 자처했고, 또 인조묘에 대한 제사의 힘을 빌려 자신들의 통치를 공고하게 했다. 이것도 인조묘가 오랫동안 쇠퇴하지 않은 중요한 원인이다.

결론적으로, 조상 숭배는 연원이 깊고 각 민족문화의 교류가 확대되고 역대 통치 계층에서 앞장 섰기 때문에, 복희가 씨족 부락의 조상이라는 기초 위에 끊임없이 보충·첨가·견강부회·수정되어, 복희가 한 민족의 조상이 된 것이다. 뿐만 아니라 한족漢族이 그를 믿고 받들며, 기타 다른 민족들도 그를 신봉하여 복희를 자기 민족의 뿌리로 보는 것이다. 동시에 복희도 인류의 생육을 주재하는데, 이것은 인조묘회에서의 아이를 갖고자 하는 무술에서 그 단서를 찾을 수 있다.

〈니니고우〉는 또 〈소릉구小陵狗〉라고도 하는데, 사실은 진흙으로 만든 각종 완구를 가리키는 것으로, 모두 그곳에서 나오는 황토와 진흙으로 만든 것이다. 위에는 검고 붉고 흰 여러 색으로 그린 각종 도안이 있는데, 인조·니왜왜泥娃娃· 희생용 가축·날짐승·묻짐승·도기로 만든 취 주 악기인 도훈陶壎 등의 조형이다. 이른바 인조 란, 원숭이 얼굴에 사람의 몸을 한 진흙 우상이다. 〔그림 18〕 그 중 원숭이는 종류가 매우 많다. 불 을 피우는 원숭이, 배불뚝이 원숭이, 등나무를 안 고 오르는 원숭이, 옷을 입은 원숭이, 고양이를 잡은 원숭이, 등에 짐을 진 원숭이 등이 있다. 제 비에는 날아가는 제비, 원숭이 머리 제비, 집으로 돌아오는 제비가 있고, 호랑이는 밀짚모자를 쓴 호랑이, 머리가 둘인 호랑이가 있다. 짐승으로는,

18. 니니고우

뿔이 하나인 짐승, 뿔이 여러 개인 짐승, 그리고 물고기·개구리·거북·
개·닭·돼지·소·말·양과 뱀 등이 있다. 〈니니고우〉는 작은 것은 손가
락 한 마디 크기이고, 큰 것은 한 자나 된다. 이러한 〈니니고우〉는 모두
민간의 장인들이 제작한 것으로, 어떤 마을은 〈니니고우〉 만드는 것으로
유명하기도 한데, 그에 종사하는 사람이 2백여 명이나 되기도 한다. 이들
민간 장인들은 농한기에 많은 〈니니고우〉를 제작하여 묘회 때에 가지고
가서 인조묘에 내걸면 조상에 제사지내려고 온 사람들이 모두 앞다투어
산다. 용도는 아이 기원 주술 때의 〈인형 걸기〉〔拴娃娃〕용이고, 길가에 있
는 어린아이들에게 나눠 주기 위한 것이고, 집에 가지고 가서 애들이 가
지고 놀도록 하려는 것이다.

〈니니고우〉의 성질에 관해서는 현재 두 가지 견해가 있다. 하나는 어린
이용 완구라고 생각하는 것이고, 다른 하나는 〈토템〉이라는 생각이다. 사
실 위에 말한 두 가지 견해는 모두 적절한 것이 아니다. 현재의 민속으로
볼 때 〈니니고우〉는 분명 일종의 완구이기는 하지만, 일반적인 완구가 아
니고 일정한 종교적 색채를 띠고 있다. 그곳의 전설에는 어느 해 화이양
에 큰 가뭄이 들어 농민들이 곡식을 심을 수가 없었다. 밤낮으로 가뭄 피
해를 줄이려고 애쓰는 바람에 모두 일을 할 수 없어 마음이 조급했다. 그
런데 어느 날 밤 갑자기 검은 구름이 몰려오더니 천둥·번개를 치고 오
래지 않아 바람이 미친 듯 불며 큰비가 내렸다. 사람들은 검은 구름 속에
서 많은 〈니니고우〉가 활동하여 구름이 일고 비가 내리는 것을 보았다.
다음날 가뭄이 해결되어 농사가 시작되었다. 사람들은 가뭄이 해결된 것
은 조상의 신령이 나타난 때문이라고 생각했다. 또 〈니니고우〉는 쟁기질
도 해주었다. 여기서 우리는 사람들이 〈니니고우〉를 조상의 도구로서 간
주하여 일정한 무술적 의의를 부여하고 있음을 알 수 있다.

이른바 무술이란 일종의 무속 종교활동 방식, 즉 사람들이 자신의 기도
와 주문 등의 행위를 빌려 직접 혹은 간접적으로 다른 편의 행위에 영향
을 미치거나 통제할 수 있다고 믿는 방식이다. 무술은 주로 두 가지 형식
을 갖는다. 하나는 모방 혹은 모의 무술로, 일정한 모방 행위를 통하여 모

종의 예기되는 결과에 도달하여 객관적 사물을 변화시킬 수 있다고 생각하는 것이다. 예를 들면 그림이나 조각상이나 이름 등을 무술 시행의 수단으로 삼는 것이 그것이다. 다른 하나는 접촉 혹은 감염 무술로, 두 가지 사물이 접촉할 때 피차 상대방에게 어떤 영향을 끼칠 수 있으므로, 상대방을 변화시키거나 통제할 수 있다는 것이다. 이러한 두 가지 무술은 생육면에 충분히 반영되어, 거의 모든 민족들이 그것을 이용하고 있다.

이를테면 윈난성 어산(峨山) 타이허촌(太和村)의 이족彝族 여성들은 결혼 후 아이를 갖지 못하면, 음력 2월 첫번째 오일午日에 마을 근교에서 부부돌이라고 부르는 타원형의 거위알 돌 두 개를 바치고, 돼지·닭 등을 잡아 제사를 지낸다. 온 마을 주민들이 모두 와서 향을 피우고 이마를 땅에 조아리며 절을 하고 잔치를 베푼다. 다음날, 결혼은 했지만 아이를 갖지 못한 남녀들이 성별로 나뉘어 각기 돌 하나씩 가지고 큰 나무를 에워싸면, 다른 사람들은 그들을 향해 물을 뿌리고 빨리 아이 갖기를 축원한다. 사람들의 말에 의하면 부부돌은 임신을 촉진할 수 있고, 물을 뿌리는 것은 재난을 없애 줄 수 있다고 한다.〔그림 19〕

앞에서 언급한 쓰촨성 무리현(木里縣) 우쟈오(屋脚) 등지에 사는 푸미족(普米族)의 무巫는 밤나무 조각상으로 여성의 생육을 기원하는 방식을 취하고 있는데, 역시 아이 기원 무술에 속한다.(30-31쪽을 보라.)

네이멍구 후룬베얼멍(呼倫貝爾盟) 어원커족(鄂溫克族)들은 어린아이에게는 영혼이 있는데, 일단 병이 나면 그의 영혼이 달아나므로 반드시 〈우

19. 彝族祖先像

마이〉〔烏麥〕(胎盤 혹은 작은 새의 의미) 의식을 치러야 한다고 생각한다. 가축을 잡아 제사를 지내어 신의 도움을 구함으로써 영혼이 되돌아오도록 하는 것이다. 동시에 작은 나무 인형 하나를 깎아 〈우마이〉를 상징하고, 거기에 노루 가죽 옷을 입혀 어린아이의 의복에 꿰맨다. 이렇게 하면 어린아이가 건강하게 성장하도록 도움을 받을 수 있다고 한다.

시안〔西安〕 린퉁〔臨潼〕에서는 인조묘회人祖廟會 기간 동안에 아이를 갖지 못한 여성들이 산에 올라가 신에게 간구하는데, 반드시 헝겊으로 만든 한두 개의 어린아이를 가슴 속에 숨겨가지고 간다. 이렇게 해야 조상의 보호와 도움으로 새생명을 잉태할 수 있다고 생각한다.

허베이의 장자커우〔張家口〕 지역에는 즈얼〔瓷兒〕이란 산이 있는데, 실제로는 낭랑신을 모시고 있다. 여인들이 아이를 갖지 못할 때 반드시 낭랑신에게 가서 기도하고 한두 개의 자기를 가져오는데, 이것은 자신에게 아들과 딸이 있음을 상징하는 것이다.

베이징 동악묘東岳廟의 주신은 동악대제東岳大帝인데, 인간의 생사를 주관하여 사람들은 그의 보호 때문에 살고, 죽은 다음에는 혼이 타이산〔泰山〕으로 돌아간다고 한다. 사당 안에는 구리로 만든 노루가 한 마리 있는데, 눈병이 난 사람은 노루 눈을 만지고, 발에 병이 난 사람은 노루의 발을 쓰다듬고, 아이를 갖지 못한 사람은 그 생식기를 어루만진다. 묘회 때에도 많은 진흙 인형이 있는데, 아이를 갖지 못한 사람은 향을 사르고 머리를 조아리며 절을 하는 일 이외에 또 한두 개의 진흙 인형을 훔쳐와야 한다. 그러면 도사들은 단지 그녀들에게 작은 옷을 제공하기만 하는데, 속칭 〈인형 훔치기〉〔討娃娃〕라고 한다.

위에서 언급한 현재 남아 있는 자녀 기원 무술과 인형과의 관련된 일들은, 화이양 인조묘에서의 〈니니고우〉의 사회적 의의를 연구하는 데에 중요한 참고가 된다. 먼저 화이양에는 전설이 하나 있다. 인조릉人祖陵은 원래 그렇게 크지 않았는데, 후에 기도하러 오는 사람들이 집에서 가져온 황토흙을 인조릉에 붙이면 인조人祖의 신통력을 얻을 수 있고, 황토를 사람으로 바꾸어 아들·딸을 낳을 수 있다고 생각하였다. 그런데 복희가 바로 황토를 빚어 사람을 만든 성인이라고 생각했다. 그래서 기도하고 제사 지내기 위해 오는 사람들은 모두 집에서 헝겊주머니에 황토를 담아 와서 인조릉 위에 뿌리니, 날이 갈수록 점점 커져 현재의 규모가 되었다고 한다. 나중에 사람들은 황토를 가져오는 일이 매우 불편하게 생각되어 어떤 사람이 황토흙으로 사람을 빚거나 새나 짐승 등을 만들기 시작하여 〈니니고우〉로 발전하였다고 한다. 이러한 전설은, 〈니니고우〉가 황토로 사람을 만들었다는 전설과 아이 기원 무술에서 발단했음을 나타내는 것이다. 다음으로, 요즘의 제사활동에도 〈니니고우〉를 사용하여 아이 기원 무술을 시행하는 풍속이 남아 있다. 예를 들면 화이양 인조묘의 〈인형 걸기〉(挂娃娃)가 바로 두드러진 예증이다. 화이양 지역에서는 결혼은 했지만 아이를 갖지 못한 여성이 아이 갖기를 기도하기 위하여 인조묘에서 몇 개의 진흙 인형을 사는데, 복희와 여왜가 빚은 진흙 인형을 상징하며 또 자신이 낳을 자녀를 상징하기도 하다. 그것을 조상할머니상 앞에 바치거나 혹은 조상할머니 몸에 걸고 향을 피우고 기원하는 일 이외에, 또 조상할머니 주변을 한바퀴 돌아야 한다. 이렇게 해야 인조의 보호 아래 자녀를 낳을 수 있다고 생각하는 것이다. 일이 끝나면 진흙 인형을 집으로 가지고 오는데, 마치 인조에게서 어린아이를 데리고 온 것처럼, 이후 낳는 자녀들이 건강하게 성장할 수 있다고 생각하기 때문이다. 인조릉 현인전顯仁殿 기반석 동북쪽 모서리에는 둥근 구멍이 하나 있는데, 사람들은 〈자손요子孫窯〉라고 부른다. 대개 인조묘에 참배하러 온 사람들이 모두 손으로 한번씩 쓰다듬는다. 이렇게 해야 자녀를 낳을 수 있다고 생각하기 때문이다. 이러한 것들은 모두 자녀 갖기를 기원하는 성질을 가진 접촉 무술이며, 모계 씨족사회 생육신앙의 산물이다.

〈니니고우〉는 결코 단순한 장난감이 아니고 절대 부분이 토템도 아닌, 무술에서 기원한 것임을 알 수 있다. 무술의 사상적 측면에서 볼 때, 진흙 인간은 인간을 대표할 수 있다. 진흙으로 만든 어린아이 인형은 바로 자녀이고, 진흙으로 만든 소나 말이나 양은 바로 가축의 상징이다. 사람들이 묘회에서 진흙으로 만든 어린아이 인형을 사는 것은 자녀를 얻는 것과 같고, 묘회에서 진흙으로 만든 소나 말이나 양을 얻는 것은 많은 가축을 얻는 것과 같다. 〈니니고우〉 중에는 큰 것도 있고 작은 것도 있고, 남자도 있고 여자도 있으며, 또 큰 산비둘기가 작은 산비둘기를 품고 있는 것도 있고, 큰 새 한 마리가 작은 새 여러 마리를 품고 있는 것도 있으며, 머리가 둘인 것이나 연체동물도 많은데, 사실은 동물의 교합 형상으로 번식 무술의 성질을 띠고 있는 것이다.

중화민족의 역사에서 복희만이 가장 대표성을 가진 남성 선조신이라고 보아야 할 것이다. 중국에는 민족들이 많고 성씨도 무수한데, 모두 자신들의 남성 선조신을 갖고 있다. 그들은 각 민족, 각 성씨의 번성과 발전을 주재한다. 예를 들면 전설 속의 반고씨盤古氏·인황씨人皇氏, 그리고 각 소수 민족의 남성 시조는 모두 남성 시조신의 성격에 속하며, 그들은 중요한 생육신들이다.

제5절 낭랑신娘娘神

중국이 봉건사회로 진입한 이후, 생육신은 큰 변화가 일어났다. 고매는 점차 역사의 무대로 사라지고, 조상신이 비록 가족의 생육을 보호하는 신령이기는 하였지만, 도교의 출현과 불교의 전입 그리고 민간신앙의 발전에 따라, 또 전문적 혹은 다른 일을 겸하는 생육신이 나타났다. 이를테면 불교의 관음觀音·구자모九子母, 도교의 벽하원군碧霞元君·서왕모西王母, 민간신앙의 임수臨水부인·금화낭랑金花娘娘 그리고 마조媽祖 등이다.

1. 불교 낭랑신

관음觀音

관음은 또 관세음觀世音·광세음光世音·관자재觀自在·관세자재觀世自在·관음노모觀音老母·송자관음送子觀音 등으로도 불리는데, 본래는 불교의 보살 이름이다. 원래는 〈아파노길저사파라阿婆盧吉低舍婆羅〉라고 불리며, 아미타불阿彌陀佛을 왼쪽에서 모시고 있다. 불경의 기록에 의하면, 관음은 원래 인도 어느 왕국 임금의 큰아들인데, 이름은 알려져 있지 않다. 그는 자기 아버지와 동생과 함께 석가모니를 따라 출가했다. 석가모니는 그의 아버지를 아미타불로, 그는 관세음으로, 그의 동생은 대세지大勢至로 삼아, 세 사람을 합쳐 〈서방삼성西方三聖〉이라고 한다. 관세음은 중국에 전해진 후 지위가 비교적 높고 신도가 상당히 많았다. 그에게 〈선재善財〉라는 제자가 있었기 때문인데, 마침내 선재동자로 변하여 불교의 재물신이 되었고, 후에 또 〈관음낭랑〉으로 변했으며, 나아가 또 송자관음이 된 것이다.〔그림 20〕

중국의 각지에는 어디든 불교 사원이 있고, 대부분 관음을 모신다.《중

20. 送子觀音

화전국풍속지》 하편 권3 〈강소江蘇〉에는 다음과 같은 기록이 있다. 『청포靑蒲 황도진黃渡鎭에서는 여인들 중 아들이 없는 사람은 반드시 그곳의 동쪽 조사당祖師堂 송자관음 앞에 가서 향을 사르고 기도하고, 아울러 송자관음의 꽃무늬 신발을 한짝 훔쳐와야 하는데, 그러면 아들을 낳을 수 있다고 한다. 아들을 낳은 후에는 반드시 송자관음에게 수양아들로 주어야 한다. 때로는 아들을 낳은 집에서 셋째날이나 여섯째날에 천생파파天生婆婆에게 제사지낸 붉은 물감을 들인 달걀을 훔쳐먹을 수 있으면 역시 아들을 낳을 수 있다고 한다. 아들을 낳은 집에서 셋째날이나 여섯째날에 천생파파에게 제사지낸 후 알을 태워 보낼 때, 아들이 없는 집에서는 자기 집 문 앞에 보내달라고 부탁할 수 있는데, 〈아들을 보내온다〉고 한다. 또 부인이 임신했을 때 웅황雄黃을 몸에 차면 마침내 여자를 남자로 바꿀 수 있다』 청나라 사람 조익趙翼은 《해여총고陔餘叢考》 권34에서 다음과 같이 언급하였다. 『관음상조 〈이견지〉에는 이런 기록이 있다. 허회의 아내 손씨가 출산에 임박하여 몹시 위험하고 괴로워하다가 속으로 관세음에게 기도했더니, 황홀한 가운데 흰옷을 입은 부인이 금빛 나무 용을 벗어 주었는데 마침내 아들을 낳았……. 또 서희재의 어머니 정씨가 관음을 경건하게 모셨는데 희재가 타고 가던 배가 전복되려고 할 때 보살

이름을 불렀더니 면할 수 있었다. 집으로 돌아오니 어머니가 웃으며 「어젯밤 꿈에 어떤 부인이 너를 안고 돌아왔는데, 정말 잊을 수가 없구나」라고 말했다. 觀音像條〈夷堅志〉許洞妻孫氏臨產危苦萬狀 默禱觀世音 恍惚見白氅婦搶一金色木龍與之 遂生男……又徐熙載母程氏虔奉觀音 熙載舟行將覆 呼菩薩名得免. 旣歸 母笑曰「夜夢一婦人抱汝歸 果不忘」」고철경顧鐵卿은 《청가록淸嘉錄》 권2에서 다음과 같이 언급하고 있다. 『2월 19일은 관음이 탄생한 날이다. 사람들은 사원에 모여 향을 사르거나 불상 앞에 오래도록 등을 밝히고 건강을 빌거나 긴 옷감을 바치고 〈아들을 기원하면 아들을 얻고, 어린아이를 낳으면 관음전에 귀의시켜 이름을 올려 장수할 수 있다.〉 二月十九日爲觀音誕辰 士女騈集殿庭炷香 或施佛前長明燈油 以保安康 或供長幅 云〈求子得子 即生小兒 則于觀音座下歸依寄名 可保長壽〉』아이가 없는 사람은 관음 앞에 아들을 빌어 아들을 얻은 후에, 관음에게 이름을 맡겨 자녀의 건강한 성장을 지켜달라고 한다. 산둥 요성聊城에서는 『관음이 손에 한 아이를 잡고 있고 옆에는 금동옥녀金童玉女가 있으며, 또 한 남자가 등에 답자褡子를 입고 앞뒤에 어린아이를 넣고 머리를 내놓았는데, 〈송생가가送生哥哥〉라고 한다.(吳云濤, 〈聊城的拴娃娃與祀張仙〉, 《民俗硏究》 1988年 2期)

소수 민족 지역의 관음도 생육을 주재한다. 윈난성 더홍〔德宏〕의 다이족〔傣族〕들이 아들 갖기를 바랄 때는, 네 쌍의 밀랍 막대와 한 묶음의 꽃, 구리조각이나 은조각 두 개를 준비하고, 그 위에 아들을 원하는 부부의 이름을 써서 제물 탁자에 올려놓는다. 그리고 부처님께 이렇게 기도한다. 「아무개 남자와 아무개 여자는 결혼하고 몇 년이 지나도 아이가 없으니, 부처님께서 누가 아이를 갖지 못하는지 알려 주십시오.」 그런 다음에 부부는 잠을 잔다. 꿈속에서 신이 결정한 조처에 따른다. 두 사람이 모두 어린아이를 보았으면 참고 기다리고, 아내에게 아이가 없으면 남편은 또 아내를 얻을 수 있고, 남편에게 아이가 없으면 양자를 들일 수 있다.(嚴汝嫻 主編, 《中國少數民族的婚姻家庭》, 中國婦女出版社, 1985年, 282쪽)

구자모九子母

　구자모는 불교의 〈제천諸天〉 중의 한 명으로 본명은 가리제訶利帝이고 번역하면 환희불歡喜佛인데, 성性과 아동의 보호신이다. 드러내지 않고 전해 온 불교 밀종密宗의 본존신本尊神, 즉 불교 중의 〈욕천欲天〉, 사랑의 신으로 두 남녀가 나체로 상대방을 껴안은 형상이다.

　송나라의 주익朱翌은 《의람잡기猗覽雜記》에서 다음과 같이 말했다. 『응소는 한서에 갑관서실을 만들고 구자모를 그렸다고 했는데, 불교가 후한에 이르러서야 중국에 들어왔다는 것을 모른 것이다. 안덕 원제 때 이미 구자모가 있었으니, 그의 견식이 웃을 만큼 좁다. 應劭漢書成生甲觀書室云畵九子母 不知佛自後漢方入中國 安德元帝時已有九子母也 其陋可笑』 명나라의 주영周嬰은 《치림巵林》 권3에서 다음과 같이 말했다. 『……신중(주익의 字)이 말한 바에 따르면 옳지만, 불교가 동쪽에서 전래되었는데, 후한 때에는 번역이 아직 적었고 또 구자모설도 없었다. 이것은 송나라가 변량에 도읍한 이후 요망한 중들이 거짓으로 그 이름을 만든 것일 뿐이다. 또 구자모는 귀신인데, 황제의 침실이나 황궁에 어찌 귀신이나 도깨비를 그려놓았겠는가? 열녀전에 의하면 노나라에 구자모가 있어 아이를 예의 절차에 맞춰 교육시켰으므로, 노나라 사람들이 여성의 스승으로 삼았다. 갑관은 궁중 깊은 곳이고 천자의 부인들이 거처하는 곳이므로, 아홉 남자아이를 그리는 것은 번성의 의미가 있을 것이고, 어머니를 그리는 것은 예법의 핵심을 따르는 것일 테니, 또한 무슨 이상한 일이겠는가? 据此新仲所云是也 但自佛敎東來 後漢時飜譯尙寡 亦無九子母說 此宋凉以後妖僧僞爲其名耳. 且九子母鬼也 帝寢皇宮豈宜畵寫鬼魅乎? 按列女傳魯有九子母 敎兒造次于禮 魯人以爲母師 甲觀旣燕閑內寢 后妃所居 則畵九子者取蕃育之義 畵其母者取禮法之宗 亦何足怪乎』 역대 왕비들이 구자모를 받든 것은 아들을 얻기 위한 것이었다. 민간에는 용화회龍華會가 널리 퍼졌다. 종름宗懍은 《형초세시기荊楚歲時記》에서 이렇게 언급했다. 『4월 8일에는 모든 절들이 향을 피워 놓고 따뜻한 물로 부처를 목욕시키고, 함께 용화회를 만들어 미륵의 표징으로 삼는다. 창사사 누각 아래에는 구자모신이 있는데 이날 모인 사람들 중 아들이 없는 사람들이 얇은 떡을 공양하여 거지들에게 제공하면 종종 효험이 있다고 한다. 四月八日 諸寺各設香湯浴佛 共作龍華會以爲彌勒之徵, 而長沙寺閣下有九子母神 是日市肆之人無子者供養薄餠以乞子 往往有驗』

2. 도교 낭랑신

벽하원군碧霞元君

벽하원군은 도교에서 존경하는 신으로, 동악대제東岳大帝의 딸이라고 하는데, 송나라 진종眞宗 때 천선옥녀벽하원군天仙玉女碧霞元君으로 봉해졌다고 한다. 도교에서 원군元君은 구기九炁에 응하여 태어나 옥황상제의 명을 받아 천선天仙의 지위를 갖고 악부신병岳府神兵을 거느리고 인간의 선악을 살핀다고 한다. 그 중에서도 생육을 주재할 뿐만 아니라 또 북방 최대의 도교 생육신이기도 하다.〔그림 21〕

원군의 본궁本宮은 타이산에 있는데, 북방 각지에서 모두 받든다. 베이징의 먀오펑산〔妙峰山〕은 바로 원군을 받들어 참배객이 매우 많다. 매년 4월 8일이면 성대한 묘회가 열린다. 왕운王沄은 《만유기漫游記》 권 3에서 다음과 같이 말했다. 『원군에 대한 제사가 일어나기 시

21. 碧霞元君

작하면서 비로소 향세라는 것이 생겨났는데, 앞 왕조에서는 세액이 1년에 1만6천 금이나 되어 6천 금을 위에 바치고 그 나머지는 모두 주州 창고에 저축하여 지방에서 갑자기 필요할 때를 대비하였다. 전에는 사방이 태평하고 향불이 끊이지 않아 세액 이외에 항상 여러 배가 남았고, 또 돈과 비단을 쾌척하고 금과 은을 녹여 남녀의 형상을 만들어 절간을 가득 메웠다……. 自元君之祀興 而始有香稅 先朝稅額歲一萬六千金 以六千金供上 其贏皆貯州庫 備地方不時之需. 往時四方昇平 香火終絳 稅額之外 常贏數倍 又有擲施錢帛及冶金銀爲男女形者充物 殿中……』 이른바 〈남녀의 형상〉이란 사실 금이나 은으로 만든 어린아이로, 사람들이 아들을 얻은 후 감사드리고 아들을 맡길 때 쓰는 것이며, 원군에게 계속 지키고 도와달라고 기도할 때 쓰는 것이다. 《일하구문고日下舊聞考·풍속》에서는 다음과 같이 언급했다. 『4월 8일 베이징 고량교 벽하원군묘에 이날 신이 내려온다고 전해진다. 온 성의 부녀들이 가서 신령에게 빌며 아들을 낳게 해달라고 기도한다. 四月八日 燕京高梁橋碧霞元君廟 俗傳是日神降. 傾城婦女 往乞靈 祈生子』《성세인연전醒世 緣傳》 제69회에서는 『마을 주변에 널어놓은 도포는 금으로 만든 어린아이류이다 里邊有施括的袍服 金娃娃之類』고 하였다.

　몇몇 원군묘 안에는 또 송자낭랑을 모셔서 원군의 생육 관리를 돕도록 하고 있다. 《중화전국풍속지》 하편 권5에서는 《수춘세시기壽春歲時記》를 이렇게 인용하고 있다. 『3월 15일에 사정산에서 제사를 지내는데, 산은 팔공산 동북쪽 성에서 약 7리 가량 떨어진 곳에 있다. 산 위에는 사당 수십 칸이 있고, 흙으로 빚어놓은 여신을 벽하원군이라고 하는데, 사람들은 흔히 태산할미라고 하며, 할미전 옆에 건물이 한 채 있고 또 한 여신이 있는데 사람들은 속칭 송자낭랑送子娘娘이라고 부른다. 사당 참배 때 진흙 어린아이를 사서 불전 위에 올려놓고 다른 사람들이 안고 가도록 제공하며 향화도인香火道人에게 지키도록 한다. 보통 진흙 어린아이를 안고 가는 것을 보면 반드시 그에게 삭전索錢을 요구하는데, 그것을 희전喜錢이라고 부른다. 진흙 어린아이를 안고 가는 것을 아들 훔치기〔偸子〕라고 하며, 만약 아들을 훔친 사람이 신의 도움으로 아들을 얻으면 반드시 진흙 어린아이를 사서 붉은 비단과 여러 가지 색으로 치장하여 풍악을 울리며 원래 있던 곳으로 보내는데, 이것을 아들 돌려보내기〔還子〕라고 한다.』

왕모낭랑王母娘娘

왕모낭랑은 바로 서왕모西王母·금모金母·서모西姥로 중국 고대의 여신인데, 본래는 병이나 형벌을 쫓는 신이었다. 《한무제내전漢武帝內傳》에 왕모가 무제에게 반도蟠桃를 주었다는 내용이 있기 때문에, 후에 문예작품에서 왕모가 반도회蟠桃會를 열었다는 이야기를 만들어 내었는데, 그 모임에서 여러 신선들이 장수하기를 빌었다고 한다. 민간에서는 반도 모임에서 아들을 구한다. 이를테며 베이징의 반도궁蟠桃宮에서는 왕모낭랑을 모신다. 아들을 구하는 사람은 궁에 가서 신에게 절을 하고 향을 사르며, 탁자 위에서 남자아이나 여자아이를 훔쳐 오색 실로 묶는다. 다른 말로 〈인형 묶기〉〔拴娃娃〕라고 한다. 아들을 구하는 여인들이 문을 나서면, 첫번째 문에서 도사가 「빨리 귀한 아들을 낳기 빕니다!」고 한다. 그러면 여인들은 반드시 돈을 주며 고맙다는 인사를 해야 하는데, 「돈이 많으면 아들을 많이 낳는다」고 한다. 두번째 문에 이르면 도사가 또 어린아이 의복을 가지고 와서 「시주는 귀한 아들에게 옷을 입히십시오!」라고 말한다. 그러면 여인네들은 또 돈을 내고 옷을 산다.

3. 민간신앙 속의 낭랑신

중국의 민간신앙에는 많은 낭랑신이 있다. 불교에도 속하지 않고 도교에 속하지 않으면서도, 분명한 지역성을 띠고 있다.

임수부인臨水夫人

임수부인은 또 진고進姑·정고靖姑·진부인陳夫人이라고도 하는 푸젠

22. 順懿夫人   　 23. 臨水夫人

성과 타이완 지역의 여신인데〔그림 22·23〕 타이완에서는 또 주생낭랑注
生娘娘이라고도 한다. 『……이 지역 여인들은 모두 이 사당의 주신인 진
부인을 숭배하여 아이를 낳을 때는 모두 부인의 초상화를 모셔야 한다.
편안하게 아이 낳기를 기다렸다가, 아이를 씻는 날이 되면 초상화에 절하
며 감사드리고 그것을 불에 태운다. 이렇게 하는 데에서 옛날 사람들은
진부인만이 오로지 생육을 담당한 신이라고 간주했음을 알 수 있다. 그녀
를 주생낭랑이라고 칭하는데, 소위 주생注生이란 생육을 관장하는 일이라
는 뜻이다』(廖毓文,《臺灣神話》, 生生出版社, 1967年, 118쪽) 허병정許丙丁은
《소봉신小封神》에서, 주생낭랑 밑에 12명의 파저婆姐, 혹은 36명의 파저가
속해 있다고 생각했다. 주요 인물을 보면, 주생파저·감생監生파저·창송
搶送파저·수태守胎파저·전생轉生파저·호산護産파저·주남注男파저·
송자送子파저·안태安胎파저·양생養生파저·창자搶子파저 등이고, 또
각 파저마다 모두 구체적인 여인의 이름이 있는데, 이것은 주생신령이 많

음을 설명하는 것이다.〔그림 24〕

금화부인金花夫人

금화부인은 또 금화낭랑이라고도 부른다. 광둥 지역 여인과 어린아이의 보호신으로, 사당은 금화묘이고, 제사로는 금화회金花會가 있다. 서가徐珂는 《청패류초淸稗類鈔》에서 다음과 같이 언급했다. 『광저우에서는 금화부인에게 기도한다. 아들을 기원하는 사람은 점을 쳐서 흰꽃을 얻으면 좋다고 여긴다. 이런 노래가 있다. 〈아들을 원하면 노란꽃, 많이 낳으려면 흰꽃, 3년에 두 번 잉태, 성과도 좋다.〉 廣州祈金花夫人 祈子者以占得白花爲喜 有謠 云〈祈子金花 多得白花 三年兩孕 離離成果〉』 《번우현지番禺縣志》 권53에서는 임지任志의

24. 花婆

《채방지采訪志》를 인용하여 『영응사는 광저우 선호의 서쪽에 있는데 그 곳의 노인들은 다음과 같이 전한다. 신광의 김씨 딸이 어려서 무당일 때 금화소랑이라고 불렸다. 후에 선호 물에 빠졌는데 며칠이 지나도 부패하지 않고 이상한 향기가 났다. 마을 사람 진광이 보고서 이상하게 생각했다. 사람들이 염을 하고 향목으로 사람 모양을 깎아 만들어 사당을 세웠다. 사당에 기도하면 종종 효험이 있었다 靈應祠在廣州仙湖之西 其故老相傳 神廣之金氏女也 少爲巫時 稱爲金花小娘 後沒于仙湖之水 數日不壞 且有異香. 里人陳光見而異之 偕衆擧殮 得香木如人形 因刻像立祠. 祈祠往往有驗』고 하였다. 금화묘에도 열아홉의 종속된 신을 모신다. 보태保胎·전화轉花·소세梳洗·보두保痘·교식敎食·교행敎行·교육敎育 등의 신령이다.(容肇祖,〈記金花廟〉,《民俗》1929年 36期)《중화전국풍속지》하편 권7에는 이런 기록이 있다. 『광둥에는 금화부인묘가 가장 많은데, 그 설은 일치하지 않는다. 어떤 사람은 금화가 신의 이름인데, 본래는 무당이라고

한다. 5월에 강 건너기 경주를 보다가 호수에 빠졌는데 사체 옆에 신상과 매우 닮은 향목 인형이 있었다. 월천月泉 옆에서 제사지내기 때문에 그 호수 이름을 선호仙湖라고 한다고 한다. 혹자는 신은 본래 처녀였는데, 순안巡按부인이 마침 아이를 낳으려고 했지만 며칠이 지나도 나오지 않아 위태롭게 되었다. 꿈에 신이 나타나「금화녀가 오면 낳을 것이다」고 말해 줘, 몰래 찾아가 허락을 얻고 마침내 관서에 이르자 과연 아들을 낳았다고 한다. 혼인하지 않은 신이었기 때문에 부끄러워 마침내 호수에 몸을 던져 죽자, 광둥 사람들은 초상을 그려 제사를 지내고 〈금화소랑金花小娘〉이라고 불렀다. 후에 사람이 아들을 낳을 때 도와 줄 수 있다고 여겼지만, 처녀라고는 할 수 없어서 〈부인〉이라고 바꿔 불렀다고 한다. 신의 탄생일은 4월 17일로, 책을 물에 띄우고 생황을 연주하고 노래를 부르며 기도하고 경주하는 일이 매우 성했다고 한다.』

천후낭랑天后娘娘

천후낭랑이라고 하는 것에는 두 가지 의미가 들어 있다.〔그림 25〕하나는 마조媽祖, 즉 가까운 바다의 신으로 역시 당시의 생육신이다. 마조는 본래 무당으로 결혼도 하지 않았고 아이도 낳지 않고 죽었으므로 당연히 잉태와는 관계가 없다. 그러나 그녀는 살았을 때 무당이었기 때문에, 아이를 갖게 하는 것도 곧 무녀가 하는 일 중의 하나이다. 이것이 생육과 마조를 연관시킨 원인이다. 마조가 가까운 바다 지역의 주신이 된

25. 天后娘娘

이후에는 일체를 주재하였고, 자연스레 생육도 관리하였다. 그리하여 마조는 또 생육신이 된 것이다. 《삼교원류수신대전三敎源流搜神大全》 권4에서는 다음과 같이 언급하고 있다. 『마조가 나이가 들어 처녀가 되었는데도 시집가지 않기로 맹세하자, 부모 또한 억지로는 결혼을 시킬 수 없었다. 오래 살지도 않고 엄숙하게 단정히 앉아 죽었는데, 몇 리 밖까지 아름다운 향기가 났고, 또한 바로 태어난 날이기도 했다. 이로부터 종종 전후로 신이 나타났고, 사람들도 시녀들이 서왕모로 모시는 것을 여러 차례 보았다고 한다. 그런데 후계를 더욱 잘 잉태하게 한다고 하여 모든 읍에서 받들어 모신다. 읍의 어떤 부인이 결혼하고 10년이 되어도 잉태를 하지 못하여 백방으로 고매를 찾았으나 끝내 효험이 없었는데, 결국은 마조에게 기도하고 바로 남아를 낳았다고 한다. 후계를 갖지 못한 사람은 기도하면 효험이 있다. 媽祖 年及笄 誓不適人 卽父母亦不能强其醮. 居無何 儼然端坐而逝 芳香聞數里 亦卽誕之日焉. 自是往往見神于先後 人亦多見其與侍女擬西王母云. 然尤善習孕嗣 一邑供奉之. 邑有某婦醮于人 十年不孕 萬方高禖 終無有應者 卒禱于妃 卽産男子. 嗣是凡不育者 隨禱隨應』 마조에게 기도하여 잉태를 하고자 하고, 향을 피우고 제사를 드리고 점을 치는 일 이외에, 또 마조묘에 가서 용상龍床을 어루만진다든가 신의 신발을 쓰다듬는다든가, 아들을 낳게 해달라고 빈다든가 하는 등의 무술활동을 하기도 한다. 그 밖에 또 종이꽃을 빼어 아들 갖기를 원하는 무술도 있다. 즉, 신을 맞이하는 경주를 할 때, 『매년 마을 한귀퉁이 몇 집에서 공동으로 〈두인頭人〉을 맞이하는데, 그 중에 하나의 의식이 있다. 두인은 〈성조마聖祖媽〉를 위해 준비한 많은 흰 종이꽃으로 붉은 종이꽃도 몇 개 있는데, 마조가 타는 가마와 손에 걸어놓는다. 보통 신혼부부나 결혼 후 오랫동안 아이를 갖지 못한 사람은 모두 〈향포香埔〉(향을 걸어놓는 활동을 하는 장소)에 가서 성조마의 가마가 도착하면, 남자아이를 낳고 싶으면 흰 꽃을 빼고, 딸을 낳고 싶으면 편리한 대로 붉은 꽃을 가져간다. 꽃을 가져간 다음에는 필요한 사람의 머리 위에 꽂는데, 타지 사람도 꽃을 빼갈 수 있다. 따라서 이 의식을 거행할 때는 그야말로 원근 새색시들의 대모임이 된다.』(肖一平等,《媽祖硏究資料匯編》, 福建人民出版社. 1987年. 150쪽) 전국의 많은 천비궁天妃宮 안에도 마조와 함께 모신 다양한 이름의 신들을 받들고 있다. 송자낭랑·주생낭랑을 포함하여, 횡으로 걸린 편액에 『덕으로 모든 어린아이를 기른다 德育群嬰』는 말이 쓰여 있다. 타이완의 임林씨 성을 가진 사람들은 마저우에게 어린아이를 보호해 달라고 부탁한다. 욱영청郁永淸은 《대만기략臺灣紀略》에서 이렇게 말하고 있다. 『지금까지 미주의 임씨 종친 부인들은 밭에 나갈 때 항상 아이들을 사당에 두는데,「고모 아이 봐 주세요!」라고 하고 간다. 종일 있어도 아이가 울지도 않고 배도 고프지 않고 또 밖으로 나가지도 않는다. 저녁이 되어서야 돌아온다. 각기 자기 아들을 데리고 돌아가는데, 신은 자기 자손의 아들을 더욱 친하게 대한다고 한다. 至今湄州林氏宗族婦人將赴田者 輒以其它置廟中 曰「姑媽看兒」遂去. 去常終日 兒不啼 不飢 亦不出閫. 至暮始歸. 各認己子携去 神猶親其宗人之子云』

다른 하나는 투자족〔土家族〕의 백호신白虎神인데, 천후낭랑天后娘娘이라고도 한다. 이런 전설이 있다. 그녀는 백제천왕白帝天王의 어머니로, 호랑이 젖을 먹고 장성하였으며, 처녀일 때 한번은 우물가에서 빨래를 하고 있는데, 반지가 우물 속으로 빠졌다. 그녀가 허리띠를 풀고 반지를 건지려고 하는데, 갑자기 백호 한 마리가 뛰어나와 그녀에게 흰 빛을 세 번 뿜었다. 그후로 그녀는 잉태하여 백제천왕 삼형제를 낳았다고 한다. 그래서 투자족들은 그녀를 생육신으로 생각하여, 사당을 세우고 아이를 갖지 못하는 여인들은 모두 그 앞에 가서 절을 하고 제사지내며 신상 앞에 많은 붉은 종이, 작은 어린아이 신발 등을 놓아두며, 남자아이의 신발을 어루만지면서 아들을 낳을 것을 예시해 달라고 빌고, 여자아이의 신발을 어루만지며 딸을 낳게 해달라고 빈다.

그 밖에도 민간에서는 〈송생신送生神〉을 받드는데, 사실은 〈송신낭랑送神娘娘〉·〈송자낭랑送子娘娘〉·〈송생낭랑送生娘娘〉·〈최생낭랑催生娘娘〉·〈주생낭랑注生娘娘〉 등을 포함하고 있다. 이러한 여성 생육신들은 시조여신에게서 출발한 것도 있고, 고매에서 나온 것도 있으며, 일부는 벽하

26. 娘娘神

원군·관음과 마조 해신이 변해서 되기도 하여, 많은 생육 여신이 나타나게 된 것이다. 민간신앙 속의 상신床神도 생육신과 일정한 관계가 있다. 각 소수 민족의 낭랑신은 더욱 많다. 예를 들면 다우르족〔達斡爾族〕의 낭랑신은 곧 다산하는 여인의 형상인데, 양쪽에 어린아이가 한 명씩 있다.〔그림 26〕

이상의 낭랑신은 종류가 많고 옛것과 지금 것이 섞여 있다. 이것은 여성 생육신이 가장 많음을 설명하는 것으로, 여성이 생육에서 두드러진 역할을 하고 있음을 반영하는 것이다.

제6절 장선張仙

장선은 나중에 나타난 생육신이다. 〔그림 27〕《도교대사전道敎大辭典》에는『세상에 전하기를 송자신은 그 모습이 탄궁을 가지고 귀한 사람의 차림을 하고 있다 世傳爲送子神 其像挾彈弓 作貴者裝』고 했고, 《속문헌통고續文獻通考》에서는 다음과 같이 말하고 있다. 『장원소는 미산 사람이다. 송나라 때 청성산에 유람갔는데, 눈이 네 개인 노인이 궁탄을 주면서 병을 피할 수 있다고 하고, 또 속세를 초탈하여 신선이 될 수 있는 법을 주었다. 원소는 그것을 받들어 수양하여 오래지 않아 공저우 협선루를 왕래하면서 활을 끼고 다니며, 인가의 재난을 해결해 주어 신의 효험을 두드러지게 보여 주었으므로, 사람들은 그 때문에 장신선이라고 부르거나 혹은 장사랑이라고 부르면서 그를 신처럼 공경하였다. 후에 민간에서는 그의 초상을 많이 그려 걸어놓고 제사지내면서 좋지 않은 일을 피할 수 있고 또 사람들이 아들을 가질 수 있다고 하였다. 張遠宵 眉山人. 宋時游靑城山 有四目老人 傳以弓彈 謂能避疫, 幷授以度世之法. 遠宵奉而修之 旋常往來邛州挾仙樓 以挾彈爲人家重散災難 甚著神效 人因稱爲張仙 或呼張四郞 敬之如神 後民間多繪其像 懸以祀 謂能避邪 又可令人有子云』

장선 송자送子의 기원에 관해서는 몇 가지 견해가 있다.

첫째 주장은, 장선은 맹창孟昶이 변하여 되었다는 생각이다. 《통속편通俗篇》에는 다음과 같은 기록이 있다. 『육심은 《금대기문》에서 이렇게 말하

27. 張仙 送子

고 있다. 세상에 전하는 장선상은 곧 촉나라 왕 맹창이 활을 가지고 있는 그림인데, 촉이 망하자 화예부인이 송나라 궁으로 가지고 왔다. 자기의 옛 주인을 생각하여 이 그림을 가져다가 벽에 걸고 정성을 다해 제사지냈다. 태조가 납시었다가 보고 꾸짖자,「이것은 우리 촉의 장신선입니다. 제사드리면 아들을 갖게 해줍니다」고 변명했다. 陸深《金臺紀聞》世所傳張仙像 乃蜀王孟昶挾彈圖也 蜀亡 花蕊夫人入宋宮. 念其故主 偶携此圖 懸于壁 且祀之謹. 太祖幸而見之 致詰焉 詭曰「此我蜀中張仙神. 祀之令人有子」』《해여총고陔餘叢考》권35〈장선〉조에서는『그리하여 인간에 전해져 마침내 아들을 바라는 제사가 되었다고 한다 于是傳之人間 遂爲祈子之祀云』고 했고,《고금도서집성古今圖書集成·신이전神異典》권46에서는《현혁賢奕》을 다음과 같이 인용하고 있다.『이랑신은 노란 옷을 입고 활을 가지고 사냥개를 데리고 있는데, 사실은 촉한의 왕 맹창의 상이다. 송의 예조가 촉을 평정하고 화예부인을 얻었는데, 창의 작은 상을 궁중에서 모셨다. 예조가 이상하게 여겨 묻자,「이것은 관구 이랑신인데, 영험을 빌면 바로 응해 줍니다」고 대답했다. 그래서 서울에 전하여 받들어 모시도록 명령을 내렸다. 아마 창을 잊지 못하여 보답하고자 한 것이겠다. 사람들이 이랑이 두 개의 탄환을 가지고 있는 것을 곧 장선이라고 하는 것은 틀렸다. 이랑은 곧 없어진 말이고 장선은 곧 소노천이 꿈에서 본 신선인데, 두 개의 탄환을 가진 것을 아들 낳을 징조로 여겨 잘 받들었더니 과연 소식과 소철 두 아들을 얻었다. 二郎神衣黃彈射擁獵犬 實蜀漢王孟昶象也. 宋藝祖平蜀得花蕊夫人 奉昶小象于宮中. 藝祖怪問 對曰「此灌口二郎神也 乞靈者輒應.」因命傳于京師 令供奉. 蓋不忘昶 以報之也. 人以二郎挾二彈者卽張仙 誤也. 二郎乃逸詞 張仙乃蘇老泉所夢仙 挾二彈 以爲誕子之兆 固奉之 果得軾·轍二子』

　　하나는 장선이 장원소가 변한 것이라는 생각이다.《통속편》에는 이런 기록이 있다.『낭영은《칠수류고》에서 장선은 이름이 원소인데, 오대 때 청성산에 놀러갔다가 도통한 사람을 만났다. 소노천이 일찍이 꿈에 보니 두 개의 탄환을 가지고 있어 아들을 낳을 징조로 여기고 받들었더니 과연 소식과 소철 형제를 얻었다. 문집에 그 글이 보인다. 郎瑛《七修類稿》張仙名遠宵 五代時游靑城山得道者 蘇老泉曾夢之 挾二彈 以爲誕子之兆 老泉奉之 果得軾・轍 有贊見集中』《집설전진集說詮眞》에서는 《촉고蜀故》를 근거로 이렇게 말하고 있다. 『미산 장원소는 공의 숭진관에 살고 있었는데, 항상 대나무 활과 쇠 탄환을 가지고 공중에 대고 활을 쏘았다. 누가 물었더니, 「하늘에 있는 고아 별과 과부 별을 쏠 뿐이오」라고 대답했다. 지금도 그 성에서는 밭을 매거나 쟁기질을 해서 땅을 팔 때 자주 그 탄환이 나오는데, 위에는 붉은 점이 있어 확실히 이상하다. 전하는 말로는 여자들이 차고 다니면 아들을 낳는다고 한다. 眉山張遠宵寓居邛之崇眞觀 常持竹弓鐵彈向空中打. 人問之 曰「打天上孤辰寡宿耳.」至今城內鋤犁掘土者 常得其彈子 上有紅點 堅實異常. 相傳女子佩之生子』

다른 하나는 장선이 송대 제왕의 꿈에 나타난 신이라는 생각이다. 《역대신선통감歷代神仙通鑑》 권19의 기록을 본다. 『(송나라 嘉祐 연간에) 황제가 낮잠을 자는데 한 미남자가 얼굴에 분을 바르고 오색 수염을 하고 탄환을 가지고 앞에 와서 「그대는 하늘의 개가 담장을 지키고 있어 후사가 없는 것이오. 어진 정치를 많이 베풀면 내가 탄환으로 쫓으리다」고 말했다. 황제가 자세히 그 말을 물으니 「나는 계궁의 장선이오. 하늘의 개가 하늘에서 해와 달을 가리고 인간 세상에서는 어린아이를 잡아먹지만, 나를 보면 피해 달아날 것이오」 하고 대답했다. 황제가 발을 구르다 깨어서 바로 상을 그려 걸도록 했다. 帝晝寢 見一美男子粉面五鬖 挾彈而前 曰「君有天狗守垣 故不得嗣. 賴多仁政 予爲彈而逐之.」帝請詳其說 曰「予桂宮張仙也. 天狗在天掩日月 下世啗小兒 見予則當避去.」帝頓足而覺 卽命圖像懸之』《집설전진集說詮眞》에서는 이렇게 말하고 있다. 『인종은 꿈에 탄환을 가진 사람을 보았는데, 자칭 장선이라고 하면서 하늘의 개가 어린아이를 잡아먹는 것을 저지한다고 했다. 仁宗夢見挾彈者 自稱爲張仙 阻止天狗啗吞小兒』

그 밖에 또 장선은 문창성文昌星 혹은 장악자張惡子 ― 재동제군梓潼帝君이 변한 것이라고 생각하는 설도 있다.

이상은 모두 억지로 갖다붙인 전설이지 장선의 진정한 출처가 아니다. 《해여총고》 권35 〈장선〉조에서는 이에 대해 정밀한 고증을 하고 있다. 『촉나라에 본래 이 신선이 있었는데, 활을 당기고 탄환을 매긴 그림을 그리도록 하여 이에 그의 생평 사실을 바로잡았다. 다만 어떻게 해서 아들을 기원하는 제사로 변했는지는 알지 못한다. 蜀中本有是仙 令所畵張弓挾彈 乃正其生平事實 特未知何以爲祈子之祀』 오대 시기 촉 지역에는 이미 장선신앙이 있었음을 설명하고 있는 것이다. 『전설에 의하면 후촉後蜀이 멸망한 후 화예부인이 송나라 궁에 들어올 때 장선상을 가져왔는데, 그 상이 마침내 중원에 보급되었다』(宗力·劉群,《中國民間諸神》, 河北人民出版社, 1986年, 844쪽) 장선은 왜 사람들이 아들을 갖기 원할 때 기원하는 신이 되었는가? 이것은 문헌에서 그 기원을 찾을 수 있다. 예를 들면 많은 기록에서 모두 이렇게 지적하고 있다. 여성이 자녀를 출산할 때 가장 방해가 되는 것은 하늘의 개 혹은 〈고아 별과 과부 별〉로, 이를테면 〈하늘의 개가 담장을 지키므로 아들을 가질 수 없고〉, 〈하늘의 개가 어린아이를 잡아먹는다〉는 것과 같은 것들이다. 그런데 그에 대한 방법은 활과 탄환으로 쏘아 맞추거나 기타 무술적인 방법을 택하는 것이다.《파제미신전서破除迷信全書》 권6에는 다음과 같은 기록이 있다. 『장선은 원래 세속의 가정에서 받드는 귀한 신으로, 매년 새해가 될 때마다 초상을 그리고 대련對聯을 써붙인다. 그 시에는 〈하늘의 개를 때려 내쫓고, 어린아이를 보호한다 打出天狗去 保護膝下兒〉는 구절이 있다. 가로지른 편액에는 또 〈자손이 줄을 잇는다 子孫繩繩〉는 등등의 좋은 말도 쓴다. 사회에서 파는 초상에는 두세 문장에 지나지 않고, 초상은 마고자를 입고 푸른 도포를 입고 궁탄弓彈을 가지고 공중을 향해 하늘의 개에게 활을 쏘는 자세를 하고 있다』

민속학 자료에도 장선송자張仙送子의 풍속이 남아 있다. 그 중의 장선 화상은 한 남자가 손에 금으로 된 활을 들고 은으로 된 탄환을 가지고 활을 잡고 쏘려고 하는 자세를 하고 있는데, 구름 끝에는 천구天狗 한 마리가 있다. 혹은 〈기린송자麒麟送子〉·〈기림송자其林送子〉·〈오자등과五

子登科〉라고도 한다. 민간에서는 어린아이가 요절하거나 여인네가 아이를 갖지 못하는 것은 모두 〈천구성天狗星〉이 아이를 잡아먹기 때문이라고 생각한다. 장선은 천구성을 쫓아내고 자녀를 보내 줄 수 있다고 생각한다. 따라서 아이를 갖지 못하거나 낳아도 오래 살지 못하는 집에서는 반드시 장선의 초상을 모셔야 한다. 천구성은 아이를 잡아먹기 좋아하므로, 반드시 아들 다섯을 상징하는 다섯 개의 둥근 얼굴을 바쳐 천구성이 먹도록 해야 한다. 이렇게 해야 천구성이 어린아이를 잡아먹지 않을 수 있다는 것이다.

《집설전진集說詮眞》에 기록되어 있는 민속 자료를 주의할 가치가 있다. 『지금도 그 성에서는 밭을 매거나 쟁기질을 해서 땅을 팔 때 자주 그 탄환이 나오는데, 위에는 붉은 점이 있어 확실히 이상하다. 전하는 말로는 여자들이 차고 다니면 아들을 낳는다고 한다. 至今城內鋤犁掘土子 常得其彈者 上有紅點 堅實異常 相傳女子佩之生子』어떤 사람은 이 말이 〈허무맹랑하다〉고 한다. 그러나 사실은 그렇지 않다. 이러한 신앙은 허무맹랑하여 우스운 듯하기는 하지만, 까닭이 있다. 장선이 아들을 보내 준다고 믿는 이유는 그가 활로 천구성을 쏘아 자녀의 탄생을 지켜 줄 수 있다는 데에 있다.

그렇다면 땅속에서 파낸 토기 탄환은 자연히 천구성을 쏜 신성神性을 갖고 있어서, 〈여자가 차면〉 천구성을 쫓아내고 아들을 얻을 수 있는 것이다. 이러한 궁탄은 두 부분으로 구성되어 있다. 하나는 활인데, 일반 활과는 달리 그 시위 중앙에 반드시 하나의 망이 있어서 구슬이나 탄을 놓기에 편리하게 되어 있고, 다른 한부분은 탄환이다. 이것은 수렵 도구이면서 또 농작물을 보호하는 무기로서 새를 쫓고 작물을 지키기에 편리하다. 고고학 발견에서 보면, 이러한 궁탄은 멀리 신석기시대에 널리 사용되었고, 상商나라와 주周나라 시기도 유행했으며, 계속 민간에 보존되어 왔다. 이로 보아 장선이 궁탄을 사용하여 사귀를 쫓고 아들을 구한 것은 분명히 오래 된 신앙임을 알 수 있다.

《점석재화보點石齋畵報》에는 〈포동자회抛童子會〉라는 그림이 있는데,

거기에는 이런 문구가 있다. 『서촉의 풍속에는 3월 3일 팔묘八廟에서 후사를 구하는 행사가 있었다. 따라서 각 사당에서는 명배우가 신령을 모시는 연극을 하는 성대한 행사를 하는데, 그 중 가장 떠들썩한 것으로 포동자회가 있다. 그 행사에서 첫번째 일은 의관을 엄숙하게 차려입은 사람이 황금칠을 한 나무 쟁반에 나무로 깎고 채색한 동자 세 명을 담아 공손하게 연극하는 누각으로 가져가서, 배우들 중 이목이 수려한 사람을 선택하여 장선으로 분장시켜, 탄환을 쏘는 고사故事대로 손에 조각을 한 활을 들게 한다. 즉, 나무 동자를 탄환으로 하여 활줄을 당겨 쏘게 하는데, 힘 있는 사람들은 종종 무리를 지어 억지로 빼앗기도 하고 가졌다가 다시 빼앗기기도 하며, 대적할 힘이 없어도 대부분의 사람들이 붙잡고 놓지 않기 때문에 다치기도 한다. 그러므로 무리를 짓지 못하여 비록 빼앗기더라도 차지할 수 없다. 만약 지난해에 나무 동자를 빼앗은 사람이 정말 아들을 낳으면 당연히 이날 감사드리고 또 새로운 나무 동자를 만들어 연극하는 누각에서 쏘고, 이것을 가지고 다툴 생각은 그만둔다. 모임에서 동자의 모임에 불로 낙인을 찍으면 원하는 사람에게 탈이 없다. 나무 동자를 빼앗은 후 집사에게 가마를 치장케 하여 후사가 없는 친척이나 친구 집에 보내도록 하면, 그 주인은 반드시 잔치를 베풀어 대접한다』 이 내용 및 관련된 〈포동자회〉 그림은 서남 지역의 장선이 아들을 구해 준다는 장면을 생동적으로 재현한 것이다.

이상에서 중국 고대의 가장 중요한 생육신을 소개했다. 이러한 신령들에게서 볼 때, 최초로 생육신의 무대에 오른 신은 시조 여신이다. 그 여신은 구석기시대 후기에 시작하여 신석기시대 중기까지 비교적 널리 유행하였다. 뒤를 이어 나타난 토템은, 대략 모계 씨족사회와 함께 발생한 것이지만 당시의 유일무이한 생육신은 아니고 여신과 상호보완적으로 생겨난 것으로, 모계 씨족사회에서 더욱 성행하였다. 부권제가 흥기한 후에는 여신과 토템이 모두 빛이 바래서 점차 역사의 무대 뒤로 사라졌다. 그것을 대신하여 나타난 것이 고매와 남성 조상이다. 전자는 사실 조상 여신에서 시작된 것인데, 이것이 최초의 고매 형상이다. 부권제가 일어난 후 고매도 변화가 생겨, 남성 성기 숭배(물론 모든 남자의 성기가 숭배 대상이었던 것은 아니다)로 변했고, 후자는 남성 선조이다. 봉건사회로 진입한 후, 사람들은 종교—도교와 불교가 유행하자 고유의 생육신도 그 신비한 빛을 잃고, 대신하여 낭랑신과 장선송자가 나타난 것이다. 그러므로 중국의 생육신은 하나의 발전과정이 있는데, 그 중 여성 생육신이 대종을 차지하며, 자식을 얻고자 기원하는 제사와 무술도 대부분 여성과 여성 무당에 의해 집행되었으므로, 그녀들은 특히 자신의 보호신을 편애했음을 알 수 있다—이 점은 다종다양한 낭랑신에게서 그 대강을 볼 수 있다. 그러나 각 민족의 신앙을 분석해 보면, 각 민족들의 생육신앙은 또 제각각으로 매우 불균형한 상태로 발전되었음을 알 수 있다.

제 2 장
성기신앙

앞에서 이미 언급한 바와 같이, 사람들은 생육을 기원하기 위하여 수많은 종교 의식을 갖고 있었는데, 가장 중요한 수단은 신에게 제사를 드려 생육을 기원하는 것이었다. 이것은 모든 종교에서 지키던 방법이다. 그러나 비교적 저급한 수준의 종교에서는 무술 수단으로 아이를 갖기 위하여 더욱 많은 것이 이용되었다. 따라서 사람들은 항상 성기와 연관을 시켰는데, 이것이 바로 우리가 연구하고자 하는 중요한 논제이다. 다시 말해서 생육신이 하나의 문제라고 한다면, 생육신의 국부기관 혹은 무술적 매개물로서의 성기는 또 하나의 문제이다. 『생식하는 일은 끊임없는 조화의 큰 덕으로, 원시인들이 일찍부터 인식하고 있었던 원시 문명에서 숭배한 최대의 원칙이다. 원시인들이 이러한 숭배의 심리를 표현하기 위한 데에는 아무런 상징도 없었고, 그 중 중요한 것은 바로 생식기관 자체였다』(靄理士, 《性心理學》, 三聯書店, 1988年, 67쪽) 그것들은 또 두 가지로 나뉜다. 여성의 생식기인 음기陰器, 즉 여음女陰과 남성의 생식기관인 양기陽器, 즉 남근男根이다. 여기서는 분리하여 논술하기로 한다.

제1절 여음女陰

여음은 여성의 외부 성기관을 가리키는 것으로, 음기陰器·음문陰門이라고도 한다. 서양에서는 〈자궁子宮으로 통하는 문〉이라고 한다. 그것은 여성의 가장 두드러진 특징이기 때문에, 『고대의 종교에서는 음문이라는 이 여성의 가장 현저한 특징이 여성 전체를 상징하는 데 이용되었지만, 하류의 여인을 상징한 것이 아니고 도덕적인 여인을 상징하거나 심지어는 여신을 상징하기도 하였다……』(魏勒, 《性崇拜》, 中國靑年出版社, 1988年, 242쪽)

어떤 학자들은, 자연계의 보편적인 생식력에 대한 견해가 자웅雌雄의 생식기 형상으로 표현되고 숭배되는 것이라고 본다. 이러한 숭배는 주로 인도에서 발전되었다. 사실 이러한 신앙은 사회적인 것으로, 중국도 예외가 아니다.

광시성 줘장〔左江〕 유역 신석기시대 유적지에서는 돌로 만들어진 여음이 발견되었다. 네이멍구 덩커우현〔磴口縣〕 머러허투〔默勒赫圖〕 강가와 아구이묘〔阿貴廟〕 서북쪽 등지의 암각화에도 여음 형상이 있다.

장군방張君房은 《운적칠감雲籍七鑑》에서 이렇게 말하고 있다. 『진탕현 이화원 관남원에는 아홉 개의 샘이 있다……. 예천에 속해 있다. 매년 3월 3일 비단 시장이 서는 날이면 멀고 가까운 곳에 사는 사람들이 샘에서 아들을 낳게 해달라고 비는데, 돌을 찾으면 사내아이이고 기와나 자갈을 찾으면 여자아이이다. 金堂縣 利化圓觀南院有九井焉……蓋醴泉之屬. 每歲 三月三日蠶市之辰 遠近之人祈乞嗣于井中 探得石者男 瓦礫爲女』

쓰촨성 옌웬현〔鹽源縣〕 앞 절벽에는 〈다얼워〉라고 하는 석굴이 하나 있다. 전설에 의하면 파딩라무 여신의 생식기라고 한다. 아이 없는 여인들은 대부분 〈다얼워〉에 가서 절을 하고 동굴 속에 돌을 던지는데, 들어가면 임신의 징조이고 들어가지 않으면 임신하지 못할 징조라고 한다.

량산[涼山] 이족彝族 자치주 시더현[喜德縣] 관음암觀音巖에는 머얼둥[摸兒洞]이라는 동굴이 있는데, 동굴 안에는 돌무더기와 모래가 있다. 아이를 갖고 싶은 여인들이 그 앞에 가서 향을 사르고 머리 숙여 절을 하고 손으로 동굴을 더듬는다. 돌을 잡으면 아들을 얻고, 모래를 잡으면 딸을 얻는다고 한다.

윈난 닝랑현[寧蒗縣] 융닝구[永寧區]에서는 아이가 없는 여인들이 모두 온천에 가서 몸을 씻고 나서, 부근의 산 아래에 머물면서 석굴 안으로 돌이나 동전을 던지는데, 적중하면 임신하고 적중하지 못하면 아들이 없다고 한다. 사람들은 이 굴을 〈다얼워〉라고 한다.

윈난 젠추안[劍川] 스바오산[石寶山]에는 〈아앙버〉라는 것이 있다. 이족들은 〈아앙〉은 여자 조상, 〈버〉는 생식기라고 생각한다. 그러므로 〈아앙버〉는 여자 선조의 생식기라는 뜻이다. 아이를 갖지 못하는 여인들은 반드시 〈아앙버〉를 향해 허리 굽혀 절을 하고 동전으로 〈아앙버〉에 선을 긋는데, 이렇게 하면 자녀를 낳을 수 있다고 생각하기 때문이다. 시솽판나[西雙版納] 지눠족[基諾族]들은 조개(子安조개)를 여음의 상징으로 생각한다.

구이저우 다황현[大方縣] 바이뤄후아웨향[白臘花若鄕]에는 산이 하나 있는데, 그 산에는 직경 30센티미터의 〈아약미阿若迷〉라는 동굴이 있다. 〈아이 맞추기 동굴〉[打兒洞]이라는 뜻으로, 아이를 갖지 못하는 여인들이 항상 가서 향불을 피우고 고개 숙여 절을 하며 돌을 던지면서 아이 갖기를 기원한다. 비지에 농장[畢節農場] 황니촌黃泥村에도 산에 동굴이 하나 있는데, 그곳 이족들에게 여음으로 받들어져 아이를 갖지 못한 여인들이 항상 가서 돌을 던지며 아이 갖기를 기원한다. 이 성 레이산[雷山]에 있는 동굴의 암벽에 그려져 있는 여음은, 아이 갖기를 원하는 사람들이 그속으로 들어가서 여음을 향해 활을 쏜다. 민간에서는 화살이 적중하면 아들을 낳을 수 있고, 맞추지 못하면 임신할 수 없다고 생각한다.

허난 화이양의 인조릉 현인전 기반석 동북쪽 모서리에는 〈자손요子孫窯〉라고 하는 둥근 구멍이 하나 있어, 아이를 갖지 못하는 여인들이 그 사당에 가서 참배할 때 반드시 손으로 〈자손요〉를 더듬는데, 이렇게 하면 자녀를 가질 수 있다고 생각한다.

안후이성에서도 『여인들을 깊은 산속의 석굴로 보내어 돌을 던지게 하는데, 전설에 의하면 던져서 적중시키면 임신할 수 있다고 한다. 동굴 입구를 어린아이가 나오는 여성의 음문으로 간주하는 것이다.』(李暉, 〈江淮民間的生殖文化〉,《思想戰線》1988年 5期)

후난성 창닝〔常寧〕 둥차오향〔東橋鄉〕에는 우묵한 형태의 돌산이 있는데, 그 산자락에는 그곳 사람들이 〈구자동求子洞〉이라고 하는 샘이 하나 있다. 그곳의 한족 여인들은 여러 해 동안 아이를 갖지 못했을 때 반드시 그곳에 가서 향불을 피우고 돌샘에 절을 한다. 그런 후에 대나무 장대나 나무 장대를 샘 안에 넣고 아래위로 교합하는 동작을 여러 차례 하고, 마지막으로 아이를 갖지 못한 여인들은 그 샘물을 마신다. 전설에 의하면 전에는 이 샘이 비교적 작았는데, 대나무나 나무 장대를 꽂아 후비는 바람에 입구가 커졌다고 한다.

레이양현〔耒陽縣〕에는 〈십리동十里洞〉이라고 하는 석굴이 하나 있다. 굴은 아주 깊고 안에는 샘물이 있다. 인근의 아이 없는 여인들은 자주 와서 향불을 피우고 아이 갖기를 기원하면서 샘물을 마신다. 매년 8월 15일이면 아이 갖기를 기원하는 성대한 종교 의식을 거행했다고 한다.

장융현〔江永縣〕 샤청푸향〔夏層鋪鄉〕에는 석굴이 하나 있는데, 안에는 졸졸 흐르는 샘물이 있다. 한족과 야오족의 아이 없는 여인들은 자주 와서 이 굴에 참배하고 아들을 기원하며, 조롱박으로 다투어 물을 떠마신다. 그러면 빨리 임신할 수 있다고 생각하기 때문이다.

청부현〔城步縣〕의 먀오족들이 사는 지역인 칭시향〔清溪鄉〕 반스촌〔盤石村〕에는 산굴이 하나 있는데, 〈구자동求子洞〉이라고 한다. 아이가 없는 여인들은 모두 와서 굴에 참배하고 아들을 기원한다. 동굴 천장에서는 물방울이 떨어지는데, 여인들은 신에 제사드리고 나서 반드시 고개를 들어 떨어지는 물을 받아마신다.

핑샹〔萍鄉〕 지역에는 일종의 타자석打子石이 있는데, 그곳의 한족 여인들이 결혼 후 아이가 없으면 자주 가서 아들을 기원한다. 돌이 들어가면 임신을 하고, 들어가지 않으면 계속해서 돌을 던진다.

룽산현〔龍山縣〕 뤄타〔洛塔〕에는 누워 있는 여인의 형상을 한 돌산이 있다. 이 산 아래에는 석굴이 하나 있는데, 부근의 아이 없는 여인들이 모두 이 산에 와서 동굴 속의 샘물을 마신다. 전설에 따르면 그곳은 과거에 결혼 풍습이 상당히 난잡했는데, 사람들은 모두 〈여인 형상의 산〉 때문이라고 생각했다. 이러한 여인 형상의 산이 여인들의 마음 속에 신비한 자리를 차지하고 있었기 때문일 듯하다.

화이화〔懷化〕 샤오사장〔小沙江〕 후싱산향〔虎形山鄉〕 퉁첸핑〔銅錢坪〕 길가에는 돌로 쌓은 작은 사당이 있는데, 여음과 같은 형상을 하고 있고, 사당 중하부에는 달걀 형태의 동굴이 있다. 동굴 앞에는 작은 잔이 하나 놓여 있고, 잔에서는 물이 넘친다. 사당 옆에는 또 대나무 장대가 하나 놓여 있는데, 대나무는 정사각형의 나무판 구멍 중앙을 뚫고 지나가고 있다. 이곳의 아이 없는 여인들은 대부분 날이 밝기 전에 와서 신에게 제사드린 다음에 이 작은 잔 속의 물을 마신다.(巫瑞書等,《巫風與神話》, 湖南文藝出版社, 1988年, 213쪽)

우리는 후난에서 푸젠으로 굽은 해안 건너 타이완 섬에서도 많은 여음 신앙을 발견한다.

타이완 서부의 시라야족〔西拉雅族〕은 공중변소와 집안에 몇 개의 아리조라는 단지를 모셔두고 있다. 〈아리조〉라는 말은 여음·음신〔陰神〕이라는 뜻이다. 단지 안에는 물이 가득하다. 병을 치료하고 재난을 없앨 수 있다는 생각 때문이다.

야메이인〔雅美人〕들에게는 이런 전설이 있다. 일찍이 신이 난서도〔蘭嶼島〕에 내려와 파부터산에 있는 거대한 돌을 만졌더니 그 돌이 갈라지면서 먼저 니마다주뤄리뒤 남신〔男神〕이 나오고, 또 서남쪽으로 달려가 거대한 대나무를 만졌더니 대나무가 갈라지면서 니마다주뤄가워리 남자가 나왔다. 후에 두 남자가 자녀를 낳아 야메이인이 되었다.(陳德鈞,《蘭嶼雅美族》, 臺北, 1960年, 1-2쪽)

타이완 동쪽 비난인〔卑南人〕의 전설에 이런 이야기가 있다. 한 여신이 오른손에는 바위를 들고 왼손에는 대나무를 가지고 하늘에서 내려왔다. 오른손으로 돌을 던지자 돌이 깨지면서 마란아메이스의 시조가 나왔고, 왼손으로 대나무를 꽂자 대나무가 쪼개지면서 파구아이스뤄 여신과 파구마리 남신이 나왔다. 그들이 비난인의 시조이다.(佐山融吉等,〈高山族民間文學語言資料〉,《先番仲說集》, 杉日重藏書店, 1923年, 19-20쪽) 그 밖에 타이야인〔泰雅人〕의 전설을 보면, 옛날 이 세상에는 사람이 없었는데, 신이 천둥신에게 돌을 가르도록 명령을 내렸다. 돌이 갈라지자 남녀가 나와 성년이 된 후 여인들은 이마에 먹실을 넣고 남자와 결혼하여 타이야인을 번성케 했다고 한다.

돌을 던져 아들을 갖고자 하는 무술은 저장〔浙江〕에서도 유행했다.《청패류초淸稗類鈔·미신迷信》에는 이런 기록이 있다.『우임금의 사당은 회계산 아래에 있는데, 빚어놓은 형상이 서툴고 누추하다. 다만 눈이 네 개이고 육질의 뿔이 달린 창힐과 비교한다면, 훨씬 나을 뿐이다. 왼쪽에는 구멍 뚫린 돌이 있는데, 국내에 몇 개 안 되는 오래 된 각석이다. 봄이 되어 놀이할 때가 되면 버르장머리없는 젊은 것들이 정자 위에 무리지어 모여서 작은 돌을 던져 그 구멍을 맞춘다. 남자아이를 낳을 것인지 점치는 것이라고 한다. 구멍은 바로 당시 아래에 새끼줄을 꿰던 것이다. 禹廟在會稽山下　塑像拙陋　惟以較倉頡之四目肉角　已大勝矣. 左偏有空石　爲海內有數之古刻. 一及春游　無賴少年群集亭上 以小石投之　穿其孔　謂可卜生男. 孔卽當時下空擊繩之孔也』

동북 지역 만주족滿洲族들은 〈자손대子孫袋〉를 여음의 상징으로 삼는데〔그림 28〕 자손대가 사람을 낳았다는 여러 가지 전설이 있다. 동시에 버들잎을 여음 형상으로 보고, 아울러 숭배한다.

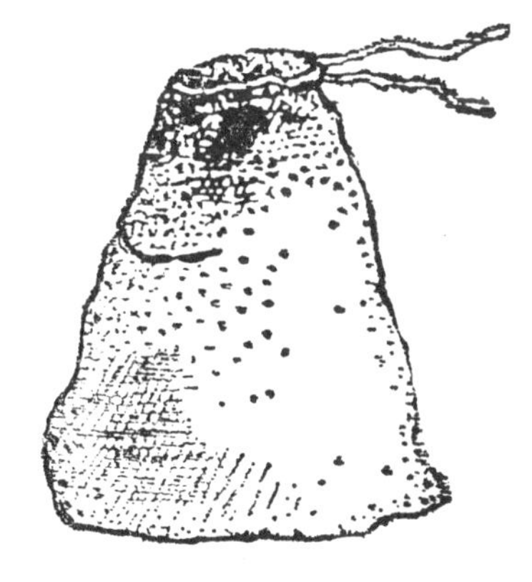

28. 子孫袋

조선족 민간에도 일종의 여음 신앙이 있다. 그들은 바위의 움푹 들어간 어떤 부분을 음석 혹은 여음석이라고 보고, 여인들이 아이를 갖지 못할 때 자주 가서 바위에 제사드린다. 땅에서 돌 하나를 주워 손으로 꽉 쥐고 여음석에 대고 여러 차례 반복하여 교합하는 형상을 하며 문지르는 방법이 있다. 이렇게 하면 아들을 얻을 수 있다고 생각하는 것이다. 또 기이한 신앙이 하나 있는데, 돌의 움푹한 부분을 여음으로 생각하고, 코를 남근으로 생각한다. 이러한 모방 사유는 사람들로 하여금 고대 조각상에서 코를 깎아내도록 하였다. 상술한 방법에 비추어 보면, 여음석 위에서 교합하는 형상을 짓는 것은 생육 무술을 실행하는 것이다. 그러나 이러한 방법은 일찍이 고대 인물 조각상을 크게 훼손하게 하였다.

버들잎을 여음으로 보는 것 이외에, 후난의 일부 민족들은 조개를 여음으로 생각한다. 이것은 조개의 형태가 여음과 비슷하기 때문이다. 다른 나라에는 조개 껍데기를 여음으로 보는 현상이 있다. 조개 껍데기—더욱이 자안子安조개 껍데기는 일찍부터 사람들에 의하여 성과 연결지어졌기 때문에, 종교학자 버리 교수는 그것을 〈생명의 부여자〉라고 불렀다. 그것의 모양이 여성의 성기관과 똑같기 때문이다. 버리 교수의 말에 의하면, 오늘날 수단과 그 주변 지역에서는 『여인들이 아직도 자안조개 껍데기를 꿰어 만든 허리띠를 차고 있는데, 그녀들에게 생식력을 얻게 해준다고 한다』(卡納, 《性崇拜》, 湖南文藝出版社, 1988年, 52쪽) 중국의 일부 학자들도 유사한 관점을 갖고 있어서, 서북 지역 상고시대의 채색 도기에 그려진 조개 문양은 바로 여음의 형상이라고 생각하고 있다. 이러한 신앙은 지눠족(基諾族)들이 자안조개를 여음으로 보는 것과 같은 맥락의 사고이다.

근대 칭하이(靑海)의 민속 자료에서 보면, 다퉁현(大通縣) 부근에서는 산에 들어가 아들 갖기를 원하는 무술이 널리 퍼져 있었고, 또 암석의 움푹 들어간 부분을 여음으로 보기도 했다. 황난현(湟南縣) 부근에서는 유월회六月會를 지낼 때 한 사람이 표주박을 달고 가면 몇 사람들이 따라가며 그 표주박을 나무로 두드리며 교합하는 형상을 한다. 여기서는 표주박을 여음의 상징으로 보는 것이다.

유사한 예는 또 얼마든지 들 수 있다.

상술한 바위가 깨지는 것·석굴·우물·옥화지玉華池·샘물·자안조개·다얼워〔打兒窩〕·자손요子孫窯·아앙버·단지·대나무 등등은 모두 여음의 상징이다. 그러나 종류는 여기에 한정되지 않는다. 샹시〔湘西〕의 〈풍류암風流巖〉 역시 그 중의 하나이다. 장쑤성 싱화〔興化〕 지역의 아이 기원 무술에서는 항아리에 향수를 들이붓는데, 이 지역의 항아리도 여음의 상징임을 설명하는 것이다. 그 밖에 또 사람들은 물고기·석류·호로박·박·호수·계곡을 여음으로 보기도 한다. 민간에서는 여음을 박으로 보아, 처녀막이 파손된 것을 〈깨진 박〉〔破瓜〕이라고 하고, 또 박의 의미를 소녀로까지 확대시켰다. 《통속편通俗編·부녀婦女》에는 다음과 같은 기록이 있다. 『세상에서는 여자의 몸이 깨진 것을 깨진 박이라고 하는데, 그릇된 것이다. 박이라는 글자를 풀어보면 이二와 팔八로, 그녀가 2 8은 16세임을 말하는 것일 뿐이다. 俗以女子破身爲破瓜 非也, 瓜字破之爲二八字 言其二八十六歲耳』 이러한 사실은 우리에게, 각 민족에게는 민족 나름의 여음 형상이 있음을 말하는 것이다. 당연히 일부 여음 형상은 각 민족이나, 나아가 각국 모두 공통성을 갖고 있다. 예를 들면 동굴이 바로 그 두드러진 예이다.

일본의 여신들은 『대부분 자연의 동굴이나 혹은 움푹 들어간 자연석을 그 상징으로 한다. 가장 유명한 것은 도사나가오카군〔土佐長岡郡〕 가이라무라〔介良村〕 아사미네〔朝峰〕 신사神社 뒤편에 있는 동굴로, 깊이가 다섯 장丈 가량인데 여성 생식기와 형태가 비슷하여, 많은 여인들이 가서 아이를 갖고 무사하게 출산하기를 기원한다』(朱雲影,《人類性生活史》,

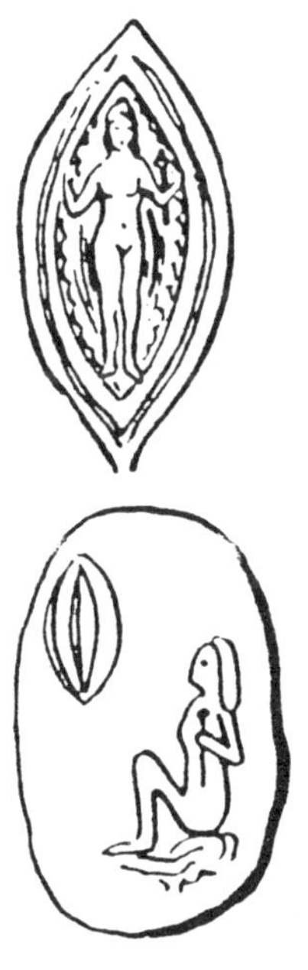

29. 고대 그리스의
女陰門符號

上海社會科學院出版社, 1988年, 15쪽)

고대 그리스와 로마인들은 바다를 아버지로, 대지를 어머니로, 강을 아들로 보았다. 크고 작은 동굴들은 자궁의 상징으로, 아치형 문·작은 동굴 혹은 무덤의 입구는 〈자궁문〉, 즉 음문의 상징으로 보았다.〔그림 29〕아시아 대륙의 일부 신전에는 비교적 낮은 아치형 문이 달걀 형태인데, 여성을 상징하는 것이다. 그러나 뾰족한 탑은 남성을 상징하므로, 각종 상자는 여성을 대표하는 것으로 여겨졌다. (魏勒,《性崇拜》, 中國靑年出版社, 1988年, 249쪽)

고대 이집트에서는『모계사회가 아직 끝나기 전 농업이 있었는데, 그곳 종교 중의 성적 요소가 처음에는 결코 남성 생식기가 아니고 여성의 생식기였고, 그 형상은 마노조개의 껍데기와 유사했다』(羅素,《婚姻革命》, 東方出版社, 1988年, 22쪽) 여기서 각 민족의 여음에 대한 형상화는 공통성도 있고 개성도 있음을 알 수 있다. 그 핵심은 동굴 형태이나 혹은 그 안에 또 다산다육의 씨앗을 상징하고 있다. 그러나 각 민족의 생활 환경·종교 심리는 결국 차이가 있으므로, 여음의 형상화에 대한 가공도 같지 않다. 고대의 여음 문제 해석과 확인은 당연히 진중한 태도를 가져야지 절대로 공식화해서도 안 되고 남의 것을 기계적으로 모방해서도 안 된다. 그렇지 않으면 〈범성론泛性論〉에 빠질 수도 있기 때문이다.

인류는 매우 긴 역사 시기 동안 성교와 생육간의 인과 관계를 전혀 알지 못했다. 모계 씨족사회가 생겨난 이후, 사람들은 자녀와 어머니의 관계를 명확하게 했다. 이러한 역사적 조건하에서, 인류는 자신의 유래를 거슬러 올라갔을 때 아버지가 있는 것은 모르고, 다만 자신이 어머니와 씨족 토템이 결합한 산물이라고만 알았다. 〈생육은 토템이 여성의 몸 안에 들어온〉 결과라고 생각한 것이다. 한편으로는 토템을 믿었는데, 상고 시대의 감응 탄생 신화가 바로 이러한 관념의 반영이다. 다른 한편으로는, 여성 시조의 숭배이다. 여성은 생산활동의 주력이었고 또 씨족 생활의 관리자였으며, 생육 또한 여성에 의해 구현되었기 때문이다.『걱정할 줄도 모르고 멀리 내다보지도 못하는 원시인들에게 여성은 신이었다. 그녀는 총명하고 앞날을 내다보는 사람으로 그들의 운명을 지배했다. 요람에서 무덤까지』 바로 이렇게 하여 『필연적으로 여성은 신격화되기 시작했다』(拉法格, 《宗敎與資本》, 三聯書店, 1963年, 61쪽) 따라서 필연적으로 여성 시조를 생육신으로 보게 된 것이다. 중국에서는 고대에 고매高禖라고 칭했다. 왜냐하면 최초의 고매는 여성에 속하는 성년 여성으로, 임신한 모습을 하고 있었다. 상고시대의 몇몇 나체 여인상들은 매우 발달한 대퇴부와 흉부를 가지고 있고 또 배가 앞으로 돌출되어 있는데, 이것은 생식의 상징이다. 예를 들면, 유럽 구석기시대 후기의 임신한 여신 조각상이나 중국 동북 지구 홍산 문화의 임신한 모습의 여신 도상陶像은 모두 생육신으로, 고매와 같은 성질을 갖고 있다. 여기서 당연히 지적해야 할 것은, 역대 여성들은 모두 인류 번성의 구현자이고, 자녀들은 어머니에 의해 잉태되고 길러진다는 것이다. 여인의 신체적 특징은 유방이 돌출하고,

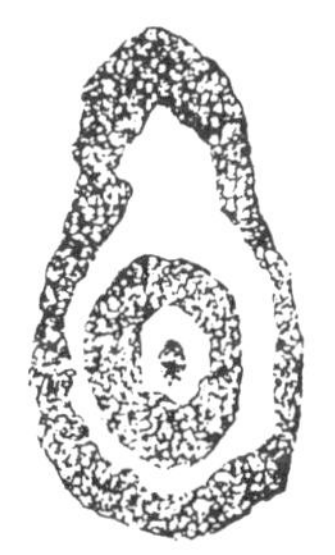

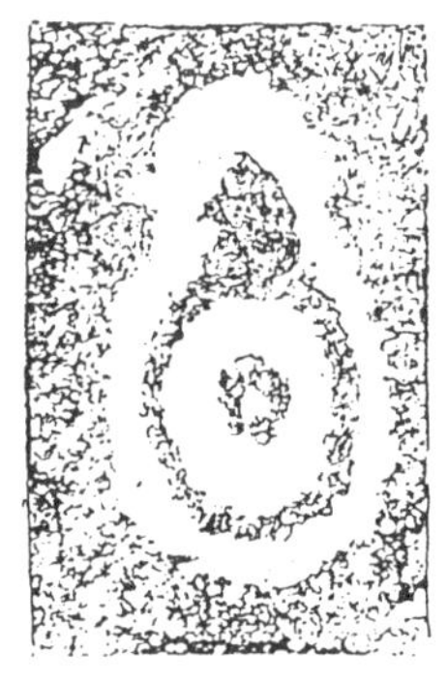

30. 허란산 女陰巖畵

둔부가 비대하며, 여음이 있는 것이 근본적 특징이다. 이것은 양성 교합의 매개일 뿐만 아니라 자녀 생육의 산문이기도 하다. 『원시인의 눈으로 볼 때 사랑스런 여자는 성 특징이 특별히 발달한 여자이거나 혹은 인공으로 장식하여 특별히 눈에 띄는 여자이다. 이러한 여자가 출산과 양육의 임무를 가장 잘 수행할 수 있다는 것이다. 마찬가지로, 원시 여성들의 눈으로 볼 때 남성미 또한 각종 강한 특징을 갖고 있어, 그가 성적 능력면에서 건강한 배우자가 될 수 있고, 일반적인 체력에서도 여자의 보호자가 될 수 있음을 보장해야 한다. 따라서 소위 야만인들에게 있어 제1차적 성적 특징은 종종 흠모할 수 있는 대상으로 되었다.』(靄理士, 《性心理學》, 三聯書店, 1988年, 66쪽) 원시 사유의 방법에 의거하면

국부는 전체를 대표할 수 있고, 개별은 일반을 대표할 수 있다. 여음은 당연히 여성을 상징할 수 있다는 말이다. 이것이 고대 여음신앙이 상당히 널리 퍼진 중요한 원인이다.〔그림 30〕

고고학 자료로 볼 때, 최초에 출현한 것은 모두 임신한 형상의 여신으로 여음 형상은 발견되지 않았고, 후에 비로소 점차 여음 형상이 나타났다. 이것은 여신이 여음보다 앞서 있었음을 말하는 것이다. 〈여신〉의 시대에는 사람들이 여음에 대해 일종의 신비감을 품고 있었지만, 그 자체는 결코 신령이 아니었다. 후난 룽산현 뤄타산의 〈여인 형상의 산〉은, 그곳의 여신이 〈여인 형상의 산〉이고 부근의 석굴이 〈여음〉임을 설명하는 것이다. 필자가 쓰촨성 무리〔木里〕카와촌〔卡瓦村〕과 머숴촌〔摩梭村〕에서 조사할 때, 역시 그곳 동굴 안에 남신이 거주하고, 그 중의 남근 ─석조石祖는 남신의 생식기임을 발견했다. 여기서 소위 여음 혹은 남근과, 여신 혹은 남신은 같은 것이 아니라는 것을 알 수 있다. 전자는 후자의 한 기관일 뿐이다. 동시에 또 사람들이 향불을 피우고 머리를 조아려 절하는 것은 신이고, 교합 무술을 하는 데에서 이용하는 것은 여음임을 발견할 수 있었다. 그러므로 여음이 처음 생겨난 것은 번식 무술 수단으로서 출현한 것이 후에 신격화되었고, 여성 생식기 신앙으로 변화되었을 것이다. 노자의《도덕경道德經》에는『현묘한 암컷의 문을 천지의 뿌리라고 한다 玄牝之門 是謂天地根』는 말이 있다. 여음을 천지의 뿌리로 숭배한 것이다. 그러나 많은 여음은 단지 무술적 수단이지 아직 신이 아니었다.『농업 신화는 성적 주제로 일관하는 듯하기 때문에, 그것들은 왕왕 음란하고 외설적인 내용을 갖고 있다. 그것들을 묘사할 때 성기관은 큰 역할을 한다. 토지도 반드시 수태하는데, 성기관은 단지 이러한 수태에 필요한 요소의 상징일 뿐이다』(柯斯文,《原始文化史綱》, 三聯書店, 1957年, 112쪽)

제2절 남근男根

성기신앙에서 여음의 뒤를 이어 출현한 것이 남근, 즉 남성 생식기인데, 양구陽具라고도 한다.『양구의 숭배는 문명이 높은 종족에서도 발견할 수 있는 보편적인 현상이라고 말할 수 있다. 예를 들면, 제국시대의 로마와 오늘날의 일본이 그렇다』(靄理士,《性心理學》, 三聯書店, 1988年, 67쪽) 여기서는 중국의 관련 자료들을 보기로 한다.

우선 고고학 발견을 본다.

고고학적 발굴에서 볼 때, 중국의 남근 유물은 양사오〔仰韶〕 문화 후기에 나타났다. 이를테면 허난 시촨〔淅川〕 샤왕강〔下王崗〕, 산시〔陝西〕 퉁촨〔銅川〕 리자고우〔李家溝〕, 린퉁〔臨潼〕 장차이〔姜寨〕와 간쑤 구화이디얼〔谷灰地兒〕, 친안〔秦安〕 다디완〔大地灣〕 유적 등지에서이고, 또 산둥 웨이팡〔濰坊〕 뤄자커우〔羅家口〕 다원커우〔大汶口〕 문화에서도 발견되었다. 이러한 유물은 지금부터 5천 년 전후의 것들이다. 또 산시〔陝西〕 화현華縣 취안후촌〔泉護村〕, 허난 신양信陽 싼리뎬〔三里店〕, 간쑤 린샤〔臨夏〕 장자줴이〔張家嘴〕, 후베이 징산〔京山〕 취자링〔屈家嶺〕과 지장〔枝江〕 관먀오산〔關廟山〕 유적지의 취자링 문화층〔그림 31〕 치치하르 북쪽 호수, 광시 친저우〔欽州〕 두랴오〔獨料〕와 스촨〔石產〕 등지에서도 신석기시대의 남근 유물이 발견되었다. 문명사회에 진입한 후 남근 유물도 많이 발견되었다.(宋兆麟,〈原

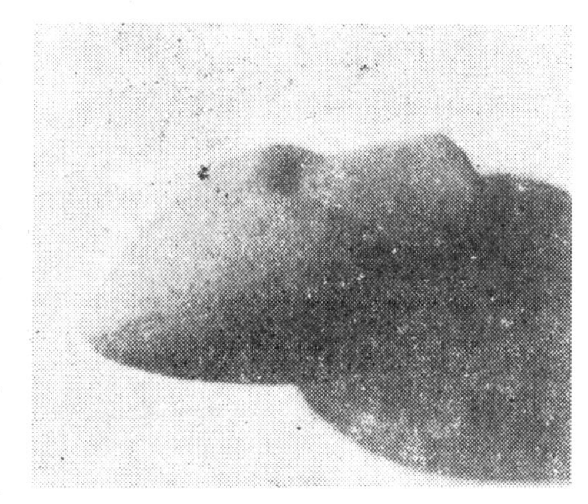

31. 취자링 문화층

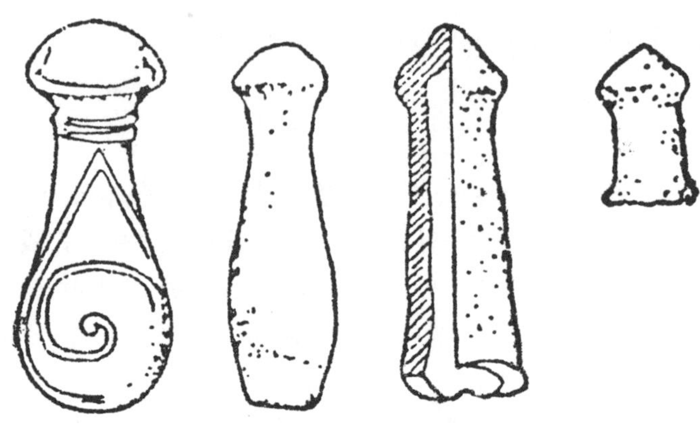

32. 先秦時期의 陶祖

始的石祖崇拜〉,《世界宗敎硏究》, 1983年 1期) 예를 들면 허난성 얼리강〔二里崗〕 상商나라 때의 유적지에서 발견된 도조陶祖〔그림 32〕 신장성 뤄부나오얼〔羅布淖爾〕 한대 유적지에서 출토된 목조木祖, 허베이 만청〔滿城〕과 시안 싼자촌〔三家村〕 한대 묘에서 출토된 동조銅祖가 그것이다.〔그림 33〕 장쑤성 공위현〔贛楡縣〕 쉬푸촌〔徐福村〕에서 출토된 〈시조석始祖石〉은 길이가 1백46센티미터, 직경 25센티미터, 타원형 머리 길이가 28센티미터이다. 이 물건도 석조石祖이다. 원래는 집 밖에 서 있었는데 후에 서복박물관에 옮겨와 보관하고 있다.〔그림 34〕 산시성〔陝西省〕 황릉현黃陵縣 청관〔城關〕에서 발견된 북송시대의 자조瓷祖는 비교적 늦게 출현한 것이다.(楊元生,〈黃陵縣 發現宋代瓷祖〉,《考古與文物》1984年 3期) 푸젠성 취안

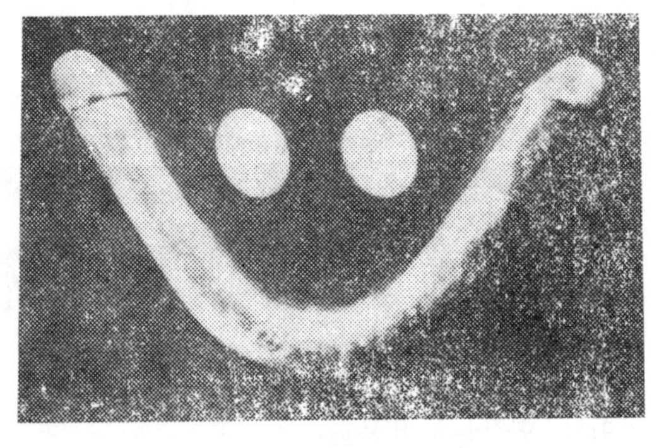

33. 싼자촌의 銅祖

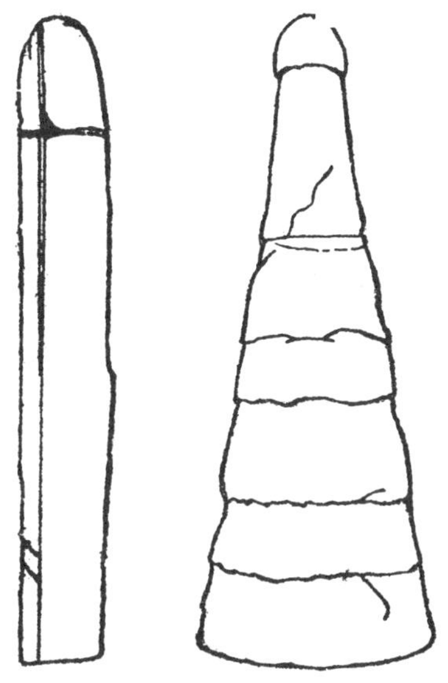

34. 漢代石祖　　35. 취안저우 郊外의 石祖

저우〔泉州〕의 남쪽 교외에는 석순石笋이 하나 있는데, 높이가 수미터이고 아래는 거칠고 위쪽은 섬세하여 마치 남자의 성기와 같은 모양을 하고 있다. 일반적으로 원나라 때의 인도교 유물로 여겨지고 있다.〔그림 35〕 후에 파손되었다가 여러 단으로 복원하여 원래 있던 자리에 다시 세웠다. 이러한 유물은, 이 성에 하나만 있는 것이 아니고, 취안저우 부근의 후이안현〔惠安縣〕에도 스순촌〔石笋村〕이 있는데, 역시 석순이 있기 때문에 생긴 이름이다. 연구할 가치가 있는 것은, 석순이 인도교 유물이라고 하는 것은 전혀 어떤 확증이 없고 다만 그곳에서 발견된 인도교 석각 중에 유사한 형상이 있어서 그렇게 성격을 규정한다는 점이다. 그런데 사실 양자는 전혀 같지 않을 뿐만 아니라 석조신앙도 결코 인도교에만 있는 것이 아니다. 왜냐하면 생육신앙은 세계적인 문화 현상이고, 중국도 예외가 아니기 때문이다. 역사 이전 시대에서부터 나타나기 시작한 도조陶祖는 후에 또 석조石祖·동조銅祖·목조木祖와 자조瓷祖를 출현시켰다. 이러한 것들은 모두 인도교가 중국에 전입되기 전에 푸젠성의 민속 중의 많은 남근신앙 자료에서도 볼 수 있으므로, 취안저우의 석순 역시 자생적인 것임을 알 수 있다.

다음에는 민족학 중의 남근 자료를 보기로 한다.

필자가 윈난성 시솽판나〔西雙版納〕 지역에서 들은 전설이 있다. 상고시대 그곳에는 8백 명의 며느리가 있었는데, 원래 개와 결혼하여 자녀를 낳았지만, 여자는 남겨두고 남자는 버렸다. 그래서 〈팔백 며느리의 나라〉〔八

百媳婦國〕라는 이름이 생겼다. 후에 한 남자를 남겼는데, 이 남자가 개를 찾아 죽이자, 여인들이 이제는 만허산〔曼賀山〕 위의 석조와 교합하여 자녀를 낳아 길렀다. 이 지역을 살펴보면, 만허는 징홍현〔景洪縣〕의 한 촌락으로 배후의 산에 돌기둥 하나가 서 있는데 남근과 같은 형상을 하고 있어, 과거에는 여인들이 아이가 없으면 가서 아들 갖기를 기원했다고 한다.

윈난성 다리〔大理〕 주허안〔九河岸〕에는 천연 돌기둥이 하나 있는데, 그곳의 바이족〔白族〕 사람들이 석조石祖로 받들면서 여인들이 자주 가서 아들 갖기를 기원한다. 허칭튀메이디〔鶴慶朶美地〕에는 온천이 한 곳 있고 부근 산 위에는 석순이 하나 있는데, 그곳 바이족 여인들은 결혼 후에 아이를 갖지 못하면 반드시 가서 신에게 제사드리고 온천에서 목욕을 한 다음에 석순과 접촉한다. 이렇게 해야 아들을 얻을 수 있다고 생각하는 것이다. 아이라오산〔哀牢山〕 지역의 이족彝族들은 여인이 몇 해 동안 아이를 갖지 못하면 반드시 물가에 가서 〈용석龍石〉에 절하고 불결함을 씻어낸 다음에 〈용석〉 위에 한번 올라앉거나 의복을 〈용석〉 위에 걸쳐놓고, 또 어떤 여인들은 〈용석〉 위의 물을 마신다. 여기서의 〈용석〉은 사실 남근이다.

윈난성 서북 지역에도 석조 숭배가 유행한다. 리장〔麗江〕 다옌진〔大研鎭〕 베이먼바〔北門坡〕에는 원래 남성의 생식기와 비슷한 돌송곳이 있었다. 과거에는 대부분의 아이 없는 여인들이 자주 그곳에 가서 아들 갖기를 기원하여, 돌송곳 위에 우유 크림을 바르고 향불을 피우고 절을 하고 소원을 빌며 아들을 갖게 해달라고 기원했다. 광서光緒 때의 《속영북청지續永北廳志》 권1에는 다음과 같은 기록이 있다. 『석보살산에는 돌이 1백여 개 있는데, 마치 사람의 모습을 하고 있어서 그런 이름이 생긴 것이다. 石菩薩山 山中有石百餘 如人狀 故名』 닝랑현〔寧蒗縣〕 바얼차오향〔巴耳橋鄕〕에는 석보살촌石菩薩村이 있는데, 바로 마을 주변에 석조가 하나 있어서 얻은 이름이다. 이른바 석보살이란 바로 석조이다. 융닝〔永寧〕의 나시족〔納西族〕들은 다바촌〔達坡村〕의 산등성이가 바로 남신의 생식기라고 생각하여, 과거에는 그곳 부족장이 그것에 대해 아주 독실한 신앙을 갖고 있었다. 신을 숭배하면 아들을 낳을 수 있고, 부족장의 후계자가 생긴다고 믿은 것이다.

쓰촨성에도 석조 숭배가 많다. 무리현〔木里縣〕 다파향〔大壩鄉〕에는 〈지얼둥〉〔鷄兒洞〕이 있는데, 사실은 천연 석굴이다. 동굴 안에는 천연 돌기둥이 하나 있는데, 그곳에 사는 시판인〔西番人〕과 장족藏族들은 그것이 남성의 생식기라고 생각하여, 결혼 후 여인들이 아이를 갖지 못할 때면 반드시 그곳에 가서 향불을 피우고 석조에게 절을 하고, 또 석조 위에 한번 앉아서 교합하는 흉내를 낸다. 이렇게 하면 임신을 하고 아들을 얻을 수 있다는 생각 때문이다.

석조 숭배 활동은 일종의 신비한 종교신앙으로, 모두 신비성을 띠고 있고 공개할 수 없으며 형제 민족의 〈비밀사회〉에 속하기 때문에 조사하기가 곤란하다. 필자는 서남 지역에서 오랫동안 민족 조사를 하면서 10여 개 이상의 현 지역을 두루 다녔지만, 석조 숭배 의식을 직접 보지는 못했다. 후에 쓰촨성 무리현 어야촌〔俄亞村〕 조사 기간 동안에 사람들과 아주 친숙해져 마음을 터놓을 수 있는 친구가 생기고서야 비로소 운좋게 카와촌〔卡瓦村〕의 머쉬인〔摩梭人〕들이 석조를 숭배하여 아들 갖기를 기원하며 행하는 무술 의식에 참여할 수 있었고, 석조신앙에 대해 더 깊이 있게 이해하게 되었다.

카와촌은 진사강〔金沙江〕 지류 충톈하〔沖天河〕의 서안에 위치하고 있는 고산지대의 촌락으로, 그 앞으로는 룽타하〔隆打河〕가 흐르고 서남쪽으로는 아부류고우산〔阿布流構山〕이 있다. 이 산의 남쪽 능선에 바위 굴이 하나 있는데, 머쉬인들의 언어로 〈니하오〉라고 하며, 동굴 입구에서 동북쪽으로 바깥쪽에 향 피우는 나무라는 뜻의 〈야거〉 나무 한 그루가 서 있다. 동굴의 내부는 비교적 큰데, 장방형으로 길이가 20미터, 너비가 7미터, 면적이 1백40제곱미터이다. 지면은 높낮이가 일정하지 않아서 동쪽은 낮고 패여 1년 내내 물이 고여 작은 연못을 이룬다. 머쉬인들의 언어로 〈부카오〉라고 하는데, 즉 연못이라는 뜻이다. 연못 서쪽 언덕은 평평하여 그들 말로 〈지우바황〉이라고 하는데, 향불 피우는 부뚜막이라는 뜻으로, 제사 지낼 때는 바로 여기서 향을 피운다. 서쪽 맨 끝은 비교적 높고 돌출한 종유석이 있어서 산봉우리와 같은 형상을 하고 있다. 이 종유석들은 동굴 주인인 〈지저자마〉 여신을 상징하는 것이라고 전해진다.

그곳 머쉬인들의 전설에 의하면, 아주 먼 옛날 어야촌에서 한 노파가 와서 이 〈니하오〉 동굴에 살았는데, 많은 자녀를 남겼다고 한다. 그녀는 죽을 때 자녀들에게 이렇게 말했다.『내가 죽은 후 너희들이 아이를 낳지 못하면 이 동굴에 와서 나를 보고, 〈주무누〉(石祖)에 향을 피우면, 내가 너희들을 도와 아이들을 낳게 해주마』이 노파가 바로 〈지저자마〉이며 머쉬인의 여신으

36. 주무누

로, 그 기원이 아주 오래 되었다. 여신의 지위는 여성들이 이전에 더욱 자유롭고 더욱 힘 있던 지위에 관한 추억이다. 후에 또 하나의 전설이 생겨, 이 동굴에 남신이 한 명 살았다고 생각했다. 이름은 〈푸라〉라고 하는데, 자손이 흥성하도록 도와 줄 수 있다고 한다. 동굴 안의 〈주무누〉는 그의 생식기이다.

동굴 안에 있는 소위 〈주무누〉는 천연의 종유석 기둥으로, 높이가 80센티미터이고 원추형이다. 밑부분은 조금 거칠고, 직경이 90센티미터이다. 〔그림 36〕 머쉬인들의 언어로 〈주무누〉는 아들을 낳는 돌이라는 뜻으로, 그들이 남성의 생식기를 말할 때 쓰는 말—〈파와巴窩〉와 같은 의미를 가지고 있다. 그곳의 한 족들은 그것을 돌송곳 혹은 석조라고 부른다. 〈주무누〉의 정수리 끝

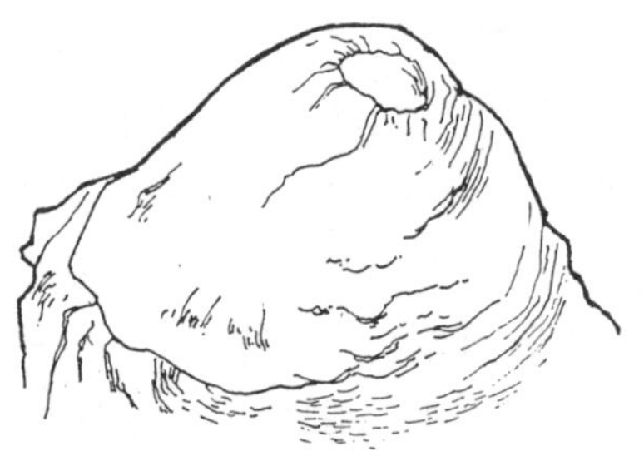

37. 머쉬인의 石祖

에는 움푹 들어간 부분이 있다. 깊이는 15센티미터이고, 직경이 20센티미터인데, 이 홈은 접시라는 뜻의 〈쿼垮〉라고 불린다. 석조 윗부분에서 아래로 늘어진 종유석 기둥에서는 물방울이 끊임없이 떨어지므로, 움푹한 홈에는 적지 않은 물이 있다. 머쉬인들은 이 물을 〈하지〉라고 하는데〔그림 37〕 제사에 쓰는 물로, 이 부족들이 정액을 칭할 때 쓰는 말인 〈다지〉와 같은 의미를 갖고 있다.

여성들이 만일 여러 해 동안 아이를 갖지 못하거나 기형아를 낳으면, 산신에게 제사지낸다는 뜻의 〈네이카오구〉 의식을 거행해야 한다. 제사를 지낼 때, 여인은 무당·남편 그리고 결혼 때의 들러리였던 아가씨들과 함께 산에 올라가 아이 기원 의식을 거행한다. 그 의식은 네 단계로 되어 있다.

제1단계에서는 향불을 피우고 신에게 경배드린다.

그곳 머쉬인들은 동파교東巴敎를 신앙하므로, 절대 부분의 종교활동은 무당인 동파東巴에 의해 주관되며, 생육 무술 또한 예외가 아니다. 동파는 동굴에 들어간 후 먼저 〈지우바황〉 위에 세 개의 돌을 얹어, 마치 집안의 화당火塘에 돌을 삼각형으로 안치하는 것과 같이 만든다. 그곳에 불이 붙은 〈야거〉 나뭇가지나 진달래 나뭇가지 한 묶음을 놓는다. 이것은 바로 신에게 향을 피운다는 의미이다. 이때 동파는 〈초봉길경楚棒吉經〉, 즉 제산경祭山經을 외워야 한다. 여인들은 동쪽을 향하여 불더미 앞에 무릎을 꿇고 나뉘어 〈지저자마〉 여신에게 아이를 갖게 해 달라고 기원한다.〔그림 38〕

동파는 경문을 외우면서 향불을 피우고,

38. 지저자마

마지막으로 또 이렇게 간구한다.『하늘이 그대에게 아이를 낳게 해주시고, 땅이 그대에게 아이를 낳게 해주시고, 왼쪽 사람이 그대에게 아이를 낳도록 축복해 주고, 오른쪽 사람이 그대에게 아이를 낳게 축복해 주고, 머쉬인이 그대에게 아이를 낳게 축복해 주고, 시판인도 그대가 아이를 낳도록 기원해 준다. 신의 보호하에 그대는 신체가 건강하여 아이를 낳아 기를 것이다.』

제2단계에서는 몸을 씻어 사악함을 제거한다.

머쉬인들은 여성이 임신할 수 있는 까닭은 남자의 정자와 여자의 난자가 결합한 결과라고 생각한다. 정자는 뼈이고, 난자는 살이다. 뼈와 살이 결합해야 태아가 형성된다. 그러나 여성의 몸에 〈차오〉와 같은 악귀가 붙으면 여성의 생식기가 막혀 부부가 잠자리를 같이 해도 임신할 수 없다. 이러한 상황에 이르면 동파에게 부탁하여 주문을 외워야 한다. 〈차오〉를 여성의 몸에서 내쫓아 출산 능력을 회복시켜야 하는 것이다.

동파는 제산경을 외우고 나서 계속하여 향을 뿌리며 신을 경배하고 악귀를 쫓는다. 이때 아이를 갖고자 하는 여인은 들러리와 함께 반드시 연못에 가서 씻어야 한다. 보통은 연못가에 서서 머리부터 발끝까지 한번 완전히 씻는다. 그녀들이 목욕을 통하여 〈차오〉를 씻는 것은, 임신을 위해 길을 청소하는 것이라고 생각한다. 들러리들은 씻지 않고 연못가에 서서 아이를 갖고자 하는 여인의 옷을 가지고 있으면서 씻는 것을 돕는다.

제3단계에서는 임신을 하기 위한 물 마시기이다.

여인은 씻고 나서 동파의 지도 아래 〈주무누〉 근처에 가서 〈하지〉 물을 마신다. 물을 마실 때는 동파가 아래위가 뚫린 가느다란 대나무 대롱을 주면, 여인네는 대나무 대롱의 윗부분을 입에 물고 아랫부분을 〈쿼〉

39. 石祖의 물을 들이마시는 머쉬인

의 물에 넣는다. 힘을 다하여 물을 빨아 〈하지〉 물을 세 번 들이마셔야 한다.〔그림 39〕 동파는 이 행위가 매우 중요하다고 생각한다. 왜냐하면 〈차오〉를 몰아낸 것은 단지 여인의 불임증을 치료한 것일 뿐이고, 생육을 위해서는 반드시 석조의 힘을 빌려야 여인네가 임신하고 생육할 수 있기 때문이다.

제4단계는 〈차오〉를 보내는 무술이다.

산에 제사지내는 일을 끝내기 전에 동파는 청과맥가루를 수유에 개어 사람 모양을 두 개 만든다. 키는 대략 20센티미터인데, 남자와 여자 각 한 명씩이다. 베옷을 입혀 돌판 위에 올려놓는다. 이 두 사람은 바로 〈차오〉의 우상으로, 동파는 〈차오〉의 머리를 빗기고 씻기고 화장시켜 향을 피우고 위에 바쳐야 한다. 배에는 하다를 묶고 악귀를 때려서 쫓아야 한다. 마지막으로 동파는 〈차오〉 우상을 물에 버리고, 급류를 이용하여 〈차오〉를 떠내려 보낸다. 이렇게 해서 〈차오〉 무술은 마무리된다.

산에 제사지내는 의식에 참가한 여인들은 혼자서 거행할 수도 있고 몇 사람이 함께 진행할 수도 있지만, 반드시 동파의 주관이 있어야 한다. 여인들은 나뉘어 남편과 들러리와 함께 한다. 들러리와 함께 하는 이유는, 주로 〈차오〉 악귀가 몸을 묶어 원래의 혼인이 무효가 되었으므로, 새로 한번 혼례─산에 대한 제사를 지내야 새로운 생육의 기회가 제공될 수 있다고 생각하기 때문이다. 결혼이라면 반드시 남편과 들러리가 함께 해야 한다. 산에 제사를 지내는 과정에는 향불을 피워 바칠 수 있을 뿐, 희생을 잡을 수도 없고 또 혈흔을 보일 수도 없다. 그렇지 않으면 여인들이 임신하기 어렵고, 설령 임신한다 하더라도 유산하게 된다.

머쉬인들은 산에 제사를 지낸 다음에는 여인의 신체가 깨끗해졌고 〈차오〉 악귀를 쫓아내었고, 또 여신이나 남신의 보호가 있고, 〈주무누〉와 접촉을 하였기 때문에, 왕성한 생식 능력을 가질 수 있다고 생각한다. 다른 한편으로는, 그녀들은 또 사람의 역할을 중요시하는데, 즉 당일 저녁 부부가 반드시 잠자리를 같이 해야 한다. 이렇게 해야 최후에는 임신할 수 있고, 새생명의 씨앗을 뿌릴 수 있다고 생각하는 것이다.

구이저우성의 먀오족들은 〈츠구창〉── 조상에 대한 제사 의식에서, 대부분 나무나 찹쌀밥으로 남근을 만들어 아이를 갖지 못한 여인들의 제사에 제공한다. 그 중에서 찹쌀밥으로 만든 생식기는 마지막에 모두 여인들에게 훔쳐먹게 한다. 이 성 리퍼현〔荔波縣〕 스라이향〔石來鄉〕 스화이야오촌〔石灰凹村〕 뒤편에는 석굴이 하나 있다. 동굴 안에는 몇 개의 석순이 있는데, 유공劉公·담공覃公이라고 부르며 생육을 주재하는 신으로 생각하여, 부근 주민들이 자주 들어가 석순에 절하면서 아이를 갖도록 해달라고 기원한다.

후난성 장융〔江永〕 다웬야오향〔大遠瑤鄉〕에는 〈천가동千家峒〉이라는 곳이 있다. 동굴 안에는 〈석동자石童子〉를 모셨는데, 큰 것은 10여 미터나 되고 작은 것은 몇십 센티미터인데, 모두 석조 형상을 하고 있다. 야오족 여인들은 자주 가서 아이를 갖도록 해달라고 기원한다.

세번째에는 민속학 중의 관련 있는 형상을 보기로 한다.

민속에서는 대부분 성을 상징하는 물건을 남근으로 보고 경배한다. 《제경세시기승帝京歲時紀勝·주교모정走橋摸釘》에는 다음과 같은 기록이 있다. 『정월 초하루 밤에 여인들이 무리지어 놀면서 재난을 피하게 해달라고 기원한다……. 또 다투어 정양문 밑으로 달려가 문에 박힌 큰 못을 쓰다듬으면서 남자애를 가질 것이라고 믿는다. 元夕婦女群游 祈免災咎…… 又競往正陽門中洞摸門釘 讖宜男也』 이러한 풍속은 아들을 낳을 수 있다는 생각에서 비롯된 것이다. 난징에서는 중추절 밤에 아이를 갖지 못하는 여인들이 대부분 장락도長樂渡 현제묘玄帝廟에 가서 철로 만들어진 까마귀를 쓰다듬는다. 전설에 의하면 아이를 갖게 하는 효과가 있다고 한다. 간쑤성의 민간에는 남성들이 사악함을 피하는 종이 오리기가 있는데, 그 중에서 가장 두드러진 것이 남근이다. 그것은 사악함을 피할 수 있을 뿐만 아니라, 또 생육을 촉진하며 강하고 힘 있는 것을 상징하는 것이기도 하다. 어떤 민족들은 고추를 남근으로 여기기도 한다. 예를 들면, 샹시〔湘西〕의 먀오족들은 혼례를 거행할 때 〈리쟈오판〉을 먹고, 헤어질 때 반드시 〈리쟈오라즈가〉〔離脚辣子歌〕를 불러야 한다. 고추가 남근이라고 외치는

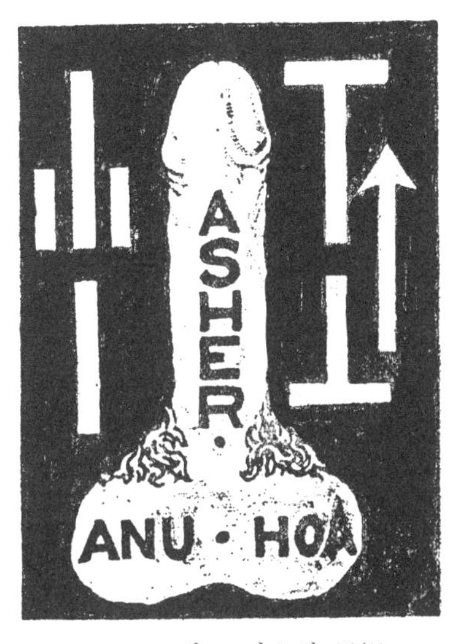

40. 고대 그리스의 男根

것이다. 투자족(土家族) 여인들은 몸을 풀 때 〈웨파즈〉(月婆子)라고 불리는데, 머리에 머릿수건을 묶고, 남은 천에는 반드시 붉은 고추를 꽂는다. 이것은 남근 상징으로 사악함을 피할 수 있을 뿐만 아니라 생육을 촉진할 수 있다고 생각하기 때문이다. 각지의 비밀 언어에는 또 이러한 종류의 내용이 있다. 이를테면 톈진에서는 〈둘째 아들〉·〈작은 머리통〉·〈단지〉·〈국자〉·〈기름 줄기 하나에 달걀 두 개〉·〈바나나 하나에 사과 두 개〉 등으로 양기陽器를 비유한다.

다른 나라에도 많은 남성 생식기 신앙 자료가 있다. 여기서는 몇 가지 예를 들어 설명하기로 한다.

고대 그리스의 성신性神 다누세스는 바로 남성 생식기이다.〔그림 40〕

인도에는 성스런 장소가 많은데,『그 안에는 수많은 남성 생식기·음문과 반남반녀의 상징 및 도형이 있다. 그 중에서 가장 널리 퍼져 있는 것은 음문에 꽂힌 음경(아르파)이지만, 반드시 반남반녀신에게만 그렇게 한 것이 아니고, 보통 신과 그들의 아내와의 동거——성적 결합을 상징하는 것이다.』(魏勒,《性崇拜》, 中國靑年出版社, 1988年, 297쪽)

부탄 왕국의『방 모서리에는 나무로 만든 거대한 남성 성기관이 걸려 있는데, 위쪽에는 야크의 꼬리가 장식되어 있다. 그곳에서는 말을 매는 말뚝도 양기이다. 그들은 신에게 제사지낼 때도 손으로 양구를 잡는다. 이것이 반드시 어떤 요괴를 진압할 수 있다고 생각하기 때문이다.』(謝國安,〈悶城風俗一般〉,《康藏硏究月刊》1948年 13期)

타이 삼각주 지역의 어린이들은 모두 나무로 만든 양구를 차고 있는데, 어떤 때는 꾸러미로 만들어 허리에 걸고서 장식과 사악함을 피하는 물건

으로 여긴다. 타이 황궁 뒤편에는 암
석으로 만든 남근이 땅에 수직으로
서 있다. 높이는 사람의 허리쯤에 온
다. 결혼하고 오래 되었지만 아이가
없는 여인들이 항상 그 앞에 가서
기원하며 절을 하고, 아래 옷을 걷고
발돋움하여 음호를 접촉한다. 이렇
게 하면 매우 영험이 있다고 한다.

41. 三角形의 男根符號

한국의 인왕산仁旺山에는 조양석
朝陽石이 있는데, 부부석이라고도
한다. 즉, 남녀 성기이지만, 전자는
크고 후자는 작다.『여인들이 아들을 갖고자 할 때 그곳에 가서 무릎 꿇
고 기원한다』(赤松至誠,〈朝鮮巫俗之神統〉,《宗教硏究》第12卷 5號)

일본에서도 이러한 신앙이 매우 널리 퍼져 있다.『강산 한 곳만 말해도
여러 가지의 남성 숭배 유적이 있고, 또 일본 내지에서는 3월 3일에 부부가
양성 하체가 짝을 이룬 신에게 제사를 드리는데, 신혼 부부들은 식물 씨로
기름을 짠 지게미를 바친다』(方紀生,《民俗學槪論》, 北師大史學所, 1980年,
45쪽)

외국의 일부 학자들도 화살·돌기둥·탑·비석·정삼각형〔그림 41〕·
피라밋 모양·연꽃·백합꽃·성스런 지팡이 등을 남근으로 보며, 그 밖에
또 만卍 도안이 있다.『그 근거는 안정적인 아시아의 풍속이다. 즉, 티베
트에서 성행하는 일처다부제는, 한 여인이 여러 명의 남편을 거느린다.
그것은 도형상으로는 네 개의 남성 성기관이 하나의 여성 성기관을 받들
고 있는 것으로 표현되어 있다』(魏勒, 앞의 책, 211쪽) 그러나 우리가 티
베트 지역을 조사한 바에 의하면, 만卍은 상서로운 의미이지 성구性具나
결혼과는 관련이 없다. 그 밖에 이 부호는 불교와 관련이 있어서,〈흉부의
상서로움의 표지〉라고 불리고, 또 석가모니의〈상서로운 얼굴〉이라고도
한다. 무측천武則天 시대에 만萬자로 정했는데, 역시 상서롭다는 뜻이고,

티베트족의 일처다부제와는 상관이 없다.

　총체적으로 분석한다면, 상술한 남근은 최초에는 천연의 돌기둥·석순石笋이었는데 나중에 인공으로 제작한 도조陶祖·석조石祖·목조木祖·자조瓷祖·동조銅祖 등으로 나타났을 것이다.『이른바 〈성의 상징〉이란 솔직히 말하면 성기를 대표하는 도형 혹은 부호로서, 또 생식 숭배의 간접적인 혹은 비교적 완곡한 표현이라고 말할 수 있다. 이것은 상징 언어, 혹은 상징의 형상을 포괄한다.』(卡納,《性崇拜》, 湖南文藝出版社, 1988年, 163쪽) 중국 각지에서 발견된 남근 유적은 바로 〈상징 형체〉일 뿐만 아니라, 원시적 형태에 해당되는 것이다.

　크기 형태로 볼 때, 남성 생식기 신앙물에는 또 크기의 차이가 있다. 즉, 두 가지 유형으로 분류된다. 하나는 대형의 숭배물이다. 이를테면 소수 민족 지역의 석조로, 남신에 대한 숭배가 내포되어 있을 뿐만 아니라 여인이 남근과 접촉하는 무술이 내포되어 있기도 한다. 그것들은 모두 자식 갖기를 기원하는 뜻을 담고 있다. 또 하나는 소형 남근으로, 그 중 다수가 무술적 수단이고, 자체는 결코 신령이 아니다.

　필자는 상술한 남근신앙에는 몇 가지 유형이 있다고 생각한다.

　첫째 상황은, 남근은 신의 상징이라는 것이다. 예를 들면 페니키아인들은 남근을 〈아서〉라고 한다. 그것은 바로 서 있다, 강력하다, 열려 있다는 의미로, 하느님에 대해서도 같은 호칭을 쓴다. 그리스의 성신性神 다누세스도 남근 형상이다. 쓰촨성 무리 카와촌의 석조도 동굴 안에 사는 남신의 성구로서, 아들을 원할 때는 먼저 신에게 절을 하고 후에 석조와 교합하는 무술을 편다. 이로 보아 상술한 남근은 신의 상징인데, 인류의 생육을 주재하므로 반드시 정기적 혹은 부정기적으로 제사를 드린다는 것을 알 수 있다. 이러한 남근은 비교적 크고, 고정된 장소가 있다. 이를테면 카와촌의 석조는 산의 동굴 안에 모셔져 있고,『그리스의 헤르메스 신상은 나무로 만들어진 것도 있고 또 돌로 만들어진 Phallus(남근) 입상도 있는데, 길가의 나무 그늘 아래 서 있다. 여인들은 이것을 잉태의 신으로 받들어, 일반적으로 아들을 갖고자 하는 여인들은 신상을 안고 신체를 마찰시킨다. 결혼 전의 처녀도 부모가 데리고 가서 예배드리고, 자신의 신체를 신상의 Phallus에 접촉하게 한다』(朱雲影, 앞의 책, 13쪽)

둘째 상황은, 단순한 무술로서 출현한 것이다. 그 중에는 또 여러 가지 형식이 있다.

하나는 신에게 제사지낼 때 먹는 진흙 어린아이와 남근이다.

저장성 리수이〔麗水〕에서는 열네 명의 여인이 모셔져 있는데, 『향불을 피우고 촛불을 켜고 경건하게 절을 하고 기도하면서 소원을 빌고 또 사당 안에 있는 부인낭랑夫人娘娘의 헌신발 한짝을 가지면 집에 돌아간 후에 임신할 수 있다고 생각한다. 만약 남자아이를 낳으면 부인낭랑을 위해 새 신발을 만들고 또 용장龍帳과 삼생三牲을 준비하여 사당에 가서 감사드려야 한다. 아들을 원하는 어떤 여인은 신에게 기도드리고 나서 부인낭랑신 앞에 있는 진흙으로 빚어 만든 작은 남자아이 생식기의 분말을 훔쳐 종이에 싸서 물에 타 마시는데, 이렇게 하면 남자아이를 낳을 수 있다고 생각한다』(浙江民俗學會, 《浙江風俗簡志》, 浙江人民出版社, 1986年, 565쪽) 중국의 다른 지역 낭랑묘회에도 유사한 풍속이 있는데, 대부분 진흙 어린아이의 〈고추〉를 먹는 것이다. 이러한 무술적 성질을 내포한 남근 형상은 비교적 작다. 사람들은 이것과 접촉하면 아들을 낳으려는 소원을 이룰 수 있다고 생각한다. 『한 여자가 일상 환경 아래서 남자의 생식기관과 접촉할 때는 당연히 여러 가지를 고려해야 하지만, 그것의 상징과 접촉할 때는 아무 거리낄 것이 없는 것이다. 거리낄 것이 없을 뿐만 아니라, 종종 상서로운 일이라고 공

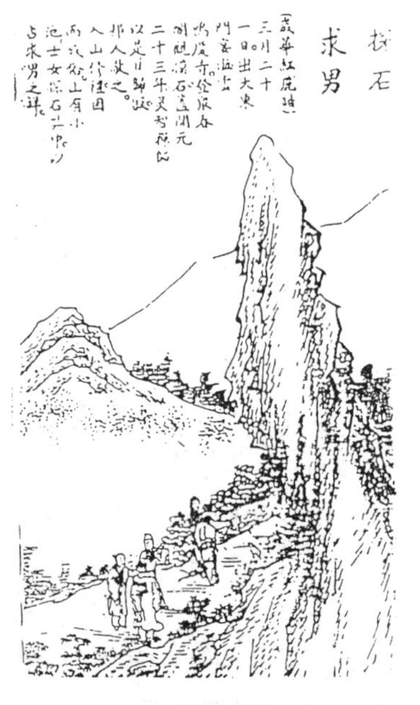

42. 探石求男

인된 것이기도 하다……』(魏勒, 앞의 책, 214쪽)《점석재화보點石齋畵報》
에는 〈탐석구남探石求男〉이라는 그림이 있는데, 바로 이러한 성격의 무술
을 반영한 것이다.〔그림 42〕

다른 하나는 조상에 대한 제사 때 먹는 남근 형태의 음식물이다.

구이저우성의 먀오족들은 조상에 대한 큰 제사 ―〈츠구창〉 때, 반드시
찹쌀밥으로 남근을 하나 만들어 벽에 붙여야 하는데, 아이를 갖지 못한
여인들이 기회를 봐서 훔쳐먹는다. 그러면 잉태하여 아들을 낳을 수 있다
고 생각하는 것이다. 『유럽의 일부 지역에서는 여인들이 어떤 명절에 남
성 성기관 형상의 일종의 떡을 먹는다. 역시 생식을 위한 목적에서이다』
(靄理土, 앞의 책, 87쪽)

또 다른 하나는, 남근을 사악함을 피하는 영험한 물건으로 보는 것이다.

장화이 지역의 농촌에서는 아이를 갖지 못한 여인들이 허리에 복숭아
나무로 만든 인형을 차는데, 이 인형의 남근을 특히 돌출시켜 새겼다. 아
직 결혼하지 않은 총각들은 작은 돌인형을 즐겨 차는데, 그것의 남근 역
시 분명하다. 이러한 남근은 일종의 신비한 힘을 갖고 있어서 사악함과
재난을 피할 수 있다고 생각한다. 다른 나라에도 이러한 풍습이 있다. 『원
시사회에서 전사들은 적의 음경을 잘라 말려서 허리에 차거나 목에 걸기
를 좋아했는데, 이것은 결코 더럽거나 외설적인 행위가 아니었다』(卡納,
앞의 책, 11쪽) 『그리스와 로마의 주부와 소녀들은 남성 생식기 모양의 기
념 휘장과 보석이 박힌 장식물을 즐겨 패용하여 생육에 이용했고, 현대의
이집트 여인들도 항상 유사한 호신부를 차고 다닌다』(魏勒, 앞의 책, 214
쪽) 『어느 시기에 어미 낙타나 어미 말이 죽으면 사람들은 그것의 음부를
잘라내어 문에 걸어 사악함을 피하거나 혹은 〈좋은 운을 가져온다〉고 믿
는다. 후에 사람들은 말의 발에 박는 징으로 그것을 대신했는데, 분명히
그렇게 조잡하지도 않고 비교적 완곡한 것이었다』(魏勒, 앞의 책, 255쪽)
사람들은 매를 때릴 때에도 사악함을 피하게 해준다는 남근의 도움을 구
했다. 즉 『적의 생식기를 잘라 차고 다님으로써 다른 적들을 두렵게 하고
자 했다』(卡納, 앞의 책, 11쪽) 이상의 사실에서 성기관은 신상神像으로서

나타난 것이 아니고, 일종의 무술 수단으로 사람들에게 일정한 영험성을 부여했음을 알 수 있다.

세번째 상황은, 남근도 수장품이라는 점이다. 산시성(陝西省) 황릉관黃陵關에서 출토된 북송北宋 시기의 자조瓷祖에서 볼 때, 그것은 분명히 일종의 부장품일 뿐만 아니라 죽은 여자를 위한 수장품이었음을 알 수 있다. 이것은 세속의 일부일처제가 장례 풍습에 반영된 것이다. 허베이성 만청(滿城) 한나라 때의 묘에서 발견된 남근도 이러한 의미를 갖고 있다. 남근을 수장했던 의미를 해석하기 위해서는 민족학 자료를 인용할 수도 있다. 윈난성 홍허(紅河)의 하니족(哈尼族)들은 여인이 죽으면 모두 나무나 진흙으로 만든 남성 생식기를 수장하고, 남자가 죽으면 여성 생식기 모형을 묻는다. 이러한 성기는 비교적 작은데, 죽은 자의 배우자를 상징하는 데에 쓰고 있다. 이러한 풍습은 얼마 전까지만 해도 하니족의 바이홍지(白宏支) 하니인들의 풍속에 남아 있었다. 그들은 장례를 3일 동안 거행하는데, 그 둘째날 오전 11시에서 셋째날 오후 5시 장례 전날 밤에 무당에 의해 의식이 진행된다.『관 앞에 대나무로 만든 탁자를 놓고 그 위에 〈주사〉라는 나무로 깎은 생식기를 올려놓는다. 죽은 사람이 남성이면 여성의 생식기를 놓고, 여자이면 남성의 생식기를 올려놓은 후, 무당이 오래 된 경문을 외우면 집안 사람들은 무릎을 꿇고 기도하고, 3분 가량마다 무당은 법구法具 — 대나무 통을 그리는데, 죽은 사람이 저승에 가서 동반자를 얻어 아들·딸을 낳고 행복한 생활을 하라는 뜻이다……. 의식이 끝나면 나무를 깎아 만든 생식기를 태우는데, 죽은 사람이 가져갔음을 상징하는 것이다.』(孫官生, 《哈尼族的生殖崇拜》, 未刊行)

푸젠성에는 일종의 귀혼鬼婚이 퍼져 있다. 즉 부부가 결혼하기 전에 여자가 죽으면 반드시 남자 집에서 아내로 받들어 나무나 진흙으로 만든 남근을 놓아 주어야 한다. 남자가 다시 아내를 얻은 후에도 여전히 모신다. 이것은 죽은 사람에 대한 위로이기도 하고, 또 그녀가 신혼 생활을 간섭하지 말기를 기원하는 것이기도 하다. 이러한 남근은 다만 남편의 대신일 뿐인 일종의 모의 무술의 산물이라고 할 수 있다.

남근이 갖고 있는 여러 가지 성격과 역할에 대해서는 간단하게 결론을 지을 수 없고, 구체적인 문제를 구체적으로 분석해야 한다. 먼저 사실을 분명하게 하고 나아가 서로 다른 유형을 구분지어야 남성 성기신앙의 복잡성과 그것의 다양한 사회적 기능을 이해할 수 있다. 이러한 점은 원시종교의 분류에도 중요한 참고적 가치가 있다.

곽말약은 〈석조비釋祖妣〉라는 글에서, 〈조且〉는 남성 성기를 본뜬 것이라는 의견을 내놓았다. 그것은 조상이 남근이라고 생각하는 것이다. 그러나 사실은 전혀 그렇지 않다. 〈조且〉는 남근을 상형한다기보다는 조상의 위패라고 하는 것이 더 합당하다. 왜냐하면 여러 민족들이 조상을 모실 때 일반적으로 모두 장방형의 목판이나 석판을 조상의 상징으로 여겨 그 아래에 가로로 놓는데, 마치 〈도마〉〔且〕 모양 같기 때문이다. 더욱 중요한 것은, 민족학 자료를 분석해 볼 때 조상과 남근은 근본적으로 주로 다음의 몇 가지 면에서 다르다는 점이다.

1) 양자는 성질이 다르다. 조상 숭배는 이미 죽은 가족 중의 어른이나 씨족 부락 수령의 죽은 영혼에 대한 숭배인데, 먼저 모계 조상이 있었고 뒤에 부계 조상이 나왔다. 남근은 바로 남성 생식기에 대한 신앙으로 생육신앙의 성질에 속한다.

2) 양자는 모양이 다르다. 최초의 조상은 결코 우상이 아니었는데, 나중에 나무나 돌로 만든 조상의 위패 혹은 우상이 나타난 것이다. 조상은 사람의 형상으로그 이름을 쓰기도 했고, 남근은 사람의 국부기관으로 둥근 기둥 모양을 보여 준다.

3) 받드는 장소가 다르다. 조상은 일반적으로 실내나 마을 안 혹은 공동묘지에 받든다. 고대의 사社는 바로 씨족이나 촌락의 선조를 받드는 신단이었다. 《예기 · 교특생郊特牲》 정의正義에서는 《오경이의五經異義》를 인용하여 『요즘 사람들은 사신을 사공이라고 한다 今人謂社神爲社公』고 했다. 사공社公은 바로 남성 조상이다. 《후한서 · 제사지祭祀志》에서는 조상의 신단을 『사각형 단이 있고 건물은 없으며 담장과 문만 있을 뿐이다 方壇 無屋 有墻門而已』고 기록하고 있다. 대부분 돌 하나나 흙덩이 하나

를 모신다. 남근은 교외에 모셔졌다. 왜냐하면 남근은 동일한 혈연의 형제·자매나 부모와 자녀간에는 이야기할 수 없는 성질의 것이어서, 당연히 함께 모시거나 제사지낼 수 없기 때문이었다. 그러나 개인이 남근을 무술로 쓴다거나 혹은 부부가 함께 남근을 제사지낼 때는 가능했다. 그러므로 남근은 집안에 모실 수 없고 반드시 야외에 모셨던 것이다.

4) 제사를 주관하는 사람이 달랐다. 조상에 대해서는 가족 중의 어른이나 가장이 제사를 주관하지만, 고매나 남근 등 생육신에 대해 제사를 주관하는 것이 아니었다. 그러나 남근에 대한 제사는 무당이 주관하거나 혹은 아이가 없는 여인 및 그 배우자가 주관했다.

5) 제사 의식이 달랐다. 조상에 대한 제사는 주로 조상을 경배하고 제물을 바치고 업적에 대해 이야기하는 것을 통하여 조상에 대한 추모를 나타내고, 가족 혹은 씨족 내부의 결속을 강화시키고 조상의 보호를 기원하는 것이었다. 그러나 남근에 대한 제사는 남근에 대해 제사를 지내거나 목욕으로 재난을 물리치거나 교합 무술과 야합 등의 행위를 통하여 자녀 갖기를 기원하는 것이었다.

이상의 분석을 통하여 볼 때, 남자 조상과 남근은 서로 다른 신앙의 대상이었음을 알 수 있다. 그러나 남근은 부권제도의 산물이고 남존여비의 반영이었다. 『남성 생식기상은 더 이상 사람들을 평등하게 할 수 없었다』(拉法格,《宗敎與資本》, 三聯書店, 1963年, 93쪽) 그러므로 남근의 출현은 조상신앙보다 어느 정도 나중에 나타난 것이라고 할 수 있다. 그러나 그것은 상고시대 사회의 보편적인 신앙이었다. 주여동周予同은 이렇게 생각했다. 『이른바 생식기 숭배는 사실 원시사회의 보편적인 신앙으로, 대체로 원시사회는 아직 지혜가 모자라고 우주간의 모든 자연 현상에 대해 하나하나 합리적인 해석을 할 수 없었기 때문에 결국 인격화시킨 것이다. 그들은 생명을 생산하는 생식력에 대해 불가사의하다고 여겼기 때문에 최고의 지위를 부여했고 숭배하기에 이르렀으니, 사실 보편적이고 자연스러운 것이었다』(《周予同經學史論著選集》, 上海人民出版社, 1983年) 이로 보아 생식 숭배는 하나의 특수한 신앙으로 조상 숭배와는 확실히 다름을 알 수 있다.

당연히 남근신앙은 위에서 언급한 〈상징 형체〉에 국한되지 않고, 〈상징 언어〉도 포괄함을 지적해야 할 것이다. 전현동錢玄同은 〈답고힐강선생서 答顧頡剛先生書〉에서 〈역괘易卦〉는 『생식기 숭배 시대의 것이고, 〈건乾〉·〈곤坤〉 두 괘는 양성 생식기의 부호이다』(《古史辨》, 上海古籍出版社, 1982 年, 第一册, 77쪽)고 생각했다. 따라서 《역경易經》에는 많은 생식신앙이 포함되어 있다. 그러나 이 영역에 대한 연구는 아직 공백으로 남아 있다.

제3절 양성인兩性人

앞에서 성기신앙을 고찰하면서 우
리는 하나의 문제, 즉 양성인 혹은 음
양인의 형상을 발견했다. 이를테면 칭
하이성 러두류완〔樂都柳灣〕에서는 양
성인이 그려진 도호陶壺 하나가 출토
되었다.〔그림 43〕 이것은 사람 얼굴
부분은 거칠지만 귀·눈·입 등의 기
관은 비교적 크고, 앞가슴에는 작은
유방이 있고 몸체가 비대하고, 팔꿈치
관절은 검은색으로 칠해져 강건함을
나타내고 있는 것으로 보아 분명히
남성의 모습이다. 그러나 그 생식기는

43. 러두류완에서 출토된 兩性人陶壺

남근 같으면서도 여음의 특징을 갖고 있다. 이 때문에 사람들은 〈한 사람
이 두 성을 가진 형상〉이라고도 하고, 혹은 음양인·양성인이라고도 한
다. 유사한 형상이 하나만 있는 것이 아니다. 허난성 우현禹縣 민자요民
瓷窯에는 머리를 묶어 땋은 어린아이가 있는데, 머리를 두 갈래로 땋아
여성의 특징을 하고 있지만, 긴 남근이 있는 것으로 보아 남녀 양성 동체
로 볼 수 있다. 룽둥〔隴東〕에는 세 얼굴을 가진 사람, 즉 〈삼면왜三面娃〉
가 있는데, 역시 음양인과 관련이 있다.

음양인의 성격을 이해하기 위해서 오직 고고학 자료에만 의지하는 것
은 충분하지 않다. 반드시 민족학·민속학 자료를 이용하여 해석해야 음
양인의 비밀을 풀 수 있다.

부계사회가 모계사회를 대신하면서 커다란 사회적 반발에 부딪쳤다. 한
편으로는 여성이 씨족 외로 시집가기 시작하면서 원래 갖고 있던 우월한

지위를 상실하고 노예적 대상이 되자, 자연히 여성들은 저지하고 저항하면서 그들의 가정 내에서의 고귀한 위상을 수호하고자 했다. 이러한 투쟁에는 초기 계급투쟁의 성격이 들어 있는데, 대부분 가정과 혼인 관계에 의해 가려졌다. 다른 한편으로는 이 투쟁이 전통 관념과 관습 세력의 지지를 받았다는 점이다. 따라서 모계제와 부계제의 투쟁은 사실상 새로운 것과 옛것, 선진과 낙후 두 사상, 두 관습의 투쟁이었다.

상술한 투쟁은 역사 문헌이건 민족학 자료이건 모두에 반영되어 있다.

1. 약탈혼과 도망혼의 다툼

남자가 처음 아내를 얻었을 때는 후세의 이른바 중매를 통한 정식의 결혼이 아니고, 노예제와 마찬가지로 약탈에 의하거나 여자 포로를 아내나 첩으로 삼은 것이었다. 《역·둔괘屯卦》에는 『도둑이 아니고 구혼하는 사람이다 匪寇婚媾』는 기록이 있다. 약탈혼이 시작되었을 때와 마찬가지로 후대의 혼례도 밤중에 진행되었다. 《설문說文》에서는 『혼례는 여자를 어두울 때 취하므로 혼이라고 했다 婚禮 娶女以昏時 故曰婚』고 언급했다. 중국의 많은 민족들에게 이러저러한 약탈혼 형식이 남아 있다. 예를 들면 이족·나시족·다이족 등에게 모두 남아 있다. 결혼 의식 중의 약탈 형식은 비교적 초기 관습의 유풍이다. 사유제의 발전에 따라 씨족 내부에서도 빈부가 나뉘어 심각해지자 예물과 매매혼이 나타났다. 이것은 남자가 아내를 취하는 제2단계로, 그것이 오래 되자 중매를 통해 정식으로 결혼하는 예속禮俗이 생겨났다. 약탈혼이 있게 되자 약탈혼을 저지하는 일이 생겼는데, 주로 도망혼으로 마치 노예가 도망쳐 주인에게 반항하는 것과 같은 것이었다. 이로 보아 약탈혼과 도망혼의 다툼은 모계제에서 부계제로 넘어가는 과정의 하나의 주요한 반영이다.

2. 모거제母居制와 부거제父居制의 다툼

모거제는 여자와 그 자녀들이 모계 혈연을 따라 함께 주거함을 가리킨
다. 예를 들면 융닝 나시족의 아주혼阿注婚에서는 여자가 출가하지 않고
어머니를 따라 살며, 배우자가 고정되어 있지 않고 밤마다 방문했다가 날
이 밝으면 떠나간다. 즉, 주방혼走訪婚으로 거기서 태어난 자녀도 어머니
를 따르지 아버지를 따르지는 않는다. 윈난성의 멍옌〔孟連〕·창웬〔滄源〕
의 몇몇 와족佤族과 라후족〔拉祜族〕에도 비교적 많은 대우혼對偶婚이 남
아 있다. 즉, 여자는 어머니 집에 살고 남자는 출가하는, 모계 대가족 공
동체 사회의 생활을 한다. 많은 민족들에게 결혼 후에 남자의 집에 가지
않는 관습이 남아 있다. 이러한 관습의 성질은 여성이 결혼한 이후에도
여전히 어머니와 함께 사는 모거제와 집단혼 생활을 견지하는 것이지만,
부권제의 반발에 부딪쳤다. 이를테면 구이저우 부이족의 미혼 여자들은
댕기를 땋는데, 결혼 후에는 죽순 껍데기로 만든 키 모양의 모자——〈자
커〉〔假殼〕를 쓴다. 그곳의 여자들은
결혼 후에도 남편의 집으로 들어
가지 않을 뿐더러 자기 집에서 오
래 머물면 머물수록 영광이기 때
문에, 남편의 집에 들어가지 않는
기간이 몇 년에 이르기도 한다. 남
편의 집에서는 종종 시어머니나
동서를 보내어 닭과 〈자커〉를 가져
오거나, 몰래 여자 집에 잠입하여
기회를 틈타 갑자기 여자를 습격
하여 안고 댕기를 풀고 〈자커〉를
얹는다. 이때부터 여자는 자기 어
머니 집에 살지 못하고 남편의 집
에서 살기 시작한다.〔그림 44〕 윈

44. 자커

난성의 먀오족들은 남편 집으로 들어갈 때는 반드시 상서로운 날을 택하여, 여자가 밥을 짓는 의식을 거행한다. 그 이후부터 그녀가 밥짓는 일을 주로 하고 가정주부의 임무를 맡아 남편 집안의 한 구성원으로 변하는 것이다. 그날 시어머니는 며느리를 보살펴 주기 위하여 손수 친정집에 데려다 주고 이틀 동안 머무르게 한다. 일이 끝난 후 친정집에서는 또 닭·오리를 들려 딸을 되돌려 보내와, 옷감을 짜는 의식을 치른다. 그날 새색시는 반드시 베틀에 올라가 8자에서 12자 가량의 옷감을 짜야 한다. 이것은 첫째, 새색시의 손재주가 좋다는 것을 보여 주기 위한 것이고, 둘째, 부부는 마치 옷감처럼 가깝고 백발이 되도록 함께 해야 함을 상징하는 것이다. 이것으로 보아 아내가 모거제에서 부거제로 넘어가는 데에는 심상치 않은 과정이 있었음을 알 수 있다.

3. 혈통 다툼

세계世系를 모계로 따지건 부계로 계산하건, 양자는 본질적으로 다르다. 특히 자녀들에게 있어서는 반드시 그 순결성, 즉 부친에게서 나왔음을 보증해야 한다. 이렇게 해야 부자계승제를 실행할 수 있다. 즉, 부친이 오랫동안 쌓아온 사유재산을 자신의 자녀에게 전해 주는 것이다. 일단 사생아가 태어나면 분규가 발생한다. 예를 들어 구이저우성 종장〔從江〕의 먀오족들은 사생아를 낳으면, 남자가 여자에게 40일의 생활비를 대준다. 구체적인 것을 보면 40단의 벼와 소 한 마리인데 〈시링무우정〉이라고 하고, 〈사생아를 내보낸다〉는 뜻이다. 쓰촨성 옌웬현 시판인〔藏族〕 여인들도 남편의 집으로 들어가지 않는데, 사생아를 낳으면 갓난아이를 절벽 아래에 버린다. 속칭 〈절벽 버리기〉라고 한다. 그곳의 이족들은 사생아를 호수에 버린다. 속칭 〈바다 던지기〉라고 한다. 이렇게 잔인한 방법으로 갓난아이를 버리는 것은 아내의 정조를 보증하고, 결혼하지 않고는 자녀를 낳지 못하도록 함으로써 자녀의 순결한 혈통을 보장하기 위한 목적이다.

4. 부모의 양육 다툼

모계 씨족사회 시대에는, 여인이 출산으로부터 양육까지 모두 본 씨족 내에서 진행되고, 배우자와는 전혀 관계가 없었다. 산모는 어머니에 의해 보살펴졌다. 융닝의 머숴인들에게 이러한 풍속이 남아 있다. 광시 롱린〔隆林〕의 쫭족〔壯族〕들도 이와 유사한 풍습이 있다. 임산부가 분만할 때 남편은 반드시 집을 떠나야 하는데, 그러면 임산부의 형제들이 업고 방안을 여러 번 돌아다니면서 순산을 촉진한다. 그런 다음에 땅에 내려놓으면 늙은 부인네가 아이를 받고 그릇 조각난 것으로 탯줄을 끊는다. 이것은 분명히 모계제도의 산물이다. 사회 생산력의 발전에 따라, 더욱이 사회 생산 중의 남자의 역할이 강화되면서 사람들은 남자가 생육에도 중요한 역할을 하는 것을 인식하기 시작했다. 다른 나라의 어떤 민족들은 임산부가 분만할 때, 반드시 아이 부친의 허리띠를 풀어 그것을 산모의 몸에 묶음으로써, 아버지와 갓난아이 사이가 밀접한 관계임을 설명한다. 푸미족과 머숴인들은 임산부가 난산일 때, 반드시 배우자의 바지를 갖다가 옆에 두거나 그 바지로 복부를 마찰한다. 그것은 아버지가 아이를 부르는 것이라고 한다. 오직 아버지의 협조가 있어야만 어머니가 순조롭게 아이를 낳을 수 있다는 생각에서이다.

《태평광기太平廣記》 권483에는 이런 기록이 있다.『저장성 동부의 풍속에 그 아내나 탄생한 아이는 3일이 지나면 계하에서 목욕시키고, 돌아와 죽을 쑤어 남편에게 먹게 하면 남편은 이불로 갓난아이를 싸안고 침상에 앉는데, 이것을 산옹이라고 한다. 越俗 其妻或誕子 經三日 便澡身於溪河 返 具糜以餉婿 婿擁衾抱雛 坐于寢榻 稱爲産翁』《영외대답嶺外代答》 권10에는 이렇게 기록되어 있다.『랴오의 여자들은 아들을 낳으면 바로 나가고, 남편이 피곤한 듯 누워 있는다. 유모가 성실하지 못하면 그 아내가 병이 나고, 성실하면 고통이 없다. 僚婦生子卽出 夫憊臥 如乳婦 不謹 其妻 則病 謹乃無苦』이러한 풍속은 남자의 좌욕坐褥 혹은 산옹제産翁制로, 다이족〔傣族〕과 가오산족〔高山族〕에게 모두 존재했었다. 《대만기략臺灣紀

略·풍속風俗》에는 이런 기록이 있다. 가오산족들은 『일반적으로 부인네들이 농사를 짓고, 남편들은 반대로 집에서 먹여 주기를 기다린다. 凡耕作皆婦人 夫反在家待哺』 이러한 풍습은 여성의 젖먹이를 모방한 형식으로, 분명히 남자의 여자에 대한 배려를 나타내는 것이고, 나아가 아버지와 자녀의 생육 관계를 강화하려는 것이다. 따라서 이것도 모계제에서 부계제로 넘어가는 과정의 반영이다. 중국 고대의 랴오인〔僚人〕, 근대의 다이족·거라오족〔仡佬族〕·먀오족〔苗族〕·가오산족과 다른 나라의 여러 민족들에게도 모두 산옹제가 있다. 남자가 산모처럼 꾸미는 이유는, 다른 사람들로 하여금 아버지도 아이를 낳는 사람임을 믿게 하기 위한 것이다.

여음 숭배에서 남근 숭배까지는 하나의 발전 과정이 있었으므로, 한쪽이 소멸되고 다른 한쪽이 흥성하는 시기에는 양자가 공존했다.《월남수필越南隨筆》권3에는 『원앙석은 조경 칠성애구에 있는데, 바위가 모두 두 개이고, 각각의 크기는 한 장쯤 된다…… 또 덕경 운강산에도 원앙석이 있다. 역시 바위가 두 개인데, 하나는 크고 하나는 작다 有鴛鴦石在肇慶七星崖口 石凡二 各長丈許……又有鴛鴦石在德慶雲強山上 石亦有二 一大一小』는 기록이 있고,《태평어람太平御覽》권52〈군국지郡國志〉에는 『걸자석은 마호의 남쪽 강 언덕에 있는데, 동쪽의 바위는 배에 작은 바위가 솟아 있고, 서쪽 바위의 배에는 작은 바위가 안겨 있다. 그래서 남인들은 여기에서 아들을 기원하면 효험이 있기 때문에 걸자석이라고 한다 乞子石在馬湖南岸 東石腹中出一小石 西石腹中懷一小石 故人乞子于此 有驗因號乞子石』는 기록이 있다.《태평환우기太平寰宇記》권76에는 다음과 같은 기록이 있다. 『저우(쓰촨 宜賓)의 남쪽 5리쯤에 걸자석이 있다. 양쪽 협곡은 육의강으로 해서 마주하는데, 마치 부부가 바라보고 있는 듯하기 때문에 옛날부터 전해 온다. 동쪽은 서쪽을 따르지 않아도 아들 구하는 사람이 돌아왔으므로, 풍속에 아들이 없는 사람이 기도하면 효험이 있다고 한다. 乞子石在州南五里 兩峽育衣江對應 如夫婦相向 故老相傳 東不從西乞子將歸 故風俗云無子者所禱有應』

쓰촨성 구린현〔古藺縣〕마티향〔馬蹄鄕〕싼다오칸촌〔三道坎村〕의 강 양쪽에는 두 개의 산이 있고 각기 바위가 하나씩 있는데, 하나는 남근이고 하나는 여음이다. 그곳의 한족들은 아들을 원하면 남근에 절하고 딸을 원하면 여음에 절한다. 융닝 나시족 거주 지역에는 남신과 여신이 공존하는 일이 있다. 사자산獅子山에 있는 석굴을 〈깐무니커〉라고 하는데, 여신이 사는 곳이라는 뜻이다. 매년 7월 25일이면 제사를 지낸다. 동굴 안에는 거대한 여음이 있는데, 여인들이 많이 가서 거기에 실을 묶고 아들을 기원한다. 후에 토사土司가 또 동굴 입구에서 돌기둥 하나를 골라 남근이라고 하였다. 아이가 없는 사람들이 남근에 실을 묶고 아들을 기원하고, 또 남근과 교합하는 동작을 한다. 필자는 1981년 옌웬현에 머물면서 성 북쪽의 공모산公母山을 조사한 적이 있다.《염원현지鹽源縣志》에는 이런 기록이 있었다. 모석母石은『봉우리 사방이 평평한 돌이고 문을 겹겹이 닫고 손으로 동굴 천장을 잡아야 한다. 하나의 돌이 하늘로 높이 솟았는데 아래는 갈라지고 위는 합쳐졌다…… 행인들은 모두 담장을 돌아 굴로 들어가는데, 마치 구멍을 뚫는 개미와 같고, 동굴을 나오는 용과 같다. 峰四周爲盤石 戶重掩手洞天 一石凌宵 下岐上合……行人皆循墻入穴 如穿珠蟻 如出洞龍』소위 공산公山은 형상이 마치 남근과 같은데, 높이가 40여 미터의 기둥 모양으로, 또 〈공석公石〉이라고도 한다. 그 아래로 샘물이 있는데, 〈아들 낳는 물〉〔産子水〕이라고 한다. 모산母山은 공산 북쪽에 위치하는데, 봉우리가 마치 여음과 같고, 높이는 60여 미터이다. 바위 위쪽은 갈라진 틈이 하나 있고, 위는 합쳐지고 아래는 나뉘어 있으며 중간은 돌출되어 있어 마치 여자의 음순 모양과 같다. 그곳의 한족과 머쉬인들은 공모산을 생육신으로 받들어, 결혼 후에 아이를 갖지 못하는 여인들이 모두 가서 향불을 피우고 절을 하고, 아울러 모석 위에서 작은 돌 하나를 가져다 품속에 품거나 베개 밑에 놓아두는데, 그러면 오래지 않아 임신할 수 있다고 한다. 임신한 사람이 〈아들 낳는 물〉을 먹으면 태아를 건강하게 하고 아이도 힘들지 않게 낳을 수 있다고 한다. 윈난 어산현〔峨山縣〕 타이허촌〔太和村〕에는 아이를 갖고자 기원하는 풍습이 있는데, 매년 음력 2월 첫째 오일午日에 마을 밖에서 타원형의 거위알 돌을 두 개 모셔놓는다. 이것 역시 공모석이라고도 한다. 그런 다음에 돼지와 닭을 잡고 향불을 피우고 제사를 지내고, 온 마을 사람들이 모두 와서 경배하고 잔치를 벌인다. 둘째날에는 결혼했지만 아이가 없는 사람이 또 모임을 갖고, 성별로 나누어 각기 돌을 하나씩 가져다가 남자는 모석을 안고 여자는 공석을 안고서 큰 나무 주위를 한바퀴 돌면, 다른 사람들이 그들에게 물을 뿌리고 빨리 아이를 갖도록 축원해 준다. 물을 뿌리는 것은 불결함을 제거하고, 공모석은 아이를 빨리 가질 수 있도록 해준다고 한다.

이것은 남근 숭배일 뿐만 아니라 여음 숭배 현상이기도 하므로, 당연히 당시의 역사적 조건을 고려하여 인식해야 할 것이다.

부권제가 확립된 후, 남자들은 생육에서의 여성의 역할을 극력 배척했는데, 심지어 오직 남자만 있으면 자녀를 낳을 수 있고, 어머니는 장소를 제공할 뿐이라고 생각했다. 《산해경山海經·해외서경海外西經》에는 남자 나라가 있는데, 생육에서의 여성의 역할을 극력 부인했다.『그들은 한평생 혼자 살지만, 사람들은 모두 아들을 둘씩 낳을 수 있었다. 두 아들은 모두 그들의 몸에서 나왔다……. 또 두 아들은 겨드랑이 아래 늑골 사이에서 태어났다는 설도 있다.』(袁珂, 《中國古代神話》, 中華書局, 1960年, 261쪽) 나시족의 무당—〈동파東巴〉는 사람과 신 사이의 중개자인데, 〈동파〉도 어머니의 음부를 통하지 않고 어머니의 겨드랑이 아래에서 나왔다는 전설이 있다. 석가모니도 이런 식으로 탄생했다고 한다. 이러한 전설에서, 사람들은 여성의 생육에서의 역할을 부정할 뿐만 아니라 여성들의 음부는 불결하므로 고귀한 사람들은 모두 음부를 통하지 않고 태어났다고 생각했다. 이것은 분명 남존여비의 산물이다. 마찬가지로 그에 수반된 남근 숭배 역시 이러한 성격을 갖고 있다.『남성 생식기는 원시시대처럼 그렇게 더 이상 사람들을 평등하게 할 수 없었던 것 같다.』(拉法格, 《宗教與資本》, 三聯書店, 1963年, 90쪽)

문제는 결코 여기서 그치는 것이 아니라는 데에 있다.『남성은 생육 행위에서의 여신의 협조를 부인하는 데에 만족하지 않고, 그녀들의 형상·의복·특징을 모방하여 자신들이 여신들의 모습으로 분장했다.』『모권제

가정 내에서의 재산과 숭고한 지위를 빼앗고, 남자 및 그들을 추종하는 신들을 실제로 그럴 듯하게 꾸미기 위한 목적에서이다. 왜냐하면 그들은 성별을 바꾸고 거짓으로 성을 만들고 싶었기 때문이었다』(拉法格, 앞의 책, 42쪽) 류완인〔柳灣人〕이 도호陶壺 위에 그려놓은 인물이 바로 그러한 경우이다. 그것은 한 남자인데, 자신을 두드러지게 하고 생육에서의 여성의 역할을 부인하기 위하여,『성별을 거짓으로 만들고』『여성적 남신으로 바꿔 분장하여, 몰래 신성한 위치에 올려놓았다. 여기서 사람들에게 자신을 숭배하도록 강요하고, 최후에는 이로부터 여성신을 내쫓은 것이다』(앞의 책, 같은 곳)

결론적으로, 류완인들의 유적지에서 발견된 양성인 도호는 여음 숭배도 아니고 남근 숭배도 아닌, 두 종의 숭배 사이에 처한 과도기적 산물로, 모계제에서 부권제로 넘어가는 과정의 생육신앙의 반영이다. 고대 로마의 파고스 신도 일종의 양성신이다.『신전 안에는 그들이 파고스를 음양을 겸한 양성신으로 만들어 놓았기 때문에, 남자를 여자로 분장시키고 여자에게 남자 옷을 입혀, 우습기 짝이 없는 광란의 잔치를 벌이는 것이다』(卡納, 앞의 책, 121쪽)

제 3 장
성 금기

인류의 성행위는, 인류 자신의 번식과 사회 관계의 안정과 관련 있기 때문에 사회학자들의 주목을 받고 있다. 비효통費孝通은, 『인류는 반드시 양성의 성행위의 심리와 생리 기능에 의하여 종족을 계속 이어가고, 사회 구조가 정상적으로 움직이고, 사회가 발전한다. 그러나 또한 양성의 성행위에서 발생되는 남녀의 심리적인 흡인력이 이미 형성된 인간 관계의 사회 구조를 파괴할 것을 두려워하여, 어쩔 수 없이 개인의 성행위에 대해 제한을 가한다. 이것이 남녀 관계 태도에 대한 사회의 이중성이다』(靄理士, 《性心理學・後記》, 三聯書店, 1988年)고 말한다. 양성 관계의 구속과 제한에 대해서, 문명시대에는 도덕과 법률에 의거하지만, 그전에는 민족의 풍습과 종교적 힘을 이용하여 제한을 가했는데, 그 중 금기가 중요한 역할을 하였다. 일단 금기를 위반하면 〈천벌天罰〉이나 〈신벌神罰〉을 받을 수 있다.

제1절 금 기

인류에게는 성 금기가 많지만, 대체로 다음의 몇 가지로 나눌 수 있다.

1. 천기天忌

천기는 천체 운행 및 하늘에 나타난 어떤 변화 때문에 사람들이 성행위를 해서는 안 된다는 것이다. 주로 일식·월식·천둥·번개·큰바람·큰비·큰눈·짙은 안개·심한 추위·심한 더위·무지개·해나 달이나 별의 내려옴 등이다. 《예기禮記·월령月令》에는 이러한 기록이 있다.『이달에 낮과 밤이 나뉘고, 천둥이 소리를 냈다……. 천둥이 치기 3일 앞서 목탁이 울리며 백성들에게 경고했다. 곧 천둥이 칠 테니 행동거지를 조심하지 않는 사람이 있으면, 아들을 낳아도 완전하지 못하고, 틀림없이 재앙을 만날 것이다. 是月也 日夜分 雷乃發聲……先雷三日奪木鐸以令兆民曰 雷將發聲 有不戒其容止者 生子不備 必有凶災』이것은 중국 최초의 성 금기 기록일 뿐만 아니라, 〈천기〉는 좋은 아이의 출생을 위한 것임을 가리키기도 한다. 이로 보아 당시의 성 금기는 이미 상당한 수준에 도달해 있음을 알 수 있다. 《논형論衡》 권2에서는 한걸음 더 나아가 이렇게 언급하고 있다.『이달에 천둥이 칠 것이니, 행동거지를 조심하지 않는 사람이 있으면, 아들을 낳아도 완전하지 못하고, 틀림없이 하늘의 재앙을 당하여, 말을 못하거나 귀가 먹거나, 절름발이가 되거나, 눈이 멀거나, 기가 태아에게까지 미쳐서 다치므로 성격이 난폭하고 못되게 된다. 是月也 雷將發聲 有不戒其容止者 生子不備 必有天凶 瘖聾跛盲 氣遭胎傷 故受性狂悖』천둥이 크게 칠 때 성교하면 태아의 기가 손상될 수도 있어, 갓난아이에게 병이 생긴다. 따라서 고대인들은 성교할 때 하늘과 땅의 현상을 살펴

봤다. 《고금도서집성古今圖書集成·예술전藝術典》 권404 〈의부회고醫部匯考〉 384에는 이런 언급이 있다. 『일반적으로 아들을 갖고자 하면 좋은 날을 택하고, 성교는 당연히 병정일과 상하현과 그믐과 초하루, 바람이 크게 일거나 안개가 짙거나, 춥거나 덥거나, 천둥이 치거나 번개가 치거나 벽력이 치거나, 천지가 어둡거나 해와 달이 빛을 잃거나, 무지개가 뜨거나 지진이 나거나, 일식이나 월식이 있거나 해와 달에서 불빛을 발하거나, 신이 나오는 밤이나, 샘가나 부엌이나 변소나 무덤 옆이나 시체 옆이나 관 옆을 피해야 하고, 만약 교합하여 수태하더라도 대부분 부모를 손상하고, 아들을 낳아도 병이 있거나 일찍 죽거나 곱사등이거나 바보이거나 불효하게 된다. 법도에 맞게 교합하여 아들을 낳으면 복과 지혜가 있다. 그 영향은 경험에서 나온 것이니 조심하지 않을 수 있겠는가? 凡求子宜吉辰良日 交會當避丙丁及弦晦朔 大風大霧 寒暑雷電霹靂 天地昏冥 日月無光 虹蜺地動 日月薄蝕及日月火光星辰 神夜井竈 圊厠冢墓屍柩之旁 若交會受胎多損父母 生子殘疾夭枉愚不孝. 若交合如法 則生子福得智慧 驗如影響 可不愼哉』 현대 의학의 관점에서 보면, 성교를 해서 아들을 얻는 것은 당연히 고요한 환경이어야 할 것이다. 이것은 태교의 중요 내용이고, 또 건강한 아이를 낳는 데에도 도움이 되는데, 옛날 사람들이 이미 이러한 이치를 분명히 알았던 것이다.

2. 지기地忌

옛날 사람들이 보기에, 성교를 할 때는 하늘을 잘 살펴야 할 뿐만 아니라 땅의 현상에도 주의해야 한다고 생각했다. 이를테면 지진이 발생하거나 홍수가 범람하거나, 귀신의 사당이나 샘가나 부뚜막 옆이나 관이나 변소 옆, 바람 불고 이슬 내리는 바깥, 등불 아래 등이다. 이것은 의학서나 역학서에서 흔히 볼 수 있는 것이다. 고고 유물로 발견된 진秦나라 때의 《일서日書》에는 지리적 성격의 금기 내용이 많이 기재되어 있다.

反面簡 8·7·7 :『依道爲小內, 不宜子』

反面簡 8·7·6 :『井居西北匦, 必絶後』

反面 873 :『圈居宇西北, 宜子興』

反面 879 :『宇多于西北之北, 絶嗣』

(雲夢睡虎地秦墓編寫組, 《雲夢睡虎地秦墓》, 文物出版社, 1981年)

옛날 사람들은 교합 장소도 따졌다. 《고금도서집성古今圖書集成·예술전藝術典》 권404 〈의부회고醫部匯考〉 384 〈부녀자사문婦女子嗣門〉에서는 《천금방千金方》을 다음과 같이 인용하고 있다. 『남녀가 교합할 때 더욱 피하고 꺼려야 할 것이 있으니, 반드시 이를 삼가고 신중해야 한다. 만약 이를 범하면 천지가 그의 수명을 빼앗고 귀신이 그의 몸에 재앙을 주며, 또 아들을 낳아도 못나고 오래 살지 못할 것이니, 경계해야 할 조목을 삼가고 지켜야 오래 살 수 있을 것이다. 꺼려야 할 중요한 일을 아래에 갖추어 기술한다. 천지가 진동하고, 갑작스레 바람 불고 폭우가 쏟아지며, 천둥과 번개가 번갈아 치고, 그믐과 초하루와 상하현과 보름, 해와 달이 이지러졌을 때, 매서운 추위와 더위, 일식과 월식, 신과 부처의 생일, 경신 갑자일, 본명일, 삼원팔절, 5월 5일, 명산대천, 사당, 불교와 도교의 사원, 성현의 초상 앞, 샘과 부엌의 앞뒤, 불빛이 난무하는 곳. 이상의 금지해야 할 때와 장소는 반드시 신중히 하고 교합해서는 안 된다. 그것을 범하는 사람은 크게는 목숨이 단축되고, 작게는 병이 생긴다. 혹 아들을 낳아도 모습이 추악하고 얼굴이 괴상하며, 형체가 온전하지 못하고, 재앙과 질병으로 수명이 짧다. 모든 금지하는 것들을 열거하기 전에 또 5월 18일이 천지가 암컷이 되는 날로 음양이 교합하므로 세상 사람들은 반드시 피하고, 조심하고 잠자리를 같이 해서는 안 된다. 그것을 어기면 무겁게는 목숨을 잃고 가벼우면 수명이 단축된다. 만약 이때 잉태되면 아들과 어머니가 온전하기 어렵다. 男女交媾之際更有避忌 切須愼之. 若使犯之 天地奪其壽 鬼神殃其身 又恐生子不肖不壽之類 謹守戒條 可以長生. 所忌之要備述

于後. 天地震動 卒風暴雨 雷電交作 晦朔弦望 月煞日破 大寒大暑 日月薄蝕
神佛生辰 庚申甲子 本命之日 三元八節 五月五日 名山大川 神祠社廟 僧宇
道觀 聖賢像前 井竈前後 火光鬧烘. 以上時地禁須愼之 不可交合 犯之者令
人大則壽夭 小則生痛 或者生男 令其醜貌怪相 形體不全 災疾夭壽 諸所禁
之敷奏之前 復有五月十八日是天地牝年之日 陰陽交合 世人須避 愼不可行
房 犯之重則奪命 輕則減壽 若于此時受胎孕 子母難保』

　이상 기록된 금기는 천기를 제외하고 특히 지기를 강조한다. 사람들이
금지하는 데서 〈교합〉하거나 〈잠자리를 같이하면〉 귀신을 모욕하고 범할
수 있다. 그 결과 〈큰 경우 수명이 단축되고, 작은 경우 병이 나며〉, 어린
아이는 〈형체가 온전하지 못하고, 재앙과 질병으로 수명이 짧다〉. 상술한
내용이 비록 과장된 말이고 봉건시대 미신으로 가득하기는 하지만, 이러
한 환경들은 잉태와 태교에 이롭지 않다는 생각이므로, 참고할 만하다.
그리고 상고시대에는 사람의 교합과 천지의 교합은 서로 감응하고 상호
촉진한다고 생각하였고, 상술한 금기가 전혀 없었다. 후에 비로소 봉건
정치의 영향을 받아 이러한 금기들이 만들어진 것이다.

3. 시기 금기〔時忌〕

　가장 두드러진 시간의 성 금기는 각종 신의 생일이다. 《사민월령四民月
令·오월五月》에는 『이달에 음양이 다투어 혈기가 흩어지므로, 월초와 월
말 전후 5일에 이르면 내외가 따로 잔다 是月也 陰陽爭 血氣散 先後日至
各五日 寢別外內』는 말이 있다. 당나라 사람 한악韓鄂은 《사시찬요四時纂
要·오월五月》에서 『이달 5일·6일·16일에는 잠을 따로 자야 한다. 그것
을 어기면 3년 안에 죽는다 是月五日·六日·十六日別寢 犯之三年致卒』
고 했다. 《삼원연수참찬서三元延壽參贊書·욕유소욕편欲有所欲篇》에는
다음과 같은 언급이 있다. 『당나라의 위징이 사람들에게 본명일과 모든
신이 내려오는 날을 범하지 말라고 명했다. 음함을 범한 사람은 수명이

단축된다. 수명에 관한 요결에 기록된 것을 지켜야 한다. 초하루는 열두 해가 짧아지고, 보름에는 10년이 짧아지고, 그믐에는 1년이 짧아지고, 초파일 상현·23일 하현·삼원(상원·중원·하원 삼절)에는 5년이 짧아진다. 唐魏徵令人勿犯本命及諸神降日 犯淫者促壽. 保命訣所載 朔日減一紀 望日減十年 晦日減一年 初八日上弦·二十三日下弦·三元減五年』

극거재㽦居齋 거사居士의 《달생편達生篇》 부록 〈양생절육편養生節育篇〉에서 시기 금기에 대해 비교적 상세히 묘사했는데, 기본적으로 다음과 같은 두 종류로 나누었다.

한 종류는, 매월 일정한 경계해야 할 금기 시기가 있다. 예를 들면 5월에는 열이틀, 1월은 열하루, 7월·9월·10월은 엿새, 기타 각 달은 여드레로, 한해에 모두 101일이다. 매월 초하루·보름·29일이나 30일, 매월 25일·그믐날을 범하면 병이 나고, 28일은 인신人神이 음에 있어서 부부가 함께 병이 난다. 5월 15일은 더욱 엄중하여, 『전반야를 범하면 남자가 죽고, 후반야를 범하면 여자가 죽으며, 자시를 범하면 남녀 모두 죽는다. 前半夜犯之 男死, 後半夜犯之 女死, 子時犯之男女俱死』 사실 이러한 시기 금기는 유래가 오래 되었다. 진秦나라 때의 《일서日書》 간簡 856에는 이런 기록이 있다. 『대체로 또 대행·송행이 있다. 마시고 먹고, 노래하고 악기를 연주하고, 가축을 모으거나 부부가 같은 옷을 입거나 하는 일은, 정월 상순 오일, 2월 상순 해일, 3월 상순 신일, 4월 상순 축일, 5월 상순 술일, 6월 상순 묘일, 7월 상순 자일, 8월 상순 사일, 9월 상순 인일, 10월 상순 미일, 11월 상순 진일, 12월 상순 유일에는 하지 말라. 凡且有大行·送行 若飲食·歌樂·聚畜生及夫妻同衣 毋以正月上旬午二月上旬亥·三月上旬申·四月上旬丑·五月上旬戌·六月上旬卯·七月上旬子·八月上旬巳·九月上旬寅·十月上旬未·十一月上旬辰·十二月上旬酉』 부부의 교합에도 금기가 있지만, 자녀의 출산일도 따진다. 즉 피하는 날에 아들을 낳으면 살아남을 수 없고 틀림없이 물에 빠져 죽는데, 고대에는 〈불거不擧〉라고 했다. 이것은 위에서 언급한 《일서日書》에도 반영되어 있다. 《일서》 간簡 870에서는 『을사일에 아들을 낳으면 길하다 乙巳生子吉』고 했

고, 《일서》 간 871에서는 『병자일에 아들을 낳으면 불길하다 丙子生子 不
吉』고 했다. 《일서》 간 1142에는 『일반적으로 기사일에 낳으면 살아남지
못하고 물에 빠져 죽으니 하지 말라. 부모에게 이롭지 못하다 凡己巳生
勿擧 不利父母』고 했다. 아들을 낳아도 살아남지 못하는 이와 같은 불거
不擧 풍속은 성 금기에서 온 것이다.

다른 한 종류는, 매월 경계해야 할 날이 정해진 것이 아니다. 예를 들면
입춘·입하·입추·입동 4일, 춘분과 추분, 하지와 동지, 4대 절일絶日, 입
춘과 입하와 입추와 입동의 전날 4일, 갑자경신일甲子庚申日, 하지 다음
의 병정일丙丁日, 동지 후의 경신일庚辛日, 지신地神의 제삿날, 섣달 그믐
날, 부부 원진본명일元辰本命日, 큰달 17일, 작은 달 16일은 모두 성관계
에서 경계해야 할 날로, 이상을 합하면 1년에 모두 40일이다.

시기 금기 중에 어떤 날(시기)은 신의 생일이거나 혹은 신을 공경하는
때인데, 성교를 하면 신령을 범하여 재난이 닥친다고 한다. 이를테면 타
이완 사람들은 초하루·보름이 토지신과 지기신地基神을 경배하는 날로
생각하여, 이 기간에 교합할 수 없다. 그렇지 않으면 신에 대한 불경으로
반드시 징벌을 받게 된다. 5월 5일은 〈독오일毒五日〉로, 전설에 의하면 그
때는 음양의 기가 서로 이기려고 다투는데, 음기가 양기를 이기면 만물의
생명에 위험이 닥치므로 당연히
교합을 하면 재난을 불러올 수 있
다고 한다.〔그림 45〕 〈구독일九毒
日〉을 믿기 때문이다. 그러므로 음
력 9월 9일 중양절重陽節도 성관계
를 조심하는 날이다. 이러한 피하
는 날은 일정한 신앙과 역사 전설
에서 기원한 것이다. 진晉나라의
간보干寶는 《수신기搜神記》에서
다음과 같이 언급하고 있다. 『화이
난 전초현에는 정씨 성을 가진 새

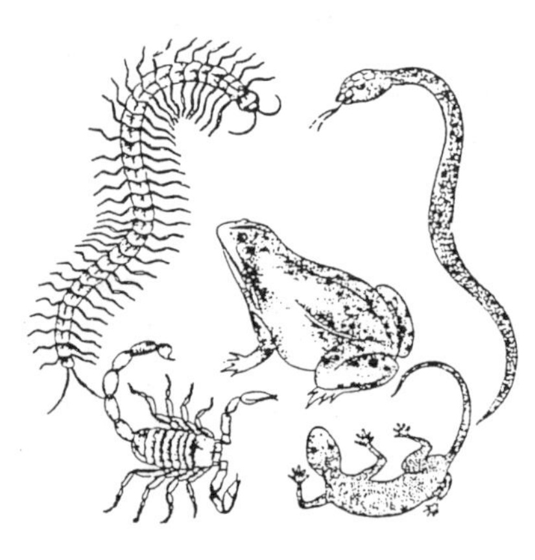

45. 毒五圖

색시가 있었는데, 본래 단양에 사는 정씨의 딸로, 전초사의 집에 시집갔다. 시어머니가 엄하고 혹독하여 끊임없이 일을 시키는데 한이 없고 매질과 몽둥이질을 감당할 수 없었다. 9월 9일에 목을 매 죽어 영혼이 되어 무당에게 이렇게 말했다.「여인들은 꼭 일하고 쉬되 9월 9일을 피하고 일을 하지 말 것을 기억하라.」장난 사람들은 모두 정고라고 하여, 9월 9일에는 모두 쉬는 날로 잡고, 현재 여기서 제사지낸다. 淮南全椒縣有丁新婦者 本丹陽丁氏女 適全椒謝家. 其姑嚴酷 使役有程 不如限者 笞棰不堪. 九月九日 自經死 遂有靈響發言于巫祝曰「念人家婦女作息不倦 使避九月九日 勿用作事.」江南人皆呼爲丁姑 九月九日咸以爲息日 今所在祀之』12월 25일 옥황상제가 인간계에 내려와 두루 순시하는 날도 성 금기가 있다. 타이완에서는 결혼날도 따져서, 〈12월은 혼인하는 달〉로 결혼하는 좋은 시기이며, 『9월은 개 머리가 두 개로, 죽이지 않으면 한 개가 독사가 된다 九月狗頭重 無死某就虺』고 생각한다. 옥황상제를 맞이하는 날도 피하는 날이다.

4. 사람 금기

사람 피하기는 사람의 나이·혈연 관계·성격·신혼 등의 이유 때문에 생긴 성 금기이다. 사람 피하기 중에서는 나이 금기가 가장 두드러진 것으로, 씨족시대의 성년 의식은 바로 연령 제한의 표지이다. 즉, 사람들은 성년에 이른 다음에야 결혼 생활을 할 수 있고, 그렇지 않으면 건강이 손상될 수 있다. 《논어·계씨季氏》에는 이런 언급이 있다. 『군자에게는 세 가지 경계해야 할 것이 있다. 어려서는 혈기가 고정되지 않아 색을 경계하고, 장성해서는 혈기가 바야흐로 강해지므로 싸움을 경계해야 하고, 늙어서는 혈기가 쇠약해지므로 얻고자 하는 것을 경계해야 한다. 君子有三戒 少之時 血氣未定 戒之在色, 及其壯也 血氣方剛 戒之在鬪, 及其老也 血氣旣衰 戒之在得』원난성 융닝의 나시족들은, 아직 성년이 안 된 사람은 혼인 관계를 맺을 수 없고, 소년·소녀는 사회 여론의 보호를 받아야 하고, 그렇지 않으면 제재를 받을 수 있다고 생각한다. 그래서 많은 민족의 미성년자들에게는 모두 특수한 두발 형식·장식품과 복식이 있다. 이것은 소년이 보호받는다는 표지이다.

혈연 내 금혼은 오래 된 금기로 계속 내려와 각 민족 공통의 금기가 되었다. 《좌전左傳·희공僖公 23년》에서는 『남녀 동성이면 그들 사이에서는 많이 태어나지 않는다 男女同姓 其生不繁』는 말이 있다. 《백호통白虎通》에서는 『다른 류는 곧 서로 돕는다 異類乃相生也』는 말이 있다. 민족학적 사실에 근거하면 혈연 내 금혼을 위배하는 사람은 개나 돼지로 여겨지거나 혹은 극형에 처해지거나 마을 밖으로 쫓겨난다.

띠 관계 때문에 또 몇 가지 성 금기도 생겨났다. 《고금도서집성·예술전藝術典》 권404 〈의부회고醫部匯考〉 384에서는 《천금방千金方》을 다음과 같이 인용하였다. 『아들을 구하고자 하는 사람은 마땅히 부부 본명 오행이 상생이고 덕과 합치되어야 한다. 본명이 휴폐나 사묘에 닿지 않으면 틀림없이 아들을 얻을 것이다. 만약 그들의 본명이 상극이고 형살 부딪치고 휴폐나 사묘와 닿으면 아들을 구해도 얻을 수 없으니, 삼가고 조심하지 않으면 설령 아들을 얻더라고 나중에 결국 또 다른 사람들에게 누를 끼친다. 만약 상생이고 또 복과 덕이 있는 사람을 만나도 모름지기 법대로 하여 금기를 피하듯이 한다면 태어나는 여러 아들들이 모두 아름답고 착할 것이다. 夫欲求者 當夫婦本命五行相生 及與德合幷 本命不在于休廢·死墓中者 則求子必得 若其本命相剋 及與刑殺沖破 幷在于休廢死墓中者 則求子不可得 愼無措意 縱或得者 于後終亦累人. 若其相生幷遇福德者 仍須依法如方避諸禁忌 則所生誕幾子盡美盡善』 또 《무자론無子論》을 이렇게 인용하고 있다. 『아들이 없는 데에는 원인이 세 가지가 있다. 첫째로 묘가 풍수에 맞지 않거나, 둘째로 부부의 나이가 상극이거나, 셋째로 부부가 질병이 있거나이다. 夫無子者其因有三. 一墳墓風水不利, 二夫婦年齡相剋, 三夫婦疾病』 사실 앞의 두 가지 원인은 존재하지 않는 것이지만, 〈부부에게 질병이 있어서〉의 원인은 오히려 진짜 원인일 수 있다. 이상의 미신에 근거를 두어 일찍부터 정혼 전에 반드시 사주팔자를 보아, 부부의 띠가 맞으면 정혼을 하고 상극이면 정혼할 수 없었다.

신혼 첫날밤에도 많은 금기가 있었다. 예를 들면 신랑·신부 중에 먼저 말하는 사람이 먼저 죽는다거나, 먼저 움직이는 사람이 먼저 죽는다거나 하는 것 등이다. 량산〔涼山〕에 사는 이족彝族 남녀들은 혼례를 거행한 후, 신부가 신랑에게 순순히 몸을 허락하지 못하도록 하는 금기가 있다. 그렇지 않으면 새색시가 무능하고, 태어나는 자녀도 총명하지 못할 것이라고 생각하기 때문이다. 이 때문에 〈손톱으로 얼굴 긁기〉 의식이 생겨났다. 즉, 신랑이 신부에게 동침을 요구했을 때, 신부가 완강한 태도로 거절하는데도 남자가 전혀 물러서지 않으면 신부가 신랑의 얼굴을 손톱으로 긁어 상처를 내야 길조여서, 옆에 있던 부모가 그 소리를 듣고도 내버려 둔다. 이것은 두 사람이 치고 받고 싸우면 싸울수록 좋은 일이라고 생각하기 때문이다. 다음날 사람들은 신랑의 얼굴에 온통 손톱자국이 나 있어도 신부를 이상하게 여기지 않을 뿐더러, 용감하고 지혜로우며 앞으로 가장 능력 있는 아들·딸을 낳을 수 있을 것이라고 칭찬한다.

잠자리를 같이 하는 횟수에도 민족마다 많은 금기가 있다. 총횟수가 적합해야지 지나쳐서는 안 된다. 신혼 후에는 성생활이 빈번하여 비교적 방탕할 수 있기 때문이다. 허난성에는 〈주구아住九兒〉라는 것이 있다. 즉, 결혼 후 함께 살기 시작하여 9일째 되는 날, 신부의 집에서 딸을 데리고 감으로써 딸의 생활에 효과적인 통제를 하는 것이다. 자녀를 낳은 후에도 〈주만월住滿月〉이라는 것이 있다. 즉, 산모가 출산한 후 한달이 되면 친정에서 딸을 데리고 가 한달 동안 머무르게 한 후에 시댁에 돌려보낸다. 이러한 풍속은 어느 정도 긍정적인 것이라고 할 수 있다. 타이완에 사는 사람들은 『꽃을 탐하여도 30일을 채우지 않는다』고 한다. 지나치게 성생활을 추구하면 요절할 수도 있다고 생각하기 때문이다. 또 속담에 이런 말이 있다. 『20대에는 한 경에 한 번 교합하고, 30대에는 하루에 한 번 교합하고, 40대에는 매월 다섯 번에서 열 번 교합하고, 50대에는 초하루와 보름에 교합하고, 60대에는 세배하듯 1년에 한 번씩 성생활을 하라. 二更更 三暝暝 四數錢 五燒香 六拜年』이 속담은 연령에 따른 성생활 능력을 생동적으로 묘사하고 있으며, 동시에 또 사람들에게 연령과 체력에 맞게 성생활을 하도록 일깨우고 있다.

임산부를 보호하기 위해서도 또 여러 가지 금기가 있다. 원나라 시대의 《삼원연수참찬서三元延壽參贊書·임신기편姙娠忌篇》에는 다음과 같은 언급이 있다. 『연산옹은 이렇게 말했다. 아이가 들어선 후 부모가 금욕할 수 없으면 절대 안 된다. 또 아이 낳을 때가 임박하여 교합하면 아이가 머리에 흰 보자기를 쓰고 나와 병이 나고 일찍 죽는 요인이 된다. 演山翁云 成胎後父母不能禁欲 已爲不可. 又有臨産行淫 致其子頭戴白被而出 病夭之端也』다이족은 출산 2개월 전부터 부부가 같은 방을 쓰는 것을 금지한다. 《달생편達生篇》에는 이렇게 기록되어 있다. 『옛날에는 여자가 임신하면 다른 방을 썼다. 대개 임신했을 때 교접하면 3개월 이전일 경우 흔히 태가 움직여 유산하게 되고, 3개월 이후일 경우 태에 옷이 입혀져 지나치게 두껍게 되어 낳을 때 힘들기 때문이다. 낳은 애가 몸에 오물을 많이 묻혀 후에 병이 많고 오래 살지 못한다고 한다. 그러므로 금욕하여 태를 보호하는 것이 첫째 뜻이다. 古者婦人有孕 卽居別室, 蓋有孕而犯之 三月以前者 常致胎動而流産. 三月以後者 則致胎衣 太厚而難産, 曰生子身多濁物 他時多病而少壽. 故保胎以絶欲爲第一義』어린아이에게 천연두가 생겨도 부부는 따로 거처해야 한다. 그렇지 않으면 마마신을 범할 수도 있다. 이에 대해서는 《홍루몽紅樓夢》 제21회에 상세하게 묘사되어 있다. 사실, 이것은 신앙의 위력으로 부부를 따로 거처하게 하고, 또한 효과적으로 부부가 온 힘을 다하여 아이를 보호하도록 하는 것이다.

병이 났거나 월경할 때, 슬픔이나 고통을 당하고 나서, 출산 후 오래지 않아, 매우 기쁘거나 크게 화났을 때, 술에 취하거나 과식했을 때에는 모두 몇 가지 금기가 있다. 한나라 시대의 죽간竹簡《내경內經·영추靈樞·사기장부병형편邪氣藏府病形篇》에는 이런 기록이 있다. 『만약 술에 취해 교합하면 땀이 나서 풍을 맞으니 비장을 상한다. 若醉入房 汗出當風 則傷脾』《소문素問·상고천진론上古天眞論》에서는 이렇게 말하고 있다. 『옛날 사람들 중에 도를 아는 사람은 음양을 본받고 운명에 화합하고 먹고 마심에 절도가 있고 거처함에 법도가 있고 함부로 몸을 수고롭게 하지 않았으므로, 몸과 마음을 온전하게 할 수 있었고, 천수를 다 누려 백년 넘게 살고 죽었다. 上古之人 其知道者 法于陰陽 和于求數 食飮有節 起居有常 不妄作勞 故能形與神俱 而盡終其天年 度百歲乃去』이 말은 절제에 대한 긍정을 논증하면서 또 무절제하게 먹고 마시는 것을 부정하고, 심지어는 이것이 생육에까지 영향을 미칠 수도 있다고 생각하는 것이다.《의심방醫心方》권28〈방내房內〉에서는〈구자편求子篇〉을 인용하여,『일에 싫증나고 부담스럽고 기가 안정되지 않았는데 음양을 합하면 근골과 허리가 아프므로, 아들을 낳아도 틀림없이 온전치 못하다 勞倦重擔 志氣未定 以合陰陽 筋腰苦痛 以是生子必殘廢』고 특별히 강조하고 있다. 이러한 관념은 우생학에 부합된다. 옛날부터 자극성 있는 음식을 먹고 교합하면 간과 비장이 상할 수 있어서, 어른은 오래 살지 못하고 어린아이는 잔병치레를 하게 할 수 있다고 생각했다. 윈난성 푸미족의 무당은 병자를 간호할 때, 먼저 따뜻한 물로 목욕시키고 나서 솔잎을 태워 몸에 쪼이고 하루 동안 비린내나는 음식이나 육식을 피하게 한다(성 금기까지 포함하여). 무당의 방망이에 병자의 가면을 눌러놓고 나서 의식을 진행하는데, 향로에 향을 피우고 식물성 기름으로 등불을 켜고〈송의경松依經〉을 외운다.『마음을 깨끗이 하고 욕심을 적게 가지면 온갖 질병이 생기지 않고, 갑자기 잡념이 생겨도 머리가 저절로 맑아지며, 밤에는 음험한 생각을 하지 않고, 허리가 시리고 아프지 않으며, 낮에는 도둑질하거나 게으르지 않고, 몸이 아프지 않는다』(雲南省民族硏究所,《雲南地方民族史論叢》, 雲南人民出版社, 1986年) 이 경문은 비록 기도문이기는 하지만 환자를 충고하는 많은 내용이 들어 있고, 그 중에는 또 몇 가지 성 금기도 포함되어 있다.

장례 행사에서도 일정한 성 금기가 실행된다. 예를 들면, 한족들은 과거에 장례나 장례 후 복을 입는 기간 동안 부부가 따로 거처하고 합방을 엄격하게 금지했다. 광시성의 야오족(瑤族)들은 상을 당했을 때 7일 동안 합방할 수 없었다. 만일 도사를 불러 죽은 사람을 위해 재를 지내게 되면, 본가의 부부는 14일 안에는 함께 기거할 수 없었다.

신체에 결함이 있는 사람에 대해서도 성 금기가 행해졌다. 이를테면 민간에서는 음모가 자라지 않는 여성을 〈백호녀白虎女〉라고 보아, 이러한 여인과 합방하면 이롭지 못하다고 생각했다. 사실 〈백호녀〉는 단순하지 않아 몇 가지 정황이 있다. 하나는 나이가 어려 털이 아직 생기지 않은 것이고, 다른 하나는 선천적으로 유전적인 요인 때문인 경우로, 예를 들면 〈석녀石女〉(불임증)이고, 또 하나는 후천적인 것으로 음모가 있었지만 어떤 질병 때문에 모두 빠진 경우이다. 그러므로 〈백호녀〉를 구체적으로 분석해 보면, 이상하게 볼 게 아니고 또 관련된 성 금기도 근거가 없는 것이다.

5. 생산 금기

생산 금기는 인류가 물질 생산——채집·어업·수렵·농경·방목과 기타 수공업 활동을 하면서 반드시 지켜야 할 성 금기를 가리킨다. 관련 학자들의 연구에 의하면, 수렵 기간에는 많은 성 금기가 행해지는데, 그것은 사람들의 정력이 분산되는 것을 막아 전력을 다해 수렵을 하도록 하는 데에 그 목적이 있다고 한다. 중국의 두룽족〔獨龍族〕과 야오족〔瑤族〕들은 사냥을 나가기 전날 밤에 성 금기를 엄격하게 지킨다. 부부가 교합할 수도 없고, 젊은 사람들은 사랑을 속삭일 수도 없다. 그렇지 않으면 산신을 노엽게 하여 사냥이 실패하게 된다고 한다. 구이저우성 룽리〔龍里〕에서는 3월 9일에 〈살어절殺魚節〉을 지낸다. 이것은 먀오족〔苗族〕들의 상고시대 어업 생활에 대한 기억이고 추억이다. 그곳의 먀오족들은 첫째날 밤에는 부부가 동침할 수 없고, 둘째날 밤에는 날이 밝기 전에 여인네들이 문 밖을 나가 물을 긷거나 일을 하는 것이 허용되지 않는다. 남자들을 만나는 것을 극력 막는 것이다. 그렇지 않으면 남자들이 나가 고기를 잡을 수 없고 또 안전하게 집으로 돌아올 수도 없고, 넘어지거나 배가 뒤집히거나 물에 빠져 죽는 등의 흉한 일을 당한다고 생각하기 때문이다. 오직 날이 밝아 남자들이 물고기를 잡으러 나가거나 약초를 뜯으러 나간 다음에야 일을 할 수 있고 남성들을 만날 수도 있다. 쓰촨성 무리〔木里〕에 사는 나시족과 장족藏族들은 천재지변을 당하거나, 사냥을 나가기 전날 밤이나, 일을 처리하거나, 여자의 월경 기간 동안에는 항상 성생활을 금지했고, 심지어는 〈안다〉(성친구)의 방문도 금지되었다.(宋兆麟,《共夫制與共妻制》, 上海三聯出版社, 1990年, 60쪽)

농업 민족은 농업 생산활동에서도 어떤 성 금기를 행하는데, 여기에도 몇 가지 특징이 있다. 저장성 항저우〔杭州〕의 농촌에서는『곡식을 파종한 후 봄 농사가 바빠지기 시작하면 어른들은 분가하여 나간 아들 손자를 본가로 와서 자게 하여 몸을 보호하도록 한다』(浙江民俗學會,《浙江風俗簡志》, 浙江人民出版社, 1986年, 65쪽) 이러한 성 금기는 노인도 개입하여 일정한 보호 역할을 하고 있음을 설명하는 것이다. 다른 나라에도 유사한 예들이 많다.『중남미의 비피르인들은 실제 파종하기 하루 전 저녁에, 만약 특별히 강력한 효과를 원하면 나흘 전 밤부터 매일 침상을 달리하여 잠을 잔다. 그러나 실제 파종 기간 동안에는 부부가 반드시 한침상에서 함께 잠을 자야 한다. 자바의 어떤 지역에서는 벼가 꽃피기 시작할 때 남편이 아내를 데리고 논에 나가 함께 잔다』(御手洗勝,《神與神話》, 聯經出版事業公司, 1988年, 369쪽) 농업 생산에서의 성 금기 또한 절대적인 것은 아니다. 왜냐하면 많은 지역에서는 농작물이 꽃가루를 날리기 시작할 때 남녀가 밭에서 성교하도록 하여 농작물의 풍년을 기원하기 때문이다.

이상의 성 금기는 단지 일부 주요 측면의 몇몇 예일 뿐이고, 실제 생활에서는 관련 금기가 많아 일일이 예를 들 수 없을 정도이다. 이로 보아 인류는 자신의 성욕과 성행위에 대해 결코 완전히 이해하지 못하고, 일종의 신비한 현상으로 생각하여 그에 대해 무술적 심리를 가졌음을 알 수 있다.『원시인들은 성의 현상이 무술의 영향을 받는다고 생각하여 두려워했다. 이러한 공포심리는 각종 의식과 예의 행위를 낳도록 했으며, 또 나아가 남녀 유별의 몇 가지 단순한 규범으로 변화시켰다. 이러한 의식과 예의와 규범을 결국 또 부끄러워하고 두려워하는 심리상태의 호신부로 변화시키기도 했다.』(靄理士, 《性心理學》, 三聯書店, 1988年, 37쪽) 성 금기 또한 그렇다. 이러한 무술은 인류가 가지고 있는 일정한 지식인데, 이러한 지식은 또 불완전한 상황에서 나온 것이었으므로, 종종 일종의 저급한 신앙이 후에 귀신이 주재한다는 심리적 영향을 받아 자신의 성행위를 제한함으로써, 자신의 번성과 생산 노동의 정상적인 진행을 보장받고자 했다. 이러한 의미에서 성 금기는 긍정적인 측면을 갖고 있다고 말할 수 있다. 『남자는 어떤 특별한 일을 대할 때마다, 예를 들면 멀리 정벌을 나가거나 수렵을 나가거나 전투를 하게 되었을 때, 그들은 반드시 여인을 피하고, 더욱이 여인들과의 성교를 피한다. 그렇지 않으면 그의 정력이 다 소진되어 재난을 당할 수도 있다고 생각하기 때문이다.』(弗洛伊德, 《論創造力與無意識》, 展望出版社, 1986年, 193쪽) 그러나 이러한 성 금기는 미신과 무지의 기초 위에 생긴 것이기 때문에, 필연적으로 사람들에게 부정적이고 심지어는 두려워할 만한 결과를 가져오기도 했다. 당연히 성과 성행위에 대한 인류의 지식 수준이 높아지고, 과학 지식이 증가함에 따라 위에서 말한 성 금기 또한 점차 사라졌고, 과학 지식의 지도하에 사람들은 정상적인 성생활을 하게 되었다. 그리하여 사람들의 신체 건강에도 도움이 되었고, 또 인류의 우생에도 도움이 되었다.

제2절 신벌神罰

성 금기에 대해 언급한 후에는 반드시 상고시대에 성 금기의 위반에 대해 어떠한 벌을 가했는지에 대해 말해야만 할 것이다. 비효통은 이렇게 말했다. 『……인류가 사회를 형성한 이래 사회의 힘으로 사람의 양성 행위에 대해 엄격한 통제를 가하지 않은 적이 없었다. 다시 말해서 사회는 각종 규정을 만들어서 개인은 단지 일정한 시기, 일정한 장소, 일정한 범위에서 일정한 대상하고만 성행위를 할 수 있다고 제한하지 않은 적이 없다. 뿐만 아니라 일반적으로 말해서, 이러한 사회 규정을 유지하기 위해서 규범을 어긴 행위에 대해서는 항상 강력한 사회적 제재를 가했다』(費孝通, 앞의 책) 이러한 제재는 처음에는 결코 법률이 아니었다. 왜냐하면 당시에는 법률이 없었고, 씨족의 풍습과 종교의 수단에 의거하여 시행했기 때문이다. 이것이 바로 신벌이다.

신벌은 또 신판神判·신의 재판·천벌 등으로도 부른다. 그것은 사람들이 신령에게 기원하거나 어떤 무술적 수단을 이용하여 사람들의 시비곡직, 참과 거짓, 사회적 분규를 판결하고, 또 일정한 제재를 가하는 방법이다. 《도교대사전道敎大辭典》에서는 다음과 같이 설명하고 있다. 천벌은 『꾸짖고 책임을 묻는 것을 말한다. 《열자列子·역명力命》에서는 「살 수 있지만 살지 못하는 것이 천벌이고, 죽을 수 있지만 죽지 못하는 것이 천벌이다」고 말했다. 猶言之譴責也.《列子·力命》「可以生而不生 天罰也, 可以死而不死 天罰也」』

이른바 성 금기와 성풍속을 위배하는 것에 대한 신벌은 사실 두 가지 내용을 포함한다. 하나는 성행위를 위반한 예에 대한 검증이고, 다른 하나는 상술한 금기를 어긴 자에 대한 처벌이다.

먼저 금기 행위를 위반한 것에 대한 검증 방법이다.

상고시대의 신화 전설에서 보면, 고요씨皐陶氏 시대에 이미 신벌이 있

46. 戰國의 獬豸

었다. 고요씨는 소호少暤의 후예이고, 동이東夷 부락 영수 중의 한 명으로, 우순虞舜 시대에 형법을 관장하는 일을 담당하여 정직한 것으로 유명했다. 그는 양을 이용하여 혐의가 있는 자에게 뿔로 받도록 하여, 받으면 죄가 있고 받지 않으면 죄가 없다고 판단했다. 나중에 변하고 또 변하면서 양이 해치獬豸가 되었는데, 또 해치를 신비한 짐승으로 여겼다.《설문說文》에서는 『옛날에 소송을 판결하는 사람이 옳지 못한 자에게 뿔로 받도록 하였다 古者決訟者令觸不直』고 했다. 후세에는 법관들이 모두 이 해치를 관복으로 만들어 법관의 표지로 삼았다.〔그림 46〕 당연히 당시의 검증 방법은 여기서 그치지 않았다.《한비자韓非子·내저설內儲說》에는 『의심을 받는 소송자가 있으면 과녁의 중심을 쏘게 해서, 맞추는 사람이 이겼다 人有狐疑之訟者 令之射的 中之者勝』고 했다. 그 중의 〈적的〉은 바로 과녁의 중심으로, 활도 신판의 수단이 될 수 있었음을 설명하는 것이다.《논형論衡·난용亂龍》에는 이런 언급이 있다.『패자장이 정치를 할 때 범인의 상황을 알아볼 생각으로, 오동나무로 범인의 모습처럼 사람을 만들어, 땅에 구덩이를 파고 갈대로 관을 만들어 나무로 만든 범인을 그 속에 눕혔을 때, 범인에게 죄가 있으면 움직이지 않고 억울하게 피해를 받고 있으면 나무로 만든 사람이 움직여 나왔다. 孛子長爲政 欲囚情 以梧桐 爲人 象囚之形 鑿地爲坎 以盧爲槨 臥木囚其中. 囚罪正 則木囚不動. 囚冤

侵奪 木囚動出』《남조야사南詔野史》 하권에는, 고대에 윈난성에서는 『다투는 사람이 하늘에 고하고 끓는 물에 물건을 넣고 손으로 만졌을 때, 잘 못이 있으면 데고 바르면 데지 않았다 有爭者 告天 沸湯投物 以手捉之 曲則糜爛 直者無恙』는 기록이 있다.《유서문견록維西聞見錄》에서는 고대의 이족彝族들은 『약속을 위반하면 무당에게 가서, 쇠 위에 기름을 붓고 불로 끓여 마주하고 기름에 손을 넣었을 때 데지 않는 사람이 모함을 받은 것이었다. 물건을 잃어버렸을 때에도 이 방법으로 해결했다 負約則延 巫祝 置膏于金 烈火熬沸對誓 置手膏肉 不沃者爲受誣, 失物亦以此法明焉』고 기록하고 있다. 이러한 것들은 모두 고대의 신판 방법이다. 지금까지도 일부 소수 민족들에게 몇 가지 신판 방법이 남아 있다. 예를 들면 다음과 같다.

1. 선서宣誓

선서는 또 기서起誓라고도 하는, 아주 간단하고 쉽게 행할 수 있는 신판 방법이다. 그것은 당사자의 한쪽이나 양쪽에서 신령에게 서약하여 자신이 결백하고 잘못이 없으며 남의 아내를 유혹하지 않았음을 말로 표현하는 것이다. 윈난성 비장〔碧江〕에 사는 리쑤족〔傈僳族〕들에게 피술을 마시는 신판이 있다. 그 의식은 숲속에서 진행되는데, 의심을 받는 사람이 흰 보자기를 머리에 써서 자신의 결백을 상징하고, 손에 긴 칼을 한 자루 들고 천신을 향해 이렇게 선서한다. 『제가 남의 아내를 유혹하려고 했다면 사흘 이내에 제대로 죽지 못할 것이며, 남의 아내를 유혹한 적이 없다면 저를 무고한 사람도 천신의 징벌을 받을 것이옵나이다.』이때 무당은 경을 외우면서 수탉 한 마리를 잡아 그 피를 술에 타서 선서하는 사람에게 마시도록 한다. 이것은 사흘 안에 선서한 사람에게 뜻밖의 재난이 있을 것이라고 생각하기 때문이다. 즉 간통죄를 범했으면 천신의 징벌을 받고, 아무 죄가 없으면 그에게 죄가 없다고 선포하는 것이다. 이것이 바로 선서 신판이다.

2. 점복占卜

점복 신판은 길흉을 점치는 방법으로, 쌍방의 분규에서 누가 옳고 누가 그른지의 문제를 결정하는 것이다. 《예기·곡례曲禮》에는 이런 언급이 있다. 『점을 치는 것은 옛날에 훌륭한 임금이 백성들에게 이때를 믿고 귀신을 경배하고 법령을 믿게 하기 위한 것이었다. 백성들의 혐의를 결정하거나 망설일 때에 결정하기 위한 것이었다. 그러므로 의심하여 점을 친다고 했다. 卜筮者 先王之所以使民信時日 敬鬼神 畏法令也. 所以使民決嫌疑 定猶豫也 故曰疑而筮之』고대 중국에는 거북점과 시초점이 널리 퍼져 있었다. 민족학 중에는 점복 방법이 헤아릴 수 없이 많이 있다. 예를 들면, 닭점·달걀점·물점·나무점·풀점·밀랍점·우렁이싸움점·삶은쌀점·옷깃점 등이다. 징퍼족〔景頗族〕 무당은 재산과 혼인 분규를 처리할 때, 우렁이를 싸움시켜 점을 치는 방법을 사용한다. 무당의 주관 아래 의심을 품은 사람이 먼저 우렁이 한 마리를 접시 속에 놓아두면 혐의를 받고 있는 사람도 우렁이 한 마리를 놓아 두 마리가 서로 싸우게 한다. 무당은 우렁이의 승부로 쌍방 주인의 잘잘못을 결정한다.

3. 화판火判

원시 종교에서 불은 일종의 자연신이었다. 무당은 불더미 뛰어넘기, 불삼키기, 불 속에서 물건 꺼내기, 불로 지지기 등의 방법으로 종교와 무술 행위를 함으로써 어떤 목적에 도달하고자 한다. 이러한 방법도 신판에 이용되었다. 티베트 룽즈현〔隆子縣〕 뤄바족〔珞巴族〕의 노예주나 부호들은 많은 처첩을 거느려 어느 정도 집단혼의 풍습이 남아 있다. 따라서 비정상적인 성관계가 종종 발생한다. 노예주는 어떤 노예가 자기 아내를 유인하여 사생아를 임신했다고 의심하면, 무당을 불러 닭을 잡아 그 간을 살펴보고 누가 의심받는 대상인지 확인하지만, 이것이 반드시 사실일 리는 없고 본인도 인정하기를 거부한다. 그러면 무당은 더욱 가혹한 신판의 방법을 사용한다. 즉 불구덩이나 횃불에 돌(혹은 쇳덩이)을 달구고, 의심받는 노예에게 불 속에 있는 돌이나 쇳덩이를 꺼내도록 명한다. 만약 돌이나 쇳덩이를 두 손으로 아무 상처도 입지 않고 꺼내면 아무 일이 없었던 것이고, 손에 화상을 입으면 징벌을 받아야 한다. 누족(怒族)의 불에 달군 말뚝도 일종의 화판이다. 보통 마을의 넓은 마당을 택하여 진행하는데, 1미터 가량의 돌기둥을 땅에 묻고, 주위에 땔나무를 쌓아 불을 붙여 돌기둥을 달군다. 이때 무당은 의심받는 사람에게 하늘을 향해 맹세하여, 자신이 나쁜 마음이나 일을 저르른 적이 없어 귀신을 불러도 두려워하지 않는다고 널리 선언하도록 한다. 말을 마치고 그는 맨손으로 돌기둥을 뽑아 땅에 던진다. 일이 끝나면 무당과 주위에 있던 군중들이 몰려와 그의 손이 화상을 입었는지의 여부를 검사한다. 잘못이 있으면 화상을 입고, 잘못이 없으면 화상을 입지 않는다.

4. 물건 건지기

물건 건지기 신판은, 끓는 물이나 뜨거운 물속에서 물건을 건져내는 신판 방법을 가리킨다. 이러한 신판 방법은, 좡족·둥족·다이족·이족·바이족·누족·나시족·징퍼족·리쑤족 지역에 보편적으로 존재했다. 《동계섬지岬溪纖志》에는 이런 기록이 있다. 『만랴오 지역에서는 다툼이 분명하지 않은 일이 있을 때 사당에 기름 끓는 솥을 놓고 올바른 사람은 솥에 깊이 넣어도 그의 손이 아무 탈도 없다고 말한다. 어리석은 사람은 분을 참지 못하고 그렇게 하여, 종종 그 피부가 데어서 헐어 벗겨지고 자신의 결백도 풀지 못한다. 이러한 풍습은 원주민들도 모두 그렇게 따라 하여, 조금만 기분이 나빠도 바로 기름 속에서 물건 건지기를 하자고 말한다. 蠻僚有事 爭辯不明 則對神祠熱油鼎 謂理直者深入鼎中 其手無恙. 愚人不勝憤激 信以爲然 往往焦潰其膚 莫能自白其意者. 此習 土着之民亦皆沿之 少抱微寃 動以撈油爲說』 누족의 끓는 물에서 물건 건지기도 마을 안 넓은 마당에서 진행된다. 먼저 세 개의 돌을 잘 놓고 그 위에 가마솥을 걸고, 물은 세 곳——강과 시내와 샘에서 길어온다. 그리고 나서 불을 붙여 물을 끓이고 물속에 돌덩이를 넣는다. 당사자 쌍방이 하늘에 맹세하고 천신에게 도와달라고 빌고 나서, 피고가 끓는 물에서 돌덩이를 건져내고, 접시 세 개에 담긴 좁쌀에 손을 비빈다. 만약 3일 안에 손에 상처가 없으면 결백하다고 생각하지만 그렇지 않으면 죄가 있다고 인정되어, 반드시 배상하거나 천신의 벌을 받아야 한다.

이상 열거한 사례들은 모두 신벌 방법의 일부분이다. 이러한 방법들은 어떤 과학적 증거가 없으며, 종교 신앙자들이 우매하고 무지하다는 것을 반영한 것이다. 그렇더라도 사람들은 오히려 신판을 경건하게 의지하여 사회에서 일어나는 분규를 해결한다.

다음에는 신벌의 구체적인 상황을 보자.

민간신앙에는 적지 않은 현상들을 모두 신벌로 보는데, 문헌 기록 또한 적지 않다.

기효람紀曉嵐은 《열미초당필기閱微草堂筆記》 중의 〈괴서잡지槐西雜志〉에 이런 이야기를 기록해 놓았다. 『생(주오)이 이렇게 말했다. 전에 배를 탔을 때 한 사공을 봤는데 이마에 항상 고약을 붙이고 있었다. 세로로는 대략 1치 가량 되었고 가로로는 그 두 배였다. 부스럼이 나서 며칠 동안 바람을 피해야 한다고 말했다. 다른 사공이 남모르게 손님에게 말했다. 「이것은 아주 이상한 일인데, 부스럼이 있다고 하는 것은 거짓이에요. 저 사람은 무리의 우두머리로, 물귀신에게 제사를 드렸어요. 전례대로 향을 올려야 하는데, 전날 밤에 부정을 범하고, 무릎 꿇고 제사를 올리는데 바람이 몰아쳐 화로의 재가 얼굴을 때리면서 몸이 떨리고 정신이 없어 의식을 거의 치를 수가 없어서 물러나와 털어내려고 했더니, 얼굴에 먹으로 비희도가 그려졌는데 모습이 생동적이어서 마치 그 부부를 닮았고, 씻어도 없어지지 않고 오히려 더욱 선명해져서 고약으로 가린 것이지요.」 사람들이 크게 믿지는 않았지만 그러한 말이 있으므로 드나들고 오가면서 그의 얼굴에 눈이 가지 않을 수 없었다. 사공은 그걸 눈치채고 「어린 녀석이 또 쓸데없는 소리를 했는가?」라고 말하고 길게 한숨을 쉴 뿐이었다. 生(朱爥)言曩乘舟 見一舵工 額上恒粘一膏藥 縱約寸許 橫一倍之 云有瘡 須避風數日. 一篙工私語客曰「是大奇事 云有瘡者 僞也. 彼當爲會首 賽水神. 例應捧香而前. 一夕犯不潔 方跪致祝 有風颭爐灰撲其面 骨慄神揀 幾不成禮 退而拂試 則額上現一墨畫秘戲圖 神態生動 宛肖其夫婦 洗濯不去 轉更分明 故以膏藥掩之也.」衆不深信 然則有此言 出入往來 不能不注其面. 舵工覺之 曰「小兒又饒舌耶?」長喟而已』

이 예는, 사공은 본래 물귀신에게 제사드리는 대표자로서, 일에 앞서 응당 관련 금기를 지켰어야 하는데, 첫째날 밤에 방사를 치러 신령을 더럽히고 다음날 신에게 제사를 드리는데, 갑자기 미친 듯한 바람이 일어나 불씨가 그의 얼굴에 상처를 남긴 것이다. 이것은 본래 뜻밖이었지만, 민간에서는 오히려 그것을 신벌 탓으로 돌렸다. 왜냐하면 그가 성 금기를 어겼기 때문이다.

남녀가 야외에서 교합하는 것에 대해서, 상고시대에는 본래 귀신을 범한다는 말이 없었다. 후에 혼인이 발전 변화하고 종교신앙이 변천함에 따라, 남녀가 야외에서 교합하면 반드시 천지를 더럽히고 귀신을 모독하여 장차 번개에 맞아죽을 것이라고 생각했다. 설령 본인이 죽지 않더라도 그가 낳은 자녀가 건강하지 못할 수가 있다는 것이다.『그 의도는 남녀 사이의 불법적이고 정당하지 못한 성행위를 막고, 인륜 규범을 벗어나지 않게 하려는 방법으로, 천지를 더럽힐 수도 있다는 부정 관념에 착안한 것이다.』(林明峪,《臺灣民間禁忌》, 聯亞出版社, 1981年, 86쪽)

몇몇 소수 민족들은 혼외 교합에 대해 금기했다. 그렇지 않으면 반드시 신벌을 받는다는 것이다. 사람들은 그 행위를 결코 개인 생활 문제로 보지 않고, 신령을 모독하여 사회의 안녕에 재앙을 미치는 것으로 생각했다. 윈난성의 부랑족〔布朗族〕들은 마을 안에서 독수리가 닭을 채가거나 표범이 돼지를 물어가면 마을 안에서 정당하지 못한 남녀 관계가 발생했다고 믿는다. 혹은 야외에서 교합하는 것을 금지하지 않으면 재난이 더욱 많아진다고도 생각한다. 이러한 상황이 발생하면, 촌장은 마을 주민들을 다 모이게 하여 점이나 신판 등을 이용하여 금기를 어긴 남녀를 조사하는데, 여자를 먼저 조사하고 남자를 나중에 조사한다. 조사하여 적발된 사람은 반드시 촛불 두 개를 가지고 촌장에게 잘못을 인정하고, 열 개 내지 열다섯 개 반의 지방 은전으로 여자 집안의 〈얼굴을 씻는다.〉〔洗臉〕만일 여러 번 가르쳐도 고치지 않으면 당사자를 마을 밖으로 내쫓는다. 이것은 당사자에게는 가장 엄격한 신벌이다.

외족〔佤族〕도 성 금기를 위배한 사람에게 가혹한 제재를 가한다. 창웬〔滄源〕의 외족은 윤리를 어지럽힌 사건이 발생하면 반드시 촌장을 모셔다 귀신에게 제사지내고, 용서를 기원한 다음에 당사자에게 마을 청소를 시키고, 소 한 마리를 잡아 신에게 제사지내도록 하고, 끝나면 고기를 나누어 먹는다. 마을을 청소하는 일은 몹시 힘든 일이다. 먼저 촌장을 모셔다 귀신에게 제사를 지내고 특수한 빗자루, 즉 흰 수탉의 털과 대나무 빗자루를 함께 묶은 것인데, 가운데는 〈사생자私生子〉 나뭇가지이다. 그곳 사람들은 오직 이런 빗자루만이 마을을 깨끗이 청소하여 불결함을 씻어낼 수 있다고 생각한다.

시멍〔西盟〕의 외족들도 유사한 풍속신앙을 갖고 있다. 예를 들면 1957년 융광〔永廣〕 등지에 큰 가뭄이 들어 사람들은 물도 먹을 수가 없고 땅에서는 농작물이 자라지 않자, 촌장은 몇몇 사람들의 성관계 때문이라고 생각하였다. 며칠 밤을 살펴보니 아이샹의 양자가 성이 같은 어떤 처녀와 사통하여 동성 불혼 금기를 위배하고 있음을 발견했다. 촌장은 나무로 만든 북을 쳐서 마을 주민들을 모두 모이게 했다. 사람들은 횃불과 긴 칼을 들고 모두 모여 아이샹의 집으로 가서, 가축을 잡고 집을 헐었다. 아이샹의 양자는 깜짝 놀라 달아나고, 아이샹만이 촌장을 모시고 닭을 잡아 귀신에게 제사드리고 주민들을 대접하고 예를 갖춰 사과하자, 사람들은 그

제야 용서했다.

그 지방은 혼외 정사에 대해서 신벌이 가장 엄격하다. 일반적으로 모두 마을에서 추방한다. 그러나 소를 잡아 귀신에게 제사드리고 난 다음에 소 머리를 반으로 갈라 당사자 남녀 머리 위에 얹고 거리를 다니며 사람들에게 극도로 추악한 일을 하였다고 보여 주어

47. 푸미족 신부

야 한다. 또 당사자는 돼지 한 마리를 잡아 귀신에게 제사지내고, 마을 사람들을 불러 대접해야 한다. 밥을 먹은 후에는 당사자 두 사람이 가시가 붙은 대나무 조각을 지고 살아 있는 돼지 한 마리와 썩은 흙 한 광주리를 메고 마을 주위를 세 바퀴 돌면서 사람들에게 보여 주면, 사람들은 쇠똥과 돼지 오줌 등의 오물을 뿌린다. 거리를 돈 후에는 또 무당에게 청하여 귀신 쫓는 의식을 치러야 한다. 귀신을 쫓는 의식을 치러야 당사자들이 건강을 회복하고 마을이 편안할 수 있다고 생각하기 때문이다.

푸미족〔普米族〕들은 신부를 심사하는 의식을 치르는데, 역시 혼외 성생활에 대한 처벌에 속하는 것이고, 그 형식 또한 신벌에 속한다.〔그림 47〕이 민족에게는 결혼 후 시가에 가지 않는 풍속이 널리 퍼져 있는데, 짧게는 몇 년 동안, 길게는 10년, 20년 동안이나 된다. 그 사이 신랑 집에서는 때때로 아내를 며칠씩 데려오지만, 신부는 결코 남편과 잠자리를 함께 하지 않고 보자마자 가버리는데, 이것을 〈삼회구전三回九轉〉이라고 한다. 세번째 만났을 때에야 비로소 부부가 함께 잠자리를 할 수 있는데, 그 다음에는 전처럼 친정으로 돌아가 오래도록 머문다. 신부는 친정에서 자유로운 성생활을 하지만, 사생아를 임신해서는 안 된다. 일단 임신하면 친정에 머물지 못하고, 반드시 시가로 빨리 돌아가서 진정한 부부 생활을 시작해야 한다. 신부가 신랑 집에 온 다음날 남자 집에서는 돼지를 잡아 잔치를 베풀고, 많은 친구들이 와서 축하하며, 또 무당을 불러다 〈안태安胎〉 의식을 거행하여, 남자 집에서 태아를 중시한다는 것을 보여 준다. 그

러나 남자 집에서는 부계 가정 혈통의 순결성을 보호하고 재산이 틀림없이 자신의 혈통으로 상속되는 것을 보장하기 위하여, 중간에 시아버지가 막후에서 지휘하고 시어머니가 직접 나서서 신부의 태아에 대해 조사한다. 며느리가 누구와 성관계를 가졌고, 모두 몇 번이나 했으며, 더욱 중요한 것은 태아의 아버지가 누구인지 자백해야 하는데, 다섯 번 열 번 자백시킨다. 자백하지 않으면 가볍게는 위협하여 연기를 쬐고, 심하면 남편에게 매를 가하도록 하는데, 이것을 〈원숭이 말뚝 옮기기〉[猴子搬椿]라고 한다. 즉, 땅에 나무 말뚝을 박고 위를 쪼개어 며느리의 두 엄지손가락을 말뚝 위에 묶고, 또 말뚝 윗부분 끄트머리에 쐐기를 박고 못을 끊임없이 오르내리면, 고통이 계속되어 최후에는 사실대로 자백할 수밖에 없다. 남편 집에서는 보통 진짜 아이 아버지에게 손해를 배상받는데 소 한 마리나 몇 마리를 받는다. 그리고 동시에 사생아는 절벽에서 떨어뜨리거나 물에 빠뜨려 죽인다. 심하면 아이의 친아버지의 집을 약탈하고, 아이를 처리하고, 여자는 마을 밖으로 내쫓는다. 조학전曹學佺은 《촉중광기蜀中廣記》에서 《상남지上南志》를 다음과 같이 인용하고 있다. 시판[西番]의 『여자가 친정에서 잘못을 저질러도 시집가는 것을 금지하지 않지만, 나중에 남편을 범하면 영원히 내쫓고 태어난 자녀 역시 버린다. 女在父家爲非 無禁嫁後有犯夫 永逐之 所生男女亦棄去』이 기록은 푸미족의 경우에 대한 언급인데, 신부의 심사 역시 일종의 신벌 형식이다.

쓰촨성 무리[木里]의 어야의 나시족[俄亞]들에게도 집단혼 제도 ─〈안다〉제도가 남아 있지만, 결코 사생아를 집단혼에 귀속시키지 않고 일종의 귀신의 장난이라고 생각한다. 그러므로 사생아에게 징벌을 가해야 한다. 이를테면 산모는 집안에서 아이를 낳을 수 없다. 귀신 ─〈차오토우〉가 집 사람들을 해칠 수도 있다는 것을 두려워하기 때문이다. 그러므로 반드시 야외의 동굴에서 아이를 낳는데, 이 동굴은 정해진 곳이 있다. 어야 마을에서 약 1킬로미터 떨어진 룽타허[龍打河] 북쪽 언덕에 위치해 있다. 우리가 그곳을 조사해 보니, 동굴이 아니고 거대한 바위 절벽으로, 아래가 집처럼 되어 있었다. 임산부가 아이를 낳을 때가 되면 동굴 안으로 옮겨가 산파와 임산부의 성친구인 〈안다〉가 함께 하여 도와 주고 보호한다. 어린아이를 낳기 전후에는 반드시 〈즈뤄〉 의식을 거행하여 〈차오토우〉 귀신을 쫓아 산모와 아이의 평안을 보호한다. 이 의식에는 세 단계가 있다.

첫단계에는 동굴 안에서 아이를 낳는다. 아이를 빨리 낳으려고 여자 집에서 나이가 든 여인을 불러 산파일을 하도록 하고, 동시에 〈동파〉와 그의 조수를 불러 동굴에서 귀신을 쫓도록 한다. 임산부의 〈안다〉는, 즉 태아의 친아버지는 땔나무·관솔·진달래 나뭇가지·쌀·고기 등을 지고 와야 한다. 남자 안다는 양 한 마리를 잡아 술자리를 베풀고 동파와 산파 등을 대접해야 한다.

둘째 단계에서는 〈차오토우〉 귀신을 쫓는다. 아이를 낳은 다음날, 동파와 조수는 차례대로 남자 안다의 집과 여자 집에 가서 경문을 외워 아이를 임신하게 한 〈차오토우〉를 저주하고, 또 자갈을 무기로 불구덩이에서 〈차오토우〉 귀신을 문 밖으로 내쫓아, 그것이 집안에 몸을 숨기지 못하도록 하여, 다시는 〈잡종雜種〉(사생아)이 생기지 않도록 한다. 최후에는 어야 마을 큰 다리 남쪽에 제단을 쌓고 제사를 드리면, 귀신 쫓는 의식은 절정에 달한다. 동파는 제단에 나뭇가지로 네 개의 문을 만든다. 왼쪽의 문은 〈헤이쿠〉로 신의 문이고, 오른쪽의 문은 〈차오쿠〉로 귀신의 문인데, 모두 세 개의 귀신문이 있다. 동파는 문 앞에서 경문을 외우며 귀신을 쫓는다. 그에 앞서 양 한 마리를 잡아 머리와 가죽은 귀신을 경배하는 공물로 사용하여, 〈차오토우〉가 먹도록 바친다. 그렇지 않으면 〈차오토우〉가 가려 하지 않는다고 한다. 동파가 경문을 다 외우면, 아이의 친아버지·산모·산파와 안겨 있는 갓난아이 그리고 동파의 조수에게 세 개의 귀신문으로 들어가도록 한다. 문에 들어갈 때 동파는 〈번바〉(깨끗한 물이 들어 있는 병) 병 한 개를 들고, 병 입구에 잣나무 가지와 작은 신상을 꽂고 깨끗한 물을 채워 산모의 머리에 뿌리는데, 이것은 성스런 물로 그녀의 몸에 남아 있는 〈차오토우〉의 더러운 기운을 씻어냄을 상징하는 것이다. 그런 다음에 동파는 칼로 귀신문을 난도질하고, 조수에게 산 언덕에 내다 버리도록 한다. 나시족들은 사생아를 임신하거나 전염병에 걸리는 것이 모두 〈차오토우〉의 장난 때문이라고 생각하여, 귀신문을 부숴야만 귀신이 몸을 숨길 데가 없어 산모와 어린아이가 아무 일 없이 평안할 수 있다고 한다.

셋째 단계에서는 〈둥마〉 신에게 보호를 요청한다. 산모는 귀신문에서 나와 신의 문으로 들어가야 한다. 이때 동파는 손에 나무 쟁반을 들고 있는데, 그 안에는 용의 얼굴과 사람의 얼굴 가면을 놓아둔다. 높이가 30센티미터인데, 선한 신——〈둥마〉를 상징한다. 신상 앞에 돼지 비계와 참파를 바친다. 동파는 〈동마제태경東麻齊太經〉을 외워 〈둥마〉 신에게 산모와 아이의 평안을 지켜달라고 한다. 〈둥마〉 신은 〈차오토우〉 및 각종 신들과 싸워 이길 수 있다고 한다.

이상의 의식이 끝나면, 모인 사람들은 야외에서 음식을 먹는다. 그런 다음에야 산모와 어린아이가 〈차오토우〉 귀신과의 관계에서 벗어나 건강하고 마을 사람들에게 장애가 되지 않는 사람이 되어, 사람들의 인정을 받아 마을에 돌아와 살 수 있다. 위에서 말한 〈즈뤄〉 의식도 분명히 신벌 형식이다.

신벌은 일정한 역사적 조건하에서 나타났다.〔그림 48〕

모계 씨족사회 시대에는 생산력이 비교적 낮아서, 사람들은 비교적 큰

48. 먀오족의 巫執法

혈연 집단 —— 씨족 공동사회를 생존 단위로 하여 공동으로 노동하고 집단으로 소비할 수밖에 없었으므로, 당시에는 사유재산도 없었고, 국가와 법률도 없었다. 그러나 당시 사회에는 반드시 일정한 질서가 있고, 사회의 안정을 유지하는 방법이 있었다. 이러한 방법은 법률이 아니고 머리에 기억했다가 말로 전하는, 집단의 의지와 집단의 이익을 대표하는 풍속 습관이었다. 예를 들면 공동 노동·공동 소비의 원칙, 씨족외혼제 습속, 혈연 복수의 의무, 공통의 신앙과 금기 등은, 당시에는 사람들이 그것들을 생활의 기본 원칙으로 보았을 뿐만 아니라 일종의 종교신앙으로 여겨서, 누구나 지켜야 사회가 질서 있게 되었다. 고대 문헌에는 이러한 기록들이 많다. 《장자·도척盜跖》편에서는, 당시 사람들은 사심 없는 마음에서 행동하므로 피차간에 『서로를 해치려는 마음이 없었다 無有相害之心』고 생각하고 있다. 《회남자·범론氾論》에서는 『신농씨는 제도를 만들지 않았지만 백성들이 따랐다 神農無制令而民從』고 했고, 《상군서商君書·화책畫策》에서는 『형벌을 쓰지 않아도 다스려졌고, 군대를 일으키지 않아도 임금이 되었다 刑政不用而治 甲兵不起而王』고 했다. 여기서의 〈임금〉이란 사실 부락이나 부락 연맹의 수장이지, 결코 계급사회의 제왕이 아니다. 《한비자韓非子·오두五蠹》에서는 『후한 상이 주어지지 않고 엄한 벌을 쓰지 않아도 백성들은 저절로 다스려졌다 厚賞不行 重罰不用 而民自治』고 말하고 있다. 이러한 것들은 모두 씨족시대에 풍속으로 사회 질서를 유지한 역사 전설이다. 만약 갈등이 생기면 사회 여론·풍습과 전통의 힘으로 해결했다. 마치 마르크스가 이렇게 말한 것과 같다. 『일찍이 이러한 시대가 있었다. 국가가 존재하지 않고, 공공 관계와 사회 자체와 규율 및 노동 원칙이 모두 습관과 전통의 힘에 의지하고, 족장이나 여성이 누리는 위신이나 존경에 의지했다.』 『유지하는 데에는 근본적으로 특수한 사람도 없었고, 전문적으로 관리에 종사하는 사람도 없었다.』(《馬克思恩格斯全集》 29권, 人民出版社, 1972年, 432쪽)

　모계 씨족사회 후기에 이르면 생산력이 상대적으로 발전하고, 혼인 관계도 안정되어 가는 추세로 들어서서, 남자의 주혼走婚에서 처가에 가 거주하는 대우혼對偶婚으로 발전했다. 씨족 내의 남자들이 나가 장가들고 여자는 남편을 맞이하였기 때문에, 원래의 모계 혈연이 세상을 지배하는 상황이 무너지고 씨외족의 구성원 ─ 여자 성원의 남편이 나타나기 시작했다. 따라서 이때의 공동체 사회는 이미 모계 가정 공동체 사회였다. 사유재산이 출현하기 시작했고, 각 공동체 사회에는 재산의 차이가 생겨났고, 사유재산의 분규도 일어났다. 그러나 이러한 분규는 기본적으로 씨족 간 혹은 부락간에 생겨, 전쟁이나 조정 화해로 해결하는 방법을 취했다. 《삼국지三國志·위지魏志·오환전烏桓傳》에는 이런 기록이 있다. 『부락간에 원한이 있으면 서로 보복을 하고, 보복이 그치지 않으면 대인을 초빙하여 판결해 달라고 부탁하여 패배한 부락은 소와 양을 내놓아 죄를 대신했다. 部落間有仇怨 得自相報復 報復不止 請大人評斷 理屈的部落出牛羊贖罪』 이것은 비교적 널리 퍼진 조정 해결 방법이었다.

사유제가 일정 수준으로 발전한 후에는 일부일처제와 부계 가정 공동체 사회가 출현하였고, 후에는 또 개체 가정이 나타났으며, 동시에 수공업과 상품 교환의 발전이 사유제의 형성과 발전을 가일층 가속화시켰다. 당시에는 동산動産 ─ 가축·노예·도구·식량과 장식품이 이미 사유화되었을 뿐만 아니라 가옥 등의 부동산도 사유화되기 시작하였다. 탐욕·절도·약탈이 날로 심해졌다. 씨족 내부에 빈부 차이가 심해짐에 따라, 공동체 사회 내부의 가정 사이에도 재산 분규가 나타났고, 또 간통·약탈혼 등의 사회 문제도 생겼다.

이러한 사회적 충돌에 직면하여 어떻게 했는가? 한편으로는 원시적 풍속이 일정한 역할을 하기도 하고, 또 개인이 씨족의 보호를 받기도 하고, 혈족의 복수도 종종 발생했다. 《맹자·진심상盡心上》에는 이런 기록이 있다. 『남의 아비를 죽인 자는 남 또한 그의 아비를 죽이고, 남의 형을 죽인 자는 남 또한 그의 형을 죽였다. 殺人之父者 人亦殺其父, 殺人之兄者 人亦殺其兄』 피에는 피로, 이에는 이로 갚았다. 다른 한편으로는 신판神判이 상황에 따라 생겨났다.

신판은 모계 씨족사회 후기에 출현하여, 부계 씨족사회와 농촌 공동체 사회를 거쳐, 최후에는 계급사회로 이어졌을 것이다. 최초의 신판은 주로 가정간·씨족간 혹은 부락간의 갈등을 해결했다. 왜냐하면 당시에는 사유의 관념이 아직 강렬하지 않아 신판의 방법도 비교적 간단하고 부드러웠기 때문에, 무당이 주관하여 사기치거나 거짓으로 지어낼 가능성도 적었고, 당시 사람들의 원시신앙과 밀접하게 결합되어 있었다. 나중에는 신판이 통치계급에 이용되었고, 그들은 무당과 결탁하여 한 측면만의 신판을 만들어, 사유제와 착취계급의 이익을 유지하는 도구로 변해 버렸다. 신판의 방법도 증가되었는데, 그 중에는 또 거짓과 사기로 가득 차게 되었다. 이로 보아 앞에서 서술한 신판은 기본적으로 오래 된 신판이지만, 또 계급의 영향을 받아 단우혼單偶婚과 부권제를 유지 보호하는 도구로 변해 버렸다.

제 4 장
성년 지향

중국의 민간신앙에서, 어린아이는 고고성을 울리며 태어나기 시작하면
서부터 난관이 많다고 생각한다. 《거가필비居家必備》·《만법비적萬法秘
籍》등 여러 서적들에 기술된 것을 보면 대략 30여 종의 액운이 있다. 이
러한 액운은 왜 생겨났는가? 어린아이는 여성의 홍문으로부터 자연히 피
와 오물을 뒤집어쓰고 나온다. 더욱 심한 경우, 어린아이는 태어나서 가
지각색의 귀신에게 포위당하고, 시도 때도 없이 어린아이의 부모와 새생
명의 쟁탈전을 벌인다. 이러한 관념은 물론 일종의 미신이다. 그러나 객
관적으로 분석해 보면, 어린아이의 성장은 분명히 쉽지 않다. 생명의 의
의를 완전하게 실현시키기 위해서는 또 많은 의식을 만들어 냈는데, 여러
제사와 무술활동에 뒤섞여 있음을 알 수 있다. 비교적 중요한 의식에는,
세삼洗三·열이틀·이름 짓기·삼랍三臘·만월滿月·신에의 기원·부모
알기·돌이 있다. 이것이 유아 의식의 기본 내용이다.

제1절 세삼洗三

세삼은 또 삼조三朝라고도 하는, 영아 탄생의 의식이다. 《청패류초淸稗類鈔·풍속류風俗類·삼조三朝》에는 이런 기록이 있다. 『사람들이 말하는 삼조에는 두 가지가 있다. 하나는 아이가 태어나서 3일이 되면 손님들이 모여 국과 떡을 만들어 잔치를 벌이는 것이다. 하나는 남녀가 결혼하여 3일째 되는 날 역시 잔치를 베풀어 손님들을 모시고 즐겁게 노는 것이다. 俗所謂三朝有二 一兒生三日會客 設湯餅筵 一男女成婚之第三日 亦肆筵設席以娛賓』

세삼 풍속은 유래가 오래 되었다. 당나라 사람 한악韓鄂은 《금란밀기金鑾密記》에서 이렇게 설명하고 있다. 『천복 2년, 천자가 기 지방에 가셨는데 황녀가 태어난 지 3일째여서 세아 과자를 내리셨다. 天復二年 大駕在岐 皇女生三日 賜洗兒果子』 여기서의 세아洗兒는 곧 〈세삼〉이다. 《동경몽화록東京夢華錄》 권5 〈육자育子〉에는 다음과 같은 기록이 있다. 『만월날이 되면 생색과 봉수전을 만드는데, 부귀한 집에서는 금은과 물소뿔이나 옥으로 만들고, 과자를 준비하여 세아회를 크게 벌인다. 친척과 손님이 많이 모여, 향기 있는 국을 끓여 대야에 담고, 과자와 채색 돈과 파와 마늘 등을 첨가하여 색깔 있는 긴 끈으로 두르는데, 이것을 〈위분〉이라고 한다. 비녀로 물을 젓는데 이것은 〈교분〉이라고 한다. 구경하는 사람들은 각기 물속에 돈을 넣는데, 이것을 〈첨분〉이라고 한다. 대야 속에서 바로 서 있는 대추를 부인네들이 다투어 먹는데, 아들을 낳을 징조라고 생각하기 때문이다. 아이의 목욕이 끝나면 탯줄 끊은 것을 여러 손님들에게 보이며 감사드리고, 아이를 안고 다른 사람의 방으로 들어가는데, 이것을 〈이와〉라고 한다. 至滿月則生色及繡綉錢 貴富家金銀犀玉爲之 幷果子 大展洗兒會. 親賓盛集 煎香湯于盆中 下果子彩錢葱蒜等 用數丈彩繞之 名曰 〈圍盆〉. 以釵子攪水 謂之〈攪盆〉. 觀者各撒錢于水中 謂之〈添盆〉. 盆中棗子直立

49. 洗三

者 婦人爭取食之 以爲生男之徵 浴兒畢 落胎發 遍謝坐客 抱牙兒入他人房 謂之〈移窩〉』《백사전白蛇傳》이나 《선진일부禪眞逸夫》 같은 고대의 문학 작품 속에도 모두 세아의 판화가 들어 있다. 그러나 각 지역 민족의 세아 의식은 차이가 크다.〔그림 49〕

베이징의 세아 의식에는 무술과 점복의 의미가 많이 담겨 있다. 《중화전국풍속지》 하편 권1에는 이런 기록이 있다. 『베이징 성 안에서는 보통 어린아이가 태어나고 3일째 되는 날을 세삼이라고 한다. 이날은 반드시 산파를 집으로 모셔다가 술과 음식으로 잘 대접하고 나서, 그 집의 가신(속칭 娘娘碼兒라고 한다)과 상공상모床公床母의 상을 탁자 위에 모시고, 각모변항로角毛邊缸爐(베이징의 과자) 다섯 쟁반을 바치고, 산파는 신지神紙를 불사르고, 괴숙수槐俟水를 끓여 대야에 붓고, 옆에 찬물 한 접시와 대야 두 개를 놓고, 한 대야에는 협자㷤子·화장품·찻잎·백설탕·청포첨아青布尖兒·백포 여러 자·저울·저울추·가위·자물쇠·거울 등의 물건으로 채우고, 다른 대야에는 닭·땅콩·밤·대추 등으로 채우는데 모두 붉은색으로 물들여, 상 앞에 친구들을 모두 불러모아 각종 과자 몇 개씩 대야에 던져넣도록 하고, 다시 찬물 두 숟갈을 넣고 동전 수십 개를 보태는데, 이것을 첨분添盆이라고 한다. 그것이 끝나면 산파에게 어린아이를 씻기도록 하고, 씻는 것이 끝나면 어린아이 배꼽대를 배 위에 펴놓고, 불에 달군 백반가루를 펴고 목화로 잘 묶는다. 음식물은 모두 산파가 가져간다. 세삼을 마쳤음을 알리는 것은, 즉 어린아이의 배꼽대를 보여 주는 것이다. 며칠 뒤에 그것이 어떤 식으로 떨어지는가를 보아 어린아이의 이후 삶이 어떤지를 점친다. 닷새 후에 떨어지면 틀림없이 불효한다고 한다.』

　중원 지역의 세아는 화베이 지역의 세아와 비슷하지만, 달걀 굴리는 의식이 있다. 허난에서는 세삼을 할 때 반드시 달걀을 어린아이 머리 위에서 굴리는데 손·다리를 거쳐 굴리면서 노래를 부른다.

　　머리에서 구르면 일생 근심할 필요가 없고,
　　손에서 구르면 부귀가 해마다 있고,
　　다리에서 구르면 장래에 과거 급제 한다네.

　그런 다음에 어린아이에게 헌옷을 입히고, 동시에 송생낭랑送生娘娘에게 향불을 피우고 제를 드리고 폭죽을 터뜨리고, 친구들을 불러 밥을 먹는다. 민국 시기의 《내양현지萊陽縣志·풍속風俗》에는 이런 언급이 있다. 『3일이 지나면 방에 제단을 만들어 놓고, 산파에게 술을 바치고 향을 피우게 하는데, 이것을 사송생신, 즉 고매라고 한다. 三日設祭于房 由産婆奠酒焚香 謂之謝送生神 卽高禖也』 세삼 때 당일에는 반드시 상 앞에서 무릎 꿇고 절을 하면서 상신床神에게 어린 아기의 건강을 도와달라고 기원해야 한다.

　강남 지역의 세아에서는 반드시 상신에게 제사드리고, 또 달걀을 굴려야 한다. 《중화전국풍속지》 하편 5권에서는 이렇게 말하고 있다. 『어린아이는 3일 후에 아들을 낳은 집에서 3일 아침 동안 제를 드리고 향을 피운다.』 후난 지역의 민간에서는 물들인 달걀을 보내는 일 외에, 외가에서 반드시 아기 업는 광주리 하나를 보내어 사용하도록 해야 한다.

　세삼은 광대한 모든 한족 지역에서 볼 수 있을 뿐만 아니라, 각 지역 소수 민족에게서도 볼 수 있다.

　타이완에서는 아이 씻기를 야외에서 한다. 《청패류초·풍속류·대번육아臺番育兒》에는 다음과 같은 기록이 있다. 『타이완의 판인들은 아이를 낳자마자 산모가 낳은 아이를 데리고 계곡에 가서 아이와 함께 목욕하는데, 바람과 추위도 두려워하지 않는다. 대개 일찍부터 물과 친숙한 습성을 기르기 위한 것이다. 臺灣番人初産 産母携所育之娩 嬰同浴于溪 不畏風寒 蓋其性夙與水習也』 이러한 풍속은 백월百越 민족에게도 상당히 널리 퍼져 있다. 예를 들면 둥족〔侗族〕은 어린아이가 태어나 3일째 되는 날 강에 가서 물 한 통을 길어와 솥에 붓고, 쑥잎·붓순나무·관제풍管臍風 등의 약재를 넣고 불을 땐 다음 다시 대야에 부어 파 몇 뿌리를 넣고 주판으로 물을 저은 후, 할머니가 아이를 씻기면서 이렇게 말한다.「아기를 세 번 씻기니 몸은 장대하여 산과 같고, 아이를 세 번 씻기니 말을 타는 높은 대감 되리라.」 강물은 어린아이의 생명이 물의 근원이 멀고 멀리 흐르듯 하라는 것을 상징하고, 파는 어린아이가 총명할 것임을 상징하며, 주판은 생각이 깊음을 상징한다.

서남 지역 소수 민족들의 세삼에도 상당히 특징이 있다. 융닝의 머숴인들은『어린아이가 출생하고 3일째 되는 날 태양에 배례드리는 의식을 거행한다. 이날, 태양이 뜨자마자 산모의 어머니나 언니가 불붙인 관솔을 마당에 던지면, 산모나 산모의 어머니가 왼손으로 어린아이를 안고 오른손으로 낫을 들고 삼대(긴 창을 대표하는) 하나와 라마교 경전 한 페이지를 들고 안방으로 갔다 나와, 안채와 사랑채 사이에 잠시 머물렀다가 어린아이를 햇볕에 쪼이면서 태양에게 지켜달라고 기원한다.』 티베트 장족의 세삼은 유목 민족의 농후한 색채를 띠고 있다.《청패류초·풍속류·장인생육藏人生育》에 다음과 같은 기록이 있다.『티베트 사람들은 딸을 낳으면 행운으로 여기고 아들은 좋아하지 않는다. 아이를 낳고 목욕시키지 않고 어머니가 혀로 핥는다. 3일째 되는 날 아침에 온몸에 버터를 바르고 햇볕을 쪼이고, 며칠이 지나면 기름과 양념을 넣고 볶은 국수를 넣고 탕을 끓여 먹이고, 젖은 먹이지 않는다. 藏人以生女爲幸 不尙男 産時不浴 母以舌舐之 至三朝 以黃油塗全身 曬于日中 數日卽以炒麵調湯飼之 不飼乳』 민족학 조사에 의하면, 장족은 세삼을 〈주방색做旁色〉이라고 하여 어린아이의 세삼 때 친구들이 모두 술·차·참파 등을 가지고 와서 산모와 어린아이를 축하하고, 흰색·노란색·파란색의 비단 수건을 준다. 어떤 사람들은 또 참파를 빚어다 어린아이의 이마 위에 올려놓아 그 아기가 재난을 피할 수 있을 것임을 표시하기도 한다.

동북 지역의 만주족들은 세삼 때 홰나무 가지, 쑥잎 끓인 물을 큰 대야에 붓고, 집안 식구와 친구들이 은전·달걀·대추·밤·용안·여지 등을 대야에 던져넣으면서 상서로운 말을 한다. 씻김이 끝나면, 그 물건들은 모두 산파가 가져간다. 또 진한 차로 어린아이의 입을 닦아 젖찌꺼기를 씻어내고 배꼽을 싸는데, 딸이면 분을 바르고 귀걸이를 달 구멍을 뚫는다. 지린 지역에서는 산파가 아이를 씻으면서 이렇게 말한다.「먼저 머리를 씻으니 임금이 될 것이오. 나중에 허리를 씻으니 평생 고관을 지낼 것이오. 알을 씻고 또 씻으니 현감이 될 것이오. 사타구니를 씻으니 관찰사가 될 것이다.」다 씻고 나면 생강 조각과 쑥묶음으로 어린아이의 이마와 신체 관절을 지지고, 새로 짠 청포에 백설탕을 발라 잇몸을 문지른다. 만약 이때 어린아이가 울면 크게 길한 징조라고 생각하며, 보통 〈향분響盆〉이라고 한다. 잇몸을 다 문지르고 나서 파로 가볍게 세 번 닦으면서 이렇게 말한다.「한 번은 총명하고, 두번째는 영리하고, 세번째는 점잖다.」마지막으로 이 파들을 지붕에 던진다.

세삼에 쓰는 물도 매우 따져서, 옛날에는 호랑이 뼈를 끓인 물로 하도록 했다. 둔황〔敦煌〕에서 발견된 당나라 시기의 문서에는 이런 기록이 있다.『아이가 처음 태어났을 때, 호랑이 머리뼈를 고아서 탕을 만들어 씻기면 늙도록 병이 없다. 小兒初生時 煮虎頭骨湯洗 至老無病』《본초강목本草綱目》권4에는 이런 언급이 있다.『호랑이 뼈를 넣고 달여서 탕을 만들어 아이를 목욕시키면 부스럼이나 옴 등의 여러 가지 병이 생기지 않는다. 虎骨并煎湯浴兒 不生瘡疥諸病』

세삼에 이어 또 작은 의식이 있다. 하나는 삼랍三臘이라는 것이다. 아들을 낳아 7일이 되면 일랍이고, 14일이 되면 이랍이고, 21일이 되면 삼랍이다. 이 삼랍은 주로 아이의 외가에서 가져온 것을 먹는데, 젖을 촉진하는 의식이다. 전예형田藝蘅은 《옥소영음玉笑零音》에서 『사람이 처음 태어나 이레가 되는 날을 납이라고 한다 人之初生 以七日爲臘』고 했다. 다른 하

나는 12일째 되는 날인데,《완서잡기宛署雜記》권17 〈민풍民風〉에서는
『아들을 낳고…… 열이틀째 되는 날을 소만월이라고 한다 産子……十二
日 曰小滿月』고 했다. 이러한 행사는 기본적으로 친정에서 딸이 빨리 젖
이 나오도록 하는 일로, 먼저 만두·돼지 족·산 잉어를 준비하고, 친정
어머니가 딸과 외손을 보러 가는 것이다. 그 가운데 만두는 〈날골봉捏骨
縫〉(산후 12일째 되는 날 친정에서 돼지고기나 양고기를 넣고 만두를 만들
어 와 산모에게 먹이는 것)이고, 잉어와 돼지 족은 젖을 촉진하는 식품이
다. 저장성 일대에서는 어린아이가 태어나서 12일째 되는 날, 집안 사람
들이 〈태어날 때부터 있던 머리털을 깎는데〉〔剃落胎髮〕, 먼저 파 한 다발,
운향 한 다발을 뽑고, 보통 〈천년부千年斧〉라고 하는 도끼 한 자루를 준
비한다. 머리를 깎을 때, 할아버지가 손자를 안고 종이에 싼 파와 운향과
도끼를 발로 밟는다. 머리를 잘 깎은 다음에 아버지는 바로 파와 운향을
심는다. 여기서 파는 총명함을 상징하고, 운향은 운명을 상징하고, 도끼는
부귀를 상징한다.

제2절 이름 짓기〔命名〕

성명은 개인의 부호로, 이름을 짓게 된 배후에는 문화적 내용이 풍부하게 담겨 있다.

한족들은 성씨를 말하는데, 이것은 씨족사회까지 거슬러 올라간다. 씨족은 모두 자신들의 성이나 토템을 갖고 있었다. 모계 씨족사회이기 때문이다. 부계 씨족사회 시대에 이르면, 씨족은 분화되어 비교적 작은 부계 가족이 된다. 그러나 씨족의 명칭은 아직도 보존되고 있으므로, 또 성과 씨의 구분이 있었다. 성은 씨족의 명칭이고, 씨는 씨족의 갈래이다.《좌전左傳·은공隱公 8년》에는 이런 기록이 있다.『천자는 덕망 있는 자를 세워 제후로 임명하고, 그 출생한 곳과 관련시켜 성을 내리고, 그에게 영토를 주고 그와 관련시켜 씨를 상으로 주었다. 天子建德 因生以賜姓 胙蚱土而命之氏』《통전通典·씨족각서氏族各序》에는 다음과 같은 언급이 있다.『삼대 전에 성과 씨가 나뉘어 둘이 되어, 남자는 씨를 말하고 여자는 성을 말했다. 씨는 귀하고 천함을 가르는 것인데, 귀한 사람에게는 씨가 있고 천한 사람에게는 이름씨가 없다…… . 성은 혼인을 구별하는 것이므로, 같은 성·다른 성·서성庶姓의 구별이 있었다. 씨는 같고 성이 다르면 혼인할 수 있지만, 성은 같은데 씨만 다르면 혼인할 수 없다. 三代之前 姓氏 分而爲二 男子稱氏 女子稱姓. 氏所以別貴賤 貴者有氏 賤者無名氏……姓 所以別婚姻 故有同姓·異姓·庶姓之別, 氏同姓不同者 婚姻可通 姓同氏不 同者 婚姻不可通』이러한 기록들은, 성은 씨족의 혈연 단위로 혼인을 구별지을 수 있고, 씨는 나중에 나타난 것으로 부권제 이후 씨족 내부에 빈부가 생기고 노비가 출현하였기 때문에, 씨를 갖고 있는 사람은 지위가 비교적 높고 비천한 사람은 씨가 없었음을 나타낸다. 그러나 한나라 이래 성과 씨는 분명하지 않았다. 고염무顧炎武는《일지록日知錄·씨족氏族》에서『성씨를 말하는 것은 태사공에서부터 뒤섞여 하나가 되었다 姓氏之稱

自太史公混而一』고 말했다. 현재 민속에서 성씨를 하나로 말하는데, 기본적으로 성을 가리키는 것으로, 이미 성과 씨의 구별이 없어졌다.

한족의 이름 짓기는 성을 앞에 놓고 뒤에 이름을 붙인다. 이른바 이름 짓기는 개인의 호칭을 만드는 풍속을 가리킨다. 광의의 이름 짓기는 다음과 같은 몇 종을 포괄한다.

하나는 이름으로, 대부분 스스로 말하는 것을 가리킨다.

하나는 자字로, 대부분 어른에 대한 호칭을 가리킨다. 자는 이름에 대한 해석이다.

하나는 호號인데, 이것은 학문하는 사람, 상층 계급 인사의 명칭이다.

하나는 필명筆名으로, 청나라 때부터 시작하여 문인들이 문장을 발표할 때 쓰는 이름이다.

이름 짓기는 일정한 시기가 있지만, 민족과 지역에 따라 다르다. 한족들은 대부분 어린아이가 태어나 3개월이 되면 이름을 짓는다. 남자는 스무 살이 되면 자를 짓고, 여자는 열다섯 살이 되면 머리를 올리고 자를 짓는다. 상하이 지역에는 〈경호慶號〉라는 것이 있다. 그곳의 어린아이들은 대부분 보통 이름 앞에 〈아阿〉자를 더하여, 아란阿蘭이니 아근阿根이니 아우阿牛로 부르는데, 성년이 되고 나서는 보통 부르던 이름이 고상하지 못하다고 생각하여 대부분 정식으로 이름을 짓는다. 일반적으로 열여덟 살이 되면 친구들을 불러 집의 대청에 붉은 종이를 붙이고 거기에 당사자의 이름을 쓰고 어릴 때의 이름을 지운다. 먀오족들은 태어난 지 30일이 되어 축하 잔치를 할 때 이름 짓는 의식을 거행한다. 나시족은 어린아이의 〈세삼〉 때 이름을 짓는다.

여자아이의 이름 짓는 방식은 많은데, 다음 몇 가지 예를 보기로 한다.

하나는 길상명吉祥名으로, 금가락지〔金環〕·은가락지〔銀環〕·금꽃봉오리〔金英〕·달〔月亮〕 등과 같은 것이다.

하나는 천한 이름으로, 이를테면 추녀醜女·추아醜兒·감녀憨女(어리석은 여자애)·사아傻兒(바보 같은 여자애) 등이다. 이것은 귀신이 이러한 천한 이름을 들으면 싫어하여 혼을 가지고 가지 않을 수도 있어서, 어린아이의 명이 길고 잘 기를 수 있다고 생각하기 때문에 짓는 이름이다.

하나는 애칭이다. 예를 들면 소니자小妮子(계집애)·모모두毛毛頭(간난이)·소친친小親親(귀여운 아가)·뉴뉴妞妞(계집애)·뉴자妞子(계집애) 등이다. 이러한 호칭은 사랑스럽게 부르는 이름인데, 천한 이름과 유사한 성격으로 무술적 의미를 담고 있다.

하나는 순서 이름이다. 이를테면 노대老大(첫째)·노이老二(둘째)·노삼老三(셋째)·노사老四(넷째) 등으로, 이것은 같은 아버지 소생의 자녀이다.

하나는 반대 성의 이름을 따는 것이다. 즉 여자는 남자 이름으로 짓는데, 이를테면 아남亞男·승남勝男·환남換男·초제招弟 등이다. 혹은 남자가 여자 이름을 따기도 하고, 어떤 여자애는 남자 옷을 입히기도 하는데, 다음에는 남자아이를 낳기 바라는 뜻이다.

하나는 신의 이름으로 짓는 것이다. 이를테면 〈마사媽賜〉는 바다의 여신이 준 생명이므로 바다신의 보호를 받고자 함이고, 〈관보關保〉는 관우의 보호하에 태어난 어린아이이므로 감히 귀신이 넘보지 못한다는 의미이다. 윈난성의 후이족〔回族〕들은 이슬람교의 성직자인 아퀑阿訇에게 어린아이의 이름을 짓게 하는데, 대부분 이슬람교 성인이나 현인·학자의 이름으로 지으면, 부모가 기억했다가 아이가 성년이 되면 알려 준다.

하나는 어린아이가 태어났을 때의 몸무게로 이름을 짓는 방법이다. 이를테면 광시성의 쫭족〔壯族〕들은 어린아이가 태어나자마자 저울에 달아 보고, 대부분 다섯근·일곱근·여덟근이라는 이름을 짓는다. 한족 지역에도 유사한 풍속이 널리 퍼져 있다.

하나는 숫자로 이름을 짓는 방법이다. 옛날 사람들은 일·이·삼·사·오·육·칠·팔·구·백·제일·제오·육십일·칠십오·팔십육과 같은 이름이 있었다. 이러한 이름들은 유래가 복잡하다. 어떤 것은 형제의 차례에서 온 것도 있고, 어떤 것은 어른의 나이에서 취한 것도 있고, 어떤 것들은 어떤 희망하는 것의 숫자를 취하기도 했다.

하나는 이름을 잇는 방법〔連名法〕이다. 이 연명법에도 여러 가지가 있다. 하나는 어머니와 아들의 이름을 잇는 방법이다. 어머니의 이름과 아들의 이름을 함께 연결짓는 방법으로, 윈난성의 부랑족〔布朗族〕·라후족〔拉祜族〕·다이족〔傣族〕들에게 널리 퍼져 있는, 모계제에서의 이름 짓는 방법의 흔적이다. 하나는 외삼촌과 조카의 이름을 연결짓는 방법으로, 즉 외삼촌의 이름과 조카의 이름을 짜서 짓는 이름인데, 누족 지역에 널리 퍼져 있다. 그곳에서는 사생아들이 외갓집에 머무르므로, 외삼촌의 성을 따라 그의 이름을 빌리는 것이다. 이것도 모계제의 흔적이다. 하나는 아버지와 아들의 이름을 연결하는 방법으로, 대대로 계속되어 왔고 부계제 시대에 성행했는데, 이족·누족·하니족·와족·징퍼족·뤄바족·지눠족·나시족 등이 사는 지역에 널리 퍼져 있다.

이름을 지을 때는 의식이 성대하다. 이름 지을 때의 의식을 설명하기 위해서, 필자가 직접 목격한 의식을 소개하기로 한다. 쓰촨성 무리현 어야의 나시족들은 낳은 지 3일째 되는 날, 어린아이의 이름을 짓는 의식을 거행한다. 먼저 산모의 친정에서 돼지고기와 백주白酒 등을 준비하고, 무당인 동파東巴와 가족들을 초청한다.

이름 짓는 의식은 다음과 같은 다섯 단계로 나눌 수 있다.

첫째 단계에서는 친구들이 와서 축하하는 것이다. 이름 짓는 당일 아침에, 같은 가족의 노인과 친구들이 모두 많은 예물을 담은 광주리와 바구니를 들고 온다. 예물은 어린아이가 입을 마포 장삼이나 가죽 모자, 산모가 먹을 돼지고기·달걀·찻잎·소금·우유로 만든 수유차 같은 것들이다. 손님들은 가장과 산모에게 각기 축하를 하고 예물을 준다. 그후 자신의 항렬과 나이에 맞춰 자리를 잡는다. 그 중에서 가장 나이가 많은 사람이 침상의 조상궤 가까이에 자리를 잡는다. 작은 침상에는 산모와 동년배들이 앉는데, 이상은 모두 남자들이다. 여자들은 땅에 임시로 만들어 놓은 긴 의자에 앉는다. 물론 어디에 앉건 사람들은 모두 방의 중심 화당火塘을 향한다.

둘째 단계에서는 조상에 대해 제사를 지낸다. 여자 가장이 얼굴을 비치면, 조상궤와 크고 작은 침상에 솔잎을 뿌리고, 조상에게 하다·쌀·참파·돼지고기·술·소금 등을 바친다. 다리가 세 개인 탁자 위에 돼지 비계를 조금 올려놓는데, 이것은 오로지 주왕신에게 올리는 것이다. 이때 동파는 〈초봉경楚棒經〉을 외우면서, 조상의 이름을 하나하나 부른다. 가정에 신생아가 태어났고, 이제 이름을 지으려고 하니 조상들은 저승에서 돌아와 달라는 의미이다. 이때 어린아이의 아버지가 땅에 무릎을 꿇고 있으면, 동파는 갈대방망이에 불을 붙여, 하나는 조상궤 앞 향로에 세우고, 다른 몇 개는 아버지에게 주어 무릎 꿇고 조상에게 절하면서 조상의 보호를 기원하도록 한다.

셋째 단계에서는 불로 사악함을 쫓는다. 나시족은 어린아이의 사망률이 높았다. 옛날에는 생활이 어렵고 질병이 유행하고 또 의료도 부족하고 약도 많지 않았기 때문이다. 그곳 사람들은 일종의 악귀인 〈차오〉가 장난한다고 생각한다. 그래서 이름을 짓는 과정에서 악귀를 쫓는 의식을 거행한다. 동파는 햇볕에 말린 진달래 나뭇가지에 불을 붙여 어머니와 아들의 몸에 쪼이고, 방구석마다 연기를 쪼이며 계속 나무를 휘두르다 마지막에 그 불붙은 진달래 나뭇가지를 방 밖으로 던진다. 이렇게 하면 〈차오〉가 놀라 도망친다고 한다.

넷째 단계에서는 점을 쳐 이름을 짓는다. 동파는 악귀를 쫓은 후 침상에 앉아, 산모와 아이의 성별 그리고 출생 연월일에 근거하여 산신을 향해 주문을 외우면서 아이가 어느 쪽에 있는지 묻고 나서, 점을 친다. 동파는 오른손에 나무 쟁반을 들고, 왼손에는 조개 껍질 두 개를 들고, 신을 부르는 주문을 외우면서 한편으로는 나무 쟁반에 조개 껍질을 던진다. 조개 껍질들이 젖혀졌는가 엎어졌는가의 조합을 보아 길흉을 정하는 것이다. 그들은 조개 껍질의 등 쪽이 정면으로 흰색이고, 아래쪽이 뒷면으로 열린 입이며 검은색이라고 생각한다. 만약 조개 껍질 두 개가 하나는 정면이고 하나는 뒷면이면 길조에 속하고, 모두 정면이면 딸에게는 길하고 아들에게는 흉하며, 조개 껍질이 모두 뒷면을 보이면 아들에게는 길하고 딸에게는 흉하다. 그렇게 하여 이름 짓기 여부를 결정하는 것이다.

다섯째 단계에서는 가족들의 잔치이다. 이름을 지은 후, 여자 가장은 먼

저 산모에게 음식을 주는데, 그 앞에 많은 돼지고기·쌀밥·달걀·술 등
을 늘어놓는다. 어린아이의 아버지 앞에는 먹을 것이 산처럼 쌓인다. 이
런 음식들은 반드시 깨끗해야 한다. 그 중 어린아이 부모에게 주는 음식
은 반드시 동파의 검사를 거쳐야 한다. 동파가 진달래 나뭇가지에 불을
붙여 한번 스쳐 지나가야지, 그렇지 않으면 정결하지 못한 음식이라고 생
각한다. 다음으로 손님들에게 음식을 제공한다. 손님들은 각기 밥 한 사
발, 고기 한 접시, 술 한 대접과 원근탕元根湯 한 대접을 받는다. 음식 먹
는 일이 끝나면, 여자 가장이 음식을 나누어 준다. 즉, 손님들에게 각각
먹을 것을 나누어 주어, 가지고 집으로 돌아가 온 가족이 함께 먹도록 한
다. 음식을 나누어 주는 것은 과거 가족 공동체 사회에서 나누어 먹던 것
이 변화된 형태이다.

제3절 만월滿月

고대에 만월이라고 하는 것은 〈미월彌月〉이다. 남자아이는 30일, 여자아이는 29일이 되어, 주인집에서 술자리를 마련하고 손님들을 초청하면, 친구들은 음식·은전·의복·머리 장식품 등의 만월주滿月酒 예물을 보내온다. 머리 장식품에는 대부분 〈장명백세長命百歲〉·〈미월지희彌月之喜〉 등의 글자가 쓰여 있다. 부유한 가정에서는 반드시 사람을 불러 연극을 공연하고 그림자극을 보여 주어야 한다. 어머니는 만월주를 먹은 후 갓난아이를 싸서 친정으로 돌아가야 하는데, 집을 떠날 때는 코 끝에 검은 점을 찍고, 돌아올 때는 흰 점을 찍는다. 시어머니는 〈괘전挂錢〉이라고 하는 붉은 보자기를 준다. 산시성〔陝西省〕 북쪽 퉁관〔潼關〕 지방에서는 산기産旗를 보내야 한다. 기는 열 십자 형인데, 위는 화살이고 양측은 활로, 활줄에는 붓·짐승·빨간 꽃·실로 만든 술 등을 매단다. 보낼 때는 문 밖에 놓아두거나 담장 옆에 세워두고, 동시에 흑설탕 두 근, 달걀 스무 개, 기름에 튀긴 과자 1백 개, 고양이 두 마리가 있는 아기 신발, 외투 한벌, 옷 한벌을 보낸다. 주인은 초청하여 밥을 대접하고, 또 만두 스물다섯 개, 깨사탕 스물다섯 개를 보낸다. 이 성의 어떤 지역에서는 만월에 천으로 만든 호랑이를 보내기도 한다.

만월 의식도 오래 된 풍습이다. 《예기·내칙內則》에는 이런 기록이 있다. 『3월 말에 날을 잡아 머리를 깎아올리는데, 남자는 뿔처럼 하고 여자는 굴레처럼 만든다. 그렇지 않으면 남자는 왼쪽에 여자는 오른쪽에 만든다. 이날 아내는 아들을 아버지에게 보인다. 三月之末 擇日剪髮爲鬌 男角女羈 否則男左女右 是日也 妻以子見於父』《신당서新唐書》 권3 〈고종본기高宗本紀〉에도 이런 언급이 있다. 『용삭 3년 7월 무자일에 아들 욱륜이 태어나 30일이 되어, 잘못한 사람들을 크게 용서하여 사면했다. 龍朔三年 七月戊子 以子旭輪生滿月 大赦枉賜 三日』 당시에는 30일이 되면, 첫째 머리를 깎아야 했고, 둘째 탄생 잔치를 베풀어야 했다. 이것은 또 탕병연湯 餠宴이라고도 했는데, 탕병은 바로 국수로 장수한다의 의미를 취한 것이 다. 유우석劉禹錫은 〈증진사재관시贈進士財盥詩〉에서 이렇게 읊었다.『그 대 고을에서 외로웠던 날을 생각해 보니, 나는 자리한 손님으로서, 힘줄 같은 국수를 모두 먹고서, 기린 같은 아들 되라 축하했었지. 憶爾縣孤日 余爲座上賓 擧筋食湯餠 祝祠添麒麟』

근대의 민속에서 보면 각 민족의 만월 의식이 모두 같은 것은 아니지 만, 또 많은 공통성이 있다.

한족은 만월 의식을 치를 때, 손님을 초청하고 기쁨을 축하하는 외에, 머리를 깎을 때 어린아이를 다른 사람이 안고 부모는 피한다. 깎은 머리 카락은 둥글게 뭉쳐서 붉고 푸른 실을 꿰어 방안 가장 높은 곳에 매달아 놓는다. 이렇게 하면 어린아이가 담력과 식견이 있게 된다고 생각하기 때 문이다. 머리 깎기가 끝나면, 다른 사람이 아기를 안고 거리를 한바퀴 돌 고 작은 다리를 지나는데, 위에 우산을 씌운다.《중화전국풍속지》하편 권 4〈저장〉에는 이런 기록이 있다.『어린아이가 30일이 되어 머리를 깎은 후 에는 반드시 외삼촌이 안고 가면, 고모부는 우산을 들고 어린아이 머리를 가리고 따라가며 거리를 한바퀴 돈다. 이렇게 하면 장래에 다른 사람을 무서워하지 않는다는 뜻이라고 한다』이때 산모에게도 일정한 의식이 있 다. 일반적으로 산모의 어머니나 올케가 산모를 〈만커우〉〔滿口〕시킨다. 즉 기쁠 희喜자를 넣은 만두 두 개의 가운데에 돼지 족을 끼우고, 산모에게 방안을 향해 문지방 뒤로 앉도록 하고, 산모의 어머니나 올케에게 먹이도 록 하는데, 산모는 반드시 입을 크게 벌리고 삼켜야 한다. 이것을 〈만커우〉 라고 하는데, 젖을 촉진시킬 수 있다. 어린아이는 머리 장식을 바꾼다. 《항속유풍杭俗遺風》의 기록에 의거하면 다음과 같다.『만월이 되면 머리 를 깎고, 첩지를 돌려 잔치를 베푼다. 예물을 보내는 사람은 모자 하나를 보내며, 화상식이나 금동식을 하도록 하는데, 유해록에 보면 모자는 테가 같지 않으며 윗부분을 수성이나 짐승 머리 등과 같은 은기물을 붙여 만 들고, 떡 한 시루를 찐다. 彌月薙頭 發帖擺酒 送禮者帽一頂 或和尙式或琴

童式 劉海綠搭帽箍不等 上綴銀器如壽星·獸頭之類 粉造糕團一副』

　소수 민족의 만월 의식에는 민족적 특색이 들어 있다. 광시성 징안〔靖安〕 지방에 사는 쫭족〔壯族〕들은 어린아이의 만월 때 외할머니가 꼭 의복과 모자, 신발과 양말, 강보와 수건, 아이를 업는 비단 포대기를 가지고 와서 축하하면, 주인집에서는 과자나 빵으로 환대하고 모두 모여 술을 마시는데, 이것은 가정이 화목하고 생활이 원만함을 상징하는 것이다. 그리고 한 소녀가 어린아이를 업고 가슴에는 책과 파 등 여러 가지 지식과 총명을 상징하는 물품을 안고 우산을 들고 거리를 한바퀴 돌고 온다. 마지막으로 주인이 잔치를 베풀고 손님에게 감사드린다. 윈난성 시솽판나에 사는 다이족들은 만월주를 전선례〔拴線禮〕라고 한다. 즉 스님에게 아이의 손과 팔을 묶고 그 성장을 축하해 달라고 하는 의식이다. 둥족〔侗族〕은 만월을 〈출월出月〉이라고 하여, 반드시 이발사를 불러 머리를 깎고, 눈썹도 깎고, 머리 뒤쪽 목이 움푹 들어간 곳의 머리카락을 조금 남겨놓는데, 속칭 〈기성모記性毛〉라고 한다. 그런 다음에 삶은 붉은 달걀을 이발사에게 주어 어린아이의 머리에서 이렇게 말하면서 굴리도록 한다. 『머리에서 달걀을 굴리면 총명하여 일을 잘 처리하고, 여러 번 굴리면 신선과도 겨룰 수 있다.』 광시성 싼장〔三江〕 지방의 둥족은 만월 후에 어머니가 어린아이의 머리 위에 오동기름과 솥검댕이를 발라 표시하고 나서, 할머니와 함께 닭과 오리·찹쌀밥 등의 예물을 가지고 외가에 간다. 외가에서는 닭과 오리를 잡아 경축하는데 친구들도 참가한다. 둘째날에는 외가에서 찹쌀떡을 만들어 사위 집에 보내는데, 흔히 이것을 〈출월례出月禮〉라고 한다.

　윈난성의 이족들은 어린아이의 만월 때 친구들이 모두 붉은 옷감을 찢어서 어린아이 집의 문 위에 걸어놓고 땅에 끈다. 이것을 〈괘희홍挂喜紅〉이라고 하는데, 그러면 주인은 잔치를 베풀어 손님을 대접하고 마을 사람들은 모두 와서 축하한다. 리쑤족은 만월 의식을 할 때 꼭 닭을 잡아 손님을 초청한다. 그런데 닭을 끓인 국을 뿌리면서 산모에게 이것으로 어린아이를 목욕시키도록 해야 한다. 이렇게 하면 나중에 어린아이가 병에 잘 걸리지 않는다고 한다. 장족 지역의 어린아이 만월 때는 부모가 반드시 어린아이의 코 끝에 솥검댕이를 발라 귀신이 어린아이의 진짜 얼굴을 알아보지 못하도록 하여 불의의 재난을 방지한다. 그런 다음에 어머니와 어린아이 모두 새옷을 갈아입고 절에 가서, 신에게 예를 올리며 보호를 기원한다. 윈난 융닝의 머쉭인들은 어린아이에게는 묵은 옷만 입히는데, 만월 때를 기다렸다가 반드시 옛날 옷감으로 장삼을 만든다. 주인집에서는 술자리를 베풀고, 친구들은 다투어 와서 축하한다. 그곳에서는 〈아주혼阿注婚〉이 성행하므로, 자녀가 어머니와 함께 성장하여 대부분 아버지를 알지 못한다. 근대에 한족의 영향으로 생부도 아들을 인지하는 풍속이 생겼지만 만월 때에 남자는 결코 가지 않는다. 그러나 생부의 모친이나 누나가 아들을 인정하고, 양과 돼지고기와 닭 등의 각종 예물을 가지고 가서, 자녀와 생부의 혈연 관계를 명확하게 하고 온다.

동북 지방의 시보족[錫伯族]의 만월은 만주족과 비슷하다. 그러나 당일에 산모를 눕혀 놓고 이불 몇 장을 덮고, 달걀 몇 개를 삶아 그 중 두 개를 겨드랑이 아래에 끼고, 두 개는 손에 쥐고 땀을 내도록 한다. 그 다음에 이불을 치우고 천천히 땀이 흘러내리도록 하는데, 땀과 함께 풍이 나가고 악귀와 병을 물리쳐 산모가 빨리 건강을 회복하도록 하는 데 그 목적이 있다.

만월 후에는 또 백일례百日禮가 있는데, 백록百祿·백복百福·백세百歲라고도 한다. 백일은 만월과 돌 중간의 중요한 유아 의식으로, 어린아이가 태어난 지 1백 일째 되는 날의 축복 의식이다.

백일에 대한 최초의 기록은 송대宋代에 보인다. 맹원로孟元老는 《동경몽화록東京夢華錄·육자育子》에서 『아들을 낳으면 모임을 갖는데, 그것을 백수라고 한다 生子百日 置會 謂之百晬』고 했고, 오자목吳自牧은 《몽양록夢梁錄·육자育子》에서 『아들을 낳고 백일이 되었을 때, 즉 1백 일이 되면 또 잔치를 베풀고 경축한다 生子百時 卽一百日 亦開筵作慶』고 했다. 명나라 때는 백일을 〈백세百歲〉라고 했다. 청나라 때는 또 〈백록百祿〉이라고 했다. 《청패류초·풍속류·백록》에서 다음과 같이 언급하고 있다. 『아이가 태어나 백일이 되면 백록이라고 한다. 항저우에는 이러한 풍속이 있는데, 반드시 신에게 제사지내고 아이의 머리를 깎는데, 이것을 〈백록두百祿頭〉라고 한다. 녹祿은 나羅로 읽는다. 백록百祿 두 글자는 〈불록不祿〉과 같은 음이다. 불록이는 것은 죽음이므로 피하고, 또 백일이라고 말하지 않고 백록이라고 말하는 것은, 사람이 죽은 지 1백 일이 되는 것을 백일이라고 하기 때문이다. 兒生百日曰百祿. 杭有此風 必祀神 爲兒薙髮 曰〈百祿頭〉. 祿讀如羅. 曰百祿二字與〈不祿〉同音. 不祿者 死也 故避之 且不曰百日而曰百祿者 以人死之百日曰百日也』 저장 지방에서는 백일을 지낼 때 반드시 왕모王母·수성壽星에게 제사지내는데, 제사 물품은 열 접시의 담백한 반찬을 만들어 신령에게 보호해 달라고 기원한다. 일부 지역에서는 외할머니가 와서 축하할 때 어린아이의 의복·신발·풍차를 보내고, 또 작은 복숭아 1백 개를 꿰어 목걸이를 만들어 어린아이의 목에 걸고 온몸에 감는다. 건강하게 오래 살 수 있다고 생각하기 때문이다. 북방의 일부 지역에서는 백일에 어린아이의 머리를 깎고, 머리 뒤에 머리카락 한줌을 남겨두는데, 〈유백세모留百歲毛〉라고 하여 어린아이를 건강하고 오래 살게 할 수 있다고 생각한다.

민간에는 이런 속담이 있다. 『3일에 관상을 보고, 백일에 수명을 본다. 三日看相 百日看長』 백일도 인생에서 하나의 큰 액이다. 샹시의 투자족들은 백일을 지낼 때, 어린아이도 어머니에게 안겨 침상에 뉘어지는데, 말도 못하고 웃지도 못하고, 문을 닫고 조용히 있다가 다음날 자시가 되어서야 침상에서 내려온다. 침상에서 내려온 후에는 돼지기름으로 입술을 칠한다. 1백 개의 액을 치렀다고 생각하여, 먹기도 하고 입기도 한다. 《청패류초·미신류》에는 이런 기록이 있다. 『헤이룽장의 다후얼인은 집에 아버지와 아들, 형과 동생이 있는 수만큼 서쪽 벽에도 풀로 사람을 만들어, 눈썹과 눈을 대강 그려 자루에 반쯤 넣고, 죽으면 없애고 태어나면 늘리는데, 조상이라고 한다. 바얼후인들도 그렇게 한다. 가장 꺼리는 것은 흔들리는 것인데, 그것에 손을 대면 주인이 병이 난다고 한다. 병이 나면 고기로 제사지내고 온 집안이 고기를 나눠먹으므로, 음식탐을 하는 사람들이 자주 벽에 있는 그 풀로 만든 사람을 흔들어대고 음식 먹기를 바란다.

黑龍江之達呼爾人 家中父子兄弟有若干 其西壁草人亦若干 微具眉目 囊其
半身 死者去之 生則增之 謂祖宗也. 巴爾呼人亦然. 最忌動搖 觸之則主人病.
病則祭以肉 擧家分肥 故饞者恒陰撼壁上草人 冀以得食』이러한 풀로 만든
사람은 사실 산 사람의 영혼을 상징하는 것이다.

　백일은 또 마마(種痘)의 길일이다. 청나라 사람 주혁심朱奕深은 《종두
심법種痘心法》에서 이렇게 설명하고 있다. 『대개 아이가 만 백일이 되었
을 때 날이 저물면 영혼이 보이고, 태어나 울고 웃으면 모두 마마를 놓을
수 있다고 생각한다……. 마마에는 놓을 수 있는 것과 놓을 수 없는 것이
있는데, 어린 남자애나 여자애는 반드시 그 정신을 변별해야 한다. 예를
들면 얼굴 부분의 색이 분명하고 기쁜 빛이며 밝게 양미간까지 뻗치고,
콧날은 수명이므로 어두운 빛이 없으며, 온 얼굴이 티가 섞이지 않은 홍
조를 띠어야 가장 길하여 마마를 놓을 수 있고, 병이 있는 사람은 놓을
수 없으며, 속에 열이 있거나 황달이 있는 사람도 놓을 수 없다. 凡孩滿百
日 旰視靈動 認生啼笑都可種……痘有可種可不種 幼稚男女須要辨別其精
神 如面部有精彩喜色明亮 透達印堂 山根年壽無色晦之色 滿面紅光純上吉
可種 有病者不種 內熱黃疫者不種』그는 또 다음과 같이 말한다. 『싹을 심
는 데에는 길일이 있다. 싹을 심음에는 마땅히 하늘의 덕과 해의 덕이 있
어야 한다. 하늘의 덕이 합하고 해의 덕이 합하고 달의 덕이 합해야 어머
니가 얼마 지나 비로소 아이를 낳는다. 일진을 피하고 꺼리며 만월일을
꺼리고 피하며 달 중에 신을 꺼리는 날이 있는데, 어린아이의 운명이 며
칠은 상극하기 때문이다. 下苗吉日 下苗宜天德 歲德. 天德合 歲德合 月德
合 母倉開成等日 避忌日辰 忌破閉滿日 月忌神在日 孩子本命沖克等日』현
대적 관점에서 볼 때 어느 정도 과학적 일리가 있다.

제4절 돌〔周歲〕

돌은 고대에는 주수周晬라고 했는데, 어린아이가 한 살 되는 생일날의 의식이다. 그날에는 친구들이 선물을 많이 보내오므로, 이런 속담이 있다. 『고모의 신발, 이모의 양말, 외할머니의 배두렁이, 외숙모의 마고자』예물이 얼마나 많은지 알 수 있다. 동시에 돌잡이 의식을 행한다.〔그림 50〕

옛날에는 생일을 매우 중시하여, 남자의 생일은 〈현호지신懸弧之辰〉이라고 하고 여자의 생일은 〈현태지신懸蛻之辰〉이라고 했다. 《주례周禮·내칙內則》에는 이런 기록이 있다. 『……아이를 낳으면 남자는 문 왼쪽에 활을 걸고, 여자는 문 오른쪽에 허물을 걸어놓는다. 3일이 되면 비로소 아이를 업고, 남자는 활쏘기를 하며 여자는 하지 않는다. ……子生 男子設弧于門左 女子設蛻於門右 三日 始負子 男射女否』돌은 사람의 삶에서 첫번째 생일로, 의식이 매우 융숭한 특별한 생일 의식이다.

처음으로 돌에 대해 말한 것은 《안씨가훈顔氏家訓》 권2에서이다. 『강남의 풍속에 아이가 태어나 한 돌이 되면 새옷을 짓고 목욕을 시키고 장식을 단다. 남자는 활과 화살과 종이와 붓을, 여자는 칼과 자와 바늘과 실을 쓴다. 또 음식물과 진귀한 옷과 장난감을 아이 앞에 차려 놓고 그 아이가 생각하여 갖는

50. 돌잡이 의식

것을 보고, 탐욕스럽거나 청렴하거나 어리석거나 지혜로운 것을 시험한
다. 이것을 이름하여 아이 시험이라고 하는데, 친가·외가가 모여 잔치를
벌이고 즐긴다. 江南風俗 兒生一朞 爲制新衣 盥浴裝飾 男則用弓矢紙筆 女
則刀尺鍼縷 幷加飲食之物 及珍寶服玩 置之兒前 觀其發意所取 以驗貪廉愚
智 名之爲試兒 親表聚集 致宴享焉』 후대에도 그 기록이 적지 않다. 《동경
몽화록》 권5 〈육자育子〉에는 다음과 같은 기록이 있다. 『아이를 낳아 백
일이 되면 모임을 갖는데 이것을 〈백수〉라고 한다. 생일이 되면 〈주수〉라
고 한다. 땅에 쟁반과 술잔을 늘어놓고 과일·음식·공문서·붓과 벼루·
주판과 저울 등과 경서와 바느질 도구 등을 담아놓고〔그림 51〕 아이가 먼
저 잡는 것을 보고 앞으로의 징조로 여기는데, 이것을 〈시수〉라고 한다.
이것은 어린아이를 위한 성대한 잔치이다. 生子百日 置會 謂之〈百晬〉. 至
來歲生日 謂之〈周晬〉 羅列盤琖于地 盛果木·飲食·官誥·筆硯·算秤等經
卷針線應用之物 觀其所先拈者 以爲徵兆 謂之〈試晬〉. 此小兒之盛禮也』 《중
화전국풍속지》 하편 권4에 의하면, 저장에서는 『돌은 신에게 제사드리고
조상에게 음식을 바치는 것으로, 처가와 친족들이 모두 예물을 보내와 잔
치를 베풀고 음식을 먹는다. 周歲 設祭祀神餐祖 岳家戚族 則均以禮物相饋
送 及設宴餐之』 하이난의 리족〔黎族〕들은 아이를 낳아 돌이 되면 몸에 문
신을 새긴다. 그렇게 하지 않으면 조상들이 자손을 알아보지 못한다고 생
각하기 때문이다.

51. 周盤

　문헌의 기록으로 보면, 돌잔치가 처음 나타난 시기는 남북조시대였는데, 어쩌면 더욱 오래 되어 접촉 무술이 변화하여 된 것이 후에 또 모방 무술의 요소까지 보태어져 생긴 것이 아닐까 한다. 《몽양도설蒙養圖說》에는 돌잔치 그림 한폭이 있고, 그 위에 이러한 글귀가 있다. 『이것은 송나라 때의 조빈이라는 사람으로, 그의 돌 때 부모가 여러 가지 장난감을 그의 앞에 나열해 놓고 그가 잡는 것을 보는 그림이다. 조빈은 왼손에 창을 잡고 오른손으로는 조두를 잡았다. 잠깐 뒤에 또 인을 잡았는데, 나머지는 보이지 않는다. 조빈이 막 한 살이 되었을 때인데, 그의 지략이 스스로 남다름을 알 수 있다. 후에 과연 무공으로 인을 차는 절도사가 되었다. 그런데 기쁜 일은 조빈의 사람됨이 평생 충성스럽고 무공을 좋아했지만 살생을 싫어했다는 점이다. 항상 명을 받들어 강남을 평정하였는데, 성이 곧 함락될 것이라는 소식을 들으면 병을 핑계로 자리에 눕고 사람을 죽이지 않겠다고 맹세했다. 성이 함락되는 날이 되면 편안하고 온화하여 추호도 범하지 않았다. 배의 막사에는 오직 서적만 있을 뿐이었다. 这是宋代曹彬 他周歲時父母以百玩環列於前 觀其所取. 彬左手提戈 右手取俎豆. 須臾又取一印 餘無所視. 夫彬方一歲 其志略便自不同. 後果以武功挂印 爲節度使. 然所喜者 彬爲人一生忠武不殺 常奉詔平江南 聞城將克 托疾臥內 誓不亡殺. 及城下之日 平定安輯 秋毫無犯. 班師舟中 惟有圖籍而已』《중화전국풍속지》에는 많은 돌잔치 행사 기록이 남아 있다. 그 중 하편 1에 의하면, 베이징에서는 『한해가 되어 아이의 생일이 되면, 사농공상이 쓰는 도구를 탁자 위에 올려놓고, 어린아이의 머리를 감기고 씻기고 나서, 새옷을 입히고 안아서 탁자 앞에 데려가 마음대로 잡도록 한다. 만약 붓을 잡으면 장래에 틀림없이 문인이 될 것이고, 주판을 잡으면 반드시 상인이 된다고 하였다. 모두 이렇게 하는데, 이름하여 돌잡이라고 한다. 至周歲 於小兒生日 將士農工商所用之器具 置於桌上 小兒梳洗畢 衣新衣 抱至桌前 任其隨意抓取 若所取者爲筆 將來必爲文人, 若所取爲算盤 必爲商人, 諸如此類 名曰抓周』

　돌잡이 또한 각 소수 민족 지역에 퍼져 있다. 광시성 좡족의 돌잡이는 실내에 대자리를 깔고 그 위에 책 한 권, 저울 한 개, 파 한 다발, 마늘 한 다발을 올려놓고, 어린아이를 자리에 앉히고 마음대로 잡게 하여 아이가 지향하는 것을 추측한다. 그때 친구들은 주위에 서서 축하한다. 둥족은 돌 잡이를 〈시반試盤〉이라고 하는데, 나무 쟁반 하나를 가져다 그 안에 책·붓·낫·가위·장난감 등을 넣고, 어머니가 아이를 안고 물건을 잡도록 한다. 이 민족은 돌잔치 때 불로 하는 검사를 거쳐야 한다. 즉, 실내에 숯불을 피워놓고 어린아이를 대나무로 만든 체에 담아 부모가 조심스럽게 불더미 위에 세 바퀴 돌리면, 사람들이 환호하며, 「체에 앉아 불을 지나면 마음의 눈이 아주 많아진다」·「진짜 금은 불을 무서워하지 않는다」고 외친다. 조선족은 돌잔치 때 어머니가 어린아이에게 새옷을 입히고 생일상에 음식·문방사우·책·장난감 등을 늘어놓고 아이에게 잡도록 하여, 그가 지향하는 것을 추측한다. 어떤 노인은 또 어린아이 목에 흰 비단을 걸어 주는데, 이것은 어린아이가 깨끗하게 성장하기를 바라는 것의 상징이다. 타이완에 사는 몇몇 한족들과 한문화를 받아들인 가오산족들은 돌잔치를 할 때, 외갓집에서 여러 가지 예물을 사위 집에 보내 축하한다. 거기에는 의복·관모·금목걸이·발찌·활·은패·신발·양말·마고자 등이 있다. 사위 집에서는 위의 예물을 조상 앞에 진열하여 먼저 보도록 하고, 동시에 신 앞에 돌쟁반을 놓고, 그 안에 책·붓·먹·벼루(이상은 공부하는 사람을 상징)·인印·칼·검(이상은 관리를 상징)·은전(부유함)·주판·저울(상인)·자(장인)·바나나·배(동생을 봄)·토란 줄기(흥성함과 상서로움)를 담은 후에 아이를 그 앞에 앉혀 마음대로 잡게 하여 그가 지향하는 것을 추측한다. 이로 보면, 타이완 지역의 돌잔치는 대륙의 돌잔치와 기본적으로 같아, 양자 사이에는 밀접한 관계가 있음을 알 수 있다.

　청나라 때에도 돌잔치 의식이 행해졌다. 광서 시기에 편찬된 《궁중행칙례宮中行則例》 권2에는 다음과 같은 기록이 있다. 『보통 옥으로 두 가지를 진설한다. 옥부채 손잡이 장식 두 개, 금수건 하나, 둥근 은상자 하나, 서종 하나, 서봉 한 쌍, 활줄 하나, 문방구 한 조, 수반 한 쟁반, 과일 한 탁자가 그것이다. 例用玉陳設二事 玉扇墜二枚 金匙一件 銀盒一圓 犀鐘一

捧 犀棒一雙 弧一張 文房一份 晬盤一具 果品桌一張』현재 고궁박물관에
는 아직도 조각을 하고 칠을 한 백자수반百子晬盤 두 개가 보존되어 있
다. 큰 것은 높이가 5.6센티미터, 주둥이 직경 32.7×58.7센티미터, 밑 직
경 28.9×55.1센티미터이다. 장방형으로 주둥이가 밖으로 휘었고, 네 개의
구름다리가 있으며, 안은 많은 아이들이 장난을 치며, 용등과 용배를 가
지고 즐겁게 노는 형상이다. 이것은 진귀한 돌잔치 연구 자료이다.《청속
기문淸俗紀聞》에는 돌잔치 그림이 한폭 있다. 쟁반 안에는 책·주판·
붓·돈·인 등이 있는데, 이것은 만주족의 돌잔치도 한족의 영향을 받았
음을 설명하는 것이다.

　돌 후에 어린아이들은 계속 건강하게 성장한다. 어머니는 아이를 기르
는 책임을 다할 뿐만 아니라 정성으로 보호하고 어린아이의 의식주에 주
의를 기울이는 일 이외에, 병이 났을 때 약도 먹여야 한다. 옛날에는 또
천구신天狗神을 공경하여 신이 그려져 있는 혼을 부르는 종이를 붙인다.
이것은 어린아이들의 영혼이 달아났을 때 도망치지 않고 반드시 불러오
도록 한다고 생각하기 때문이다. 어룬춘족〔鄂倫春族〕은 요람에 사악함을
피하게 하는 물건을 매달고, 장족藏族은 문 위에 사악함을 피하게 하는
부적을 붙이는데, 어린아이의 평안을 기원하기 위해서이다.

제5절 성년례

성년成年 때에 거행하는 의식이 성년례이다.

속담에 『여자는 크면서 열여덟 번 변한다』는 말이 있다. 《예기·내칙》에 『여자는…… 열다섯 살에 비녀를 꽂는다 女子……十有五年而笄』는 기록이 있다. 다시 말해서 여자아이는 열다섯 살 때부터 머리를 묶고 비녀를 꽂기 시작한다는 말이다. 이것은 여자가 성년이 된 표지이다. 고통과 어려움을 참고 견디는 어머니는 단지 그의 딸을 위해 성년례를 거행한 후에야 비로소 어머니로서 딸자식이 청년에 접어들어 결혼할 수도 있고, 사회에서 주목받는 일원이 되게 하는 책임을 완수했다고 생각했다.

옛날 중국에는 민족이 많고 성년 의식도 각기 달랐다. 여기서는 그 중 중요한 예를 몇 가지 든다.

1. 머리 올리기〔上頭〕

출가 전 처녀는 머리 양식을 바꾸는데, 머리 올리기라고 한다. 도광道光 시대의 《태주지泰州志》 권5에는 다음과 같은 기록이 있다. 『여자 집에서는 여자 친척을 골라 딸에게 관을 씌우고 비녀를 꽂는데 머리 올리기라고 한다. 女家擇女戚爲女加冠笄 曰上頭』《직체주지直棣州志》 권17 〈풍토지風土志〉에서는 이렇게 언급하고 있다. 『여자가 시집가려고 하면 비녀를 꽂는다. 비녀를 꽂는 날에는 떡을 쪄서 이웃에게 돌리는데, 이것을 머리 올리는 떡이라고 한다. 女子將嫁乃笄 笄之日蒸糕以饋隣 名上頭糕』요즘 후베이성 어시〔鄂西〕의 투자족과 먀오족 자치주에서는 여자가 결혼하기 하루 전날 아홉 명의 미혼 여자를 초청하여 함께 곡을 하도록 하는데, 그때 〈곡가가哭嫁歌〉를 부른다. 그 곡은 내용이 풍부하고 가사가 사람을 감

동시킨다. 내용은 축하 위주인데, 아버
지와 어머니를 곡하고, 오빠와 올케를
곡하고, 언니와 동생을 곡하고, 중매쟁
이를 곡하고, 거처하던 방을 곡한다.
또 한족의 처녀들은 결혼하기 전에 반
드시 얼굴의 잔털을 면도하는데[그림
52] 이것도 성년의 표지이다.

  남자는 관冠을 쓰므로 관례冠禮라
고 한다.

  《토묵특기지土默特旗志》에는 다음
과 같은 기록이 있다.『청년이 되면 부

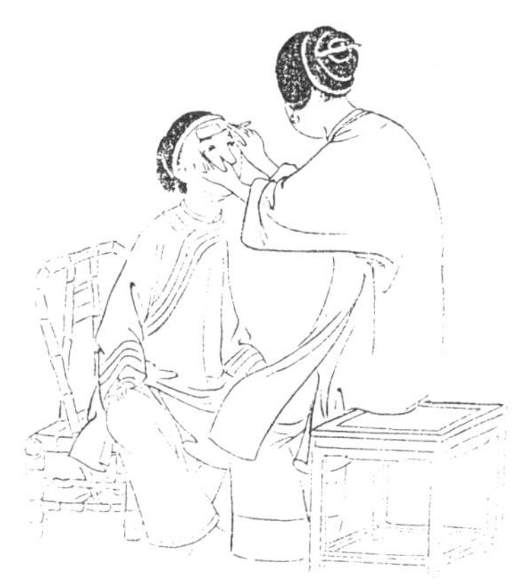

52. 한족 처녀의 면도

형이 관모를 씌우고, 다섯 자의 나무로 신체를 재는 것을 성정成丁이라고
하여, 호적에 편입시키고 군대에 충당한다. 여자는 열다섯 살 이상이면
비녀를 꽂는데, 곧 만주의 대적이다. 남자가 관을 쓰고 여자가 비녀를 꽂
는 것은 사실 성년례 풍속이다. 比丁之年 父兄爲加官帽 以杆五尺量其身
是謂成丁 乃編入戶籍 充當旗差. 女十五以上戴笄 卽滿州大籍也. 男子加冠
女子加簪 實爲成年禮俗』

  광둥 링난산춘[嶺南山村]에는 〈출화원出花園〉이라는 풍속이 퍼져 전해
온다. 이 의식은 젊은 남녀가 만 열다섯 살이 되었을 때 행해진다. 이른바
〈출화원〉이란 사실 성년례인 것이다. 그것은 사람의 생장을 꽃의 생장과
대응시켜, 〈꽃을 심고〉[種花], 〈꽃이 패고〉[入花], 〈꽃이 나오는〉[出花] 세
단계로 나누었다. 열다섯 살이 되면 무당이 주관하여 〈출화〉 의식을 거행
하는데, 사람들은 이 의식을 거행하지 않으면 결혼한 후에도 자식이 없고
일마다 잘 되지 않는다고 생각한다. 비록 진부하고 조잡한 풍속이기는 하
지만, 민간에서는 이것을 매우 중시했다는 표시이다.

  산시[山西]의 민간에는 열두 살 때 실사슬 푸는 의식이 남아 있다. 역
시 성년례의 유풍으로, 그곳에서는 〈큰 생일을 지낸다〉[過大生日], 〈성인
成人〉이라고 한다. 당일 집에서는 색색의 등을 매달고 친구들을 불러 잔

치를 베풀고 많은 제수품들을 준비하여, 후토묘后土廟나 낭랑묘娘娘廟에
가서 신에게 제사드리므로, 〈환원還願〉이라고 한다. 신저우〔忻州〕·허취
〔河曲〕 등지에서는 어린아이가 열한 살이 될 때까지 모아온 한 쌍의 붉은
실사슬을 모두 어린아이의 목에 감고, 매년 아이의 줄에 동전 한 개씩 더
한다. 한 살 때 건 것을 제외하고, 또 두 개를 더하여 열두 살에 사슬을
풀 때는 모두 합해서 동전이 열네 개가 된다. 사슬 풀기를 할 때는 어린
아이의 몸을 30자 길이의 붉은 천으로 묶고 땅에 무릎 꿇리고 수양아버
지와 수양어머니에게 풀도록 한 후에, 동전을 키 속에 넣고 주관자가 주
문을 외면서 동전을 땅에 던진다. 동전은 글자가 있는 면이 위로 향하면
아이가 갖고, 그것으로 일생의 복록을 점친다. 그 나머지의 동전은 주관
자가 갖는다. 이때 주관자는 한손에는 빗자루를 들고 다른 손에는 붉은
천 끝을 잡고 어린아이를 빙빙 돌려 몸에서 천을 푼다. 마지막으로 붉은
천을 주관자가 갖고, 아이 목에 걸린 고리와 매듭을 풀어 대추나무 가지
에 건다.

2. 옷 갈아입히기 의식〔更服禮〕

   어야의 나시족 지역에는 성년 의식이 있는데, 옷 갈아입히기 의식, 즉
복장을 고치고 변화시키는 의식이다. 그런데 성별에 따라 명칭이 다르다.
남자는 〈차이화게이〉라고 하며 바지를 입히는 의식이고, 여자는 〈스화게
이〉이라고 하는데 치마를 입히는 의식이다. 성년 의식을 거행하는 시기
는, 음력 12월 27일에서 29일까지이다. 남녀 모두 열세 살 때 거행하는데,
그 구체적인 시간은 띠와 점에 근거하여 결정한다.
   의식은 이미 성년이 된 사람이 주관한다. 남자는 소년이 의식을 주관하
고, 여자는 소녀가 주관한다. 모두 서로 띠가 맞아야 되고, 상극이어서는
안 된다. 주관하는 사람은 모두 동일 가족 내에서 선발한다. 옷 갈아입히
기 의식은 주실主室 내 기둥 근처에서 거행한다. 소년·소녀 모두 양식

53. 머숴인의 換裙禮

부대와 돼지 비계를 밟아야 하는데, 이것은 양식이 풍족하고 가정이 부유함을 상징하는 것이다. 그 밖에 남자는 손에 무기를 들고, 여자는 옷감 짜는 기구를 들어야 한다.〔그림 53〕

주관하는 사람의 지휘하에, 소년·소녀는 조상과 노인 그리고 친구들에게 절을 해야 한다. 주관하는 사람은 당사자의 장삼을 벗기고 상의와 치마 혹은 바지를 입히고, 또 머리의 형태와 장식을 바꿔야 한다. 남자는 모자를 쓰고, 여자는 머리를 땋아내린다. 가장은 희고 노랗고 푸른 수건을 들고 성년이 되는 사람의 몸에 가볍게 걸친다. 이때 동파東巴는 다음과 같은 뜻의 경문을 외운다.

이제 새로운 한해가 다가오니, 정월도 빨리 왔구나. 이 경사스러운 날에 ○○가 벌써 열세 살이 되어, 그가 소년시대를 마감하고 성년시대를 시작함을 나타내는구나. 이것은 일생 중 큰일로, 바지(혹은 치마)를 입은 다음에 그대는 일을 잘하여 뛰어난 쟁기장이(옷감 짜는 명수)가 되도록 하라. 마을이 위급할 때는 용감하게 몸을 던져 나가고, 몇 년이 지나 아내(혹은 남편)를 맞이하면 아들·딸 많이 낳고 행복한 생활을 하거라.

어야의 나시족들은 열세 살이 되었을 때 성년 의식을 거행해야 한다고 생각한다. 왜냐하면 그곳에서는 열두 가지 띠로 나이를 기억하기 때문이다. 출생으로부터 열두 살까지가 한 주기이다. 따라서 열두 살은 인생의 중요한 전환점인 것이다. 오래 전 씨족사회에서는 생산력이 낮은 씨족 집단은 구성원이 새로 증가해야 했기 때문에, 열세 살을 성년의 기점으로 확인하고, 성년 의식을 거행해야 했다.

　대체로 성년 의식을 거행한 사람은, 표면적으로는 성년의 복장을 입어
야 할 뿐만 아니라, 가정 내에서도 성인의 대열에 끼게 되어, 남자는 점차
각종 노동에 참여해서 일정한 농업과 목축 그리고 수공업 지식을 습득하
고, 각종 도덕규범과 풍속 습관을 이해해야 하고, 여자는 또 농업 노동에
참가하고 옷감을 짜야 하며, 몇몇 가사 노동에 참여하고 친구 접대를 배
워야 한다. 그 밖에 그들은 또 이성과의 교제를 시작하여 2,3년을 계속한
다. 어떤 사람들은 또 안다, 즉 성친구 관계를 맺기도 한다.

3. 이족의 치마 바꿔 입히기 의식〔換裙禮〕

　이족의 여자는 성년이 되면 어린아이 치마를 벗고 어른 치마를 입어야
한다. 이것은 소녀가 성인이 되었다는 표지이다. 따라서 또 〈가혼의식假婚
儀式〉이라고도 한다. 부모는 이 의식을 매우 중시한다. 더욱이 어머니는
딸을 위해 좋은 옷과 장식물을 준비한다. 치마 바꿔 입히기 의식은 또 아
름다운 계절의 좋은 날을 선택하여 널리 친척과 친구들을 초청해야 한다.
치마 바꿔 입히기 의식은 모든 지방에서 대동소이하다. 어떤 지방에서는
비머〔畢摩〕에게 단구斷口 저주를 부탁하기도 하고, 어떤 지방에서는 성년
여자에게 과일나무 밑에 앉아 돼지를 잡도록 하고, 죽은 돼지를 치마를
바꿔 입힐 여자의 머리 위에서 여러 바퀴 돌린다. 이것은 상서롭지 못한
것을 쫓는다는 뜻이다. 그런 다음에 귀걸이를 달고 두 갈래로 머리를 땋
고 다시 새 치마로 바꿔 입힌다. 어느 지방에서는 성년 남자의 표지로 나
무나 숫돌 같은 어떤 물건을 세운 다음에, 치마를 바꿔 입힐 여자를 업고
그 물건 주위를 세 번 돌아 결혼하는 것으로 생각한다.(寒梅, 〈凉山彝族少
女的換裙儀式〉,《歷史知識》1981年 5期)
　치마를 바꾸기 전의 여자는 머리를 하나로 땋고 엷은 색의 두 겹 치마
를 입는다. 치맛단에는 하나는 굵고 하나는 가는 검은 천의 테를 박는다.

치마를 바꾼 다음의 여자는 귀 뒤로 머리를 두 갈래로 땋고 머릿수건을 쓰고, 빨갛고 파랗고 검은 대비가 강렬한 세 겹 혹은 네 겹의 주름치마를 입어 생명의 활력이 충만하게 보이도록 한다.

4. 이에 물들이기 : 다이족·부랑족·지눠족의 성년 풍속

다이족의 남녀는 14,5세가 되면 이에 물을 들이기 시작하는데, 일반적으로 저녁에 행한다. 이에 물을 들일 때는 처녀들이 삼삼오오 무리를 지어 서로 도와 준다. 그녀들은 치아가 검거나 밝은 것을 가장 아름답다고 여긴다.

부랑족의 아이들은 열다섯 살 전후에 성년례를 거행해야 한다. 이 기간 동안 열다섯 살의 남자아이들은 같은 나이 여자아이들의 집에 모여 그녀들의 이를 물들여 준다. 가을걷이가 끝난 후의 밤에 처녀들과 총각들은 항상 방바닥을 파서 만든 화당 주변에 모여 서로 홍모紅毛 나뭇가지를 불태워 만든 그을음 염료를 사용하여 상대방의 이를 검게 물들인다.

부랑족 처녀와 하니족의 일부 계파의 남녀는 성인이 되면 붉은 나뭇가지로 치아를 붉게 물들인다.

5. 리족〔黎族〕 여자 성년의 문신 풍속

리족은 과거에 여자에게 문신하는 것을 매우 중요하게 여겼다. 모든 처녀들은 열두 살에서 열여섯 살 사이에 모두 문신을 해야 한다. 문신은 리족 처녀의 성년의 표지이며, 동시에 또 리족 사람들도 문신을 한 여자만이 가장 아름다운 여자라고 생각한다. 여자가 문신하는 데에는 리족에게 또 하나 중요한 원인이 있다. 즉, 조상의 인식이다. 리족들에게는 아덕阿德과 칠선녀七仙女의 사랑 이야기가 널리 전해 내려오고 있다.

하늘의 칠선녀가 리족의 나무하는 총각 아덕을 보고 몰래 인간 세상으로 내려와 그와 결혼했다. 나중에 옥황상제가 알고 크게 노하여 뇌공雷公을 보내어 칠선녀를 하늘로 잡아갔다. 그러나 칠선녀의 애정이 너무 강렬하여 하늘과 결별하고, 리족의 여자에게 부탁하여 몸에 문신을 하자 옥황상제도 어쩔 수가 없어 인간 세상과 천상과의 통로를 끊어 버렸다. 칠선녀는 그로부터 영원히 인간 세상에 남아 진정한 리족 여인이 되었다.

이런 이야기에서 우리는 바꿀 수 없는 현실을 보는 듯하다. 칠선녀가 문신을 한 후는 곧 생쌀이 익어 밥이 되듯, 칠선녀가 영원히 리족 여인이 되었음을 의미하는 것이다. 천지를 주재하는 옥황상제조차도 어쩔 수 없다는 이러한 면은, 분명히 조상 인식의 의미가 담겨 있다. 상술한 여러 가지 원인들이 모여, 문신은 곧 리족 처녀가 일생 동안 하지 않으면 안 되는 일이 되었다. 따라서 겁이 많고 아픔을 무서워하는 사람도 강제로 사지를 묶이고 문신을 해야 한다. 끝까지 문신을 하지 않는 사람은 죽어서라도 문신을 한 후에야 땅에 편안히 묻힐 수 있는 것이다.

리족 여자들이 문신을 할 때는 성대한 의식을 거행한다.〔그림 54〕 먼저 길일을 선택해야 한다. 일반적으로 대부분 가을에 진행되며, 장소도 보통 처녀의 방이나 산에 있는 작은 초가집에서 한다. 문신은 전문적인 문신 기술자가 한다. 문신 기술자는 여성이 맡고 있는데, 그녀는 닭을 잡아 조상에 제사드리는 의식을 주관하고, 또 문신하는 사람의 성과 이름을 조상에게 보고하여 조상의 인정을 받아야 한다. 그런 다음에 또 나뭇잎으로 방을 쓸어 방안의 악귀를 쫓고 문 입구에 나뭇잎을 걸어놓아 여러 사람이 보도록 한다. 방에서 문신 의식을 거행할 때는 항상 앞날을 깊이 헤아려 양보하도록 교육시키면서 문신을 시작한다. 문신을 하는

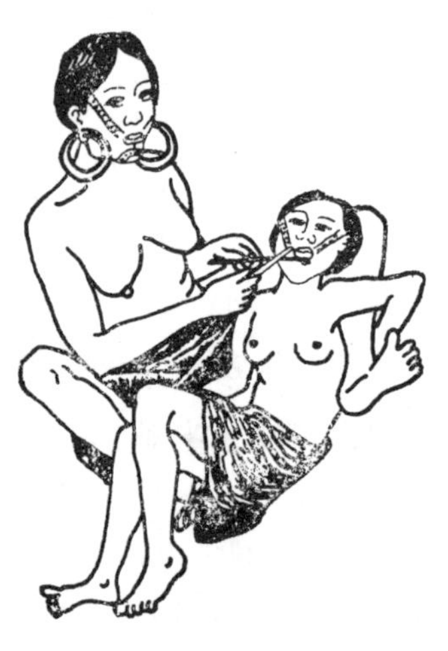

54. 리족 文面

부위는 일반적으로 얼굴·가슴·팔 윗부분·대퇴부 등이다. 문신이 끝나면 처녀는 일주일 가량 외출도 못하고 목욕도 해서는 안 되고, 상처가 아물기를 기다렸다가 용안 잎사귀를 끓인 물로 목욕해야 한다. 처녀의 부모는 또 잔치를 베풀어 경축하는데, 이때 처녀는 완전히 새로운 얼굴로 여러 사람 앞에 나타나는 것이다.

　가오산족 여자들은 성년이 될 때와 결혼을 할 때 얼굴에 문신을 해야 한다. 성년이 될 때의 문신은 보통 처음 월경을 한 후 두 달이 지나면 한다. 문신을 새길 사람은 여성이 맡고, 문신 문양의 설계는 문신을 할 본인이 맡는다. 왜냐하면 이것은 자신의 총명함과 재주를 보여 줄 절호의 기회이기 때문이다. 문신을 하는 일은 매우 고통스런 일이다. 때로는 문신을 짙게 하기 위하여 여러 번 거듭 문신을 하기도 하지만, 강렬함과 미래에 대한 확신을 표현하고 다른 사람에게 무시당하지 않기 위하여 절대다수의 처녀들은 이를 악물고 끝까지 참는다. 타이완 수이사렌〔水沙連〕에 속하는 베이강〔北港〕의 가오산족 여자들은 시집갈 때 얼굴에 〈자취고刺嘴箍〉라고 하는 그물 모양의 문신을 한다. 그들은 얼굴뿐만 아니라 또 복부나 팔다리에도 문신을 한다.

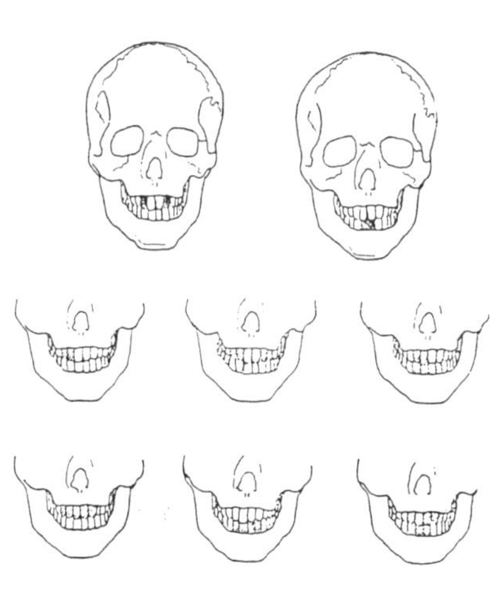

55. 다원커우 文化 拔牙部位

56. 書生禮拜圖

　　중국에서는 선사시대에 이를 빼는 풍속도 널리 퍼져 있었다. 예를 들면 다원커우〔大汶口〕문화〔그림 55〕고대 거라오족〔仡佬族〕도 이를 빼는 풍속이 있었는데, 역시 성년 의식 중의 하나이다. 성년이 된 뒤에는 반드시 교육을 받는데, 스승을 모시고 공부를 하여 사회의 기둥이 되는 것이다.〔그림 56〕

제 5 장
비희도秘戲圖와 성교육

최근 타이완의 텔레비전 연속극 《경성사소京城四少》를 보니, 옛날 베이징의 풍속이 생생하게 묘사되어 있었다. 그 중에 다음과 같은 장면이 있었다. 한번은 행상하는 사람이 구이랑九姨娘이 개업한 〈백화루百花樓〉에 짐을 지고 와서 옷과 화장품 등을 팔다가 소매 속에서 폭죽 크기의 두루마리를 꺼내어 여러 사람들에게 보여 주자, 주위에서 구경하던 기녀들이 깜짝 놀랐다. 그러자 그는 그 두루마리 그림을 감췄다. 그 장면을 본 어떤 사람이 나에게, 「저게 무슨 물건입니까?」 하고 물었다. 그것은 공개할 수 없는 민속 회화로, 명칭은 여러 가지인데 사실은 민간에 널리 퍼져 있는 비희화秘戱畵이다. 속칭 배가화陪嫁畵라고도 하는데, 궁중에서 유행한 춘궁도春宮圖와 마찬가지이지만, 단지 전파 범위가 그렇게 광범위하지 않을 뿐이다.

사실대로 말한다면, 구시대의 비희화는 공개되지 않은 실용 회화로, 일반인들은 잘 알지 못한다. 새로운 중국이 성립된 후, 이 그림은 사회의 외설스런 독으로 여겨져 이미 전해지지 않고 있고, 그림의 생산지에서도 전혀 인쇄되지 않기 때문에, 현재에는 그것을 이해할 수 있는 사람조차 거의 없다. 그렇다면 비희화란 도대체 어떤 성격의 그림인가? 어떻게 해서 그려지는 것인가? 또 어떻게 사용되는 것인가? 최근에 필자는 문물시장에서 여러 종류를 보았고, 또 웨이팡〔濰坊〕의 양자부〔楊家埠〕에 가서 연화年畵를 그리는 사람을 만나 적지 아니 얻어, 중국의 민간에 우수한 성교육 전통이 있었음을 깊이 깨달았다.

제1절 피화도避火圖

민간에 널리 퍼져 있는 비희도는 명칭이 여러 가지이다. 보는 각도에 따라 이름을 붙였는데, 일반적으로 두루마리라고 하지만 일반적인 두루마리 그림보다 작다. 하나는 폭죽화라고 하는데, 그것을 만 크기와 모양이 마치 폭죽 같기 때문이다. 비희연화를 다루는 사람들이 대부분 꺼내고 넣기 편리하도록 소매 속에 감추기 때문에 소매 그림이라고도 한다. 여자가 시집갈 때 이 그림을 혼수품 중의 하나로 물건상자 바닥에 넣어가지고 가므로, 또 상자 밑 그림이라고도 한다. 민간에서는 이 비희연화에 누르는 작용이 있어서 방안에 감춰두면 화재를 막을 수 있다고 생각하기 때문에 피화도避火圖라고도 부른다.〔그림 57〕 연화 상점이나 소장하는 사람은 항상 그것을 대문 뒤편에 놓아두거나, 혹은 대문 뒤의 가로로 댄 나무 위에 붙여두기 때문에 문 뒤 그림이라고도 한다.

57. 피화도

이러한 비희연화는 어떻게 만들어지는가? 필자는 산둥성 웨이팡에 사는 나이 든 예인藝人 양낙서楊洛書라는 사람을 찾아간 적이 있다. 그의 가계는 원래 쓰촨성 출신인데, 명나라 말엽에 산둥으로 옮겨와 대대로 연화 만드는 일에 종사했다고 한다. 중국 역사박물관에도 그의 집안에서 구입한 엄청난 크기의 집안 대대로 전해 내려온 〈노화영老畵影〉 한폭이 있는데, 도광道光 14년에 그려진 것으로, 계보상으로 보면 이미 십 몇 대의 사람들이 연화 제작에 종사해 온 것이다. 양낙서 노인은 열 몇 살 때부터 기술을 배웠는데, 이미 예순이 넘은 나이였다. 그의 말에 의하면, 그가 어렸을 때는 항상 피화도를 보았는데, 후에 문화대혁명 때 모두 태워 버렸다고 한다. 옛날에도 집집마다 피화도를 제작한 것은 아니고, 비교적 가난한 몇 집에서 이 업종에 종사했는데, 피화도의 제작이 비천한 일이라고 여겨 사람들에게 업신여김을 당했다. 구체적인 제작 기술에는 다음과 같은 몇 단계의 과정이 있다.

첫단계에서는 그림의 원고를 만든다. 즉, 화선지에 붓으로 그림을 그리는데, 크기는 같지 않다. 그리기가 끝나면 시나 문장을 넣는다.

둘째 단계에서는 나무를 베어 판을 만든다. 보통 길이는 20센티미터이고 너비는 16센티미터로 당체나무를 원료로 하는데, 세밀하고 부드러우면서도 쉽게 변형되지 않는다.

셋째 단계에서는 그림 원고를 목판 위에 풀로 칠하여 붙이고 최대한 바르고 광택이 나게 만들어 음각陰刻을 준비한다.

넷째 단계에서는 그림 원고의 선을 따라 조각한다. 사용되는 도구는 매우 간단하여, 처음에는 강철 조각칼을 사용하고 나중에는 시계의 태엽이나 용수철을 사용한다. 음각의 방법을 써서 음각선을 만든다. 이것이 바로 비희화의 목판이다.

다섯째 단계는 인쇄이다. 먼저 먹을 잘 만들어 적당하게 약간의 풀에 섞은 다음에 종려나무 털로 만든 솔로 먹을 찍어 목판에 두루 칠하고 화선지를 덮는데, 반드시 평평하고 곧게 해야 한다. 그리고는 작은 솔로 두루 솔질하면 화선지에 검은색의 비희화가 나타난다.

여섯째 단계는 착색이다. 앞에서 준비된 비희도는 단지 검은색의 윤곽일 뿐이지 최후의 완성은 아니다. 더욱 생동적이고 아름답게 하기 위해서는 주로 복장과 피부 등에 색을 칠해야 한다. 이러한 일련의 공정을 거쳐야만 비로소 비희화가 완성되는 것이다.

근래에도 채색된 목판으로 만들어진 비희화가 있다. 이렇게 하면 손으로 그리는 과정은 생략되지만, 장면마다 대여섯 차례 인화작업을 해야 한다.

목판 형식에서 볼 때, 두 가지 형태가 있다. 하나는 작은 판으로, 길이가

16센티미터이고 너비가 15센티미터이다. 나누어 찍고 나서, 장정하여 책으로 만든다. 다른 하나는 두 개의 긴 판이다. 각 판마다 각기 몇 조의 그림을 새겨 찍은 다음에 표구하여 두루마리로 만드는데, 너비가 20센티미터이고 길이는 70센티미터 정도 된다. 각 지역마다 비희연화의 크기가 달라서, 작은 것은 여덟 폭·열 폭 정도이고, 큰 것은 열두 폭·열여섯 폭 등 각기 다르다.

우리는 양자부에서 비교적 널리 퍼진 형식을 보았는데, 합해서 여덟 폭으로, 각 폭마다 모두 오이류나 과일 열매를 배경으로 그려진 각기 다른 모습의 교합도였다. 그림을 위주로 하고, 글로 그림을 해석하고 있는데, 그 중에는 〈수박은 사탕처럼 달고, 둘이 노는 모습도 힘차다〉·〈복숭아는 6월에 아름답고, 그 안에 봄 경치가 있다〉·〈가을 달은 석류보다 먼저이고, 봄 경치가 두루 보인다〉·〈참외는 정말 달콤하고, 춘심은 시고도 어지럽다〉는 등등의 구절이 있었다. 톈진 양류칭〔楊柳靑〕의 피화도는 양자부와 매우 비슷하지만, 채소를 배경으로 하고 있다. 예를 들면 〈남쪽 밭에서 파를 뽑는다〉·〈남쪽 밭에서 콩꼬투리를 딴다〉·〈뒷밭에 파를 심는다〉·〈남쪽 밭에서 수박을 딴다〉는 등등이다. 양류칭의 비희화는 정교하고 아름다운데, 대부분 색이 들어가 있다. 쑤저우 타오화우〔桃花塢〕의 비희도는 과거에 손 그림으로 널리 퍼져 있었다. 고철경顧鐵卿은 《동교의도록桐橋椅棹錄》에서 이렇게 말하고 있다. 『산당의 화관은 성 안 타오화우 북쪽 절 앞 등의 곳과 달리, 큰 그림이나 작은 그림이 모두 붓으로 그려진다. 타오화우사 앞에서만 판각으로 찍는 것은 아니다. 山塘畵館 異於城內之桃花塢北寺前等處 大幅小幀俱以筆描 非若桃花塢寺前專用版印也』다른 하나는 채색판으로 찍는 경우이다.

민간 비희화에는 나름의 특징이 있다.

먼저 노골성이다. 민간에서는 성과 성행위를 비밀스런 일로 여겼으며 은밀하고 사사로운 것이어서, 단지 의미를 알 뿐 말로 전달하지는 못하고, 더욱이 겉으로 드러낼 수 없었다. 그러므로 옛날 중국, 특히 봉건사회에서는 마음대로 그려 만들 수 없는 것이었다. 일단 그것을 종이 위에 그리면, 그 자체가 성생활을 환히 밝은 곳에 내놓는 것이다. 그 내용 또한 보통 사람들이 습관적으로 하고 있는 성생활 방식과는 거리가 아주 먼 것이다. 사람들이 보기에 신비하면서도 놀라운 것이어서, 비희도를 일종의 신비하고 은밀하며 사적인 작품으로 보았다.

다음으로 은밀성이다. 비희도가 비록 성을 적나라하게 드러내는 것이기는 하지만, 사람들이 그것을 보관하고 수장할 때는 상당히 신중하면서도 그 방식 또한 비교적 은밀하다. 이를테면 문 뒤에 두거나 상자 밑에 놓아둔다. 사람들의 말에 의하면 행상이 비희도를 팔 때, 어떤 사람들은 기름종이로 싸서 매賣라고 하는 분뇨통 안에 넣어두기도 한다. 어떤 비희도는 제작 자체도 상당히 속임수가 있고 비밀스럽다. 예를 들면 부채에 그려진 비희도는 작게 보면 미인 풍경이지만, 크게 보면 비희도이다. 어떤 유리 그림들은 첫장은 미인이고, 둘째장은 교합도이다. 짝을 이루고 있는 시나 문장도 성을 상징하는데 매우 은밀하다.

그 밖에 연령성이다. 비희도는 오로지 성년이나 이미 결혼한 사람들만 사용하는 것이다. 그것을 배가화陰嫁畵라고 부르는 이유 역시 처녀가 결혼할 때 비로소 이 그림과 접촉하고, 어머니나 이모에 의해 전해지기 때문이다. 소년이나 아동의 접촉은 엄격히 금지한다. 그들에게 좋지 못한 영향을 주는 것을 막기 위해서이다. 이 또한 비희도의 특징이다.

제2절 성교육 그림책

그렇다면 비희연화秘戱年畵란 어떤 성질의 그림인가? 과거에는 대부분 음란 작품으로 보고, 퇴폐적인 간행물로 보았기 때문에, 떳떳하게 드러낼 수 없는 해독물로 여겼다. 따라서 여러 번의 척결운동을 통하여 수난을 당하고 청소를 당했다. 그러나 그것의 주요 기능으로 말한다면, 사람들이 말하는 것처럼 그렇게 걱정할 만한 것이 결코 아니다. 확실하게 말하면, 그것은 고대에 혹은 민간의 성 교육에서 어느 정도 긍정적인 역할을 했으므로, 성교육의 형상화에 이바지한 민간의 교과서라고 인정할 수 있다.

비희연화의 교육적 역할을 설명하기 위하여 인류가 행해 온 성교육의 역사를 돌아보는 것도 무방할 것이다.

민족학 자료에서 보면, 원시인들도 이미 성교육에 관심을 가졌고, 그리고 금기 혹은 기타 풍속으로 세상에 널리 퍼져 있었다. 인류가 혈연혼에서 족외혼으로 넘어가는 과정에서 사회가 한걸음 진보했지만, 혈연 내부의 통혼은 아직도 완강하게 자기를 고수하고 있었다. 그러므로 당시에는 씨족 내 결혼의 금지를 씨족생활의 기본 원칙으로 하고 있었다. 그리고 이것은 물질 생활면에 깊이 각인되어 있었다. 예를 들면, 문신·치아 뽑기·복식 등은 종종 통혼 여부의 표지가 되기도 했다. 당시의 성교육은 통혼의 구별에 머무르지 않고 또 짝을 구하거나 교합하는 등의 내용이 들어 있다. 중국의 네이멍구〔그림 58〕·둥베이·닝샤·신장·광시·윈난 등지의 선사시

58. 克什騰 交合岩畵

대 암각화에 많은 성기·교합 등의 형상이 있다. 이로 보아 성교육의 유래는 오래 되었고, 당시 그것은 후대의 학교 교육과는 달리, 종교신앙이나 풍속 습관과 결합되어 신앙 속에 들어가 있음을 알 수 있다. 이것이 고대 성교육의 특징이다.

문명시대에 진입한 이후, 비록 성을 신비한 일로 보게 되기는 했지만, 철학자들은 이미 그것이 생명의 원천임을 인식하고 있었다. 《역易·계사繫辭》에는 『남녀가 교합하면 만물이 생겨난다 男女交媾 萬物化生』는 기록이 있고, 《맹자》에도 『색을 좋아하는 것은 사람의 욕구이다 好色 人之所欲』는 언급이 있다. 성은 인류의 본능이며, 또 자신의 번성을 유지하는 끈이기도 하다. 사람은 생식으로 태어나고, 모든 사물도 그것으로 생겨난다. 따라서 고대에는 그것을 가장 신성하고 한없이 위력 있는 것으로 여겼다. 동시에 사람들에게 성지식을 잘 이해하도록 주의했다. 《예기禮記·내칙內則》에는 『남자아이는 집을 떠나 스승을 모시고 밖에서 기거한다 出就外傅 居宿于外』는 기록이 있다. 주나라 때의 학궁學宮도 교외에 세우고 귀족 자제들에게 깊이 있게 공부하도록 했다. 열다섯 살이 지나면, 그들은 학궁 안에서 거주할 수 있었다. 그 기간 동안 그들은 성교육을 받는데, 성지식과 성방법을 포함하여, 성교육이 성인의 가르침이므로 가벼이 여겨서는 안 된다고 교육받는다. 《내경內經》에서는 이렇게 말하고 있다. 『옛날 성인의 가르침이라…… 좋아하고 하고 싶은 것으로 자신의 눈을 수고롭게 해서는 안 되고, 음란하고 사악한 것으로 자신의 마음을 어지럽혀서는 안 된다. 夫上古聖人之教下也……嗜欲不能勞其目 淫邪不能惑其心』 성생활은 적당해야지 그렇지 않으면 심신의 건강에 해를 미칠 수도 있음을 경계한 내용이다.

후대의 성교육에서는 도가의 방중술과 양생술을 많이 받아들이고 있다. 《천금방千金方》에는 다음과 같은 기록이 있다. 『방중술로 건강을 증진시켜야 한다……. 나이가 마흔이 되면 반드시 방중술을 익혀야 한다. 방중술이란…… 닫고서 굳게 지키는 것이다……. 이것이 해야 할 방법이다. 음란하고 방탕함에 빠지지 않고 진실로 즐거운 마음을 추구하고 욕구를 절제하여 양생을 증진하는 데에 힘써야 한다. 몸을 강하게 하고자 하여 욕구대로 여색을 가까이 하지 않는 것은 건강을 증진하고 병을 치료하기 위한 뜻이다. 이것이 방중술의 숨은 뜻이다. 房中補益……年至四十須識房中術. 夫房中術者……閉固而已……此方之作也 非欲務于淫佚 苟求快意 務存節欲以廣養生也. 非苟欲强身力幸女色以縱欲 意在補益以遺疾也 此房中術之微旨也』《경부전서景缶全書》에서는 더욱 명확하게 설명하고 있다. 『나이가 아직 약관도 되기 전에 바야흐로 정액이 생겨나므로 보양의 싹은 바로 이 시기에 있지만, 무지한 아이들이 여색에 너무 흔들린다. 내가 보기에 꽃받침도 생기기 전에 아침 저녁으로 하루살이같이 날뛰는 사람들이 많으니, 정말 슬픈 일이다. 이 책임은 아이들에게 있는 것이 아니고, 아비와 선생에게 있다. 먼저 밝혀 가르쳐서 생을 지키는 도를 알게 도와주지 않으면 저 아이들의 마음에 어찌 이로움과 해로움을 알겠는가. 年將未冠 行水方生 保養萌芽正在此旦 而無知孺子遽搖女精 余見苞蕚未成而蜉蝣旦暮者多矣 良可悲也 此責不在孺子 而在父師 使不先有明誨 俾知保生之道 則彼以童心豈識利害』

59. 交合岩畵

성교육의 유래가 오래 되었다고는 하지만, 전문적인 교과서도 없이 의학서와 도교 경전 중에 산견될 뿐이다. 더욱이 구체적인 성지식 그림은 많지 않았다. 학술계에서는 비희도가 당나라와 송나라 사이에 시작되었다고 하지만, 실증은 없다. 고고학적 각도에서 분석한다면, 비희도가 나타난 것은 오래 전으로, 당연히 선사시대로 거슬러 올라가야 할 것이다.

중국 상고시대의 암각화가 도처에 남아 있는데, 모두 생식 암각화의 내용이 들어 있다. 예를 들면 광시의 암각화, 신장 후투비〔呼圖壁〕의 암각화, 닝샤 허란산〔賀蘭山〕의 암각화〔그림 59〕 네이멍구 인산〔陰山〕의 암각화는 모두 성기와 교합도 등의 형상이 남아 있다. 이러한 내용들은 모두 단순한 성교육의 교재인 것만은 아니지만, 성교육의 역할을 하고 있다. 신앙적 수단을 통하여 번식을 기원하는 것이다. 그러나 미술사의 시각에서 보면, 그것들은 당연히 후세 비희도의 선구라고 할 수 있다.

쓰촨성 신두〔新都〕와 야오산〔樂山〕의 동한東漢시대 묘 안에서 그림이 새겨져 있는 벽돌이 많이 발견되었다. 거기에는 각약각색의 다양한 교합도가 있는데, 두 사람·세 사람·네 사람 등 서로 교합하고 있는 장면이 있다. 학술계의 연구에 의하면, 집단혼의 흔적이거나 혹은 봄철 야합이라고 하는데, 화면이 후대의 비희도와 기본적으로 다르지 않다.

산둥 핑인〔平陰〕 멍좡〔孟莊〕에서도 동한시대 화상석畵像石 묘가 발견되었다. 거기에는 포옹하거나 교합하는 형상이 새겨져 있다. 이러한 그림들은 비록 어떤 신앙에서 비롯된 것이기는 하지만, 그것들이 사람들에게 보여 주는 것은 여전히 성교육의 기능이다.

쓰촨성 이빈〔宜賓〕에 있는 송대 암묘岩墓의 석각에도 생동적인 많은 비희도가 새겨져 있는데, 후대의 비희도와 큰 차이가 없다. 사실상 송대 이래 이미 보편적으로 종이와 비단을 이용하여 춘궁도를 그려왔다.

산시성 신장〔新降〕에서는 송대에 이미 연화를 생산하기 시작했다고 한다. 이곳은 중국 최초의 연화 발원지로, 후에 다른 지방에까지 전파되었다. 당시에 이미 비희연화를 찍어냈다고 하는 말도 있는데, 가능한 일이다.

이로 보아 비희도의 역사는 오랜 것으로, 선사시대에 처음 나타났다. 당시에는 종교 의식 중에 항상 성기와 교합도를 남겼다. 사람들은 모방 무술을 이용하여 인류 자신의 번성을 기원했는데, 이것이 비희도가 생겨난 동기일 것이다. 그러나 그것이 일단 화면으로 그려지거나 새겨지자 바로 볼 수 있는 예술품이 되었고, 성 계몽의 생동적인 교재가 되었다. 신앙과 성교육을 결합시킨 이러한 전통은 오랫동안 계속되었다. 나중에서야 전문적인 성교육 화본畵本이 출현했다. 비희연화와 춘궁도이다.

　전해지는 비희연화와 춘궁도를 분석해 보면, 고대의 성교육에는 두 가지 화본이 있었음을 알 수 있다. 하나는 상류사회에서 사용하던 춘궁도春宮圖이다. 화가에 의해 그려지는 것으로, 그 그림솜씨 수준이 높고 형식도 다양한데, 주로 궁중과 귀족 고관들에게 제공되었다. 다른 하나는 하층 사회, 즉 민간에서 사용하던 것으로, 연화年畵 형식 위주이며, 역시 손으로 그리는데 그림솜씨가 조잡하고 편폭도 비교적 작으며 휴대하기에 편리하다. 그러나 널리 퍼졌던 비교적 보편적인 성교육의 화본은 비희연화가 주요 형식이었다. 당연히 민간의 성교육은 이에 머무르지 않고, 이른바 허튼소리나 실없는 이야기가 더욱 광범위한 시장을 갖고 있었는데, 역시 민간 성교육의 중요하고 주요한 형식이었다. 민간에는 또 비희전秘戱錢도 유행했는데, 역시 성교육의 기능을 갖고 있었다.

제3절 어른이 스승

　성교육은 사람에 의해 진행된다. 그러면 누가 성교육의 집행자인가? 화베이 지방의 몇 군데 비희연화 생산지의 조사에 의하면, 이러한 그림들은 새색시의 어머니나 올케가 구매했던 것을 알 수 있다. 이들 나이 든 부인들은 자신의 딸이나 여동생을 가르칠 책임이 있다고 생각하기 때문에, 딸이 출가하기 전날 밤이 되면 어머니가 행사에 쓰는 여러 가지 물건을 살 때 반드시 비희연화도 산다. 만약 어머니가 없으면 올케가 그 임무를 맡는다. 그것을 산 후에는 자기 옷상자에 남모르게 감춰 어린아이들이 보지 못하도록 철저히 방비했다가, 딸이 출가할 때를 기다려 시집갈 때의 혼수상자 바닥에 넣어 준다. 그러나 아버지나 오빠는 전혀 알지 못하고 또 묻지도 않는다. 왜냐하면 그것은 옛날부터 내려온 법도이고 성도덕이기 때문이다. 이로 보아 한족의 성교육은 여성에 의해 행해지는데, 주로 어머니나 올케가 담당함을 알 수 있다. 이것은 여성측의 경우이고, 남성은 외삼촌이 말로 전하는데, 일반적으로는 비희도를 사용하지 않는다.

　이러한 상황은 또 민족학 자료에 보인다. 전에 필자 일행이 쓰촨성과 윈난성 사이의 루고호〔瀘沽湖〕 지역을 조사할 때, 그곳의 머쉬인들에게 성지식을 어디서 얻는지 물어본 적이 있다. 한 노인이 이렇게 대답했다. 「우리가 성에 대해 이해하는 것은 한족과 다릅니다. 당신들은 법도가 너무 많은데, 우리는 그것을 밥먹고 옷 입는 것과 마찬가지로 봅니다. 사람은 성생활을 떠날 수 없으므로, 다만 성년례를 치른 다음에 혈연 관계가 아니라면 남녀가 친구로 사귀고 성적 요구를 할 수 있지요.」 성지식의 내원에 대해 구체적으로 말한다면, 두 가지를 들 수 있다. 하나는 어렸을 때부터 보고 들은 것이다. 그들은 남녀에 대해 관찰하거나 동물을 관찰하거나간에 모두 틀리지 않고 분명하게 동물에게는 양성이 있고 성교 행위가 있음을 인식하고, 인류 자신도 이와 같다고 연상한다. 다른 하나는 어른의 교육이다. 이러한 교육에는 정해진 장소는 없지만, 일정하게 가는 곳은 있다. 일반적으로 성친구인 〈아주阿注〉가 없는 집인데, 종종 청소년들이 모이는 장소는 남자의 경우 늙은 남자의 집이고, 여자의 경우는 나이든 여성의 집이다. 이러한 노인들은 대부분 5,60세 전후로 자식이 없고, 자신의 생활이 쓸쓸하다고 느끼기 때문에 저녁에 젊은 사람들이 몰려오는 것을 좋아한다. 여러 사람이 화당 주변에 앉아 역사 이야기를 하거나 외부 세계 소식을 듣거나 하면서, 생업에 관한 기술 이야기도 하고 집안이나 마을의 대소사를 이야기하기도 한다. 그 중에는 〈아주〉에 관한 내용도 있는데, 아주를 맺는 방법을 포함하여 어떻게 성생활을 할 것인지, 또어떤 여자가 가장 아름답고, 어떤 여자가 건강한 아들을 낳을 수 있는지 등에 대해서 자연스럽게 이야기한다. 서로 묻고 대답하기도 하는데, 잘못된 것도 있고 사실도 있다. 노인이 바로 가장 좋은 교사로, 청소년들에게 많은 성지식을 얻게 해준다. 청소년들이 아주 생활에 들어갈 때면, 가장이나 가족 성원 중의 한 명이 당사자에게 성교육을 시킨다. 그런데 성에 따라 담당자가 분명하다. 어머니는 딸을 지도하고, 외삼촌은 조카를 가르친다. 필요한 말 이외에 또 때때로 외삼촌은 조카를 데리고 아주를 물색하기도 한다. 머쉬인들은 기본적으로 모계제 결혼 풍속이 남아 있기 때문에, 당시의 조건하에서는 어머니와 외삼촌이 씨족이나 종족의 어른일 뿐만 아니라 자녀에게 성교육을 시키는 교사이기도 하다. 당시의 아버지는 외족인이므로, 자녀에 대해서는 하나도 알지 못한다. 당연히 성교육을 시킬 방법도 없는 것이다.

부권제가 일어나기 시작한 이후에도 성교육은 끊이지 않았고, 오랜 성교육 방식이 보존되어 왔다. 이를테면 어머니가 딸의 성교육 교사인 것이 그 두드러진 예이다. 동시에 가정에 새로 등장한 성원——올케도 이 임무를 담당한다. 외삼촌은 가정의 국외자이지만, 남권제男權制의 유풍이 오래도록 쇠퇴하지 않아, 여전히 조카의 성지식 전수자이다. 아버지는 여전히 이 일을 묻는 데 지나지 않고, 특히 봉건사회의 아버지는 존엄하므로, 아버지는 자녀의 성교육에 대해 물어보는 데 지나지 않는다는 관념이 강화되었다.《백호통白虎通·벽옹辟雍》에는 이런 기록이 있다.『아버지 스스로 아들을 가르칠 수 없는 이유는 무엇인가? 학교에서 배우기 때문이다. 또 교육시키는 내용도 음양 부부의 변화를 당연히 매우 자세히 설명하므로, 아버지와 아들이 함께 배울 수 없는 것이다. 父所以不自敎子何? 爲泮讀也. 又授之道當極說陰陽夫婦變化之事 不可父子相敎也』그외에 학교가 많이 생겨 교사도 성교육의 집행자가 되었다. 고대의 벽옹辟雍은 일종의 귀족학교로, 그곳에도 성교육의 내용이 있었다.《천금방》의 기록에 의하면, 당나라 때 이미 성교육을 전문적으로 하는 사람들이 있었다.〈전모지도傳母之徒〉라고 부르는 이 사람들은 청년들이 성생활 지식을 이해하도록 도와 주었다.

　성교육을 행하는 데에는 시간성이 있다. 하나는 평상시이다. 더욱이 결혼 전날 밤에는 어머니가 가르치는데, 연화비희도를 보내는 것은 모두 이러한 상황에서 하는 것이다.《달생편達生篇》에는 이런 기록이 있다.『……세상의 아버지와 형과 어른들은 항상 아들이나 동생의 결혼 때 간곡하게 가르치고 점검할 줄 알아야 한다. 비단 백년해로하도록 하기 위한 것일 뿐만 아니라, 더욱이 또 후손의 번창을 위한 것이기도 한 때문이다. ……世之爲父兄長者 每于子弟新婚時 諄諄訓飭 能知檢點 不獨偕老百年 益且克昌厥後矣』이것은 형이나 어른이 성교육면에서 수수방관하지 않고, 성도덕과 배우자의 선택에도 나름의 교육활동을 했음을 설명하는 것이다. 왜냐하면 성생활은 당사자의 건강과 행복, 가정의 화목에 관련이 있을 뿐만 아니라, 후손들이 잘되고 잘못됨, 가정의 흥망과도 관련이 있기 때문이다. 그러므로 혼례에서는 특히 성교육을 강조한다. 다른 하나는 명절 기간이다. 중국 고대의 상사절上巳節 행사 중에는 많은 성교육이 행해진다. 먀오족(苗族)의 〈츠구창〉은 일종의 조상 제례 명절이다. 이 명절에는 조상에 대해 추모하고 제사드리기도 하지만, 성적 색채가 특히 두드러진다. 두 가지 예를 들어 설명해 보기로 한다. 하나는 실내의 벽에 쳐다보기 편하게 찹쌀로 만든 남근을 받들어 모시고, 마지막에 여자들이 몰래 훔쳐먹는다. 찹쌀로 만든 남근을 먹으면 여자의 몸과 마음이 건강하고, 건강한 아이를 낳을 수 있다고 생각하기 때문이다. 다른 한 예는, 조상의 우상—앙공·앙모를 보낼 때 사람들이 겹겹이 둘러싸고 보는 데에서, 한 사람은 여자 조상인 앙모를 업고 다른 한 사람은 남자 조상인 앙공을 안고 춤을 추면서 신상들을 교합시키면, 옆에 있던 다른 사람은 물총을 손에 들고 교합중의 신상들에게 술을 뿜는다. 이것은 남자가 사정하는 것을 상징하는 것으로, 갑자기 주변에 있던 사람들은 와자지껄하며 소동을 벌이고, 많은 여자들은 치마를 들고 떨어지는 술을 받으러 나간다. 이렇게 하면 여자가 임신할 수 있다고 생각하는 것이다. 위의 행위들은 조상에 대한 제례 의식이기도 하고 또 자식을 기원하는 무술이기도 한데, 시범성의 성교육 작용을 하고 있다. 사람들은 전혀 부끄러움을 느끼지 않고, 일종의 경사스러운 일로 여긴다. 애리사는 《성심리학》에서 이렇게 말하고 있다. 『한 여자가 일상 환경 속에서 남자의 생식기와 접촉 관계를 맺는 일은 당연히 여러 가지 고려할 점이 있지만, 그것의 상징과 접촉을 하는 것은 고려하거나 거리낄 것이 없다. 고려하거나 거리낄 것이 없을 뿐만 아니라, 종종 상서롭고 이로운 일이라고 공인된다.』 왜냐하면 그것은 인구를 흥성하게 할 수 있기 때문이다.

장례 의식은 본래 죽은 사람을 보내는 것이어서 슬프지만, 태어나고 죽고, 죽고 태어나는 것은 곧 인생의 순환으로, 태어남이 있으면 반드시 죽음이 있고 죽음이 있으면 반드시 태어남을 구한다. 장례 행사 중에서 생육을 추구하고, 인구의 번창을 이끌어 내는 일도 역시 원시신앙에 속하는 것이다. 그러므로 어떤 민족들에게는 장례 행사 중에도 사랑을 속삭이는 일이 널리 퍼져 있고, 심지어는 밤에 남녀가 교합하기까지 한다. 하니족은 장례 때 관에 남근과 여음의 모형을 놓아둘 뿐만 아니라, 교합하는 형상을 만들어 놓기도 한다. 이것은 생육의 기원이기도 하고 또한 성교육 형식의 하나이기도 하다.

제4절 피화도의 기능

얼핏 보면, 비희연화를 아는 사람들이 거의 없는 듯하지만, 사실은 그렇지 않다. 그 역할도 결코 남녀의 일에 국한되지 않고 여러 가지 사회적 기능이 있다.

먼저, 그것은 일종의 성교육의 생동적이고 형상적인 교재이다.

바로 앞에서 언급한 바와 같이, 성교육은 유래가 오래 되어 선사시대까지 거슬러 올라갈 수 있고, 또 사회의 발전에 따라 진보하면서 부단히 더욱 새로운 성교육의 방식을 만들어 왔다. 그러나 성생활은 도덕과 밀접한 관계가 있기 때문에, 성을 공개할 수가 없었다. 그러므로 성교육은 어려움이 상당히 많고, 공개적으로 그림을 그리는 형식으로 성교육을 시키기는 더욱 어렵다. 따라서 초기의 성교육은 종종 종교 행위나 명절 경축 오락 중에 진행된다. 그러나 이러한 오랜 교육 방식은 사회의 발전에 적응하지 못하므로, 사람들은 끊임없이 성교육의 새로운 방법을 찾아왔다. 대략 당나라와 송나라 사이에 궁정에는 춘궁도가 출현하여 상층부에서 행해지자, 하층민들이 본받아 민간에는 연화 형식의 비희도가 나타났다. 이것은 조판 인쇄 기술의 발달 및 확산과 불가분의 관계가 있다.

민간에서는 남녀 교합이 인생 의식 중 큰일로 생각한다. 복잡한 의식 중에는 성교육도 포함된다. 생각해 보면 알 수 있듯이, 고대 독점혼의 상황하에서는 당사자들의 연령이 비교적 어려서 결혼 전에는 본래 알지 못하고, 봉건 예교禮敎의 속박이 엄격하여 신혼이 되어서야 시작되지만, 두 사람이 진정으로 결혼과 교합의 배역을 맡는 일도 상당한 시일이 걸린다. 이러한 경직된 분위기를 깨뜨리고 신혼을 잘 보내도록 도와 주기 위하여, 새색시의 어머니나 올케가 비희연화를 골라 사서 몰래 혼수상자 안에 넣어 준다. 새색시가 가마에 타기 전에 또 재삼 확인해 보고, 신혼 밤에는 반드시 그 그림을 보고 부부가 함께 천륜의 즐거움을 누리도록 암시한다.

따라서 새색시는 처음으로 이러한 성교육을 받는 사람이다. 이러한 형상화된 교재는 부부의 처음 교합을 지도해 줄 뿐만 아니라 또 많은 성교 방법을 소개하기도 한다.

성교육의 내용은 많은데, 성도덕 교육도 있다. 이를테면 씨족외혼제를 가르치며, 문신·복장이나 성씨로 씨족을 구별하고, 혈연 내 혼인을 엄금한다. 그렇지 않으면 엄중한 처벌을 받게 된다. 이 때문에 많은 신화와 금기가 생겨났다. 다음으로 우생을 따진다. 생육은 큰일이라고 생각하여, 부모가 건강해야만 〈어머니가 크고 자식이 살찐다〉는 이러한 관념의 지배하에, 여성에 대한 심미 의식도 도시의 날씬한 아가씨가 아니라, 건강하고 유방이 두드러지고 엉덩이가 풍만한 사람이 아름답고 또 건강한 자녀를 낳을 수 있는 징조라고 여긴다. 그 밖에 또 성기교를 추구한다. 이를테면 감정적 요소를 강조하여, 교합의 시간과 방식 등에 주의를 기울인다. 분명히 비희연화는 바로 민간에서 진행된 성교육의 교본이었는데, 이것은 구하기 힘든 교재였다.

다음으로, 비희연화에는 진정작용이 있어서 사악함을 피하고 길함을 구하며, 몸과 집을 보호할 수 있다고 생각했다.

민간신앙에서는 성기와 교합에 생식 능력이 있기 때문에, 곧 무궁한 위력을 가진 신비한 작용을 한다고 생각하기 때문에, 그것으로 진정시키는 일도 저절로 잘 되었다. 중국 내외에 많은 사례가 있다. 타이완의 소년들은 허리에 나무로 만든 남근을 걸고 다니는데, 소년의 성장을 보호해 준다고 한다. 다이족에게는 일종의 음양석이 있다. 즉 돌가락지에 기둥 형태의 물건을 꽂는데, 이것은 성기의 결합을 상징한다. 때로는 대나무나 나무로 만든 남근 형상 밖에 여음을 씌운다. 평상시에는 그것을 집의 어느 곳에 감춰두고 가장이 보관하여 남에게 보여 주지 않고 있다가, 전쟁이 나거나 외출하게 되면 가장이 가지고 나가 문 밖을 나가는 사람의 몸에 달아서, 그가 무사히 돌아오고 칼이나 총이 침범하지 못하도록 한다. 윈난성의 하니족 이처인〔奕車人〕들은 명절을 지낼 때, 남자들이 아랫도리에 긴 호로박을 즐겨 차는데, 남근을 상징하는 것이다. 인도네시아의 마니족들은 남근 부위에 긴 호로박 같은 것을 차는데, 이것은 사악함을 피하고 길함을 구하게 하며 위험을 편안함으로 바꿀 수 있다고 한다. 중국의 한나라 때에는 장수나 병사들의 갑옷에도 구리로 만든 남근을 매다는 풍속이 있었다. 그것이 방탄복의 구실을 할 수 있다고 하는데, 사실은 나쁜 일을 피하고자 하는 일종의 무술이다.

　인체 장식 외에, 건축에서도 성기를 피사물避邪物로 한 것이 있다. 티베트 대소사大昭寺의 남쪽 담에는 전에 돌로 만든 남근이 우뚝 서 있었는데, 전설에 의하면 남산에 살던 흉악한 여신이 대소사를 너무 위협하여 남근석을 세웠더니 그 사악한 기운이 없어졌다고 한다. 원매袁枚는 《자불어子不語》 권24에서 다음과 같이 말했다. 『광시 류저우에 우비산이 있는데, 형태가 여음과 같았다. 월 지역 사람들은 음陰을 비卑라고 하기 때문에 우비산牛卑山이라고 불렀다. 매년 섣달 그믐날이 되면 남녀가 제멋대로 야합했다. 읍의 수령이 금지하여 흙덩이로 채워 막았다. 그 해에 그 읍 여인들의 소변길이 막혀 한동안 오줌을 눌 수 없어 죽는 사람까지 생겼다. 廣西柳州有牛卑山　形如女陰　粵人呼陰爲卑　因號牛卑山. 每除夕　男女無不淫奔. 有邑令禁之　命里保將土壤塡塞. 是年其邑婦女小便梗塞　不能前後溲　致有傷命者』 이로 보아 여음은 마찬가지로 사악함을 피해 주는 작용이 있음을 알 수 있다. 티베트 머퉈현〔墨脱縣〕의 먼바족〔門巴族〕은 문 위 가로지른 나무·집 처마·누각 계단에 모두 나무로 만든 몇 개의 남근을 매단다. 사람들의 말에 의하면, 먼바족은 남근이 바른 것을 지키고 사악한 것을 억누르는 효력이 있어서 인류를 흥성하게 한다고 한다. 일종의 생명 보호신으로, 또 방척신房脊神이라고도 한다. 이 신은 본래 천신의 아들로, 일정한 형상이 없고 생식기만 있었는데 후에 천신이 인간 세계에 보내어 집에 살면서 가정을 안전하게 보호하도록 했다고 한다.

　비희연화를 또 피화도라고 한 데서 볼 때, 그에는 또 악을 누르고 사악함을 피하도록 해주는 기능이 있었음을 알 수 있다. 이는 무엇 때문인가? 역사적으로 보면 다음과 같은 사실을 알 수 있다. 원시신앙과 민간신앙에서 성은 성기관과 성행위를 포함하여, 모두 거대한 힘을 내장하고 있으며 신비한 작용을 한다고 오랫동안 사람들은 믿어왔다. 피화도는 성행위를 하는 그림 두루마리일 뿐만 아니라 마찬가지로 악을 누르고 사악함을 피하도록 하는 기능을 갖고 있다. 이러한 기능에는 두 가지 측면이 있다. 한 측면은, 주택은 사람의 활동 중심이지만, 과거에는 대부분 초가집이거나 목재 구조의 건축이었고 게다가 방 중앙에 파서 불을 피우던 화당의 방화도 엄격하지 않아서 아주 쉽게 화재가 발생했기 때문에, 화재는 민간의 큰 위협이었다. 비희연화는 바로 화재를 진압하는 작용을 한다고 생각한 것이다. 다른 한 측면은, 민간에서는 남녀 관계가 조화를 이루지 못하면 쉽게 마찰이 생긴다. 이를테면 불이 나는 것이다. 비희연화는 부부를 친하게 하고 교합하도록 인도할 수 있다. 따라서 부부 관계를 조절하여 〈불〉을 진압하는 것이다.

그 밖에 비희연화는 성교육의 그림책이고 신비한 벽사물이지만, 다른 문화 현상과 마찬가지로 항상 통치 계층에 의해 이용되어, 고관대작들이 여인들을 희롱하는 음욕의 도구로 변했다. 비희연화를 또 소매 그림이라고 하는데, 다시 말해서 이러한 사람들이 평상시 그것을 소매 속에 넣어 가지고 다니다가 여인들을 보고 꺼내어 보여 줄 수 있어, 빈둥거리는 한량들에게 애정 세계의 주도권을 잡게 해주는 수단이 되었다. 화류계에서 유행한 소매 그림은 더욱 그렇다.《경성사소》에서 행상인이 보여 준 비희연화는 바로 화류계 소매 그림의 한 출처라고 할 수 있다.

성은 인류의 본능으로, 정신적 쾌락을 격발시키고 생명의 씨앗을 뿌려 생명의 나무를 오래도록 푸르게 할 수 있다. 성은 또 인류 사회성의 집중된 성의 반영으로, 가정을 구성하는 유대이고 사회의 안정, 민족의 번영과 사회의 발전과 관련이 있다. 자녀를 기원하고, 아이를 낳아 기르며, 성년이 되고, 결혼하여 교합하고, 장수를 축하하고, 장례 의식을 거행하는 등의 인생의 의례에서, 그 핵심은 모두 성의 결합이고, 인류 생명의 교체이며, 저쪽에서 죽으면 이쪽에서 낳고, 이쪽에서 죽으면 저쪽에서 낳는 것이다. 성은 강대한 생산력으로, 직접적으로 사람을 낳을 뿐만 아니라 또 간접적으로는 물질을 생산하기도 한다. 이것이 바로 인류가 의지하여 존재해 온 양대 지주이다. 따라서 상당히 오랜 역사의 긴 강에서 인류는 모두 성을 신령스러운 힘의 원천으로 보아, 여러 가지 숭배를 하고 후에는 음양학설로까지 발전시키고, 예술 창작의 영원한 주제로 만들었다. 그러나 성은 오히려 오랫동안 어떤 제한과 억압을 받았지만, 또 종종 자신을 드러내어 나름의 역사적 지위와 역할을 보여 주기도 했다. 피화도의 출현과 유행은 바로 이러한 표현의 반영이다.

제 6 장
이성에 대한 유혹

　일반적인 혼인의 교류뿐만 아니라 명절 중에 미친 듯 즐거워하는 것도, 남녀의 결합이 결코 단번에 성공하는 것이 아니기 때문이다. 배우자를 찾는 자신의 능력을 높이기 위하여 사람들은 아름답게 장식할 필요가 있었고, 동시에 가능하면 최대한으로 짝과 사귀는 수단 —노래·춤 등을 잘 할 줄 알아야 했다. 만약 이러한 노력이 일단 제멋대로 되어가기 시작하면, 사람들은 또 방향을 바꿔 귀신의 도움을 구하거나 무당에게 부탁하거나 혹은 스스로 짝을 구하는 일종의 무술 행위를 함으로써 기대했던 목적에 순조롭게 도달할 수 있었다.

　현재 남성과 여성이 교제하는 주요 수단은, 애정을 표현하는 노래·인체 장식 그리고 구애 무술 행위이다. 여기서는 그 중 몇몇을 소개해 봄으로써 사람들이 자신을 어떻게 아름답게 꾸미고, 또 종교신앙의 힘을 어떻게 이용하여 자신들이 원하는 결혼을 실현시켰는지 알아보기로 한다.

제1절 노래로 정을 표현한다

정가情歌는 음악과 마찬가지로, 남녀의 교제 중에 특별한 위상을 차지하고 있다. 『여성에 있어서의 음악은 연애에서의 미사 의식과 같은 것이다.』(靄理士,《性心理學》, 三聯書店, 1988年, 63쪽) 이러한 위상은 원시시대에 더욱 두드러졌다.

씨족사회 시기에는 여기저기 씨족들이 많았는데, 혼인은 씨족간 연계의 고리였다. 씨족외혼제는 복잡한 개념으로, 결론적으로 말하면 씨족 내에서는 금혼이고 씨족간의 통혼이었다. 그런데 씨족외혼제 또한 다른 발전 단계를 갖고 있다. 최초의 씨족외혼제는 야합혼으로 나타나며, 그것이 발전되면 남자가 여성측 씨족을 예방하는데, 일반적으로 주혼走婚이라고 하는 것이다. 중국 나시족의 〈아주혼〉·〈안다혼〉, 푸미족의 〈아주혼〉은 바로 이러한 성질의 것이다. 이러한 혼인 관계는 당사자 쌍방의 희망에 근거하여 결합된 것이다. 쌍방은 경제 관계가 없기 때문에 위에서 말한 결합 또한 경제적 영향을 받지 않고, 유일하게 고려하는 조건은 당사자의 조건 — 외모·언변 능력이며, 노래는 개인의 지적 능력과 언어의 중요한 표현이고, 또 상대방에 대한 감정의 깊고 얕음의 반영이다. 따라서 애정 노래는 배우자를 구하는 기본 수단 중의 하나이다. 장족들에게는 이러한 민요가 한 수 있다.

> 꿀벌과 들꽃은 서로 사랑하는데
> 중매쟁이는 바로 봄바람이고
> 소년과 소녀가 서로 사랑하는데
> 중매쟁이는 바로 산 노래라오.

짝을 구하는 당사자들이 볼 때, 어느 누가 정가를 부를 수 있는가 없는

가, 정가를 잘 부를 수 있는가의 여부는, 그(그녀)를 평가하는 중요한 기준이며, 또 피차 감정을 교류하는 수단 중의 하나이다. 그러므로 많은 민족 가운데 노래를 부르고 춤을 출 수 있는 사람은 쉽게 배우자를 구하고, 노래나 춤을 잘 못하는 사람은 배우자를 찾는 데 어려움을 겪는다. 정가가 배우자를 구하는 과정에서 차지하는 비중이 높다는 이러한 이유 때문에, 사람들은 어려서부터 정가를 배우고 어른이 되어서까지도 자녀들이 정가를 잘 부를 수 있도록 가르치며, 정가를 자녀의 성장과 장래 사회 진출의 필수 조건으로 여기는 것이다. 따라서 『춘정이 발동하는 연령에 도달한 이후에, 청년들은 음악과 기타 예술에 대해 항상 어느 정도 특별한 애호를 표시할 수 있다』(앞의 책, 64쪽)

최초의 문학 형식은 구두문학 또는 구비문학, 민간문학이라고 한다. 그것은 인류의 생산 노동·남녀 관계·사회 생활·종교신앙과 감정을 반영한 구두 창작으로, 가요·전설·무당의 언설·곡예曲藝 등의 형식을 포함한다. 가요는 노래하거나 읊는 형식으로 표현되는 일정한 운율을 갖고 있는 문학 형식이다. 짧고 간단하며 서정성이 강한 특징을 갖고 있는데, 그 가운데에는 생산 노래·연애 노래·무가巫歌·동요·생활 노래·혼인 노래 등이 있다. 그 중에서 정가는 생육신앙·혼인제도와 밀접한 관계가 있다.

정가는 모두 구두로 창작된 것으로 대체로 청년들 사이에 유행되는데, 많은 정가는 청년들의 고문이요 참모이다. 이러한 문학 형식은 열정이 분방하고 안정성이 강하며 상당한 전승성을 갖는다. 일반적으로 가창 형식으로 나타나고 이야기의 형식으로 나타나는 것은 비교적 적다. 따라서 정가의 박자와 운율은 비교적 정제되어 있고 구성 형식이 고정되어 있으며, 통행되는 격조와 체제가 있었다. 그 중에는 〈4구의 산 노래〉〔四句山歌〕가 가장 많았고, 〈두 구 머리 산 노래〉〔兩句頭山歌〕도 있었다.

정가가 유행할 수 있었던 이유는, 하나는 연애나 배우자 찾는 일은 인류 생활의 중요한 내용이므로 이를 위해서는 반드시 배우자를 찾는 수단을 터득해야 했는데, 정가는 그 중에서 중요한 자리를 차지하고 있기 때

문이었다. 그리고 다른 하나의
이유는, 애정과 아름다움은 불
가분의 밀접한 관계가 있기 때
문이었다. 사랑스러움은 곧 아
름다움이요, 사랑은 곧 아름다
움에 대한 추구이고 예술에 대
한 추구이다. 따라서 인류의 심
미 관념 또한 정가의 발전을
촉진시켰다. 그러나 최초에는
정가가 전혀 없었고, 손 모양이
었다. 이를테면 먀오족의 손 모

60. 먀오족의 성행위를 표시하는 손 모양

양 신호에는 인도에서 유행하는, 축복을 의미하는 손 모양 가운데 성 및
성교의 내용이 많이 있으며〔그림 60〕 나아가 외침소리로 발전하였다.

　필자는 쓰촨성과 윈난성 사이의 루고호〔瀘沽湖〕 지역에서, 그 지역 나
시족이 아주혼 생활을 하면서 매우 원시적인 연락 방식을 갖고 있음을
발견한 적이 있다. 남자와 여자가 야외에서 만날 때, 총각들이「아헤이헤
이!」하고 고함쳤을 때, 만일 처녀들도「아헤이헤이!」하고 대답하면, 그
것은 그녀들이 남자들과 아주 관계가 성립되었음을 표시하는 것이다. 그
러면 저녁에 남자들이 여자의 집을 방문하여 동거생활을 하게 된다. 이러
한 외침 방식은 비록 남녀 〈성친구〉 관계의 교제 방식과 수단이기는 하
지만, 정가도 없고 또 운율도 없는, 단지 일종의 연락 혹은 부르는 신호일
뿐이다.

　최초의 정가는 비교적 조잡한 것으로, 마음 속으로 어떤 생각을 하건
입으로 어떻게 노래하건 성적 느낌을 부각시켜 공개적으로 이성을 찾는
것이다. 전에 쓰촨성 옌웬현〔鹽源縣〕 부근의 한 이족彝族 마을에서 사회
조사를 한 적이 있다. 어느 날 저녁 〈비머〉〔畢摩〕와 한담을 나누다가「여
기에도 정가가 있습니까?」하고 물었더니,「없습니다. 우리 이족은 정가를
부르지 않습니다」고 대답했다. 며칠을 함께 지내면서 우리는 그 〈비머〉와

친해졌다. 하루는 저녁을 먹은 후 그가 나에게 이렇게 말했다.『며칠 전에
한 말은 거짓말입니다. 정말 죄송합니다. 우리 이족들도 정가를 부릅니다.
단지 하나의 규칙이 있는데, 마을 안과 집안에서는 그 노래를 부를 수 없
습니다. 또 같은 가문들이 듣도록 해서도 안 됩니다. 그래서 반드시 야외
에서만, 남자들이 다른 가문의 여인을 보았을 때 그 정가를 부를 수 있습
니다.』그렇게 하여 그는 우리에게 정가 몇 가지를 불러 주었는데, 그 중
에는 정가 초기의 성격을 가진 것도 있었다.

     사랑하는 사람아
     네 젖가슴은 마치 쇠뿔과 같고
     너는 세상에서 가장 아름다운 여인이구나.

     사랑하는 사람아
     우리 나무 숲에서 잠자자
     아니 그러면 네 아랫도리에서 냄새날 거야.

     사랑하는 사람아
     네가 비록 이미 다른 곳에 시집갔지만
     나는 아직도 우리 둘이 풀숲을 짓이기던 정경을 기억한단다.

    사회가 발전하고 수치심이 더해짐에 따라, 정가도 성적 느낌으로부터
애정 표현으로 발전했고, 또 비교적 함축적이 되었으며 의미심장하게 되
었다. 나시족의 정가가 그 예이다.

  1) 짝을 찾는 정가

    〈여자가 남자를 원함〉

나무는 두 곳에서 자라
성장하면 할수록 하나로 하나로 합치네.

잘생긴 총각
만나지 못해도 절대 포기하지 않을 거야.

〈남자가 여자를 원함〉

나는 하늘의 수매
바로 좋은 땅을 선택했다오.

산에는 아름다운 꽃이 많은데
나는 그 꽃 한 송이 꺾었네.

2) 사랑의 정가

우리는 서로서로 사랑을 하여
넓은 바다를 한배 타고 함께 건넜네.

천둥과 번개에도 두렵지 않고
거센 바람 불어도 우릴 무너뜨리지 못해.

네가 말한 세 마디 말
나는 죽어도 잊지를 못해.

하늘의 별은 달을 사랑하고
지상의 금계는 봉황을 사랑한다오.

그녀는 원래 농부의 딸
오직 한마음으로 씨뿌리는 총각을 사랑해.

신랑은 버드나무 시원스레 대패질하고
아내는 등나무 덩굴 감아올리네
나무 자라 높아지면 등덩굴 빽빽하게 감아오르니
나무 죽고 등 말라도 베어내선 안 되지.

3) 성애를 표현한 정가

동해에서 떠오른 밝은 달은
저 서쪽 호숫가로 지고요
총각은 하늘에서 배회하는 공작새이고
처녀는 갓 피어난 모란이라오.

사랑스런 처녀는 하얗기도 해
마치 밭 가운데 팬 이삭과 같고
총각은 돌아가는 팽이
항상 처녀의 허리를 감싸안아요.

아기 낳고 사랑하고
사랑하면 마음의 꽃이 피고
사랑하면 물에는 닭털이 떨어지고
사랑하면 물에 돌이 뜬다네.

이상의 정가는 연애 과정을 반영하고 있으며, 정가는 남녀가 서로 사랑한다는 이야기나 설득뿐만이 아니고 서로 사랑한 지난 일의 기록이기도 함을 알 수 있다. 한걸음 더 나아가 설명하면, 한 개인이 알고 있는 정가는 곧 이성을 흡인하는 중요한 수단이며, 개인이 표현하고 노래하는 정가 수준의 고저는 곧 남자나 여자의 연애 수준의 반영이다.

정가 이외에 또 남녀의 감정과 이성 관계를 표현하는 기타 문예 형식도 있는데, 그 안에서는 은어隱語로 가장 두드러지게 표현하고 있다.

은어는, 고대에는 수사廋詞 혹은 미어謎語라고 했었다. 그것은 본질을 직접적으로 표현하지 않고 다른 단어를 빌려 암시하는 말로, 이를테면 연꽃〔蓮〕을 연憐이라고 한다든지, 연뿌리〔藕〕를 우偶라고 한다든지, 실〔絲〕을 사思라고 한다든지 하는 등등의 것이다. 성性은 은어 중에도 상당히 반영되어 있다.

고대에는 성과 식사를 연계시켜, 〈식사〉〔食〕를 성교로 여겼다. 《시경詩經·정풍鄭風·교동狡童》에서는 『얄미운 저 깍쟁이, 나와 함께 식사조차 안하려네. 아무려면 저 때문에 내가 잠도 못 잘까 彼狡童兮 不與我食兮, 維子之故 使我不能息兮』라고 했고, 《시경·진풍陳風·주림株林》에서는 『나도 망아지나 타고, 주림에 아침밥을 먹으러 갈까 乘我乘駒 朝食于株』라고 했으며, 《초사楚辭·천문天問》에서는 『어찌하여 입맛이 그렇게 다양하여 고래고기 먹는 것을 즐거움으로 여겼는가 胡維嗜欲同味 而快朝飽』라고 했고, 《시경·조풍曹風·후인候人》에서는 『어살에 있는 저 사다새 부리조차 적시지 않고, 저 총각 끝내 나와 사랑하지 않네. 뭉게뭉게 흰구름, 남산에는 아침 무지개. 젊고 예쁜 아가씨, 저리도 굶주렸는데 維鵜在梁 不濡其味, 彼其之子 不遂其媾. 薈兮蔚兮 南山朝隮, 婉兮孌兮 秀女斯飢』라고 했다. 이러한 것들은 모두 은어로써 이성 관계를 반영한 것인데, 그 문학 형식은 역시 정가이다.

민속학에도 성문화를 반영한 은어가 많이 있다. 예를 들면 톈진〔天津〕에서는 신발·양말·복숭아는 여성 혹은 여성의 음부이고, 떨어진 신발, 변변치 못한 물건, 문드러진 복숭아는 못된 여자이고, 둘째아들, 작은 머리, 주전자, 국자, 유차오〔油條〕 하나와 달걀 두 개, 바나나 한 개와 사과 두 개 등은 남성의 성기이고, 토끼는 남자 기생이며, 완玩·완거玩去는 성교이고, 상하거上下去는 남자 기생의 뚜쟁이이고, 차를 마시는 것은 기

61. 백로가 연꽃 주위를 빙빙 돈다

생집에서 노는 것이고, 아가아〔啞嘎兒〕·프랑스 다리 밑은 남녀가 몰래 만나는 것 등등이다. 유사한 성 은어는 간쑤성〔甘肅省〕 동부, 산시성〔陝西省〕 북부의 종이 오리기 도안에도 반영되어 있는데, 비교적 큰 비중을 차지하고 있다. 예를 들면 다음과 같다.『물고기(남자)가 연꽃(여자)을 희롱한다』·『물고기(남자)가 연꽃(여자)에 구멍 뚫는다』·『사자(남자)가 돈(여자)을 꿴다』·『닭(남자)이 두꺼비(여자)를 희롱한다』·『닭(남자)이 모란꽃(여자)에 엎드린다』·『고양이(남자)가 연꽃(여자)에 눕는다』·『두 마리 고양이(남자)가 쟁반(여자)에 눕는다』·『닭(남자)이 쟁반(여자)에 눕는다』·『유해劉海(남자)가 금두꺼비(여자)를 희롱한다』·『백로(남자)가 연꽃(여자) 주위를 빙빙 돈다』〔그림 61〕·『나비(남자)가 연꽃병(여자)에 뛰어든다』·『나비가 연꽃을 짓밟는다』·『아기가 연꽃에 앉았다』 등.〔그림 62〕

　민족학 자료 중에는 사물이나 혹은 말로 성관계를 표현하는 것들도 적지 않다. 예를 들면, 먀오족들은 〈자매밥〉을 먹을 때, 처녀들이 종종 총각들에게 주는 찹쌀밥이나 자매밥에 여러 가지 물건을 놓아두기도 한다. 만약 서로 얽힌 두 개의 나뭇가지를 놓아둔다면, 그것은 이성의 결합을 표시하는 것이다. 쓰촨성의 무리〔木里〕 어야〔俄亞〕·카와〔卡瓦〕 등지에 거주하는 민족은 담뱃대를 남성 성기로 보고, 흡연은 남녀의 성교로 본다. 그곳에는 『하늘의 수

62. 아기가 연꽃에 앉았다

매는 높은 나무를 찾고, 우리는 산으로 담배 피우러 간다』는 정가가 있다.
앞구절은 남자가 여자를 찾는 것을 비유한 것이고, 뒷구절은 공개적으로
여자에게 야합할 것을 요구하는 내용이다.

　이상의 분석으로 볼 때, 정가 등의 예술 형식은 사람들이 배우자를 찾
는 하나의 중요한 방식임을 알 수 있다.

제2절 인체 장식

인체 장식은 일정한 물질적 재료를 가지고 기술 수단을 통하여 인체상에 어떤 형태나 어떤 장식물을 부착함으로써, 사람들의 애호나 감정이나 풍조를 반영하는 것이다. 인체 장식 또한 이성을 유혹하는 중요한 수단이다.

인체 장식은 풍부하고 다채로우며 종류도 매우 많고 형태도 많이 다르다. 여기서 거론하는 인체 장식에는 의복의 장식은 포함하지 않으며, 기본적으로 네 가지로 분류한다. 몸에 임시로 그리기, 인체 변형과 그 부착물, 문신, 신체에 거는 장식물이 그것이다.

인체 장식의 기원에 관해서는, 몸을 지키기 위한 것이라는 설, 아름다움을 좋아해서 하는 것이라는 설, 무술적 의미라는 설, 이성을 유인하기 위한 것이라는 설, 노동을 위한 것이라는 설 등이 있다. 각각의 주장마다 모두 나름의 증거를 갖고 있는데, 이것은 인체 장식이 결코 하나의 원인에서 기원한 것이 아님을 설명하는 것이므로, 반드시 구체적인 문제를 구체적으로 분석해 봐야 한다.

많은 인체 장식품 가운데에는 우리 인류의 생산 노동과 밀접한 관계가 있는 것이 허다함을 쉽게 발견할 수 있다. 이를테면 원시인들은 허리에 차거나 머리에 다는 짐승 이빨이나 뼈침 등의 장식물을 가장 좋아했는데, 그 자체는 실용성의 것으로, 식물을 채집하거나 짐승 가죽을 벗기거나 혹은 의복류를 꿰매는 도구 —— 송곳이나 바늘이다. 타이완의 가오산족〔高山族〕은 옛날에 사슴 사냥으로 유명했는데, 이를 위해서는 반드시 날 듯 잘 달려야 했다. 따라서 어려서부터 달리기 경주를 훈련했고, 호리호리한 체형을 요구했다. 청나라 강희康熙 시기의 《대만부지臺灣府志·풍속風俗》에 다음과 같은 기록이 있다. 『남녀가 약 14,5세가 되었을 때, 등나무를 얽어서 허리에 둘러 묶어 작게 만든다. 男女約十四·五歲時 編藤圍腰 束之使

小』이처럼 허리에 띠를 두르는 일은 두룽족·누족·징퍼족 등이 사는 지역에서도 모두 비교적 유행했다. 장족 여성의 허리띠에는 갈고리 장식이 하나 달려 있는데, 이 갈고리 장식은 본래 일종의 도구, 즉 그녀들이 우유를 짤 때 소가 움직여 우유통이 엎어짐에 대비하여 갈고리를 우유통에 걸어 고정시키던 것인데, 오랜 세월이 지나면서 일종의 장식으로 변했다. 이상의 사실은, 생산도구가 인체 장식의 근원 중의 중요한 하나임을 증명한다.

몸의 보호 또한 인체 장식 근원 중의 하나이다. 예를 들면 한대 지방에 사는 사람들은 반드시 짐승 가죽을 옷으로 만들어 혹한을 막고, 열대 지방에서는 의복으로 해충이 무는 것을 막는다. 칠 장식 또한 이와 마찬가지이다. 예를 들면, 머리를 산발하면 일하기가 불편하므로 사람들은 머리에 기름을 바른다. 청나라 건륭乾隆 시기에 편찬된《속수풍산현지續修風山縣志》권3을 보면 가오산족은『사슴이나 돼지기름을 머리에 바른다 用鹿豕脂潤髮』는 기록이 있고, 명나라 경태景泰 시기에 편찬된《운남도경지서雲南圖經志書》권4에는『여성들은 송진을 머리에 바르고 문질러 가닥을 만들어 아래로 늘어뜨려 마치 말의 갈기와 같다 婦人以松膏澤髮 搓之成縷 下垂若馬鬃然』고 기록하고 있다. 이러한 머리 장식은 틀어올리기에 편했기 때문에, 장족·몽골족에서도 상당히 유행했다.《후한서後漢書·동이열전東夷列傳》에는『여성들이 돼지를 키워 그 고기는 먹고 가죽은 옷을 만들어 입고, 겨울에는 그 기름을 몸에 발라 바람과 추위를 막았다 女子養豕 食其肉 衣其皮 冬以豕膏塗身 以御風寒』는 기록이 있다.《강장민족잡사康藏民族雜寫》에는 다음과 같은 기록이 있다. 장족들은『소나 양의 젖으로 만든 기름으로 분을 대신하여 얼굴색을 보호하기 때문에, 소녀로부터 부인들까지 매일 뺨에 벌꿀을 바른다. 用油以代脂粉 爲保護其面色之故 少女及婦人 每天頰上塗以蜂蜜』(《康藏研究月刊》26期, 1949年) 이로 보아 많은 인체 장식이 몸의 보호에 쓰였음을 어렵지 않게 알 수 있다.

종교신앙도 인체 장식 원인 중의 하나이다. 주지하다시피 문신紋身은 토템·씨족외혼제 표지·성년 의례와 밀접한 관계가 있다. 동시에 신령함을 상징하는 문신 도안 또한 사악함을 피하게 하는 역할도 한다. 윈난성 융닝의 나시족은 마포 치마에 한 개의 붉은 선을 꿰매놓는다. 나시족은 이 선이 자신들의 조상이 융닝에 오는 길인데, 사람들이 죽은 후에는 영혼을 조상들이 있는 곳으로 보내야 한다고 생각하기 때문이다. 그러므로 여인들은 모두 치마에 이사간 길을 나타내는 붉은 선을 꿰매놓아 죽은 후에 다른 세계에 이르기 편하도록 한다. 그곳의 어린아이들은 모두 목에 사슴 이빨을 하나씩 거는데, 그 이빨 안에는 사향이 들어 있다. 이것이 사악함을 피하게 하고 귀신을 쫓는다고 생각한다. 어룬춘족 어린아이들은 요람에 반드시 몇 개의 뼛조각과 곰의 코를 달아놓고 있는데, 뼛조각의 달그락거리는 소리는 귀신이 놀라 달아나게 할 수 있고, 곰 코는 어린아이의 호흡을 원활하게 할 수 있다고 생각한다. 《서장지西藏志 · 의관衣冠》에는 다음과 같은 기록이 있다. 장족은 『오른손에 옥돌 팔찌를 차고 다닌다. 굵기가 약 2치로 이름이 고箍와 같은데, 어려서부터 차고 다닌 사람은 거의 닳아 끊어질 지경이다. 가난하건 부유하건 반드시 차고 다닌다. 죽은 후에도 길을 잃지 않게 해준다고 한다. 右手帶　磲圈 寬約二寸 名同箍 乃小時帶者 至磨斷方已. 無論貧富必帶之 云死後不迷路』이러한 팔찌는 나시족 치마에 꿰매놓은 붉은 선과 비슷한 역할을 한다.

이상의 내용을 분석해 볼 때, 인체 장식은 처음에는 실용적 측면이나 생산 노동을 위해서나 종교적 목적에서 출발했으나, 후에 심미적 기능이 추가된 것이다.

사람들은 우선 자신의 성기관을 드러내고 장식함으로써 이성을 유혹한다. 『남성미와 여성미의 표준에서, 성적 특징은 일찍부터 중요한 요소였다』(靄理士,《性心理學》, 三聯書店, 1988年, 66쪽) 이의 구체적인 방법은 많은데, 다음과 같다. 『첫째, 성기관에 먹을 칠한다. 둘째, 장식물을 더한다. 셋째, 의복의 이 부분에 어떤 특징을 첨가하는데, 그 의미는 가리고 덮기 위한 듯하지만, 사실은 사람의 주의를 끄는 데에 있다. 의복의 아름다움으로 신체의 아름다움을 대신하는 것 또한 일찍부터 나타난 원칙이다. 뿐만 아니라 문명사회에서는 더욱 불변의 추세가 되었음을 알 수 있다』(앞의 책, 67쪽) 저장성 뉘자자오〔羅家角〕 신석기시대 유적에서 출토된 도기 인물상〔그림 63〕 신장성 석문자石門子 바위 그림 위의 남성상〔그림 64〕 네이멍구 인산 암각화의 남성상〔그림 65〕 그리고 쓰촨성 공현珙縣 바위 그림의 남성상들은 모두 남근이 돌출되어 있다.〔그림 66〕 이는 당시인들이 그것을 결코 부끄럽게 여기지 않고, 이와는 정반대로 남성미로 여긴 것의 반영임을 설명하는 것이다. 물론, 이상의 자료들은 모두 종교적 혹은 무술적 의미를 갖고 있으며, 사람들은 이처럼 성기를 과장시키는 방법을 통하여 인류 자신의 번식과 부단한 인구 증가, 그리고 씨족이나 민족의 역량을 강성하게 하고 발전시키는 데에 영향을 미치고 촉진시키기 위한 것이었다. 이뿐만 아니라, 오스트레일리아의 어떤 원주민은 긴 형태의

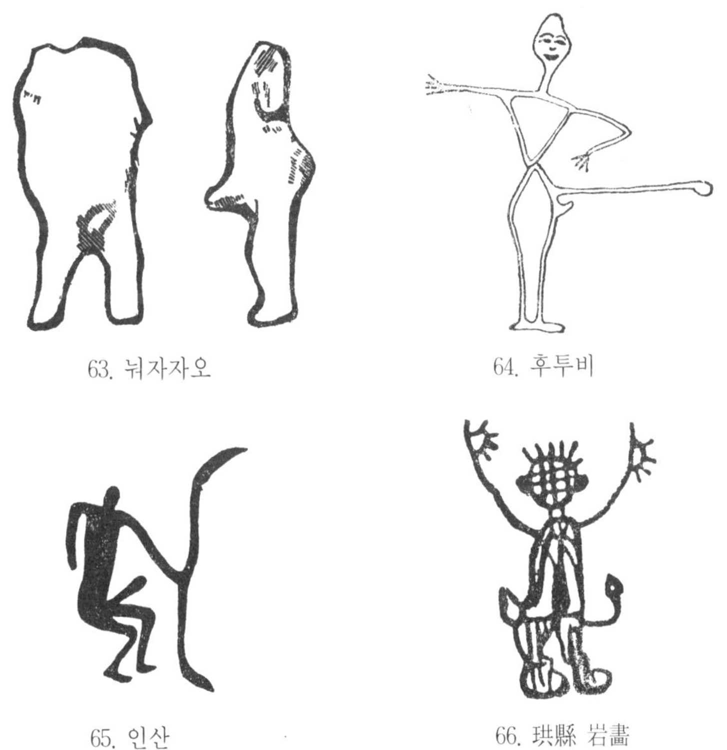

63. 뉘자자오　　　　　　　64. 후투비

65. 인산　　　　　　　　66. 珙縣 岩畵

과대하게 그려진 性器人像

호로박으로 남근에 커버를 씌우는 일을 전문적으로 하는데, 명칭은 생식기 보호 기구라고 하지만 사실은 자신의 남근을 두드러지게 하여 널리 이성의 사랑을 받기 위한 것이다. 윈난성의 하니족은 치마를 입을 때 항상 상의와 치마 사이에 빈 공간을 두어 앞은 배를 노출시키고 뒤는 엉덩이를 노출시키는데, 그녀들은 이것이 가장 아름다운 장식으로 남성을 유혹할 수 있는 것이라고 생각한다. 연구자들의 보고에 의하면, 『처녀들이 짧은 바지를 입어 건강하고 아름다운 왼쪽 다리를 노출시키고, 내의를 입지 않고 젖가슴을 조금 노출시키며, 중년 부인들은 가슴을 열어젖힌다. 그녀들이 여성의 가장 매력적인 부분을 모두 드러내는 것은 이성을 쉽게 끌어들이기 위함이다.』(孫官生,《哈尼族的生殖崇拜》, 未刊) 하니족 중에는 처인(車人)이라는 한 부족이 있다. 그곳 여인들은 항상 웃옷으로 한쪽 유방을 가려 남편에게 남기고, 다른 한쪽은 밖으로 드러내어 친구들이 보고 주무를 수 있도록 한다. 남자가 여자를 방문했을 때, 서양인들이 악수하는 것처럼 반드시 손으로 그녀의 유방을 주물러야 한다. 그래야 그녀를 존중하고 좋아하는 것이라고 생각한다. 필자는 둥족·먀오족·이족·나시족 지역에서 공통된 현상을 보았다. 그들은 처녀의 가치란 이목구비가 아름답고 신체가 날씬한 데에 있는 것이 아니고, 얼마나 성숙했는지와 둔부와 유방이 풍만한가에 그 가치가 있다고 여기고 있었다. 만일 어떤 처녀가 얼굴은 아름답지만 유방이 발달하지 않았다면 아무도 좋아하지 않는다. 왜냐하면 남자는 그녀가 아이를 낳지 못하고, 아이를 낳더라도 잘 기르지 못할 것이라고 여기기 때문이다.

중국의 소수 민족들에게는 또 자신의 남근을 장식하는 풍속이 있다. 예를 들면 하니족은 『유월절의 마을 돌기 활동에서 생식 숭배의 심리상태가 더욱 분명하게 나타난다. 많은 젊은이들이 남자는 여자로 분장하고 여자는 남자로 분장하여, 마을을 걸어서 한바퀴 돌기로 약속한다. 어떤 청년은 아랫배 아랫부분에 호로박을 다는데, 이것은 남성의 생식기를 상징한다. 몇몇 여성들은 주위에서 바라보기도 하고 또 다가가서 만져보기도 하는데, 이것은 남성 생식기를 만지는 것이다. 어떤 남자는 얼굴에 성을 상징하는 자물쇠를 달기도 하는데, 이것은 다른 사람이 만질 수 없음을 표시하는 것이다』(앞의 책) 이 총각들은 표면적으로는 남근을 단단히 숨겨두어 사랑을 구하는 처녀들을 문 밖으로 거부하는 것 같지만, 사실은 이와 반대로 자신들 남근의 고귀함을 드러내면서 아울러 자물쇠를 이용하여 크기를 과장하는 데에 그 뜻이 있다. 이 자물쇠는 또 은으로 만든 것으로 경제력의 상징이기도 하여, 처녀들이 더욱 주목한다. 그 은제 자물쇠를 만지는 사람이 아무리 많아도 총각들은 전혀 싫어하지 않는다. 왜냐하면 그들은 처녀들이 쫓아다니는 것을 좋아하기 때문이다.

사람들은 또 자신의 머리카락·수염·눈썹을 정성들여 가꾼다. 이를테면 남쪽 지방의 많은 민족의 남자들은 수염을 뽑아 버려 자신의 청춘을 영원히 간직하고자 한다. 그런데 서북 지방의 어떤 민족 남자들은 의식적으로 수염을 기르는데, 이는『여자들이 수염이 많은 남자를 가장 좋아하며』·『수염은 건강과 힘이 있음을 상징』한다고 생각하기 때문이다. 후자로 볼 때, 수염은 남자들에게 없어서는 안 되는 장식품이다.『우리들은 그것을 순수한 성의 장식품이라고 말할 수 있을 뿐으로, 많은 동물 수컷의 머리에 난 깃털과 비교할 수 있다』(靄理士, 앞의 책, 71쪽)

여성들은 정성을 다하여 자신의 검은머리를 온통 장식하는 이외에 또 얼굴에 난 여리고 부드러운 털을 깨끗이 하는 데에 신경을 쓰며, 더욱이 결혼 전날 밤에는 반드시 얼굴을 닦거나 〈눈썹〉을 깎아야 한다. 구이저우〔貴州〕 마장〔麻江〕 야오자〔饒家〕 사람들에게는 전설이 하나 있다.『옛날 야오자의 여성 시조 아링퍼는 젊었을 때 엄청나게 키가 크고 덩치가 컸고, 짙은 눈썹에 커다란 눈을 하고, 머리와 얼굴에 잔털이 많아 모습이 흉악했다. 젊은 사람들은 모두 무서워하며 그녀를 피했다. 그러나 아링퍼는 무엇 때문에 그런지 모르고 몹시 고민했다. 어느날 시냇가에 혼자 앉아 근심하고 있다가 무의식 중에 자신의 모습을 보고 놀랐다. 헝클어진 머리에 때투성이 얼굴이었다. 그래서 그녀는 곧 나무를 태운 재를 얼굴에 바르고 삼으로 만든 줄로 문질러 눈썹을 뽑아내고 부드러운 솜털을 제거했다. 다음날 아름다운 모습으로 젊은 사람들 앞에 나타나자, 그들은 모두

그녀의 아름다움에 놀라 결혼하자는 사람이 줄을 이었다. 아링퍼는 마침
내 좋은 신랑감을 찾아냈다』(楊鵑國,〈論原始宗敎對民俗的影響〉,《貴州民族
硏究》1988年 1期) 이 전설은, 여성이 〈눈썹을 깎는〉 일이 이성을 유인하
는 것이었음을 설명하고 있다.

　문신은 상고시대 인류에게 비교적 보편적인 인체 장식이었다. 중국의
고고학에서 많이 발견되었고 또 문헌 기록도 적지 않다.《영외대답嶺外代
答》권10에는 다음과 같은 기록이 있다.『하이난 리족〔黎族〕여성은 얼굴
에 수를 놓아 장식하는데…… 그 수놓은 얼굴은 중원의 비녀와 같다. 여
성이 비녀를 꽂을 나이가 되면 주안상을 마련하고 친척과 친구들을 모아
놓고, 자신이 쓰는 바늘과 붓을 가지고 아주 세밀한 꽃과 풀과 나는 나비
모양을 바느질한다. 海南黎女以綉面爲飾……其綉面也猶中州之笄也. 女年
及笄 置酒會親舊 女伴自施針筆 爲極細花卉飛蛾之形』주사개朱仕玠는《소
유구만지小琉球鄛志》에서 타이완인은『문신은 조상의 명으로, 고통을 참
으면서 수를 놓는 것은 감히 조상을 배반하지 않는 것이라고 한다 紋身
命之祖父 忍痛刺之 云不敢背祖也』고 했고, 강희康熙 연간의《제라현지諸
羅縣志》권8에서는『세상에 전해졌는데, 그렇지 않았으면 거기서 그쳤을
것이다. 고통이 심하더라도 참으면서 수를 놓는 것은 감히 조상을 배반하

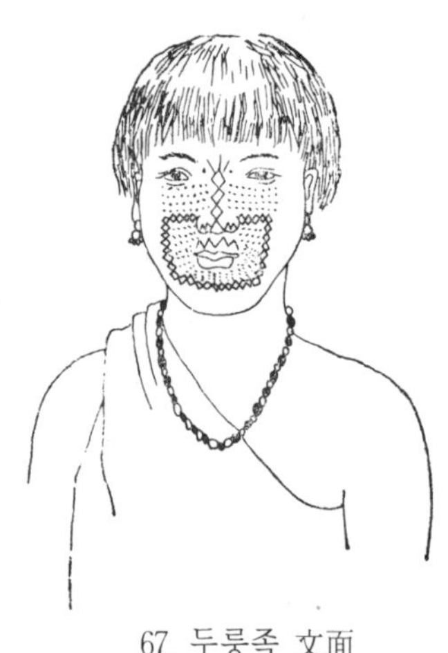

67. 두룽족 文面

지 않는 것이다 世相繼 否則已焉. 雖痛楚
忍痛而刺之 不敢背祖也』고 했다. 오늘날
까지도 중국의 리족·가오산족·두룽족
〔그림 67〕·다이족·이족 중에는 문신하
는 풍습이 남아 있다. 처음 시작할 때의
문신은 씨족 성원이 성년이 되었을 때 그
들의 몸에 일정한 표지를 수놓아 혼인 관
계를 구별하는 것이었고, 동시에 또 문신
이 사악함을 피하는 역할을 하는 것이었
다.『원시 씨족 중에는 남성과 여성의 양
성 상호 관계를 결정짓는 복잡한 법도가

존재한다. 만일 이러한 법도를 파괴하면 엄격한 추궁을 받아야 한다. 가능한 착오를 피하기 위해서는, 성이 성숙한 시기에 도달한 사람의 피부에 그에 맞는 기호를 만들어야 했다.』(普列漢諾夫,《論藝術》, 人民出版社, 1985年, 115쪽) 씨족시대에는 각 씨족마다 나름의 도안으로 문신을 했는데, 같은 문양을 문신한 남녀는 성교가 금지되었고, 다른 문양을 문신한 남녀간에만 성교가 가능했다. 그러므로 문신은 또 씨족 배우자를 유인하는 역할도 갖고 있었다.

　강희康熙 연간의 《제라현지諸羅縣志》 권8에는 다음과 같은 기록이 있다.『여성에게 남편이 있으면 옆니 두 개를 부러뜨려 처녀와 구별한다. 女有夫 斷其旁二齒 以別處子』《묘속기苗俗記》에도 이런 기록이 있다.『이를 부러뜨리면은 더욱 사나워진다. 여자가 시집가려고 할 때 반드시 이 두 개를 부러뜨리는데, 남편을 해칠까 무서워서이다. 打牙犵㑰剽悍尤甚 女子將嫁 必折其二齒 恐妨害夫家也』이를 뽑는 것은 성년의 표지로 〈처녀와 구별하는〉 것이며, 동시에 또 결혼 생활을 시작했다는 것이기도 하고, 이성을 유인하는 수단이기도 했다. 성년이 되고자 하는 사람으로 말하면, 이를 뽑는 것은 엄격한 검증이며, 한 사람이 용감한가 그렇지 않은가의 표지이기도 했다.『보통 전사로 하여금 두려움과 민첩함을 드러나게 하는 것은 일반적으로 모두 여성이 좋아하는 것이었다. 장식의 목적은 이성에게 즐거움을 준다.』(《普列漢諾夫美學選集》 第1集, 人民出版社, 1983年, 454쪽) 이를 뽑는 장식은 이러한 역할이 있었다. 《환우기寰宇記》 권169 〈담주(儋州편〉에 다음과 같은 기록이 있다.『사람들은 산마루를 여라고 하는데, 사람들이 그 사이에 살면 생려라고 부른다. 지나가는 사람을 죽여 치아를 뽑아 실에 꿰어서 목에 걸고 용맹함을 자랑한다. 俗呼山嶺爲黎 人居其間號曰生黎 殺行人取齒牙貫之於項 以炫驍勇』

　신체상의 각종 장식──모자·머릿수건·귀걸이·목걸이·팔찌·발찌·허리테·발테 등 또한 중요한 인체 장식품으로, 이성을 끄는 역할을 한다. 저인획褚人獲은 《견호사집堅瓠四集》에서 이용李冗의 《독이지獨異志》를 다음과 같이 인용하고 있다.『우주가 처음 열렸을 때는 여왜 남매 두 사람만 쿤룬산에 살았고, 세상에는 사람이 아무도 없었기 때문에 의논하여 부부가 되었는데, 스스로 부끄러워 오누이는 쿤룬산에 올라가「하늘이 우리 두 사람을 부부로 삼기 위해 보내셨다면 두 줄기 연기가 하나로 합하게 하시고, 만약 그렇지 않다면 연기를 흩어지게 하십시오」하고 울면서 말하자, 연기의 윗부분이 하나로 합쳐졌다. 여동생이 다가오자 오빠는 풀로 부채를 엮어 자기 얼굴을 가렸다. 요즘도 사람들이 아내를 얻을 때, 네모난 수건으로 꽃 모양 부채를 만들어 그것을 본뜬다』이것이 바로 얼굴 가리개와 머릿수건의 내원 전설인데, 이러한 장식들도 양성의 결합에서 나온 것이다. 《북사北史·실위室韋》에서는 이렇게 언급하고 있다. 『사람들은 붉은 구슬을 좋아하여 여성의 장식으로 하고, 꿰어서 목에 거는데, 많은 것을 귀하게 여긴다. 俗愛赤珠 爲婦人飾 穿掛于頸 以多爲貴』고대의 장족藏族 여성들은 남자가 보낸 가락지를 머리타래에 장식하는데, 많은 것을 아름답게 생각한다. 《마르코폴로 여행기》에는 다음과 같은 기록이 있다. 『그녀들은 온갖 이러한 장식품들을 모두 목의 앞뒤 혹은 기타 신체의 다른 부위에 건다. 보통 선물받은 수량이 가장 많은 여성이 남자들에게 가장 주목받는 사람으로 여겨진다. 그러므로 또 구혼하는 남자들에게 가장 존경을 받기도 한다』『결혼한 그날, 여성이 선물받은 물건들을 진열하면 남편은 그것들을 자신들의 우상으로 보므로, 여성이 남편에게 기쁨을 얻을 수 있는 증거품이다』(《馬可波羅游記》, 福建科學出版社, 1981年, 149쪽) 이것은 고대 장족 여성의 머리 장식을 묘사한 것인데, 같은 풍속이 광시〔廣西〕에도 있다. 《청패류초淸稗類鈔·풍속류風俗類·월서탕자증잠粤西蕩子贈簪》에는 다음과 같은 내용이 수록되어 있다. 『광시의 어느 현에서는 여자가 성년이 되기 전에는 모두 밖에 짝을 두는데, 가족들이 알고도 못하게 하지 않는다. 보통 남자가 사귀고 싶은 사람이 미혼녀이면 반드시 비녀를 주는데, 금이나 은 모두 괜찮다. 비녀가 많을수록 더욱 기뻐한다. 여럿이 모여 서로 살펴보아 가짜는 안 되고, 시집가게 되면 가져간다. 잘 차려입을 때는 모두 머리에 꽂고 동서나 친척간에 서로 자랑하는데, 많을수록 좋은 것이고, 비녀가 많은 사람은 또 으스댈 수 있다』위

에서 말한 가락지나 비녀 등의 머리
장식은 성애의 산물일 뿐만 아니라,
여성이 보다 유혹을 잘하는 능력이
있음을 보여 주는 증거물이기도 하
다. 구이저우의 타이장현〔台江縣〕이
나 레이산현〔雷山縣〕 등의 먀오족
아가씨들은 명절에 잘 차려입고, 은
으로 된 쇠뿔·목걸이·팔찌 등의
은제품을 거는데, 총중량이 5.5킬로
그램 가량 나간다.〔그림 68〕 먀오족
은 가정마다 은장식을 가지고 있다.
아가씨들은 어려서부터 출가하기
전까지 누구나 각종 도안을 수놓은
한벌의 〈예복〉을 만들어야 한다고
한다. 위에서 말한 은장식은 먼저

68. 먀오족의 牛角飾

첫째 딸이 쓰다가, 첫째가 시집가면 둘째에게 물려 주고, 둘째가 출가한
후에는 셋째에게 전한다. 딸들이 모두 시집가면, 이 은장식들을 모든 딸
에게 똑같이 나누어 준다. 먀오족이 은장식과 은복식을 중시하는 이유에
는 세 가지 의의가 있다. 첫째, 자신이 많은 재산을 가지고 있음을 드러내
는 데는 은이 가장 진귀한 물건이고, 둘째, 복식이 좋고 나쁨은 처녀의 솜
씨를 반영한 것이며, 셋째, 처녀가 새로운 것을 걸치고 장식이 부티나면
남자를 끌 수 있기 때문이다. 따라서 그곳 먀오족의 명절은 신앙의 구현
이고 오락의 기회일 뿐만 아니라, 청년 남녀가 사귀는 성대한 모임이다.
그들은 노래로 마음을 나타낼 뿐만 아니라, 자신의 장식을 통하여 남자를
끌어 좋은 배필을 찾기도 한다.
　이상 인체의 주요 장식을 통하여 분석해 보면, 예술 형식은 하나가 아
니지만 모두 공통적인 기능, 즉 인체 장식을 통하여 자신을 아름답게 꾸
며 널리 이성을 찾는 기능을 갖고 있다.

제3절 구애 무술

구애 무술은 애정 무술, 성무술이라고도 한다. 혼약魂藥·애약愛藥 등은 성무술에서 중요한 역할을 한다. 성무술은 중국 내외 많은 민족들에게 비교적 널리 퍼져 있다.

중국의 쫭·둥어족이나 고월인古越人의 후예 민족——쫭족·리족·부이족·둥족·다이족 등의 지역에서는 애약이 비교적 널리 퍼져 있다. 여기서는 쫭족의 애약을 예(凌樹東, 《靖西壯族的愛藥》, 未刊)로 설명하기로 한다.

광시성 징시현[靖西縣] 쫭족들은 애약을 〈민〉이라고 한다. 민을 시행하는 사람에 의하면, 〈민〉을 어떤 사람에게 시행한 후에는 정신적인 어떤 면(주로 성·감정)에서 잠시 이지를 잃고 민을 시행한 사람의 지배를 자발적으로 받을 수 있는데, 다른 면에서는 기본적으로 정상적인 상태에 있을 수 있지만, 민의 시행이 심하거나 그것을 연속하여 시행하면 정신분열증에 이를 수 있다. 그 지역에는 두 가지의 〈민〉이 있다.

하나는 동물이나 식물로 만든 것이다. 예를 들어 숲속에서 칭칭 감긴 천금등을 발견하면, 5월 5일에 잘라내어 정성들여 말려서 가루로 만들어 여러 가지 무술을 시행하는데, 그 가루를 가지고 이성을 지배할 수 있는 민을 만든다. 동물로도 애약을 만들 수 있다. 예를 들면 제비둥지에서 세 개의 알이 부화하여 세 마리의 어린 제비가 껍질을 막 깨고 나올 때, 어린 제비를 물대접에 빠뜨려 죽여서 두 마리를 함께 묶어 암수 한쌍이라고 생각하고 말려 가루로 만들어 민으로 사용한다. 다른 새끼 제비 한 마리도 말려 가루로 만들어 민을 푸는 해약으로 쓴다. 이 애약은 남녀 모두 복용할 수 있다. 시술자는 종종 상대방이 준비가 안 되었을 때를 틈타 음식이나 술에 〈민〉을 넣는다. 그러면 상대방이 먹고 나서 정서가 상당히 흥분되고 행동이 고집스럽게 되며 말이 솔직해져서, 항상 시술자를 사랑의 대상으로 삼는다고 한다. 따라서 좡족 사람들은 서로 사랑하는 두 사람이 떨어지지 않는 것을 〈민에 맞았다〉[中了悶]고 생각한다.

다른 하나는 주문으로, 반드시 정해진 매개물이 있다. 만일 한 젊은이가 어떤 아가씨를 사랑한다면, 그들은 보통 몇몇 집에서 만날 수 있다. 젊은 이는 주인의 물담뱃대를 가지고 와서 그 담뱃대에 몇 마디 주문을 말하는데, 그 의미는 다음과 같다.『담뱃대를 빠는 것은 마치 강물을 어루만지는 것과 같다. 꾸르륵꾸르륵 담뱃대를 빠는 것은 마치 담뱃물과 세상 이야기를 하는 것처럼 강물은 나에게 사랑의 힘을 주고, 담뱃물은 나와 사랑하는 사람을 결합시켜 준다. 손으로 가볍게 세 번 치고 입으로 부드럽게 세 모금 불면 사랑하는 사람이 애정의 미소를 띠게 된다.』무술을 다 시행한 다음에 담뱃대를 사랑하는 아가씨에게 전한다. 만일 아가씨가 빙그레 웃으면서 담뱃대를 받아 몇 모금 빨면 반드시 민에 맞고, 반대로 담뱃대를 받고서도 흡입하지 않고 담뱃대를 입에 스치기만 하면서 담뱃물을 불어내면 민의 무술은 효험이 없게 된다. 이러한 무술은 첫 연애에 많이 쓰는데, 그 효력은 하루에서 닷새까지 유지된다. 민에 맞은 아가씨는 흥분하여 총각을 의지하고 따라다니게 된다.

길을 가다가 어떤 총각이 한 아가씨를 사랑하고 싶은 마음이 생겼지만 상대방의 가슴을 움직이지 못하면, 땅에서 흰색 조약돌을 찾아 손바닥에 올려놓고 세 번 불고 다음과 같은 의미의 주문을 왼다.『조약돌 하나를 주워, 조약돌 하나를 주워, 내 마음을 실어 아가씨에게 던진다. 나의 순수한 사랑은 조약돌처럼 아가씨의 순진한 마음을 때려, 당신이 사랑의 상징인 흰 조약돌을 받아들이면 내 사랑의 마음을 받아들여야 한다오. 아름다운 아가씨 그대는 내게로 고개를 돌려 미소를 띠우시오.』주문이 끝나면 흰 조약돌에 다시 세 번 숨을 불어넣고, 살짝 아가씨에게 던진다. 그녀가 고개를 돌리면 민에 맞은 것이어서, 총각은 대담하게 아가씨를 사랑할 수 있다. 또 몇 가지 〈염주은애부念咒恩愛符〉라는 것도 있다. 대부분의 부적은 가운데에 남녀 교합의 모습이나 여러 마리의 잉어를 그리거나 해와 달이 서로 비추는 모습을 그리고, 그림 옆에 주문을 써넣는다.〔그림 69〕

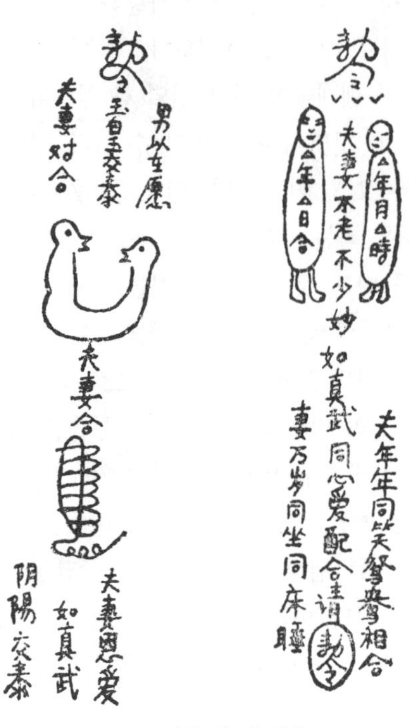

69. 좡족의 求愛符

세번째는 부적이다. 이 방법은 무당이나 도사가 주관한다. 그들은 마치 처방전을 쓰듯이 먼저 주문을 외우고 나서 부적을 그리는데, 아울러 일정한 금기가 있다. 이러한 부적은 응용 범위가 넓은데, 이성을 유혹하는 데에도 쓰인다. 일반적으로 부적을 태워 음식물에 섞거나 술에 타거나, 혹은 시술당하는 사람의 의복에 착용시키기도 하고, 베개 밑이나 물항아리 밑에 넣어두어, 효력이 발생하면 상대방이 사랑의 울타리 속으로 들어오게 된다. 전에 부적에 관한 책에서 다음과 같은 몇 가지 예를 들어 설명하는 것을 본 적이 있다.

하나는 남자 부적으로, 대부분 해와 달을 그려놓고 남녀가 결합하는 형상이다. 부적 위에는 〈동심동수同心同睡〉·〈동상동합同床同合〉·〈상교미민합호소환락야相交迷悶合好笑歡樂也〉라고 쓰여 있거나, 혹은 〈동상은애同床恩愛 화합교회和合交會〉 등의 말이 쓰여 있다.

또 하나는 여자 부적으로, 그 위에 〈미민迷悶〉·〈동심은애同心恩愛〉·〈교태화합交泰和合〉이라고 쓰여 있다. 이상의 여러 부적들을 자신의 몸에 지니고 다니면 상대방을 유혹하는 목적을 이룰 수 있다.

또 다른 하나는 〈길에 놓으면 저절로 오는 부적〉으로, 이 부적을 길에 놓아두면 아가씨가 밟고서 총각에게 애모의 마음이 생기게 된다.

그외에 또 〈부르면 스스로 오는 부적〉·〈여인이 스스로 오는 부적〉이 있다. 뒤의 부적에는 『빨리 화합하고, 봉황을 찾아 짝을 이루다 日急和合

尋鳳成雙』라고 쓰여 있다. 이 부적을 시술하면 틀림없이 원하는 여인의 발자취를 찾아낼 수 있다.『여인의 발자취를 따라, 여인의 발자취 세 걸음이면 돌아오고, 발자취를 따라 흙이나 돌무더기를 따지지 말고 주문을 외우며 세 차례 토해 낸다.』다음과 같은 주문을 왼다.『각탑각 각답지 양변흑보마 양변양파산 양각양하수 박이아 염아불허매 견천이이노 견하이이악 견아이천반환희 준오태상노군 급급여율령 화금자. 脚搭脚 脚踏地 兩邊黑報麻 兩邊兩坡山 兩脚兩河水 拍而啊 念我不許罵 見天爾而怒 見嚇爾而惡 見我而千般歡喜 準吾太上老君 急急如律令 畫金字』장족에게는 또〈남애여식부男愛女食符〉라는 것이 있는데, 이 부적은 보기 좋게 잘 쓴 다음에 태워서 재로 만들어 처녀가 마시는 술에 타야만 성애의 효험이 나타날 수 있다. 이 부적에는 한쌍의 남녀가 그려져 있고,『해마다 함께 웃고, 원앙처럼 화합한다 年年同笑 鴛鴦相合』·『같은 자리에 앉고 같은 침상에서 잠잔다 同坐同床睡』고 쓰여 있다. 어떤 부적에는 또 몸이 함께 붙어 있는 새가 그려져 있는데, 입과 입이 마주하고 있으며 옆에는〈남이여원男以女願〉·〈옥황교태玉皇交泰〉·〈부처대합夫妻對合〉·〈부처은애夫妻恩愛〉·〈음양교태陰陽交泰〉등의 말이 쓰여 있다.〔그림 70〕

사랑의 약은 다른 나라에도 널리 퍼져 있다. 예를 들면, 생각하지도 못할 이런 풍습도 있다.『아란다 부락에는, 남자가 좋아하는 여성을 자기에게 끌어들이기 위해서 쥐의 등가죽으로 만들거나, 흰 흙을 칠한 백자기나 유칼리나무 껍질을 문질러 반짝이게 만든 특수한 모자인〈치라파〉를 머리에 쓴다. 이러한 장식을 한 사람은

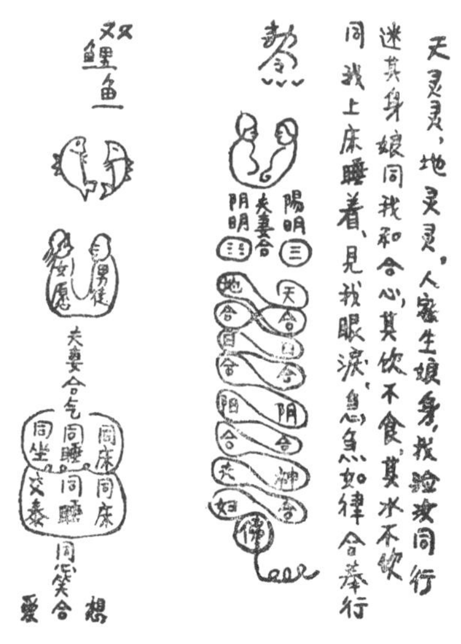

70. 求愛符

그들이 사랑하는 사람에게 애써 보이고 싶어하는 것이다. 이는 처녀가 틀림없이 그를 사랑할 것이라고 생각하기 때문이다. 저녁에는 그의 집에 함께 가서 이와 비슷한 〈룬카룬카〉를 사용하는데, 이것은 조개 껍질로 만들어 허리 앞춤에 차는 일종의 특수한 장식이다』 또 『거칠게 만들어진 악기 — 간단한 목관악기를 모닥불에 올려놓고 검은 연기를 피우고 동시에 몇 마디 주문을 외우고 나서, 한밤중에 그것을 연주하여 여성의 정욕을 불러일으킨다』(托卡列夫等, 《澳大利亞和大洋洲的各族人民》, 三聯書店, 1980年, 299쪽) 이로 보아 위에서 말한 〈치라파〉와 〈룬카룬카〉는 모두 일종의 장식품으로, 목관악기는 원시 악기이지만 하나같이 무술적인 힘이 부여되어 〈여성의 정욕을 불러일으킬 수 있음〉을 알 수 있다.

비교적 적기는 하지만 멜라네시아 사람들의 생활에서도 이러한 구애 무술이 행해진다. 일반적으로 처녀가 자기를 사랑하도록 하기 위해, 그녀로 하여금 강제로 좋아하게 하거나 처녀의 냉담함이나 변절을 징벌하기도 한다. 구애 무술의 방법도 다양한데, 일반적으로 모두 비교적 원시적이다. 예를 들면 『술카 부족의 가장 간단한 방법은, 자신이 사랑하는 처녀로 하여금 주문을 외운 야자 열매를 조용히 먹도록 하는 것이고, 비교적 복잡한 방법으로는, 주문을 외운 담뱃잎으로 궐련을 만들어 처녀의 친척에게 주어 처녀가 그 담배를 피우도록 한 다음에, 남은 담배꽁초를 반으로 잘라 한쪽은 개미 구멍에 넣고, 다른 반은 불에 태워 버린다. 그러면 이 처녀는 무술을 시행한 남자에게 열렬한 애정을 느끼게 된다는 것이다. 이것은 접촉과 모방 무술이 결합된 방식이다. 술카 사람들에게는 또 부정한 여자나 오만한 처녀에게 징벌을 가하는 무술이 널리 퍼져 있다. 이러한 방법을 쓰면 저주받은 여인이 유산을 하거나 임신을 하여, 그녀의 정력을 소모하게 할 수 있다』(앞의 책, 608쪽) 여기서의 야자 열매나 궐련은 모두 구애 무술의 매개체로, 이러한 물품 자체도 애약의 성질을 갖고 있다. 처녀를 징벌하는 무술은 사악한 무술이다.

그외에 카레라스 사람들 사이에는 『젊은이가 밤에 사랑을 구할 때, 자기가 사랑하는 사람의 집 지붕, 바로 그녀의 부모가 잠자는 방의 위쪽을 겨냥하여 무덤에서 가져온 흙덩이를 던진다. 그 흙덩이가 그와 애인이 이야기할 때 부모들이 깨지 않도록 할 수 있다고 생각하는 것인데, 그것은 무덤의 흙이 죽은 사람처럼 잠들게 할 수 있다고 생각하기 때문이며……마찬가지로 자바 섬의 도둑들은 들어가려는 방 밖에 둥그렇게 무덤 흙을 뿌려 방안에 있는 사람들을 깊이 잠들도록 한다.』(弗雷澤,《巫術與語言》, 上海文藝出版社, 1988年, 35쪽) 여기서 말하는 무덤 흙 역시 배우자를 구하는 것과 관련된 일종의 〈약물〉인데, 무덤 흙을 상대방에게 쓰지 않고 상대방의 부모에게 써서 사랑을 속삭일 때 간섭받지 않으려고 하는 것이 그 차이이다. 이것은 당시 사람들의 원시적 사유 방식을 반영하고 있다.

구애 무술에 사용된 애약의 기원은 수렵 시기 짐승을 유인하던 무술과 상당한 관련이 있을 가능성이 있다. 하이난성의 리족들은 일종의 혼초魂草를 사용하는데, 〈판瓣〉·〈경卿〉·〈표票〉라고 부른다. 이것은 〈금하고도 바꾸지 않는 귀중한 것〉·〈꽃무리 중의 토란〉이라는 뜻이다. 리족들은 그것을 또 〈멧돼지약〉이라고도 하는데, 들짐승의 영혼을 유인하는 풀이다. 수렵을 하기 전에 사냥꾼들은 반드시 산에서 이러한 풀을 채집하여 집 앞뒤에 심는데, 이 풀이 들짐승을 유인할 수 있다고 생각하기 때문이다. 〈표〉는 사슴을 유인할 수 있고, 〈경〉도 사슴을 유인할 수 있고, 〈판〉은 멧돼지를 유인할 수 있다. 위에서 말한 혼약魂藥은 다른 나라 여러 부족들의 애약과 기본적으로 비슷하여, 실용성을 갖고 있고 애약에 앞서 나온 것일 가능성이 있다. 사람들의 유인 무술은 최초에는 생존을 위한 것으로 수렵에 이용했고, 나중에 와서 이러한 무술을 인간 관계, 즉 배우자를 구하는 데에 이용하게 되었다. 주문이나 부적은 비교적 나중에 나타난

71. 다이족의 求愛符

무술 형식이다.〔그림 71〕

　구애 무술은 일종의 위과학僞科學이다. 사람들이 식물이나 동물에 부여한 유혹성 이외에, 이러한 식물과 동물에 〈춘약春藥〉의 성질을 갖도록 한 것에 불과할 뿐이다. 이것은 청대 말의 소설에서도 볼 수 있다.

　《이십년목도지괴현상二十年目睹之怪現狀》 제89회에 『칼 같은 혀와 창 같은 입술로는 절개를 돌리기 어렵고, 깊은 분노와 원한이 굳은 정절을 바꾼다 舌劍脣槍難回節烈 忿深怨絶頓改堅貞』는 말이 있는데, 다음과 같은 내용을 설명하는 것이다. 구재苟才라는 사람이 출세하고 돈을 벌기 위하여 과부가 된 며느리를 자신의 딸로 가장시켜 대원수에게 억지로 시집보내 첩으로 삼도록 하고자 했으나, 며느리는 고집스럽게 따르지 않았다. 구재는 속으로 꾀를 내어 종이 두루마리를 꺼내어 자기 부인에게 건네 주었다. 『구재의 부인은 두루마리를 받아 펴보자마자 얼굴이 홍당무가 되어 물건을 집어던지며 외쳤다. 「염치없는 늙은이! 어디서 이런 걸 가지고 놀아요?」「당신은 모르나? 보통 관가의 임명장·서찰·은표 등의 요긴한 물건에는 반드시 이 물건을 넣어두었다가 삿됨을 누르는 데 쓰고 있다네. 보통 우리 관리들은 모두 이러한 물건을 갖춰 두고 있네.」』 후에 구재는 며느리가 술을 마신 기회를 틈타, 『그 더러운 물건을 속에 거듭거듭 진하게 탔는데』 며느리가 다 마시고 나서는 『평상시와는 분명히 다르게 생각이 느려지고, 억지로 일어나 앉으려고 했지만 똑바로 서지지 않고 다시 주저앉았다.』 이러한 내용에서 보면 위에서 말한 〈종이 두루마리〉 속의 〈더러운 물건〉도 일종의 〈애약愛藥〉이지만, 〈춘약春藥〉임이 분명하다.

제 7 장
혼례 중의 자식 기원

중국의 전통 관념에서 자녀는 부모의 골육으로 대를 이을 수 있지만, 아들이 없으면 후사가 끊어져 가장 큰 불효라고 생각했다. 자녀는 부계 가정의 노동력이고 재산이기 때문에 아들이 많은 것을 귀하게 여겨, 아들이 많아야 복이 많고 일찍 아들을 얻어야 일찍 행복할 수 있다고 생각했다. 그러므로 결혼하는 날부터 결혼식 중에 여러 과정에서 아들 갖기를 기원하는 좋은 무술을 펼쳐 일찍 아들 갖기를 기원한다. 여기서 보면, 남녀가 사랑하는 것은 중요하지 않고 아내를 얻어 아들을 낳는 것을 중요하게 여기고 있음을 알 수 있다. 결혼 후에는 아내로서의 여성은 반드시 아들을 낳아야 한다. 그렇지 않으면 다른 사람보다 낮게 취급되고 멸시를 받으며 심지어는 〈내쫓기는 일곱 가지〉〔七出〕 중의 하나로 열거된다. 《의례儀禮·상복喪服》에는 『일곱 가지 내쫓기는 것이 있는데, 아들 없는 것이 하나이다 七出者 無子 一也』는 기록이 있다. 따라서 결혼한 사람, 특히 여성은 여러 기회를 이용하여 신을 공경하고 아들을 기원하는 것 이외에 또 아들 갖기를 기원하는 무술을 펴서, 일찌감치 아내로서의 의무를 다해야 한다.

아들 갖기를 기원하는 무술은 원시신앙에 속한다. 일정한 방식을 이용하는데, 교감 무술이나 모방 무술로 잉태의 목적에 도달하고 최후에는 자녀를 낳을 수 있다고 여긴다. 그러나 고대에 널리 퍼져 있던 아들을 중시하고 딸을 경시하는 관념은 잉태 기원에서 아들을 기원하는 형식으로 나타났다.

옛날 사람들은 결혼식이 인생의 큰 예로, 결혼에는 두 가지 큰 기능이 있다고 생각했다. 하나는 성생활이고, 다른 하나는 대를 잇는 것이다. 《맹자·만장상萬章上》에서는 『남녀가 함께 사는 것은 사람의 큰 윤리이다 男女居室 人之大倫也』고 했고, 《예기·혼의昏義》에서는 『혼례는 두 성이 합하는 좋은 일로, 위로는 종묘에 보여 드리고 아래로는 후세를 잇는 것이다. 그러므로 군자는 그것을 중요하게 여긴다 昏禮者 將合二姓之好 上以示宗廟 而下以繼後世也 故君子重之』는 기록이 있다. 주여동周予同은,

『유가儒家의 입장에서는 남녀 양성의 결합을 남녀 양성 자체의 행복과 애정에 주안하여 보지 않고, 단지 남녀 양성 결합의 생식 능력만을 본다』(周予同,《經濟學史論著選集》, 上海人民出版社, 1983年)고 하였다. 이로 보아 결혼은 생식을 위한 것이고, 결혼식은 생식을 실현하는 기점이고 전제이다. 따라서 결혼식에는 성 혹은 생식 무술이 많이 보존되어 있다.

제1절 신방의 자리 깔기〔鋪床〕와 자리 누르기〔壓床〕

침상은 수면을 취하는 곳이기도 하고 부부가 생육을 실행하는 장소이기도 하다. 사람들은 일생 동안 침상과 밀접한 관계를 맺고 있다. 그래서 침상을 신령으로서 숭배한다.〔그림 72〕

침상의 신은 또 상공상모床公床母라고도 한다. 《청가록淸嘉錄》에는 『침상에 차와 술과 떡과 과일을 차려올리고 침상신에게 제사드리며, 평생 평안한 잠자리가 되도록 기도한다고 한다. 일반 사람들은

72. 床神

침상의 신을 상공·상파라고 한다. 상순길은 〈제야잡영〉에서 「물을 떠놓고 상공에게 기도한다」고 읊었다. 대체로 지금의 풍속은 오히려 술을 가지고 상모에게 제사드리고, 차를 가지고 상공에게 예를 차리는데, 상모는 술을 좋아하고 상공은 차에 빠져 있기 때문이라고 하며, 그것을 〈남차여술〉이라고 한다 薦茶酒糕果于寢室 以祀床神 云祈終歲安寢. 俗呼床神爲床公·床婆. 相循吉〈除夜雜咏〉云「酌水祀床公.」蓋今俗猶以酒祀床母 而以茶禮床公 謂母嗜酒 公癖茶 謂之〈男茶女酒〉』고 하였다. 침상신은 본래 침상 자체이므로 일종의 인공물 숭배인데 후에 신격화되어 침상신이 되었으며, 또 성별 특징이 있어 상공상모로 숭배한다. 당나라 사람 단성식段成式은 《유양잡조酉陽雜俎》 권15에서 이렇게 말하고 있다. 『중상 벼슬을 하는 유적이란 이가 서울 근교 농촌에서 살았는데, 아내가 병이 들어 위중했다. 어느날 저녁 그가 아직 잠이 들지 않았는데, 탐스러운 백발이 석 자나 되

는 한 부인이 홀연 나타났다. 등불 그림자 아래에서 나와 그에게 말했다. 「부인의 병은 나만이 고칠 수 있는데, 왜 나에게 제사지내지 않는 거요?」 그는 원래 강직한 성품이어서 꾸짖었더니, 그 부인은 천천히 손을 저으며 「후회하지 마시오」라고 말하고는 사라졌다. 아내가 심장이 너무 아파 거의 죽을 지경이 되자, 그는 기도하지 않을 수 없었다. 기도하는 말이 끝나자 다시 나타났다. 유가 읍을 하고 앉아 찻그릇을 찾아 입 쪽으로 향하니 마치 주문하는 모습이 되었다. 박명한 부인을 돌아보니 차가 막 입으로 들어가자 병이 나았다. 후에 때때로 문득문득 나타났지만 집안 사람들도 두려워하지 않았다. 다음해에 또 유에게 말했다. 「나에게 머리 올린 여자가 있는데, 부탁하오.」 「사람을 구하는 것이 아니고, 단지 오동나무를 깎아 인형을 만들되, 작아도 두 개면 좋소.」 유가 그러마 하고, 다 만들었는데 지키던 사람이 잃어버렸다. 그러자 또 유에게 말했다. 「또 번거롭지만 주인장이 포공과 포모를 만들어 주시오. 좋다면 어느 날 저녁 내가 수레를 갖추어 와서 맞이하겠소.」 유는 속으로 어쩔 수 없다고 생각하여 또 그러마 허락했다. 劉積中常于京邊縣莊居 妻病重 于一夕劉未眠 忽有一婦白首 長饞三尺 自燈影中出 謂劉曰「夫人病 唯我能理 何不祀我?」 劉素剛咄之 婦徐戟手曰「悔勿悔」遂滅. 妻因暴心痛殆將卒 劉不得已祝之 言已復出 劉 揖之坐 乃索茶一甌向口如呪狀 顧命薄夫人 茶才入口 痛愈. 後時時輒出 家人亦不之懼 經年復謂劉曰「我有女子及笄 所托.」 姥曰「非求人也 但爲刻桐木爲人形 稍二者則佳矣.」 劉許諾 因爲具具 經宿人失矣. 又謂劉曰「兼煩主人作鋪公鋪母 若可 某夕我自具車輪奉迎.」 劉心計無可奈何 亦許之」이것은 침상신과 관련된 고대의 신화 고사이다. 또 어떤 사람은 침상신의 출현이 『대체로 근대의 혼례에서 네 명의 고루 복을 갖춘 안노인을 모셔다 자리를 봐달라고 하는 것과 마찬가지이다. 복과 수명을 모두 겸비하고 아들과 손자가 많은 노부부를 모셔다 잠자리를 봐달라고 부탁하기 때문에 〈포공포모〉라고 한다. 후에는 신으로 사람을 대신했기 때문에 침상신이 되었다』(郭立誠, 《中國生育禮俗考》, 文史哲出版社, 1979年, 22쪽)고 한다. 항저우〔杭州〕 지엔더〔建德〕 지역에는 침상에 제사드리는 의식이 널리 퍼져 있다.

의식은 침상 위에서 거행되고, 침상 위에는 5남 2녀를 앉혀야 하는데, 이
것은 결혼한 사람들이 아들을 많이 두기를 기원하는 것이다.(《浙江風俗簡
志》, 浙江人民出版社, 1986年, 93쪽) 부이족은 〈메이왕캉관〉을 모신다. 중국
말로 〈침상 여신〉이라는 뜻이며, 침상신을 여성으로 생각하고 있다.

　혼례를 거행하기 전날 밤에 반드시 잠자리를 편안케 하는 의식을 거행
해야 한다. 타이완 주민들은 잠자리를 편안하게 하기 전에 반드시 약간의
동전을 준비했다가, 여덟 개는 침상 모서리에 모셔두고, 다른 동전들은
침상머리・침상발치에 두는데, 〈동심동체同心同體〉의 의미이다. 침상 모
서리는 탁자 모서리와 짝할 수 없지만, 변과 변은 마주할 수 있다. 이렇게
하면 부부가 화목하다는 것이다. 잠자리를 편안케 하고 나서는 침상 여신
에게 배례를 올리고, 그리고는 침상에 잠자리를 펴야 한다. 즉, 부모님과
형제가 모두 있는 남자아이는 침상 위에서 공중 돌기를 하고, 옆에 있던
노부인은 이렇게 주문을 왼다.『공중 돌기로 떨어지면 남자아이를 낳고,
공중 돌기 하여 앞을 보면 수재를 낳고, 공중 돌기 하여 뒤로 서면 수재
를 낳는다.』결혼하고 바로 아들을 갖기를 기원하는 것이다.(阮銳昌,《中外
婚姻禮俗之比較硏究》, 中央文物供應社, 1982年, 158쪽)

　허난성 동부 지역에서는『갓 결혼한 사람들의 침상 위에 자리를 펴고
콩대를 놓고 불갈고리를 놔두는 것 이외에, 또 면화・양식・땅콩・대추・
호두 등을 몇 개 흩어놓고, 동시에 침상다리 아래에는 벽돌을 쌓고 베개
밑에는 벽돌을 묻어둔다. 〈콩대 위에 자리를 깔면, 다음해에 일찍 아들을
낳고〉・〈불갈고리를 놔두면 향시鄕試에 합격할 사람을 데려오고〉・〈보리
를 깔아놓으면 영리한 사람을 데려오고〉・〈벽돌을 베고 자거나 금벽돌을
베개 삼으면 아들이 고관에 오르고, 집에 금과 은이 산더미처럼 쌓인다〉
고 한다.』『잠이 들 때 동년배들이 또 신랑과 한침상에서 함께 자는데, 이
것을 자리 누르기라고 한다. 이렇게 해야 일찍 귀한 아들을 낳고 행복할
수 있다는 것이다.』(黃有興, 〈黃泛區民間婚俗〉, 《中州民俗》 1987年 1期) 허
난성 북부의 올케・시누이 들은 반드시 신방 이부자리 속에 콩・쌀・대
추・호두를 뿌려놓고 이러한 주문을 외운다.『금년에 검은콩을 뿌리면 내

년에는 조카를 얻고, 금년에 쌀을 뿌려놓으면 다음해에 큰 기쁨을 얻으리
다. 호두 두 개, 대추 두 개면, 내년에 애 둘을 낳는다』할아버지 될 사람
은 또 혼자 싸우면서 이불 위에서 몇 번을 데굴데굴 구르며 이렇게 주문
을 외운다.『할애비가 데굴데굴 구르며 싸우니 내년에는 손자들이 길을
메우고 달릴 것이다』할머니는 키로 침상 위를 부채질하며 이렇게 말한
다.『할미가 키질을 하니 손자가 가서 파고든다』(郭松針, 〈漫談民俗對社會
的影響〉,《中州民俗》1987年 1期)

베이징 에서는 자리를 펼 때, 침상 위와 이부자리 속, 그리고 혼수품 속
에 말린 과일을 흩어놓아야 한다. 어떤 사람들은 또 이불 위에 젓가락 하
나와 몇 개의 밤을 꿰매놓는데, 빨리 아들을 낳으라는 의미이다.

산둥에서는 혼례 전날 밤 침상 차리기를 하는데, 아들과 딸이 모두 있
는 형수가 주관하여 축하의 말을 일문일답식으로 주고받는다.

문 침상 위에 차려놓은 것은 무엇인가?
답 콩대인데, 애를 수재로 키우는 것이오.
문 침상 위에 차려놓은 것은 무엇인가?
답 보릿대인데, 한 세대에 장원이 한 명씩 나오지요.
　　(《山東民俗》, 山東友誼書肆, 1988年, 186쪽)

장쑤성의 민간에서는 고루 복을 갖춘 사람으로 하여금 자리 보기를 시
켜 생육을 기원하고, 자리 보기 노래를 부른다.

쑥은 푸르고 강아지풀은 노랄 때,
난 신랑 대신 침상 차려요.
두 머리는 높이 높이 놓고요,
가운데는 자손 연못 펴지요.
금년에 귀한 아들 낳고,
내일 아침엔 장원할 아들 정하라고 미리 축하하고요.

〈《江蘇省民間文學集成》1, 76쪽〉

한족의 자리 보기는 신방을 꾸미는 일일 뿐만 아니라, 더욱 중요한 것은 아들 낳기를 기원하는 것이다. 이 점은 소수 민족 지역에서도 예외가 아니다. 후이족〔回族〕도 흥겹게 자리를 깔며 노래 부른다.

　　새 침상 새 이불
　　일어나 잘 개키고
　　새 침상 새 베개
　　베개처럼 아일 길러요.

베개는 반드시 쌀로 채워야 한다. 노래가 끝나면 자리 깔기를 한다. 침상 네모서리에 각각 달걀 한 개와 호두 두 개씩 놓고, 중간에도 붉은 달걀 하나와 네 개에서 여섯 개의 호두를 놓는데, 사람들은 이것을 〈인와단引窩蛋〉이라고 한다.〔丁大林,〈回族婚喪禮俗槪略〉,《苗嶺風謠》1988年 4期〕

채단을 보내기 시작하면서 압상제押箱弟가 널리 퍼졌다. 예를 들면 산베이〔陝北〕에서는 채단을 보낼 때 반드시 새색시의 남동생으로 압상제를 세워, 남자가 사는 마을 입구에 보낸다. 그와 신랑의 누나가 마주하여 노래를 부른 후 서둘러 압상제가 신방에 들어가면 붉은 보자기를 주고, 또 자리에 앉는다. 마지막으로 신랑이 압상제를 데려가고 모자를 하나 보내주면, 압상제는 상자에 있는 열쇠를 신랑에게 준다. 상자 안에는 반드시 춘화도가 있는데, 또 비희연화秘戱年畵라고도 한다. 민국 시기의 《안새현지安塞縣志·민속民俗》에는 다음과 같은 기록이 있다. 『신랑은 맞이하러 가지 않고 나이가 든 부인을 골라 맞이한다. 채단 수레 안에는 어린 남자아이 한 명을 두는데, 비어 있는 것을 꺼리기 때문이다. 婿不新迎 擇老成婦女迎親 彩輿內置一童男 忌空了』 채단 가마는 비워둘 수 없고, 더욱이 신방을 비울 수 없기 때문에, 신랑과 전날 밤 함께 자는 압상壓床 풍속이 생겼다.

타이완에서는 자리를 깔고 난 후에는 침상을 비워둘 수 없고, 신랑은 혼자 있을 수 없기 때문에, 신랑이 문에 들어가기 전에 반드시 미혼 남자 한 명을 신랑과 함께 있도록 하는데, 이것을 〈압상〉이라고 한다. 압상에는 여러 가지 형식이 있다. 함께 머무는 경우도 있고, 침상에서 데굴데굴 구르는 경우도 있고, 침상을 뒤집어놓는 경우도 있다. 증조동曾朝東은 《대만혼속담臺灣婚俗談》에서 이렇게 언급했다.『집안 사람이 용이나 뱀을 닮은 남자아이를 골라 그에게 침상에서 재주를 넘도록 하는데, 이것은 일찍 귀한 아들을 낳는다는 표시이다』 타이완의 이러한 풍속은 본래 대륙의 각 성에서 시작된 것이다.

진추성陳秋聲은 《민남혼속취담閩南婚俗趣談》에서 이렇게 언급했다.『신랑이 신방에 들어가는 첫번째 순서는, 먼저 친족 중에서 두세 살 된 남자아이를 고른다. 이는 용을 닮은 어린아이를 가장 잘 고른 것인데, 만약 용을 닮은 아이를 찾지 못하면 신랑과 띠라도 같은 아이를 찾아야 한다. 더욱이 총명하고 아름다우며 건강하고 활발해야 한다. 새색시가 신방에 들어가면 신부 들러리는 용을 닮은 아이를 안고 새 침상에 가서 한번 데굴데굴 굴리는데, 이것은 침상 여신에 대한 공경을 나타내는 것이다. 데굴데굴 구를 때는 이렇게 소리 높여 노래 부른다.「굴러라 깔아놓은 이불에서 데굴데굴, 내년에는 어린아이를 낳을 거야」(남자아이) ……구르기가 끝나면 어린아이를 새색시가 안아보도록 건네고, 활발하고 사랑스런 새색시는 싱글벙글하며 몹시 그를 예뻐하고, 신랑에게 다시 건네면 신랑은 아이의 작은 손에 포장한 선물을 쥐어 준다』(《新生報》 1957年 7月 21日) 산둥에서는 자리 보기가 다 끝나면 먼저 아버지가 하룻밤 자는데, 속담에 이런 말이 있다.『아버지가 신방에서 먼저 자면, 자녀가 온 나라에 가득 찬다』(《山東民俗》, 山東友誼書肆, 1988年, 187쪽) 허난성 뤄양에서는 혼례 전날 밤에 신랑이 반드시 결혼하지 않은 남동생과 함께 지내는데, 함께 자는 사람들이 침상에 오줌을 뿌릴 수 있으면 더욱 상서롭다고 한다.(木林, 〈東方禁忌與壓床習俗〉, 中央民族學院院刊, 1986年 3期) 베이징·타이완의 민간에서는 압상을 하지 않으면 아내가 죽는 것이 아니고 남편이 죽고, 갓 결혼한 사람들이 백년해로를 할 수 없다고 생각한다. 광둥성 둥완에서는 잠자리를 다 깔고 난 후에, 갓 결혼한 사람이 침상머리에 서고, 한 사람이 자리 보기 노래를 부르고, 과일을 뿌리고 남자아이 한 명을 시켜 침상 위에서 과일을 가져오도록 하는데, 이것을 〈모상갈摸床秸〉이라고 한다. 윈난성의 바이족들은 새색시가 시집가기 전날 밤에 혼수품을 침상 위에 올려놓고, 어린 소녀 두 명을 불러 잠자게 하는데, 이것을 난피暖被라고 한다. 이렇게 해야 일찍 자녀를 낳을 수 한다고 한다.

압상은 무슨 뜻인가? 어떤 사람은 『압상 풍습이 고대 군혼群婚의 한 유풍이라고 생각한다』(張彦修, 〈壓床習俗〉, 中央民族學院院刊, 1985年 2期)고 했다. 그러나 이러한 견해가 반드시 정확한 것은 아니다.

먼저, 신혼 첫날밤은 군혼의 흔적이다. 하니족은 신혼 첫날밤 새색시가 총각과 함께 지낸다. 신부 들러리도 안에 있고, 새색시는 친구들의 성 짝이다. 둘째날 날이 밝은 후에야 새색시는 비로소 신랑의 아내인 것이다. 이경李京은 《운남술략雲南述略》의 부록 〈제이풍속諸夷風俗〉에서 이렇게 언급했다. 원나라 때의 이족彝族들은 『아내를 얻으면 반드시 먼저 대해파와 통하게 하고, 다음은 여러 방의 형제와 통하게 한다. 끝나면 춤을 추는데, 이것을 화목하다고 한다. 그후에야 마침내 그 남편과 성혼하게 되는데, 형과 동생이 하나라도 이처럼 하지 않으면 의롭지 못하고 반대로 나쁘다고 한다. 娶婦 必先與大奚婆通 次則諸房兄弟 畢 舞之 謂之和睦 後方與其 夫成婚 昆弟有一個不如此者 則爲不義 反相爲惡』 허난성 동부에서는 신혼 첫날밤에 동년배들도 신랑·신부와 즐겁게 한침상에서 함께 잠자는 법도가 있다. 이것은 혼례 중에 군혼의 흔적이 있음을 설명하는 것이지만, 압상이 반드시 군혼에서 나온 것만은 아니고 또 다른 의미도 내포하고 있음을 설명하는 것이다.

다음으로, 압상은 사실 일종의 무술로서 두 가지 의의를 갖고 있다. 하나는 신방에 자리를 깐 후 비워둘 수도 없고 혼자 잠을 잘 수도 없는데, 그렇지 않으면 배우자를 잃는 재앙을 만날 수도 있기 때문에 압상 무술이 나온 것이다. 둘째로 아들 갖기를 바라는 무술의 역할이다. 이를테면

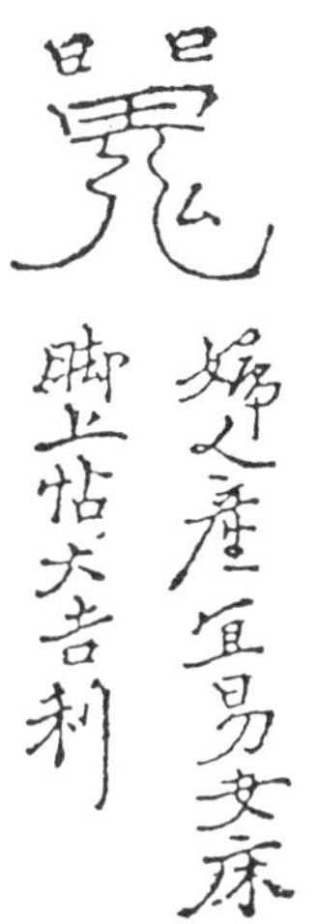

73. 床符

자리 보기 노래에서 말하는 목적은 모두 사람을 늘려 보태는 것이다. 고대의 상부床符도 이러한 의미를 갖고 있다.〔그림 73〕

제2절 전대傳帶 · 견건牽巾

전대는 또 전석轉席 · 포전鋪氈이라고도 하며, 신부를 맞이하는 오랜 풍속이다. 송나라의 공이정龔頤正은 《개은필기芥隱筆記》에서 이렇게 말하고 있다. 『요즘의 신부 전석은 당나라 사람들도 이미 그렇게 했었다. 백낙천은 〈봄이 한창일 때 아내를 얻은 집〉이라는 시에서 이렇게 읊었다. 「푸른 옷 양탄자 요를 깔았는데, 아름답게 수놓은 한줄기 선이 비꼈구나.」 今新婦傳席 唐人已爾 樂天春深娶婦家詩云「靑衣傳氈褥 錦繡一條斜.」』 청나라 사람 왕상王裳은 《지신록知新錄》에서 이렇게 말하고 있다. 『요즘 사람들은 신부가 문으로 들어오면 땅을 밟지 못하게 자루를 잇대어 신부에게 천으로 만든 자루를 밟도록 하는데, 이것을 전대라고 한다. 今人娶新婦入門 不令足履地 以袋遞相傳 令新婦履布袋上 謂之傳代』〔그림 74〕

74. 迎親

민속 자료에서는, 신부의 가마가 남자 집안에 도착하면, 새색시는 가마에서 나와 땅을 밟지 않고 양탄자를 깔거나 마대를 깔고서 하나하나 번갈아 옮기면서 그것을 밟고 신방에 들어오도록 했다. 이러한 풍습은 귀신이 새색시를 범하고, 지상의 불결한 신을 남자 집으로 붙여오는 것을 방지하고자 한 데서 기원한 것이다. 그러나 양탄자나 포대를 하나하나 땅에 이어 펴던 것이 한 대 한 대 전한다는 의미로 바뀌었고, 〈대대로 전한다〉는 아들 낳기 무술로 변했다. 그 중의 붉은 양탄자나 마대는 또 많으면 세 개인데, 셋은 남자의 수로서 아들을 낳는 데 주안을 둔 것으로, 대를 잇는다는 풍습을 갈수록 더 심하게 만들었다.

허난성 동부 지역에서는 새색시가 문에 들어온 후, 『한 남자가 한손으로는 식초를 받쳐들고, 다른 한손으로는 불이 붙어 뜨거운 쟁기 보습을 위아래로 흔들고 달리면서 보습에 식초를 뿌리며 세 바퀴 돌린다. 그리고 나면 한 여자가 가마 주렴을 열고, 아들과 딸이 모두 있는 두 명의 동서가 새색시를 부축하여 가마에서 내리게 한다. 가마 앞 땅에는 이미 자리가 깔려 있어서, 새색시가 가마에서 내려 두 발로 자리를 바로 밟는다. 〈다리 아래 자리를 밟아 일찍 아이를 낳는다〉는 뜻이다. 새색시는 가마에서 내리자마자 바로 누가 새색시의 머리에 돈과 호두·대추를 뿌리는데, 이것을 〈살두撒頭〉라고 한다. 또 새색시에게 가서 부축했던 동서들은 얼굴에 재를 바르기도 하고, 어떤 사람은 새색시의 어머니 얼굴에 바르기도 하고, 친구들끼리 서로 마구 문지르기도 하여 경축을 나타내는데 남녀노소 불문하고 3일 동안 치른다.』(胡有興, 〈黃泛區民間婚俗〉, 《中州民俗》1987年 1期) 전대傳代·살두는 모두 아들 갖기를 기원하는 것임을 알기에 어렵지 않다. 전대는 새색시가 남자 집에 들어오는 첫걸음이며, 또 가정의 성원이 되는 시작이다. 이로부터 시작하여 남녀 쌍방은 모두 자녀를 낳아 기르는 데에 관심을 갖게 된다. 윈난에 사는 일부 이족들은 새색시가 남편 집에 들어갈 때 반드시 노래를 부른다.

나는 소나 양이 아니에요.
소나 양은 마치 이슬 같아서
햇볕에 쬐면 말라 버려요.
결혼은 대를 잇기 위한 것이라
전 시집왔어요.
이 집의 대를 잇기 위해서요.

75. 拜天地

   이 노래는 이족 새색시의 심리를 반영하고 있으며, 이유가 충분하고 말이 당당하다. 남자 집안의 대를 잇기 위한 사람이라는 것이다. 동시에 이것은 여성에게 상당한 사회적 지위가 있음을 설명하고 있다. 이어 천지에 배례드리는데, 이것이 의식의 절정이다.〔그림 75〕

   혼례 후에는 신방으로 들어간다. 문설주에는 반드시 동심결同心結을 걸고서 두 사람이 각기 붉은 수건을 잡아당긴다.《몽화록夢華錄》 권20의 기록을 보자.『예관이 두세 사람을 방에서 나오게 하여 중당에 가서 참배드리게 하는데, 신랑은 회나무 조각을 들며 붉고 푸른색 채단을 걸고 두 개의 동심결을 매듭짓고 뒤로 걷는다. 신부는 손에 걸어 얼굴에 대고 걷는데, 이것을 〈견건〉이라고 한다. 당 앞에 나란히 서면 마침내 남자 집에서 청해 온 아들과 딸이 모두 있는 친척 여인이 저울이나 베틀의 북을 가지고 마침내 꽃 같은 얼굴을 드러낸다. 당에 참배한 다음에는 집의 여러 신과 가묘에 참배드리고, 여러 친척들에게 가서 예를 올린다. 그것이 끝나면 신부는 다시 뒤로 걸어서 동심결을 잡고 신랑을 신방으로 이끌어 교배례를 하고, 침상에 앉는다. 禮官請兩新人出房 詣中堂參堂 男執槐簡 挂紅綠采 綰雙同心結 倒行, 女挂于手 面相向而行 謂之〈牽巾〉. 并立堂前 遂請

男家雙全女親 以秤或用機杼挑蓋頭 方
乃露花容. 參拜堂次諸家神及家廟 行參
諸親之禮. 畢 女復倒行 執同心結 牽新
郎同房 講交拜禮 再坐床』견건은 반드
시 동심결로 해야 하는데, 사실은 혼
례에서는 동심결을 여러 번 사용한다.
이를테면 남자 집 문을 들어갈 때나
신방으로 들어갈 때는 모두 동심결을
쓴다. 동심결의 의미는 〈영원히 한마
음을 맺자〉는 뜻을 취한 것으로, 부부
가 영원히 사이좋고 백발이 되도록 함
께 늙자는 것이다. 견건도 부부가 잘
맺어지고, 양성이 결합하여 영원히 헤
어지지 않음을 나타내는 것이다. 중국
의 상서로운 물건〔吉祥物〕 중에는 많
은 종류가 이러한 의미를 갖고 있다.

76. 幷蒂蓮

예를 들면 상사두相思豆·연리지連理枝·병체련幷蒂蓮〔그림 76〕·합환수
合歡樹·비익조比翼鳥·쌍원앙雙鴛鴦·비목어比目魚·옥련환玉連環 등
이 그것이다. 후에 동심결은 〈통심금通心錦〉으로 변했다. 저인확褚人穫은
《견호속집堅瓠續集》 권4에서 《무진잡초戊辰雜鈔》를 이렇게 인용하고 있
다. 『여자가 처음 문에 당도하면 남자가 나가 맞이한다. 함께 아래는 갈라
졌지만 위는 하나인 붉고 푸른 비단의 한 끝을 각각 잡고 들어가는데, 속
칭 〈통심금〉이라고 하고 〈합환량〉이라고도 한다. 부부는 이로부터 다리처
럼 서로 통한다는 말이다. 3일 후 기술자에게 나누어 바지 두 벌을 만들
게 해서 부부가 하나씩 입는데, 이것을 〈영해〉라고 한다. 女初至門 婚迎之
相者援以紅綠連理之錦 各持一頭然後入 俗謂之〈通心錦〉 又謂之〈合歡梁〉.
言夫婦自此相通如橋梁也. 三日後命工分做二袴 夫婦各穿其一 謂之〈永偕〉』
　　견건과 동심결은 어디서 기원한 것인가? 일반적으로 서진西晉의 무제

武帝가 비를 선발한 데서부터 온 것이라고 한다.《진서晉書·호귀비전胡貴妃傳》의 기록을 본다.『호귀비는 이름이 방이고, 아비 이름은 분인데 따로 전이 있다. 태시 9년 황제가 양갓집 자녀를 많이 간택하여 내직을 채웠는데, 스스로 그 중 아름다운 사람을 선발하여 붉은 천을 팔에 묶었다. 방이 선발되자 전각 밑에서 크게 울었다. 옆에서「폐하가 듣는다」고 말리자,「죽음도 두렵지 않은데, 어찌 폐하가 두려울까」하고 말했다. 황제는 뤄양령 사마조를 보내어 방을 귀빈으로 삼았다. 胡貴妃 名芳 父奮 別有傳. 泰始九年 帝多簡良家子女以充內職 自擇其美者 以絳采繫臂 而芳 旣入選 下殿號泣 左右止之曰「陛下聞聲.」芳曰「死且不畏 何畏陛下.」帝遣 洛陽令司馬肇策拜芳爲貴賓』그러나 고문헌의 기록을 보면 최초의 결혼은 여성을 약탈하는 데서부터 시작되었고, 나아가 매매혼이 등장하였으며, 중매를 세워 정식으로 아내를 취하는 것은 비교적 나중에 나타났다. 초기 결혼은 여성의 저항이 많았기 때문에 도망쳐서 결혼하거나 남편 집에 가지 않는 경우도 있었다. 필자는 쓰촨성 무리현 어야의 나시족 지역에서 이런 상황을 보았다. 그들의 혼례에는 가죽띠를 묶는 의식이 있다. 부부가 야크 가죽띠로 한데 묶고 혼례를 거행하는 것이다. 고대에 팔에 묶던 것도 아마 약탈혼이나, 가죽띠로 묶는 결혼 의식과 관련이 있을 것이다.

 신랑·신부가 신방에 들어간 후에는 꽃을 꽂아 아들을 기원하는 풍습이 있었다.《순천부지順天府志》에는 이런 기록이 있다.『당에 참배한 후 새색시를 데리고 신방에 들어가 장막 뒤에 단정하게 앉히면, 신랑은 앞에 와 신부의 붉은 얼굴 수건을 찢어 벗기는데, 그것을 처음 만남이라고 하고, 속칭 얼굴 드러내기라고도 한다. 또 새색시 머리에 얹었던 자귀나무 꽃을 따기도 한다. 이 꽃은 신랑이 마음대로 어딘가에 꽂을 수 있다. 전하는 바에 의하면, 위에 꽂으면 아들을 낳고, 아래에 꽂으면 딸을 낳는다고 한다. 拜堂之後 將新娘擡進洞房 端坐帳中. 新郎前來 扯開新娘之紅色面巾 謂之初會 俗稱爲露臉. 幷摘下新娘頭上戴來之絨花. 此花 新郎可任插一處. 俗傳 插于上方生子 下方則生女』저장 지역의 혼례에서는 끈으로 연밥·땅콩·용안육龍眼肉·솔씨·오동나무 열매를 꿰는데, 아래는 금귤로 막는다. 신랑·신부가 좌우 겨드랑이 밑에 한줄씩 걸기도 하고, 신방 장막 위에 걸어놓기도 하여 아들 낳기를 기원한다. 신방에는 두 사람의 화합을 나타내는 것이 많이 붙어 있다.

혼례에는 또 상투를 틀거나 쪽을 찌는 풍습이 있었다. 《곡례曲禮》에는 『여자는 시집이 결정되면, 술을 단다 女子許嫁 纓』는 기록이 있다. 실로 머리를 묶는 것은 정혼했다는 표지이고, 결혼 때에는 다시 술을 달아 내려뜨린다. 《의례儀禮·사혼례士昏禮》에는 『주인이 들어와 몸소 부인의 술을 벗긴다 主人入 親脫婦之纓』는 기록이 있고, 두보는 〈신혼별新婚別〉에서 『머리를 쪽찌면 그대의 아내요, 자리가 따뜻하지 않은 것이 그대의 침상이로다 結髮爲君妻 席不暖君床』고 읊었다. 이것은 당나라 이전에는 신혼부부가 반드시 상투를 틀거나 쪽을 찌었음을 설명하는 것이다. 후에 변하여 각각 한 타래의 머리를 잘라 함께 묶어 믿음의 표지로 삼았다. 이것은 동심결의 형식이다. 부부의 좋은 만남이기도 하고, 부부가 결합하여 아들을 낳는다는 것이기도 하다.

제3절 살장撒帳

　살장은 또 살장전撒帳錢이라는 이름도 있다. 콩뿌리기〔撒豆〕와 비슷하지만 또 다르다. 콩뿌리기는 혼례 전에 주로 귀신이나 사악함을 쫓고 피하는 것이고, 살장은 혼례 후에 아들을 낳고자 하는 데 중점이 있다.

　살장은 초기에 기원했다. 고승高承은 《사물기원事物紀原》에서 다음과 같은 말을 하고 있다. 『이부인이 처음 왔을 때 황제가 맞이하여 들어와 장막 안에 함께 앉아 즐겁게 마신 후, 참예한 궁인들이 멀리서 오색의 동심 꽃씨를 뿌리자, 황제와 부인이 옷자락으로 가득 받았다. 꽃씨를 많이 가지면 아들을 많이 두게 된다고 한다. 李夫人初至 帝迎入帳中共坐 歡飮之後 預戒宮人遙撒五色同心花果 帝與夫人以衣裾盛之 云得果多 得子多也』 이로 보아 살장은 궁중에서 시작되었는데, 오색의 동심 꽃씨를 사용했고, 후에 민간에 전해진 것임을 알 수 있다. 당나라 때는 살장에 동전을 사용했는데, 복이 많아지고 재산이 늘어난다는 의미였다. 송나라 때는 금전과 꽃씨를 즐겨 썼다. 명나라 때에는 바뀌어 오곡을 뿌렸다. 홍편洪楩의 《청평산당화본淸平山堂話本》 중 〈쾌취이취련기快嘴李翠蓮記〉에는 명나라 때의 살장 노래가 있다.

　　동쪽에 살장하면, 주렴 장막 깊이 붉은 촛불 그림자 둘러싸고,
　　좋은 향기 가득하여 오랫동안 흩어지지 않고, 그림 같은 당은 날마다 봄
　　　바람일세.
　　서쪽에 살장하면, 화려한 장막의 술들이 사각에 드리워져,
　　걷으면 바로 항아 얼굴 보이고, 한림원 잘난 이들 가지를 집어가네.
　　남쪽에 살장하면, 사랑하는 마음이 잘도 맞아 즐겁게 또 잠자고,
　　서늘한 바람 멋진 달 정원은 시원하고, 쌍쌍이 수놓은 띠두른 남자아이.
　　북쪽에 살장하면, 한점 눈썹 사이 점이 그득.

부용꽃 장막에 따뜻하게 봄밤을 지내고, 달나라 항아는 저 멀리 두껍궁
　　의 손님.

위에 살장하면, 머리 맞댄 한쌍의 원앙,

이제부터 좋은 꿈속의 곰, 가다 보니 아름다운 구슬을 밤에도 갖고 있네.

가운데에 살장하면, 달 속에 한쌍의 옥부용꽃.

오늘밤 선녀를 만난 듯 황홀하고, 붉은 구름 뭉게뭉게 아래는 무봉.

아래에 살장하면, 황금빛이 사직에 비친다 하고,

오늘밤 좋은 꿈이 이어져, 내년에는 아들 낳아 성가 올릴걸.

앞에 살장하면, 어둑어둑 안개도 아니고 연기도 아닌,

향기 속에 금룡은 숨었다 나타났다, 긴 퉁소 소리에 멋진 신선 만난다.

뒤에 살장하면, 부부가 화목하고 오래오래 산다오.

예로부터 남편이 노래하면 아내는 뒤이으니, 하동의 사자후를 토하지
　　말게.

撒帳東　簾幕深圍燭影紅

佳氣鬱葱長不散　畫堂日日是春風.

撒帳西　錦帶流蘇四角垂

揭開便見桓娥面　翰林仙郎捉帶枝.

撒帳南　好合情懷樂且枕

凉風好月庭且爽　雙雙繡帶佩宜男.

撒帳北　津津一點眉間色.

芙蓉帳暖度春宵　月娥苦邀蟾宮客.

撒帳上　交頸鴛鴦成兩兩

從今好夢葉維熊　行見繽珠夜來掌.

撒帳中　一雙月裏玉芙蓉.

恍如今宵遇仙女　紅雲簇擁下巫峰.

撒帳下　見說黃金光照社

今宵吉夢便相隨　來歲生男定聲價.

撒帳前　沈沈非霧亦非煙

香裏金蚪相隱映 久簫金遇彩鸞仙.

撒帳後 夫婦和諧長保守.

從來夫唱婦相隨 莫作河東獅子吼.

　　근래의 민간에도 여전히 살장 풍습이 남아 있다.《중화전국풍속지》하편 권8에는, 장쑤성 우진(武進)에서는 『새사람들이 침상에 앉아 교배주를 마신 후, 바로 복과 수명을 다 갖춘 어른을 침상 옆 높은 곳에 세우고 과일 쟁반을 들고 마른과일, 예를 들면 개암·솔씨·연밥·밤·여지·용안육·붉은 대추·검은 엽전 등을 되는 대로 뿌리고 던진다. 그러면 여러 손님들은 다투어 주워가는데, 이것을 〈살장撒帳〉이라고 한다』고 기록되어 있다. 허난성 뤄양에도 살장 노래가 있다.

　　오래 된 침상 다시 새사람들의 방,
　　새사람이 날 보고 살장하라고 하네.
　　한움큼 침상 안쪽에 뿌리면, 아이 낳아서 무관이 되고,
　　한움큼 침상 바깥쪽에 뿌리면, 아이 낳아서 장원을 하지.
　　한줌 보리, 한줌 소금, 큰녀석 앞장 서고 작은 녀석은 놀고,
　　한줌 호두, 한줌 대추,
　　큰것은 앞에 가고 작은 것은 달려가네.

　　살장 풍습은 어떻게 해서 생겼는가? 아들 낳기를 원하기 때문이라는 생각과, 사악함을 피하기 위함이라는 견해가 있다. 살장은 분명 귀신을 쫓고 사악함을 피하기 위한 데서 기원했지만, 이것이 오래 되어 아들을 기원하는 무술로 발전해서 젓가락을 던지면 빨리 아들을 낳는다거나, 대추를 던지면 일찍 아들을 낳는다거나, 땅콩을 뿌리거나 꽂으면 자녀가 모두 완전하다거나, 연밥은 아들을 계속 낳는다거나, 용안육은 귀한 아들을 낳는다거나 하는 것들이다. 아들 낳기 무술을 해석하는 데 있어서는, 또 어떤 사람은 봄에 씨뿌리고 가을에 열매를 맺는 것으로, 살장은 『원래 파

종을 상징하고, 오곡과 마른과일은 모두 식물의 종자이므로, 봄에 종자를
뿌리면 가을에 수확할 수 있어서, 9월에 임신하는 것과 일치한다고 생각
한다』(郭立誠, 앞의 책, 50쪽)고 한다.

제4절 합근合졸

　살장 후 신방에서는 또 합근 의식이 있다. 이것은 합호合瓠·교근交졸, 합환배合歡杯·교배주交杯酒라고도 한다. 원래 부부가 함께 먹는 것을 가리켰으나, 후에 술을 마시는 것으로 바뀌었다. 북방에서 말하는 자손과자를 먹는 것도 내용은 같다.

　처음의 합근은 조롱박을 썼다. 《삼례도三禮圖》에서는 『합근은 박을 쪼개 만들어 자루 끝을 줄로 연결시키는데, 그 방법이 박 술잔과 같다 合졸破匏爲之 以線連柄端 其制一同匏爵』고 했다. 조롱박 하나를 둘로 가르고, 두 개를 합치면 또 하나의 조롱박이 되므로, 신방에서만 쓰는 술잔으로 삼았다. 사람들은 조롱박에서 태어났다고 생각하므로, 합근은 부부 두 사람이 합하여 일체가 됨을 상징한다. 후에 두 개의 술잔으로 바뀌어 색줄로 연결하여 서로 바꾸어 함께 마셨다. 《동경몽화록東京夢華錄》에는 이런 기록이 있다. 『술을 다 마시면 잔을 던지고, 화관을 상 아래 내려놓고, 잔을 위로 치켜 부딪친다. 이러면 크게 길하다고 하면서 사람들이 좋아하며 축하하고, 장막을 가리고 끝낸다. 飮訖擲盞 幷花冠子于床下 盞一仰一合 俗云大吉 則衆喜賀 然後掩帳訖』 여기서의 술잔은 부부를 상징하는 것으로, 두 잔이 합하면 길하게 된다고 한다.

　민족 지역에도 교배주가 널리 퍼져 있다. 두룽족〔獨龍族〕은 대나무 통으로 잔을 만들었는데, 비교적 크고 두 귀가 달렸다. 신랑·신부 두 사람이 같이

77. 合졸

앉아 술잔을 함께 들고 마신다. 가오산족의 교배는 나무를 조각하여 만들었다. 양쪽이 잔이고, 중앙은 남녀 두 사람을 조각해 놓았다. 술을 마실 때는 신랑·신부가 술잔을 들고 함께 마신다.〔그림 77〕

　민족마다 합근 형식은 다르지만, 그 무술적 의미는 마찬가지이다. 청나라의 장몽원張夢元은《원기휘초原起彙鈔》권15에서 다음과 같이 언급하고 있다.『혼례에서의 합근은 모두 박을 쓰는데, 그것을 근이라고 한다. 요즘에 근을 만들 때는 박을 쓰는데, 두 가지 의미가 있다. 박은 써서 먹을 수가 없으므로 술을 마실 때 쓴다. 부부는 함께 고생함을 비유하는 것이다. 박은 8음 중의 하나인데, 생우에 그것을 쓴다. 음운의 조화로움, 즉 비파와 거문고처럼 잘 맞음을 비유하는 것이다. 昏禮合巹同用匏 謂之巹 今作巹 用匏有二義 匏苦不可食 用之以飮 喩夫婦當同辛苦也. 匏 八音之一 笙竽用之 喩音韻調合 卽如琴瑟之好合也』여기서 볼 때 합근은 부부가 잘 조화하고 함께 하여 즐거움과 괴로움을 같이 나눈다는 의미이지만, 여기서 그치지 않고 두 술잔을 하나로 연결지어 부부의 합체를 상징한다. 이러한 술을 마시면, 부부는 자연히 아주 가까워져 일찍 아이를 낳는다.

　신방에서는 또 부부가 함께 먹는 의식도 거행된다.《순천부지順天府志》의 기록에 의하면, 부부가 휘장치고 앉은 후 두 사람이 자손만두(여자 집에서 준비한 작은 물만두)와 장수면(남자 집에서 준비한 국수)을 먹어야 한다. 그렇게 하면 자손이 만대에 이어지고 장생불로한다는 뜻을 취한 것이다. 옛날 베이징에서는 신부가 타는 가마가 여자의 집에서 문을 나서기 전날 밤, 자손만두를 정성껏 준비했다. 이것은 복을 고루 갖춘 부인이 만든 것으로 작은 접시 두 개에 가득 담고, 그 밖에 두 개의〈작은 상자〉모양의 떡을 만들어 신방에 가지고 들어가서 두 사람이 침상에 앉으면, 들러리가 교배주를 마시라고 한다. 이어 반쯤 익은 자손만두를 두 손으로 받쳐들면, 들러리는 자손젓가락과 자손접시로 신랑·신부에게 먹인다. 창밖에서 남자아이가 「낳았어요?」 하고 물으면, 신랑이 「낳았어」 하고 대답한다. 이 한마디가 자손만두를 먹는 것이 아들을 갖고자 하는 기원임을 알려 준다. 일부 한족 지역에도〈입열기떡〉〔開口糕〕을 먹는데, 남녀 누가 먼저 입을 열어 말을 하는지가 아들을 먼저 낳을지 딸을 먼저 낳을지 나타내는 것이라고 생각한다. 이 때문에 여자 집에서는 신랑에게 〈운편고雲片糕〉를 조금 보내야 한다. 그러면 신랑은 반드시 입을 열어 감사드리는데, 신랑이 먼저 입을 열어 말을 하면 아이를 가졌을 때 틀림없이 아들을 낳게 된다는 것이다. 허베이 지역의 농민들은 맞절을 한 후에 새색시가 반드시 멜대를 안아야 하는데, 이때 옆에서 이렇게 노래한다.「멜대를 안으면, 아들을 놓치지 않아.」 남녀가 결합하여 일찍 아들을 낳는다는 의미를 담고 있다.

　이상 교배주 마시기·자손만두 먹기·멜대 안기 등의 풍속은, 혼례에서의 음식과 의식의 내용일 뿐만 아니라, 생육신앙과 성무술이기도 하다.

제5절 신방 방해〔鬧洞房〕

혼례 때의 아들 기원 무술 중에는 신방 내에서 행해지는 것이 가장 많다. 안상安床이나 압상壓床 외에 또 몇 가지가 더 있다. 예를 들면, 신방 내에 희지喜紙·연화年畵 붙이기가 있고, 기린송자麒麟送子·상투튼 아이도 있으며, 그 중의 연생인蓮生人·인어人魚·일곱 명의 손을 맞잡은 아이 등은 모두 아들 갖기를 기원하는 농후한 의미를 담고 있다.

신방 방해하기는 간단히 요방鬧房이라고도 한다. 침상 빼앗기·신부 놀리기·신랑 놀리기 등을 하는데, 그 중에 교합과 아들 기원 무술이 있다.

침상 빼앗기〔奪床〕는 또 침상 다투기〔爭床〕라고도 하는, 혼례에서 가장 생동적인 의식 중의 하나이다. 《소정잡록嘯亭雜錄》에는 이런 기록이 있다. 『예식이 다 끝나면 신랑과 신부가 침상에 올라 합근례를 행한다. 이때 남녀들이 다투어 이불 위에 앉아야 길조이고, 그곳에서 교합한다고 여긴다. 禮畢 新婚新婦登床 行合巹禮. 男女爭坐被上以爲吉兆 因交媾焉』 이것은 만주족의 침상 빼앗기이다. 동북 지역의 한족들은 신랑·신부가 신방에 들어간 후 두 사람이 다투어 잠자리에 앉는다. 먼저 잠자리에 앉는 사람이 가정사를 주관하고, 그렇지 않으면 상대방에게 제압당한다고 생각한다. 저녁에 신발을 벗어놓는 위치도 따진다. 신랑은 자신의 신발을 신부의 신발 위에 포개놓을 방법을 생각하는데, 그렇게 해야 아내를 거느리고, 빨리 아들과 딸을 낳을 수 있다고 생각하기 때문이다. 신부도 만만치 않게 자기 신발을 신랑 신발 위에 올려놓으려고 애쓴다. 투자족 신부는 남자 집안의 문에 들어갈 때, 문지방을 사납게 세 번 밟는다. 문지방을 탕탕 밟는 것은 신부의 위세를 과시하려는 뜻이다. 신방으로 들어간 후 신랑과 신부는 침상의 가운데에 앉으려고 다툰다. 신부는 신랑이 앉도록 양보하지 않는다. 신랑이 중앙을 차지하면 신부도 신랑을 가장자리로 밀어내거나 두 사람이 함께 앉는다. 다투고 밀치는 것을 통하여 접촉하고 서

로 알면서, 화촉을 밝힌 신방의 어색함을 깨고자 하는 목적에서이다. 저
장의 민간에서는 침상에서 다투지 않고, 침상 밖에 앉으려고 다툰다.『잠
잘 때 신랑·신부는 누가 침상 밖에서 잠을 잘 것인가를 다투는데, 이것
은 침상 밖에서 잠을 자는 사람이 속지도 않고 모욕도 받지 않는다고 생
각하기 때문이다.』(《浙江風俗簡志》, 85쪽)

신부 놀리기〔戱婦〕는 유래가 오래 되었다.《후한서後漢書·열녀전烈女
傳》에서는 〈청방聽房〉, 즉 신랑·신부의 대화를 몰래 엿듣는 것이라고 했
다. 당연히 풍속의 교화에 해가 되는 점이 있다. 서한西漢의 중장통仲長
統은 이렇게 말했다.『요즘 결혼식에서는 몽둥이를 치면서 몹시 놀리고,
술로 정욕을 재촉하고, 여러 사람 가운데에서 음탕한 짓을 해보이며, 가
족들이 있는 곳에서 은밀하고 사사로운 것을 보여 줘서 풍속을 더럽히고,
음탕하고 간사함을 조장하는 것이 더할 수 없이 심하므로, 처단하지 않을
수 없다. 今嫁娶之會揷杖以督之戲謔 酒醴以趨之情欲 宣淫洪于廣衆之中
顯陰私于族親之間 汚風詭俗 生淫長奸 莫比之甚 不可不斷也』(黃華節,〈撒
帳〉,《東方雜誌》31卷 21期,《群書治要》인용) 그러나 신방 방해는 전혀 없
어지지 않고 갈수록 심해져, 심지어는 사람의 목숨까지 잃는 일도 생겼
다. 민간에는 신부 놀리는 노래가 있다.

> 붉은 촛불 밝게 타오를 때,
> 나는 신부를 보았네.
> ……………
> 한손으론 문을 열고 주렴을 걷고
> 용 머리 봉황 꼬리에 걸터앉았네.
> 용 머리에 걸터앉으면 귀한 아들을 낳고,
> 봉황 꼬리에 앉으면 딸을 낳는다네.

이 노래는 아들을 갖고자 하는 바람이 충분히 반영되어 있다.(馬之嘯,
《我國婚俗硏究》, 中華書局, 1981年, 149쪽) 간쑤성의 둥샹족〔東鄕族〕들은 혼

례식을 거행할 때 베개로 때리는 풍습이 있다. 이 민족은 신방 방해를 할 때 신부측 가족들은 신부를 에워싸고 적극적으로 보호하지만, 남자측에서는 오히려 베개를 던지며 이렇게 노래 부른다. 「호두는 하나, 대추는 두 개, 딸을 키우면 예쁘고, 아들을 키우면 복이 많다네.」 그런 다음에 총각들이 공격하기 시작하여, 신부에게 베개를 던지면, 신부측 사람들은 온갖 방법으로 저지하고, 또 베개를 다시 총각들에게 던져 공격하며, 오고 가는 공방이 계속된다. 마지막으로 총각들이 잠자리에 올라가 신부에게 접근하면, 신부측 사람들은 자신을 돌보지 않고 싸워 그들을 때려 내려가도록 한다. 총각들이 베개를 던져 신부를 맞히면 싸움이 끝나고 신부의 절을 받는다. 이것은 베개로 신부를 때림으로써 건강하고 총명한 아들을 낳을 수 있다는 생각 때문이다.(《中國少數民族婚姻家庭》, 婦女出版社, 1984年, 98쪽)

산시성〔陝西省〕의 신방 방해에 〈박소추拍掃帚〉라는 것이 있다. 신랑·신부가 신방에서 잠자리에 들었을 때 남자 손님이 빗자루 위에 석류를 매달아 침상을 치면서 이렇게 노래하는 것이다.

> 팍팍팍, 탕탕탕,
> 마을 사람들 나에게 노래하라네.
> 빨간 머리끈, 파란 손수건,
> 내년에는 통통한 딸을 낳아요.
> 뿔을 만들어, 빨간 머리끈으로,
> 온 마당 통통 소리내며 달리네.
> 팍팍 일백 살,
> 탕탕 일만 살.
> 팍팍 소리도 없이, 탕탕 소리도 없이,
> 두 아이를 낳을 거야.

신랑 놀리기도 신방의 장난이다. 최초에는 약탈혼을 할 때 싸우는 것이

었을 가능성이 있다. 남북조시대에 이미 상당히 널리 퍼져 있었다.《유양
잡조酉陽雜俎》속집續集 권4에 이런 기록이 있다.『북방에서는 혼례에 반
드시 푸른 옷감으로 장막을 치는데, 이것을 청려라고 하고…… 대나무 막
대로 신랑을 때리는 장난을 하는데, 심하면 결혼을 그만두는 사람도 있
다. 北方婚禮必用靑布幔爲屋　謂之靑廬……以竹杖打婿爲戱　乃有大委頓者』
쓰촨성 량산에 사는 이족들은 신방을 방해할 때 총각들과 신랑·신부가
계속해서 다투는데, 사람들이 떠나간 후에도 신부가 신랑에게 저항한다.
특히 신랑이 신부와 잠자리를 같이 하려고 할 때 신부는 결단코 협조하
지 않고 때로는 며칠 동안 가기도 한다. 그러면 신랑은 반드시 힘으로 정
복하여 억지로 성교한다. 이때 신부는 저항하면서도 신랑의 얼굴을 때릴
방법을 생각하여 손톱으로 긁어 상처를 내거나 피를 흘리게 하면 길하다
고 생각하고, 신랑도 어쩔 수 없다고 생각한다. 둘째날 마을 사람들은 신
랑의 얼굴이 긁혀 상처가 났어도 아무도 남자가 약하다고 생각하지 않고
신부의 용기를 칭찬한다.「이 사람은 정복할 수 없는 여인이야, 보기 좋
군!」「엄마가 용감하니 장래에 태어날 아기도 용감하고 총명할 거야!」이
것은 그곳에서 유행하는〈얼굴 긁기〉풍속이다.

　신방 방해 과정에는 또 아들 보내기 풍속이 있다. 푸젠성 후이안현〔惠
安縣〕에서는 혼례를 거행할 때 대부분 도사를 불러다 제단을 설치하고,
부인마궁夫人媽宮을 마련하고 또 종이로 묶은 금은 궤짝도 놔둔다. 신단
앞에는 운전사運錢使를 모시고 화분 몇 개를 늘어놓는다. 집집마다 가임
연령의 부부 몇 쌍이 몇 개의 화분을 갖다놓고, 화분에 종이로 만든 어린
아이를 세워둔다. 동시에 아이를 갖지 못한 부부들의 수대로 꽃을 놓는
다. 화분에는 또 많은 대나무 가지를 꽂고 종이를 오려 꽃다발을 만들어
그 위에 다섯 송이의 흰 꽃과 붉은 꽃 두 송이를 붙여 5남 2녀를 상징한
다. 그 밖에 여러 가지 물품을 바친다. 도사는 의식을 거행할 때, 신 부르
기·내용 올리기·독경·신 보내기 등의 의식을 거행하고, 최후에 꽃다발
과 종이로 만든 아이를 신방에 들여보내어 화장대 위에 놔두면, 신혼부부
는 경건하게 받든다.

　이상 여러 가지 예들은, 혼례 중의 많은 풍속들이 모두 남녀 교합이나 아들 갖기를 기원하는 것과 유관함을 설명한다. 이러한 풍속들은 일종의 성접촉이고 성교육이다. 중국 소수 민족 지역에서도 성교육이 널리 퍼져 있는데, 그 또한 혼례 중에 진행되는 것이다. 윈난성의 누족(怒族)들은 혼례에서 아버지와 새색시가 성교를 흉내내는 춤을 추어 신랑을 혼인 사회로 끌어들인다. 리쑤족(傈僳族)은 신방에 반드시 나이 든 여인을 초청하여 화덕 옆에 세워놓고 술잔을 받들고 신랑·신부의 행복을 축하하도록 한다.「세상 모든 벌레와 물고기와 새와 짐승이 모두 쌍을 이루고 있으니, 원하건대 그대들도 짝을 이루어 백발이 될 때까지 함께 늙으며 아들 딸 많이 낳고 병나지 말고 오곡이 풍성하길 비노라.」이 말들에서, 그것이 성교육이고 생육의 기원임을 알 수 있다. 몽골족에게는 〈신랑을 구속하고 심문하는〉 풍습이 있고, 바오안족(保安族)에게는 〈잔치 방해〉 풍속이 있는데, 역시 성교육이고, 어떤 것은 성모방이다. 《중화전국풍속지》에서는 몽골족의 혼례 중에『친구 중에 우스갯소리를 잘하는 사람을 손님으로 불러다 공개적으로 얼굴을 보기 흉하게 검게 칠하고 만주족식 외투를 입혀…… 풀로 만든 큰 접시로 고관들이 걸던 목걸이처럼 만들고, 머리에는 큰 관을 쓰고, 홍당무로 머리꼭지를 만들고, 마늘로 깃을 만들어 약간 옆에 세우면, 모든 친구 중 힘을 가진 사람이 된다. 신랑과 신부 그리고 그들의 부모를 묶어 당 아래 무릎 꿇리고, 부모에게 명하여 신랑과 신부에게 방술房術을 교육시키게 하면, 신랑과 신부는 반드시 그것을 한번 외워야 하고 그렇지 않으면 채찍으로 맞는다』이러한 풍습은 혼례 중에 여러 가지 성교육의 내용이 있는, 부부 결합을 실현하는 의식이고, 또 부부 교합의 시작으로 새로운 생명을 파종하는 것임을 재차 나타내는 것이다. 중국의 전통적 혼인은 사람의 감정과 행복에 주안을 둔 것이 아니고 주로 가정의 존망이 관계된 생육에 중점을 두고 있다.

제 8 장
자녀 기원 무술

　결혼은 연애의 결과이면서 또한 부부가 가정을 이루게 되며, 양성이 함께 살며 자녀를 번성토록 한다. 그런데 부부가 함께 사는 것은 두 가지 가능성을 갖고 있다. 하나는 아이를 낳아 기르는 것이고, 다른 하나는 불임으로 아이를 낳지 못하는 것이다. 사람들은 결혼하고 나서 애를 낳지 못하면, 종종 첩을 두거나 씨내리를 하거나 씨받이를 하거나 양자를 들이는 등의 방법을 강구하였고, 또 각종 생육신에게 기원하여 자식을 구하는 여러 가지 무술을 행함으로써 자녀를 번성하게 하고자 했다. 이는 무엇 때문인가? 왜냐하면 고대에는 불임에 대해 다른 견해를 갖고 있었기 때문이다.

　하나는 병이 원인이라는 생각이었다. 송나라의 진자명陳自明은《부인대전양방婦人大全良方》에서 불임증에 대하여 예리하게 분석했는데, 그중 〈진무택구자론陳無擇求子論〉에서는 다음과 같이 언급하고 있다.『보통 자녀를 갖고자 하면, 당연히 먼저 부부가 지나친 방사로 인하여 고질병이 되지는 않았는가를 살펴 처방에 따라 치료하여 그 부부를 평안하게 하면, 부인은 기꺼이 자녀를 갖게 된다. 凡欲求子 當先察夫婦有無勞傷入痼害之屬. 依方調治 使內外平和 則婦人樂有子矣』본서의 〈부인무자론婦人無子論〉에서는 불임증에 대하여 더욱 구체적으로 설명하고 있다.『그런데 부인이 자식을 낳지 못하는 병을 갖고 있는 것은 모두 기혈을 지나치게 써서 병이 생겼거나 월경이 막히거나 순조롭지 못하거나 대하증이 있기 때문에 음양의 기가 조화를 이루지 못하고 경혈의 운행이 순조롭지 못하기 때문에 자식이 없는 것이다. 然婦人挾疾無子 皆由勞傷氣血生病 或月經閉澁 或崩漏帶下 致陰陽之氣不和 經血之行乘侯 故無子也』이러한 병의 원인은 대부분 부인과 질병에 속한다. 원나라의 이붕비李鵬飛는《삼원연수참찬서三元延壽參贊書 · 사속유방편嗣續有方篇》에서 다음과 같이 언급했다.『남편의 방사가 과도하여 신경腎經이 따뜻하지 못하고 정액이 물 같고 정이 얼음처럼 차고 정이 새고 모이는 것이 일정하지 않으면, 모두 자식이 없게 된다. 丈夫勞傷過度 腎經不暖 精液如水 精冷如冰 精泄聚而不時

皆令無子』 이러한 것들은 남성의 질병에 속하여 잉태하지 못하는 데에
이르게 한다. 이러한 두 가지 간단한 사실은, 중국 고대 의학이 불임증에
대하여 상당한 연구가 있었음을 나타낸다.

　다른 하나는, 귀신 혹은 다른 미신 때문에 생기는 불임증이다. 한족 지
역에서는 종종 불임이 조상의 덕을 잃은 탓이라고 생각하여 음덕을 쌓아
자식을 구하거나, 혹은 어떤 귀신을 거역하였다고 생각하거나, 어린아이
가 어떤 원인 때문에 환생을 못하게 된다고 생각한다. 윈난과 쓰촨의 경
계에 사는 나시족과 시판인[西番人]들은 여성의 하체는 악귀의 방해를
받으므로 생식기를 가렸기 때문에, 또 불임에 이를 수도 있다고 생각한
다. 중국 고대 의학서에도 적지 않은 미신이 들어 있다. 이를테면《부인대
전양방婦人大全良方·부인무자론婦人無子論》에서는 여성의 불임이 부부
의 궁합이 상극이거나 혹은 주거지가 묘 근처에 있기 때문이라고 생각했
다. 《삼원연수참찬서三元延壽參贊書·사속유방편嗣續有方篇》에서는『능
소화는 보통 주거지에 심기를 꺼리는데, 부인이 그 향기를 맡으면 잉태하
지 못하기 때문이다 凌霄花 凡居忌種此 婦人聞其氣不孕』고 했다.

　이상 두 가지 대립되는 견해는 모두 사람들의 생육 관념을 좌우하였을
뿐만 아니라, 당시 문자와 의학서를 이해하는 사람이 거의 없었고 또 그것
이 농촌에 광범위하게 퍼져 있었기 때문에 사람들은 대부분 불임증을 귀
신의 장난으로 여겨, 그 해결 방법으로 기도와 제사 외에 대부분 무술적
방법을 이용하여 잉태를 기구하였다. 여기서는 자식을 기원하는 그 주요
무술 몇 가지를 구분하여 소개한다.

제1절 신 숭배

  제1장 생육신에서 이미 신에게 자식을 비는 많은 무술을 소개한 바가 있지만, 이에 그치지 않는다. 능양조凌陽藻는《여작편蠡勺編》권29〈여왜묘女媧廟〉에서 다음과 같이 언급했다.『세상에서 여왜가 여성이라고 잘못 알고 있은 지 오래다. 강희 임신년 태상경 김덕영이 명을 받들어 역대 제왕의 능침사로 제수받고는 또 이렇게 상소했다.「신이 여왜릉 앞 침궁 안에 빚어놓은 여신상을 보니, 황제와 비빈들도 모시고 고을의 백성들도 후사를 구하는 신으로 받들어, 법도에 없는 제사를 받고 있었사옵니다……」俗訛女媧爲婦人久矣 按康熙壬申太常卿金德瑛奉命祭歷代帝王陵寢使還 上疏曰「臣見女媧陵前寢宮中塑女像 帝侍嬪御 鄕愚奉爲求嗣之神 等諸淫祀……」』이른바〈후사를 구하는 신〉〔求嗣之神〕이란 바로 여 시조, 혹은 고매신高禖神이다. 이 종묘는 산시성〔山西省〕차오현〔趙縣〕에 있는데, 민간에서는 대부분 여왜에게 절할 때 어린아이 인형을 붙들어 매어 자식 얻기를 구한다. 토지신도 민간에서 자식을 기원하는 신령이다.《중화전국풍속지中華全國風俗志》상편 권7〈산시陝西〉조에서, 바이수이현〔白水縣〕에서는『3월 7·8일에 처녀·총각들이 사당에 나와 지신묘에서 제사지내며 후사를 기원한다 三月七八日 士女出廟 祀後土廟 祈嗣』고 했고, 또 12월『23일 온 성의 처녀·총각들이 백자묘에 가서 후사를 기원하는데,

78. 土公土母

이날 밤 등을 밝혀 정월 대보름까지 계속한다 二十三日 傾城士女 游百子廟祈嗣 是夜復放燈和元宵』고 했다.〔그림 78〕 여기서 말한 〈백자묘百子廟〉 또한 생육을 주재하는 신이다.《사시찬요四時纂要·7월》에는 이달 『7일 칠석에 밤이 되면 집에 잔치를 베풀고, 하고성과 직녀성 두 별이 은하 가운데 흰 기운을 띠고 밝게 오색으로 빛나면 절을 하며 귀한 아들을 낳게 해달라고 빈다 七日乞巧 是夕于家庭內設筵席 伺河鼓·織女二星見天河中有奕奕白氣光明五色者 便拜 乞貴子』고 했다.

　소수 민족 지역에도 신에게 아들을 비는 풍속이 헤아릴 수 없이 많다. 윈난성의 전화천대甸華泉臺에 특히 바다 쪽으로 불쑥 튀어나온 높은 곳이 있는데, 마치 배가 불룩 나온 미륵불과 같아서 그곳 사람들은 이 바위벽을 미륵불이라고 한다. 이 미륵불 밑에는 석굴이 하나 있어서 아이를 낳지 못하는 여인들이 항상 와서 신에게 절을 올리며 아들을 구한다. 2월 8일이면 용담龍潭 주변에 있는 남성 성기 모양의 석조石祖에 와서 향을 사르고 아들을 빈다.(王子華,〈中甸白水臺的二月八節〉,《民族調査硏究》1989年 1·2期) 이것은 사실상 여음·남근 숭배이다. 리장〔麗江〕 루디엔구〔魯甸區〕 신주향新主鄕의 나시족들은 용왕에게 아들을 비는 의식이 있다. 이 의식은 동파東巴가 주재하는데, 자식을 많이 낳은 부부를 〈객왕客王〉으로 삼아, 밤나무 가지 두 개, 잣나무 가지 하나, 어린 암퇘지 한 마리, 수탉 한 마리, 소금에 절여 말린 고기 한 조각, 달걀 네 개, 쌀 몇 되, 마포 한 필, 목판 열세 조각, 백양나무 몽둥이 여섯 개, 개암나무 몽둥이 여섯 개, 대나무 여섯 마디 가지를 마련한다. 동파는 먼저 주인집에서 구육경求育經을 외우고 이어 야외에 나가 용왕에게 제사지낸다. 출발 전에 대나무 가지와 나무 몽둥이는 아이를 갖지 못하는 남자의 광주리에 꽂고, 가신家神을 상징하는 돌은 아이를 갖지 못하는 여인의 광주리에 놓는다. 〈객왕〉이 신혼부부를 상징하듯이 앞서 길을 인도하고, 그 뒤로 자식을 원하는 부부와 동파 그리고 기타 집안 친척과 친구들이 뒤따른다. 산자락 물가에 이르러 제단을 설치하고 나무 몽둥이를 반원으로 꽂고 좌우에 밤나무 한 가지씩 꽂고 밑에 돌을 늘어놓는데, 밤나무는 암(오른쪽)·수(왼

쪽) 비룡을 대표하고, 돌은 가신이다. 제단 좌측에는 열세 조각의 목판을
꽂아 용왕을 상징한다. 제단 우측에는 밥을 짓고 손님들이 앉는 곳이다.
동파는 닭을 잡아 용에 제사하는데, 암수 용(밤나무)과 가신(돌)에 닭의
피를 칠하고, 동시에 용문을 잠그고, 쌀을 용왕과 가신에게 바치고, 돼지
를 숫용에게 바치고 말린 고기를 암용에게 바친다. 동파는「이 집안 아들
도 없고 딸도 없사와, 오늘 용왕님께 비오니, 보우하사 귀한 아들 하나 낳
게 해주소서」하고 주문을 외운다. 제사가 끝나면, 참가한 사람들은 땅에
모여앉아 음식을 먹는다.(《雲南少數民族生葬志》, 雲南民族出版社, 1989年,
208쪽)

제2절 혼 거두기〔收魂〕

　어떤 소수 민족 지역에서는, 사람들은 하늘에서 내려오는 존재로, 반드시 전생 영혼이 있다고 믿는다. 이들은 이러한 신앙의 지배하에 종종 혼 거두기 무술을 통하여 아들 얻기를 기구한다. 헤이룽장성 허저족〔赫哲族〕여인들 중 결혼 후 아이를 갖지 못하고 나이가 서른 살이 된 사람은, 제3 영혼──〈바양쿠〉, 즉 전생 영혼이 없기 때문이라고 샤먼들은 말한다. 샤먼이 신 들려 춤추고 노래할 때, 아이를 갖고자 하는 여인은 그 뒤에 서서 몰래 샤먼의 모자끈과 치맛자락의 끈을 한데 묶는다. 샤먼이 집에 돌아가 옷을 갈아입다가 모자와 치마가 함께 묶여 있는 것을 발견하고는 누가 한 것이냐고 물으면, 그 여인은 신간神杆 앞에 무릎을 꿇고 술을 뿌리면서 아들을 갖도록 허락해 달라고 한다. 만약 그 일이 있은 후 아들을 얻으면 반드시 말이나 소나 양이나 돼지로 신에게 제사드려야 한다. 샤먼은 신에게 제사지내면서 아들을 내려달라 청하고, 아들을 원하는 사람에게는 서너 달 후에 집으로 태혼胎魂을 가져가라고 말해 준다. 이것이 샤바차〔下八岔〕와 자진커우〔街津口〕에서 혼을 구하는 방식이다. 다툰〔大屯〕과 가얼당〔嘎爾當〕 등지에서는 아들을 원하는 부부라면 반드시 노루가죽과 사슴가죽으로 수혼대收魂袋를 만들어 속에 노루털과 사슴털을 넣어가지고, 샤먼의 집에 도착하여 온돌에 앉는다. 그 두 사람 뒤에 샤먼의 조수인 〈자러〉가 선다. 〈자러〉는 두 손으로 부부의 어깨를 부축하고, 샤먼은 실내에서 신이 내려 춤을 추며 사방으로 다니면서 혼을 찾는다. 만약 부부의 어깨가 떨리면 혼이 벌써 몸에 들어온 것으로 생각한다. 이때 샤먼은 북을 내려놓고 온돌을 향해 뛰어가 손으로 수혼대를 잡고 그 속에 입김을 불어넣은 다음 옆에 있는 사람에게 주머니를 꼭 잡도록 한다. 이는 제3의 혼이 주머니 속으로 들어왔다고 여기는 것으로, 샤먼의 모자나 치마에 묶어두어 보호하고 있음을 보여 준다. 그러면 부부는 반드시 아들을

얻게 된다.(嚴汝嫻主編,《中國少數民族婚姻家庭》, 中國婦女出版社, 1986年, 29
쪽) 만주족에게는 마마커우다이〔媽媽口袋〕라는 것이 있는데, 사실 이 또한
혼 거두는 주머니이다. 그 위에는 여러 가지 채색 천과 영물靈物이 있으
며, 역시 자손이 많음을 상징하는 것이다. 샤먼은 자물쇠를 여는 의식을
거행할 때 또 이렇게 주문을 외운다. 「주머니에서 생기고 버드나무 잎에
서 나오니, 생기는 것이 많고 가지와 잎이 크기를 비옵나이다.」 윈난의 하
니족에게는 〈다자대多子袋〉라는 것이 있어서 문 위에 걸어놓고, 해를 넘
기면서는 반드시 그것을 향해 기도하며 자녀가 많이 생기기를 바란다.

　와족佤族 여성들은 결혼 후에 아이를 갖지 못할 경우, 남편에게 원인이
있으면 부부의 영혼이 하나로 일치하지 못한 것으로 생각하여, 남자의 집
안에서 두번째 결혼식을 거행하여 처음 결혼식의 잘못된 점을 고친다. 그
래서 두번째 결혼식을 〈수정혼修正婚〉이라고도 한다. 만약 부인에게 원인
이 있으면, 『이것은 아내의 정혼精魂이 진정으로 남편의 집안에 온 것이
아니므로, 여자의 집에서 혼을 가져와야 한다. 정한 기일이 되면 남편 집
안에서는 말을 잘 받아넘기는 한두 사람의 노인에게 요청하여 예물을 가
지고 아이를 갖지 못하는 부부를 데리고 여자의 집으로 간다. 여자의 집
에서는 외삼촌 등이 여러 어른들을 모시고 남편 집안에서 가져온 예물,
이를테면 술·담배·차·바나나·사탕수수·쌀·옷감과 같은 것들을 하
나하나 꺼내어 작은 탁자 위에 펼쳐놓고, 젊은 부부는 술을 따르며 인사
말을 한다…… 말을 마치고 나서 땅에 또 술을 뿌리며 조상께 제사드린
후에 예물을 여러 사람에게 나누어 준다. 그 중에 작게 끊은 흰 베 옷감
은 여자 쪽 부모에게 예물로 드리고, 검은색 큰 베 옷감은 외삼촌에게 드
려 옷을 짓는 데 쓰도록 하고, 그 나머지 먹을 것들은 여러 사람에게 나
누어 준다. 잘 나눈 후에는 다시 외삼촌이 남자 쪽에서 가져온 수탉을 잡
아 점괘를 보고, 닭고기로 진밥을 지어 친척과 친구들에게 후하게 대접한
다. 어떤 때는 여자 쪽에서도 돼지를 잡고 술을 더 준비하기도 하는데, 결
혼할 때 친척과 친구 그리고 이웃에게 잔치를 베푸는 것과 같다. 남자 집
안 사람이 준비하고 돌아가면, 여자 집안에서 조롱박 씨·오이 씨·곡식

종자·좁쌀 종자를 똑같이 몇 알 가져다 남자 집에 준다. 외삼촌은 자신이 쓰는 허리띠·댓님과 같은 것을 아이를 갖지 못하는 새색시에게 보내는데, 새색시의 정혼이 더 이상 친정집에 연연하여 머물러 있지 말고 빨리 남편 집으로 가도록 하겠다는 의미이다. 왜냐하면 와족의 전설에서는 인류가 조롱박에서 나온 것이어서, 만약 조롱박이 잘 자란다면 바로 아이를 가질 수 있다고 믿기 때문이다.」(《雲南少數民族生葬志》, 雲南民族出版社, 1988年, 188쪽)

위에서 언급한 수혼收魂과 합혼合魂 등은 자식을 구하는 무술로서 매우 오래 된 신앙이다. 이것은 토템 감응 관념에서 기원하여 후에 남녀의 합혼과 영아 잉태로 변화했을 것이다. 그 중에서 조롱박이 사람을 낳았다는 와족의 전설과 풍습은 바로 토템 감응의 흔적이다.

제3절 매맞기〔拍喜〕

오랫동안 사람들은 아이를 갖지 못하는 것은 바로 죄 때문이라고 생각해 왔다. 중국의 남방에서 유행하는 〈매를 때려 자식을 비는〉〔棒打求子〕 행위는 여성을 가해하는 일종의 자식 기원 무술이다.

장쑤성 타이싱샹촌〔泰興鄕村〕에서는 매년 정월 보름이 되면, 사람들이 결혼 후 두 해가 지나도록 아이를 갖지 못하는 여성을 집 밖으로 끌어내어, 똥무더기 주위를 돌며 밀었다 당겼다 하면서 온 마을을 쫓아다닌다. 한편으로는 쫓아다니면서 다른 한편으로는 대나무·빗자루·몽둥이로 때려 때로는 온몸에 상처를 입히기도 하지만, 얼굴을 다치게 하지는 않는다. 그녀의 남편과 집안 사람들은 간섭을 하지 않고 오히려 좋은 일이 생길 것이라고 생각한다. 남편이 사람들에게 담배·과일 등을 내놓으면, 사람들은 매를 멈추고 「내년에 아이를 낳지 못하면 또 때릴 거야」 하고 말한다.

푸젠성에도 이러한 풍습이 있다. 《중화전국풍속지中華全國風俗志》 하편 권5에서는 다음과 같이 언급하고 있다. 푸젠 지역에서는 정월 보름 원소절元霄節에 『이웃과 친척들이 대나무를 가지고 새색시를 찾아 때리면서 〈파이시〉〔拍喜〕라고 말한다. 때리면서 「새색시에게 좋은 일이 있는가?」 하고 묻고, 「있어요」 하고 대답하면 대나무를 들고 다른 집으로 간다. 만약 무서워하고 부끄러워하거나 고집 피우고 대답하지 않으면 계속해서 때리며 위협하여 반드시 대답을 들은 후에야 그친다. 새색시가 괴롭다고 소리지르고 온몸에 상처가 나도 봐 주지 않는다. 아이를 갖지 못하면 이후 이 기간에 다시 매를 면할 수 없다. 아들을 낳은 후에야 비로소 이 재난을 벗어날 수 있다. 그러므로 원소절이 닥칠 때마다 온 마을은 미친 듯 떠들썩하여, 대나무 몽둥이가 난무하고 횃불과 등불이 함께 돌아다닌다. 새색시는 이 풍습 때문에 친정으로 피할 수도 없다. 날이 밝아오기 시작하여

희소식을 묻는 사람들이 생선 두름처럼 줄줄이 들이닥치면 새색시는 너무 놀라 재빨리 피하는데, 마치 쥐구멍을 찾아 도망치는 것과 같아서 해학적이라고도 말할 수 있다. 사람들의 마음이란 교활하고 변화무쌍하여 이 틈을 타서 평소의 원한을 갚는 사람도 있고 이를 빌려 놀리는 사람도 있는데, 이를 참지 못하는 새색시들이 그들과 싸우기도 한다. 전에 어떤 부인은 끝까지 대답을 안하다가 대몽둥이 세례를 비오듯 받고 고통을 참을 수가 없어서 사당으로 도망쳐 들어갔다. 그러나 사람들이 끝까지 쫓아와 못살게 굴자 부끄럽고 분한 마음을 참지 못하고 결국 스스로 목을 매달아 죽었다.』

무엇 때문에 여성을 때려야 하는가? 민간 풍습에서는 여성이 아이를 갖지 못하는 것은 그녀 몸에 사악한 기운 혹은 사악한 귀신이 붙었기 때문이라고 생각한다. 한바탕 고통을 거치면 사악한 기운이 달아나 여인의 몸이 깨끗해져서 임신하여 아들을 낳을 수 있다는 것이다.(江蘇大豊縣,《鄕土報》1986年 23期) 또 하나의 원인은 토템 신앙과 관련이 있는 것으로, 토템 상징물이 여인과 접촉해도 생육의 목적에 도달할 수 있다고 생각한다. 예를 들면 타이완『부능족〔布農族〕의 시조 신화에서는 태고 적에 한 남자와 한 여자가 있었는데, 남자가 뱀이 허물 벗은 껍데기로 여자의 등을 가볍게 때리자 여자가 임신하여 자녀를 낳았다』고 한다.(佐山融吉·大西吉壽,《生番傳說集》, 杉日重藏書店, 1923年, 85쪽) 이 신화도 〈파이시〉의 내원 중 하나일 가능성이 있다.

국외에도 이러한 예들이 많다.

고대 로마에는 목신절牧神節이라는 것이 있어서 매년 2월이면 모두 융숭한 경축 행사를 거행했다. 조상에 제사지낼 때는 반드시 양 한 마리와 개 한 마리를 바치고, 마지막에는 성대한 연회를 거행한다. 즐거운 연회 후에는 사제들이 제물로 바쳤던 동물의 몸에서 가죽을 벗겨내어 채찍을 만든다. 사제들은 두 무리로 나뉘어 쿠바리 성벽 주위를 돌면서 맞으려고 에워싼 사람들을 채찍으로 때린다. 특이한 것은 여인네들이 몸을 드러내고 기꺼이 맞는다는 것이다. 왜냐하면 그녀들은 이 채찍으로 벌거벗은 엉덩이를 맞으면 〈자신들의 자궁이 열릴〉 것이라고 믿기 때문이다.
『이처럼 하면 신체가 건강해지고 생육력이 강해지며 또 쉽게 아이를
낳을 수 있음을 보증받는 것이라고 한다』(魏勒,《性崇拜》, 中國靑年出版社,
1988年, 324쪽)

러시아의 어떤 지역에도 남편이 자작나무 가지로 아내의 엉덩이를 때
려『그녀가 생육력을 갖고 쉽게 해산할 수 있음을 보증하고, 남편이 때리
지 않는 부인은 남편에게 사랑받지 못한다고 생각한다. 새색시의 혼수품
중에 없어서는 안 되는 것이 자작나무 몽둥이나 그 가지이다. 〈나뭇가지〉
라는 말은 독일어로 남성의 성기관과 같은 말이다』(魏勒, 앞의 책, 49쪽)

폴란드에서는『같은 이유에서 새색시는 자기와 함께 온 이미 결혼한
여성에게 전나무 몽둥이로, 신랑·신부가 함께 할 침상에서 맞아야 한
다』(앞의 책, 60쪽)

이상의 여성을 때리는 풍속에서, 어떤 것은 혼례에서 행해지고 어떤 것
은 결혼 후에 행해진다. 나라마다 여성을 때리는 도구나 범법은 차이가
있지만, 모두 귀신 혹은 사악한 기운이 여성의 몸에 붙어 있어서 매질하
는 것이 귀신이나 사악한 기운을 쫓아내는 것이라고 생각한다. 이렇게 해
야 여성이 〈자신들의 자궁을 열어〉 임신하고 아들을 낳게 될 수 있다는
것이다.

제4절 아이 인형 묶기〔拴娃娃〕

아이 인형 묶기도 자식 갖기를 기원하는 무술로, 여성이 결혼 후에 몇 년이 지나도 아이를 갖지 못하면 사당에 가서 진흙으로 만든 아이를 얻어오거나 그 진흙 인형을 실로 꽁꽁 묶는데, 이것은 아이를 얻었음을 상징하는 것이다.

최초의 아이 인형 묶기는 〈농화생弄化生〉이라고 했다. 당나라 때에는 밀랍으로 작은 사람을 빚어 대야에 놓음으로써 아들을 갖고자 했다. 시인 왕건王建은 〈궁사宮詞〉에서 이렇게 말하고 있다. 『7월 7일 장생전에서, 은쟁반에 물장구치는 화생을 본다. 七月七日長生殿 水拍銀盤看化生』《세시기사歲時紀事》에는 다음과 같은 기록이 있다. 『칠석에 사람들은 밀랍으로 어린아이 인형을 만들어 물에 띄워 놓고 놀면서 부인들은 자식인 것처럼 하는데, 이것을 화생이라고 한다. 본래 서역에서 온 것으로 마후라라고 했다. 七夕 俗以蠟作嬰兒形 浮水中以爲戲 爲婦人宜子之樣 謂之化生. 本出西域 謂之摩睺羅』

남방에서는 아이 인형 묶기를 〈진흙 아이 묶기〉〔拴泥兒子〕라고 한다. 항저우와 안후이성 수현〔宿縣〕에서는 설날을 지낼 때, 신혼부부 혹은 아이를 갖지 못하는 여인이 할머니나 나이 많은 동서에 이끌려 낭랑묘娘娘廟에 간다. 묘회에서는 진흙 아이를 많이 준비하여 신을 모신 탁자 위에 비치해 둔다. 사람들은 향을 사르고 신에 절하는 것 외에도 반드시 붉은 실을 꺼내어 〈백 살 먹는 실〉〔百歲百壽線〕이라고 하면서 진흙 아이의 배에 묶고, 붉은 종이로 포장하여 신에게 헤어짐을 고한다. 집에 돌아온 후 진흙 아이를 조상의 위패 옆에 모시는데, 조상의 보호에 의해 오래지 않아 아들로 태어난다고 한다. 아들을 낳은 후에는 신을 경배하고 감사드려야 한다. 용원容媛의 《동완성황묘도설東莞城隍廟圖說》에서는 다음과 같이 언급했다. 『14·12내랑은, 세상에 전하는 바에 의하면 아들을 원하면 감응한다고 한다. 또 아이를 갖지 못하는 부인이 성황묘에서 가늘고 긴 실을 아무렇게나 한줌 쥐고 12내랑 신전 앞의 향로에서 불을 사르고, 각 신상을 한바퀴 돌면서 하나씩 향을 꽂고, 빙 둘러 다시 처음부터 가늘고 긴 실을 다 꽂을 때, 마지막의 실 한가닥이 꽂히는 그 내랑이 아들을 가진 신이므로, 반드시 붉은 줄로 손에 묶어야 아들을 얻을 수 있음을 보여 주는 것이다.』 광둥성 징하이현〔澄海縣〕 항촌港邨에는 사좌궁四座宮이라는 것이 있어 관공關公·천비天妃·태자야太子爺·주생낭랑注生娘娘 등을 모신다.『또 빨리 아들을 갖고 싶어하는 절절한 마음의 보통 젊은 부인들이 사당에 있는 주생랑의 손에 있거나 잡고 있는 많은 흙으로 만든 아이의 작은 성기를 떼내 물과 함께 삼켜, 이것으로 남자아이의 태를 얻을 수 있기를 바란다.』(周茗柟,〈港邨惡俗記〉,《民俗》, 41-42期 1929年)

북방에도 유사한 풍속이 있다.《길림기속담吉林奇俗談》에는 다음과 같은 기록이 있다.『지린의 바이산에서는 4월 28일에 묘회를 여는데, 후사 얻기를 원하는 사람들은 관음각에 참예하여 연화좌 아래에서 종이동자 하나를 훔쳐가지고 집에 돌아와 요 밑에 둔다. 속설에 꿈속의 곰이 증거를 잡을 수 있다고 한다. 吉地白山四月二十八日開廟會 求嗣者詣觀音閣 于蓮花座下竊取紙糊童子一 歸家後置褥底 俗謂夢熊可操左券』산둥의 랴오청〔聊城〕에는 낭랑묘와 관음묘가 있는데, 그 앞에도 많은 진흙 아이 인형이 있다. 그들은 앉아 있거나 기어오르거나 뛰고 춤추는 형상을 하고 있는데 모두 남자아이이며,〈소계小鷄〉(남근)가 보인다. 아이를 갖지 못한 여성이 아들을 갖고자 할 때는 모두 진흙 어린아이 한 명씩을 가지고 붉은 실로 목을 감고,〈소계〉를 취해서 물과 함께 삼킨다. 일이 끝나면 진흙으로 다시〈소계〉를 만들어 놓는다. 이는 여성이〈소계〉를 먹으면 임신할 수 있고, 또 어린아이를 묶으면 잘 기를 수 있다는 생각에서 비롯된 것이다.(吳雲濤,〈聊城的拴娃娃與祀張仙〉,《民俗研究》1988年 2期)

산둥『린칭〔臨淸〕의 여성들은 결혼 후 2,3년 내에 아이를 낳지 못하면 신에게 도움을 청해야 한다. 성 지역에서는 대부분 정월 열엿새에, 향촌 지역에서는 4월 초파일에 나이나이묘〔奶奶廟〕에 가서 송생送生낭랑에게 주문을 외운 다음, 여러 상 중의 진흙 어린아이를 붉은 실로 목을 묶으면서 소리내어 이렇게 외운다. 「복이 있는 아이는 낭과 함께 오시고, 복이 없는 아이는 묘대 앞에 앉으시고, 고모네 외갓집엔 모두 가지 마시고, 친어머니와 함께 집으로 돌아오시라.」 다시 붉은 보자기로 어린아이를 잘 싸서 안고 돌아와 아랫목의 창 밑에 놔두고, 하루에 세 번씩 음식을 올린다. 운좋게 아이가 생기면 사당에 모신 신에게 풍성한 보답을 해야 한다. 자오현〔膠縣〕에서는 대부분 정월 보름에 어린아이를 안고, 열엿새에 사당 안의 화상을 시켜 붉은 실로 묶은 어린아이를 집으로 가져오게 해서 침상머리 벽에 있는 구멍에 잘 모셔두고, 매일 세 차례씩 물밥을 공양한다. 만일 아이를 낳으면 진흙 아이를 벽 속에 쌓는다. 텅현〔滕縣〕에서는 아이를 갖지 못한 여인네들이 여승들만 있는 암자에 돈을 예물로 바치고 여승과 의형제를 맺는다. 여승은 붉은 천으로 돌 하나를 싸거나 혹은 진흙 아이 한 명에게서 흙가루를 깎아내고 이름을 지어 아이를 바라는 사람에게 주어 옷 안에 간직하게 하면, 그 길로 이름을 부르며 집에 돌아온다. 자오둥〔膠東〕의 어떤 지방에서는 토지묘에 가서 어린아이에게서 표면을 깎아내는데, 어린아이는 종이로 엮어 만든 것이다.」(葉濤等,《山東民俗》, 山東友誼書社, 1988年, 174쪽)

허난 둥관〔東關〕의 나이나이묘 향불대회는 3월 보름에 거행된다. 속칭 〈게가揭痂〉라고 하는 오랫동안 아이를 갖지 못한 여인은 반드시 거기에 가고, 혹은 이미 아들을 얻은 사람도 가서 발원한다. 그리고 찰흙이나 베로 만든 어린아이에게 황저포黃底布로 만든 신발 한 켤레를 보내기도 한다. 전설에 의하면, 할미신이 아들을 주려면 길을 가야 하는데, 항상 신발이 다 해지므로 신발을 보내어 감사를 표한다.

이상의 아이 묶기 활동에는 사실 두 가지의 무술이 있다. 하나는 여성이 찹쌀로 만든 남근을 먹는 것으로, 이것은 남녀 교합을 상징하는 접촉무술이다. 다른 하나는 붉은 실로 찰흙으로 만든 어린아이의 목과 손을 묶는 것으로, 이 어린아이들은 여러 신들이 아이를 갖지 못한 여인에게 내려 준 자녀일 뿐만 아니라 또 이들 자녀들은 〈생명을 보장하는 증명〉

〔保生證明〕이기도 하여, 어떤 귀신도 그를 빼앗아 갈 수 없다. 왜냐하면 그들은 이미 꼭 묶였고 여성이 찰흙 어린아이를 묶어서, 그녀가 아이를 갖거나 혹은 앞으로 가질 것임을 상징하기 때문이다. 이러한 예는 다른 나라에도 적지 않다. 어떤 민족들은 아이를 갖지 못한 여성이 『항상 갈리칸 상의 일부분을 긁어서 필리아포스에 해당하는 곳에서 물과 혼합하여 신비한 음료를 만든다. 이것은 의심할 바 없는 불임 치료의 최고 약이다.』(卡納, 《性崇拜》, 湖南文藝出版社, 1988年, 126쪽) 『수메타나의 파타크인 중에는, 아이를 갖지 못하는 여인이 어머니란 말을 받아들이고 싶으면, 아이 모습의 나무 인형을 만들어 무릎 밑에 놓고 어른다. 그러한 행위는 그녀가 바라는 일을 이룰 수 있게 해준다고 믿는 것이다. 파보르 다도해의 여인은 자녀를 원할 때, 아들을 많이 둔 남자에게 부탁하여 태양의 신 아폴로에게 기도하도록 한다. 여인이 붉은 목화로 아이 인형을 만들어 어르는 것은, 팔이 젖 모양과 같기 때문이다. 아들이 많은 남자는 닭 한 마리를 다리에 올려놓고, 여인의 머리를 보고 그 앞에서 축원한다. 「아폴로여, 이 닭을 받으시고 아이 하나를 내려 주시옵소서. 간구하오나니 아이 하나를 내려 주시옵소서……」 그는 다시 여인을 향해 묻는다. 「아이가 왔소?」 그러면 그녀는 「왔어요, 벌써 젖을 먹고 있는데요」』(佛蘭柔, 《交感巫術》, 上海文藝出版社, 1989年, 6쪽)라고 대답한다.

제5절 색달걀 깨기

세계 각국의 신앙을 보면,『모든 시대에 걸쳐, 알은 봄을 나타내는 신성한 표시로 여겨졌다. 다른 종교의 시대에는 봄이 되어 생명이 부활하는 것을 경축하기 위하여 친구들에게 색깔 달걀을 보냈다』(魏勒,《性崇拜》, 中國靑年出版社, 1988年, 264쪽) 중국에도 이러한 종류의 전설이 적지 않다. 가오산족에게도 그러한 전설이 있다. 하늘에서 노란색과 초록색의 달걀을 내려 주었는데, 노란색 달걀이 퍼뤄어뤄즈산〔玻洛俄洛慈山〕 위에 떨어져 뤄머즈〔洛摩玆〕라는 남자를 낳았고, 초록색 달걀은 지닝〔基寧〕이라는 여인을 낳았다. 후에 그 둘이 결혼하여 인류를 낳았다. 나시족은 《고사기古事記》에 이런 기록이 있다. 『태고시대에는 천체가 흔들렸고, 음신과 양신이 구분 없이 뒤섞여 있었다…… 하늘과 땅이 아직 만들어지지 않았을 때, 하늘의 그림자·땅의 그림자·하늘과 땅의 그림자의 그림자, 이 세 가지가 먼저 나타났다. 이 세 가지는 아홉 가지(하늘·땅·해·달·별·산·물·나무·돌·흙을 가리킨다)를 낳았고…… 아홉 가지는…… 이꺼아꺼(신)를 낳았는데, 이꺼아꺼가 또 한번 변하여 흰 알을 낳았고, 흰 알이 또 변하여 흰 닭을 낳았다. 흰 닭은 자신을 어왕어마라고 이름지었다…… 어왕어마는…… 열 쌍의 흰 알을 내렸는데, 한 쌍은 부화하여 작은 강의 신과 모래신이 되었고, 한 쌍은 부화하여 음신과 양신(일설에는 남신과 여신)이 되었으며, 한 쌍은 부화하여 까신과 오우신이 되었고, 한 쌍은 부화하여 아오신과 하이신이 되었으며, 한 쌍은 부화하여 능자能者와 지자智者가 되었고, 한 쌍은 부화하여 양술사量術師와 영조사營造師가 되었으며, 한 쌍은 부화하여 대관大官과 소관小官이 되었고, 한 쌍은 부화하여 동파東巴와 괘사卦師가 되었으며, 한 쌍은 부화하여 처와 취가 되었고, 한 쌍은 부화하여 백과 흑이 되었다』(傅懋勛,《麗江么些象形文〈古事記硏究〉》). 다른 민족들도 유사한 알 탄생 신화를 가지고 있다. 이러한 신화는 각종 동물도 알에서 태어난 것이라 여기는 것으로, 일체의 생명은 모두 알에 뿌리를 두고 있다. 따라서 사람들은 자식 낳기를 원할 때 보편적으로 알을 이용한다.

윈난성 훙허 하니족의 자유연애자들은 길일을 택하여, 여자가 친구 집에 몰래 가서 쌀 한 되로 밥을 지어 둘로 나누고, 거기에 삶은 달걀 하나씩 올려놓고 각각 두 개의 보자기로 싼다. 저물녘에 여자 친구들과 야외로 나가는데, 남자는 그의 남자 친구들과 미리 약속한 장소에서 만나 함께 간다. 이것을 속칭 〈투혼偸婚〉이라고 한다. 남자 쪽 집에 도착하여 혼례를 거행한다. 중년 여인이 밥보자기를 열고 남자에게 달걀을 자르도록 하고, 쌀밥과 함께 두 개의 접시에 담는다. 두 사람의 새색시와 신랑이 한 접시씩 먹는다. 그러나 신랑은 달걀을 먹기 전에 반드시 자신의 달걀 반쪽을 상대방의 반쪽 달걀 위에 포개어 하나로 만든 다음 주위에서 보고 있던 어린아이들에게 다 먹도록 한다. 이것은 남녀의 결합과 자녀의 빠른 출생을 상징한다고 한다.(嚴汝嫻主編, 《中國少數民族婚姻家庭》, 中國婦女出版社, 1985年, 266쪽)

혼례 과정중에는 알을 가지고 교합 무술을 행하여 출산을 재촉한다. 결혼 후 아이를 갖지 못해도 달걀을 출산 무술의 수단으로 삼는다. 한족에서는 어린아이가 출생한 후 3일이 되면 〈세삼洗三〉이라는 의식을 행한다. 친구들이 모두 와서 축하하면서 목욕하는 대야에 붉은 달걀을 넣어 주는데, 이것을 속칭 〈첨분添盆〉이라고 한다. 아이를 갖지 못한 모든 여인네들이 와서 붉은 달걀을 깨어먹는다. 이렇게 하면 임신할 수 있다고 생각하기 때문이다. 구이저우성『동남 레이산현(雷山縣)에 사는 먀오족(苗族)들은 아이가 없는 부부가 밤에 외출하면서 오리와 오리알을 가지고 가서, 거지들이 사는 곳의 자잘한 돌무더기 위에 그 오리알을 올려놓는다. 부부는 제를 다 올리고 다시 큰 나무 밑에 가서 성교를 하고, 날이 밝기 전에 오리를 업고 집에 돌아온다. 아이를 업고 돌아온다는 의미이다.』(巫端書等, 《巫風與神話》, 湖南文藝出版社, 1988年, 219쪽) 후난성 서쪽에 사는 투자족(土家族)들은 자식 얻기를 기원하는 무술을 거행할 때, 무술사 〈티마梯

瑪〉가 대통에 쌀을 가득 채우고 쌀 위에 달걀 한 개를 올려놓고, 위쪽에 천이나 종이를 붙든 남근을 쌀통 속에 꽂은 채 천상칠자매天上七姉妹라고 희롱하며 자식 낳기 무술을 행한다.(앞의 책)

아이 묶기와 마찬가지로 달걀은 생명을 대표할 뿐만 아니라, 하니족 혼례 중의 〈달걀 떨어뜨리기〉〔落蛋〕와 같은 것은 교합 무술의 수단이라고 할 수 있다.『난卵이나 단蛋은 생명의 최고 표현이다. 다른 온갖 것들이 표현하고 있는 것은 모두 그것에 종속된다. 과학적 의미에서는 사람의 난은 난자를 생산하는 난소와 그 속에서 아이를 발육시키는 자궁까지, 나아가서는 더욱 광범위한 의미에서 모든 여성을 포함하는데, 이는 창조력의 가장 좋고 가장 큰 성취의 상징이다.』(魏勒,《性崇拜》, 中國靑年出版社, 1988年, 264쪽) 바로 그렇기 때문에『아들을 낳거나 결혼을 하거나 하는 가정의 모든 경사스러운 상황에서는, 반드시 달걀을 삶아서 껍질을 벗기고 흰자위에 붉은색을 물들여 많은 사람들에게 보내는 관습이 있고…… 붉은 달걀을 받은 집에서는 반드시 집안의 아직 아들을 낳지 못한 부인에게 먼저 먹도록 하는 것이 관례였다.』(永尾龍造,《支那民俗志》, 淸水弘文堂書局, 1969年, 142쪽) 에스키모인들은 달걀이 임신하게 할 수 있다고 믿어서 결혼하지 않은 처녀는 먹지 못하도록 한다. 러시아에서는『어미닭을 잡아 체내에 있는 알을 가지고 자식을 원하는 부인에게 사용하며, 집시족들 남자들은 달걀 노른자위를 아내의 입에 불어넣어 삼키면 임신할 수 있다고 여긴다.』(御手洗勝,《神與神話》, 聯經出版事業公司, 1987年, 396쪽)

고대에는 3월 3일 상사절上巳節 활동에 물가에 달걀을 띄우는 풍습이 있었는데, 이것은 일종의 자식을 구하는 상징이었다. 후에는 대추를 띄우거나 잔을 띄웠다.

양梁나라 초자범肖子范은 〈삼월삼부三月三賦〉에서 다음과 같이 읊었다.『오른쪽을 보니 천길 푸른 계곡이요, 북쪽을 보니 용이 서린 듯 우뚝 빼어났구나…… 검은 막걸리를 물가에 뿌리고, 넓은 연못에 진홍빛 대추를 띄운다. 右瞻則靑谿千仞 北觀則龍盤秀出……洒玄醪于沼沚 浮絳棗于決池』유견오庾肩吾도 〈삼일시란정곡수연三日侍蘭亭曲水宴〉에서 이렇게 읊었다.『……굽이진 물가에서 계 제사를 지내니, 장막들이 뒤덮였구나. 상서로운 고기가 뛰어오르고, 올망졸망 붉은 대추 물에 떠갈 때, 물가에 선 온갖 놀이 베풀어지고, 끝없는 종소리 강물따라 흐르는구나. 禊川兮曲 洛 帳殿掩芳州. 踊躍禎魚出 參差降棗浮 百戲俱臨水 千鐘共逐流』강총江 總은 〈일시연선유당곡수日侍宴宣猷堂曲水〉에서 이렇게 노래했다.『취한 물고기 구멍으로 멀리 들어가고, 대추는 맑은 물결따라 길게 흘러가누나. 醉魚沈遠岫 浮棗漾淸漪』

《형초세시기荊楚歲時記》에는 다음과 같이 기록되어 있다.『3월 3일 사람들이 모두 강이나 연못가로 나와 굽이쳐 흐르는 물에 술잔을 띄워 놓고 마신다. 三月三日 土民幷出江渚池沼間 爲流杯曲水之飮』왕희지는《난정집서蘭亭集序》에서 다음과 같이 말했다.『또 물이 맑게 흐르거나 소용돌이치고, 좌우를 비추면 끌어다가 술잔을 띄우고 굽이쳐 흐르게 한다. 又有淸流激湍 映帶左右 引以爲流觴曲水』《태평어람太平御覽》권30에서는 진성공晉成公 수수의 〈낙계부洛禊賦〉를 인용하여 다음과 같이 언급하고 있다.『길한 날을 고르고 좋은 날을 가려서 재액을 없애는 제사를 지내고 나서, 함께 물가에 모인다. 잘생긴 아이와 예쁜 소녀들이 굽이져 흐르는 물에서 재미있게 놀며 예쁜 손으로 물고기를 잡거나 하얀 발을 씻는다. 흐르는 맑은 물에 가까이 가거나 백사장에 앉아 술상을 차려놓고 술잔을 주고받는다. 考吉日 簡良辰 祓禊解禊 同會洛濱. 妖童媛女 嬉游河曲 或魚 纖手 或濯素足. 臨淸流 坐砂場 列罍樽 飛羽觴』

이러한 달걀 띄우기와 술잔 띄워 보내기는 모두 난생卵生신앙에서 온 것이다.

제6절 오이 보내기〔送瓜〕

오이를 보내어 아들을 갖게 하는 무술은 매우 보편적으로, 초기 문헌에도 기록되어 있다. 《금릉세시기金陵歲時記》의 내용을 본다. 『진릉 지역의 풍속에, 8월 보름밤에 여성이들이 〈모추〉라는 놀이를 한다. 전에는 재스민 꽃밭에 가서 오이를 따와 제기를 대신했다. 金陵俗 中秋月夜 婦女有〈摸秋〉之戲. 嘗往茉莉園 以得瓜豆爲宜』 청나라 때의 양소임梁紹壬은 《양반추우암수필兩般秋雨盦隨筆》 권4에서 이렇게 말했다. 『구자의 풍속에 여자들이 가을 밤에 놀러 나가 각기 밭에 가서 오이를 따가지고 돌아와 남성 성기

79. 送瓜祝子

를 대신했는데, 〈모추〉라고 불렀다. 鳩玆俗 女伴秋夜出游 各于瓜田摘瓜歸
爲宜男兆 名曰〈摸秋〉』민속학에는 오이를 보내어 자식을 기원해 주는 더
욱 소박한 무술이 남아 있다.〔그림 79〕

후난성 화웬현〔花垣縣〕에 사는 먀오족들은 중추절을 지낼 때, 낮에 한
사람을 보내어 동과冬瓜를 가져오도록 하는데, 보통은 밤에 훔쳐다가 구
멍을 하나 파고 냄새가 나는 구정물을 붓고 붉은 고추로 그 구멍을 틀어
막는다. 그런 후에 사람들은 그 오이를 신혼 혹은 결혼 후 아이를 갖지
못하는 여인의 집에 보내어 빨리 귀한 아들 낳기를 축원한다. 이어 동과
를 여인의 품속에 넣고 고추를 빼내면 구정물이 그 여인의 몸에 흘러내
린다. 그러면 주위에서 보고 있던 사람들이 어린아이 울음소리를 흉내내
거나 큰소리로 웃는다. 여주인은 이것을 영광으로 여기고 과일이나 사탕
등을 대접한다.(巫瑞書等,《巫風與神話》, 湖南文藝出版社, 1988年, 219쪽)

안후이성에도 이러한 풍습이 있다.《청패류초淸稗類鈔·미신류迷信
類·식과구자食瓜求子》에는 다음과 같이 기록되어 있다.『추석날 밤에,
후이저우에는 오이를 보내는 풍습이 있다. 대개 아내를 얻은 후 여러 해
가 지나도 아이를 갖지 못하면 친척이나 친구들이 꼭 오이를 보낸다. 그
에 며칠 앞서 채소밭에 가서 동과 하나를 훔쳐오는데, 반드시 밭주인이
알아서는 안 되고, 동과에 사람의 얼굴을 채색하고 의복을 입혀 그 중 나
이가 많은 사람이 그것을 가지고 가서 소리내어 폭죽을 쏘고 그 집에 건
넨다. 동과를 침상에 올려놓고 이불을 덮고서 이렇게 소리내어 주문을 외
운다.「오이를 심어 오이를 얻고, 콩을 심어 콩을 얻는다.」오이를 받은 사
람은 성대하게 차리고 대접하여 마치 경사가 난 것처럼 한다. 여인네가
오이를 얻으면 갈라서 먹는다. 中秋夕 徽州有送瓜之俗 凡娶婦而數年不育
者 則親友必有送瓜之擧. 先數日 于菜園中竊冬瓜一個 須不使園主知 以彩
色繪人之面目 衣服裹其上 擧年長者抱之 鳴金放炮 送至其家. 年長者置冬
瓜于床 以被覆之 口中念曰「種瓜得瓜 種豆得豆」受瓜者設盛筵款之 若喜
事然. 婦得瓜 卽剖食之』《중화전국풍속지中華全國風俗志》하편 권6에도
같은 기록이 있고, 동서 권5에도 〈오이 먹기〉〔食瓜〕를 이렇게 기록하고 있

다.『3월 3일 진청명眞淸明에 아들이 없는 사람은 호박 한 개를 사서 그 호박을 잘 쪄서 점심 때 상 위에 올려놓고 부부가 같이 앉아 동시에 젓가락을 들고 전부 먹어치우면 반드시 아들을 얻는다고 한다』추석에는 오이를 훔쳐 아들을 갖고자 하는 풍습이 널리 유행했기 때문에, 보통 사람들은 집에서 오이 종류를 도둑맞아도 아무 소리 하지 않았다.《중화전국풍속지》하편 권5에는 안후이성 서현〔歙縣〕의 오이를 보내어 아들을 갖고자 하는 시가 실려 있다.『추석에 아들 보내는 아름다운 이야기 있는데, 오이·토란은 항상 사내를 상징하지. 죄없는 사람이 붉은 비단 이불 속에 너무 아끼다, 물에 젖고 흙 묻으면 어찌하려고, 送子中秋紀美談 瓜丁芋子總宜男 無辜最惜紅綾被 帶水拖泥那可堪』주석은 이렇게 되어 있다. 『일 만들기 좋아하는 사람들은 어린아이를 시켜 장난으로 호박을 훔쳐오게 해서 신혼부부의 이불 속에 넣거나, 크고 작은 토란을 흙탕물에 적셔 침상과 요를 젖게 하는 등 장난이 지나쳤다. 평상시에는 채소나 과일의 도둑질을 엄하게 금지시켰지만 이날은 관례에 따랐다. 好事者令幼孩戲竊倭瓜 入新婚者之房 納之被中 或以子母芋泥水淋漓 沾濡床褥 眞惡作劇矣. 平時固禁盜竊蔬果甚嚴 是日照例也禁』

장쑤성〔江蘇省〕에도 오이를 먹고 아들을 갖고자 하는 풍습이 있다.《청패류초淸稗類鈔·미신류迷信類·식과구자食瓜求子》에 다음과 같은 기록이 있다.『3월 3일 상사일이 마침 청명절이면, 장닝의 여인들 중 아들 낳기를 몹시 바라는 사람은 반드시 야채와 함께 오이를 삶아서 먹는데, 심한 경우 과부나 처녀에게도 먹이면 역시 아들이나 딸을 얻는 경사를 가질 수 있다고 한다. 상하이에서는 이와 달리 호박을 먹는데 역시 반드시 부부가 하나를 함께 먹도록 한다. 三月三日曰上巳 若是日適爲淸明 江寧婦女之亟望生子者 必以野菜合瓜而煮食之. 甚且謂孀婦 處女食之 亦可得弄璋·弄瓦之喜. 上海則異是 所食爲南瓜 且謂必須夫婦同食一瓜也』

허난성 안양安陽 베이관〔北關〕에는 〈대생당회大生堂會〉라는 것이 있다. 3월 3일에 향불을 피우고 또 꽃씨나 채소씨를 먹는다.『3월 3일 북관에 가면 호박과 호로박이 1천 개나 열려 있다 三月三 上北關 南瓜葫蘆結一

千』는 속담이 있다.(安陽市文化局,〈生活知識及集會貿易習俗〉,《中州民俗》 1988年 2期)

오이를 보내어 아들을 기원하는 풍습 중 구이저우의 것은 더욱 독특하다.《중화전국풍속지中華全國風俗志》하편 권8에서는 다음과 같이 언급하고 있다.『중추절에는 하나의 특별한 풍속이 있는데, 다른 성에는 없는 것으로 오이를 훔쳐 아들을 보내는 것이 그것이다. 오이 훔치기는 저녁에 행해진다. 훔칠 때는 일부러 주인이 알도록 하여 소리를 지르도록 하는데, 욕이 심하면 심할수록 효과가 있다고 한다. 오이를 훔쳐온 다음에는 옷을 입히고 눈썹과 눈을 그리고 어린아이 형상으로 꾸며 대나무로 만든 가마에 태워서 징과 북을 치며 아이 없는 사람의 집으로 보낸다. 오이를 받은 사람은 반드시 그것을 보내 온 사람을 초청하여 월병 하나를 먹인다. 그런 다음에 오이를 침상 위에 올려놓고 하룻밤을 함께 지낸 후 다음날 이른 아침에 그것을 삶아서 먹음으로써, 임신할 수 있다고 한다』이성 징펑현〔貞豊縣〕 나워〔納窩〕 먀오족들은 8월 15일『달이 둥근 밤에 어린아이들이 허락을 받고 오이와 차조를 훔친다. 결혼 후 2, 3년이 지나도 아직 아이를 갖지 못한 집에는 청년들이 커다란 호박을 훔쳐 보내기도 하고 오이를 보내기도 하는데, 바로 아들을 보내는 것이다. 다음해에 아들이나 딸을 낳으면 역시 오이를 보내 준 사람을 초청하여 주연을 베푼다』(貴州文化廳,《貴州節日文化》, 中央民族出版社, 1988年, 173쪽)

유사한 예들은 더 들 수 있는데, 이것들은 오이를 보내어 아들을 갖게 하고자 하는 풍습이 보편적인 자식 기원 무술이었음을 설명하는 것이다. 이에는 상당한 역사적 원인이 있다.『초기의 인류는 만물이 모두 생명을 갖고 있고, 모두 사람과 마찬가지로 성별이 있는 것이라고 상상했다. 고대인들은 경험 속에서 지성의 열매, 즉 성은 일종의 신비한 것이면서 또한 생식과 생명 및 어떤 종류의 존재에 대해 가장 갖추어져 있는 것이라는 결론을 얻었다. 그러므로 고대인들은 만물은, 동물이거나 동물이 아니거나 모두 성 있는 것이어서, 사람이 자식을 낳아 기르는 과정과 유사한 방식으로 자신의 종류 혹은 기타 존재물의 종류를 번성시킨다고 생각하

었다.』(魏勒, 《性崇拜》, 中國靑年出版社, 1988年, 2쪽) 호박과 호로박은 번식
능력이 가장 풍부한 식물의 열매이다.

《시경詩經》에는 『길게 뻗은 오이덩굴, 이 족속이 처음 생겨난 곳 緜緜
瓜瓞 民之初民』(《詩經·大雅·緜緜》)이라는 언급이 있다. 이 족속은 오이
로부터 나왔다는 전설과 사료가 매우 많다. 다이족[傣族]의 전설에는, 상
고시대에는 지상에 아무것도 없었는데 천신이 어미소와 새매를 땅에 내
려보냈다. 소는 땅 위에서 3년을 살고 죽으면서 알 세 개를 남겼다. 새매
가 알을 부화시켰는데 그 중의 하나가 호로박이 되었고, 호로박이 또 인
류를 낳았다. 문일다聞一多는 반고盤古가 바로 호로박이라고 생각했다.
『이것은 오이 종류가 열매를 많이 맺기 때문으로 자손 번식의 가장 좋은
상징이다. 그러므로 이것을 취하여 비유한 것이다.』(聞一多, 《神話與詩》, 古
籍出版社, 1954年, 65쪽) 따라서 많은 족속들은 호로박을 인류의 기원과
생육에 연계시켰다. 이족彝族들은 자신들의 족속이 호로박에서 나왔고,
죽은 후에는 영혼 또한 호로박으로 들어가므로, 호로박은 인류 영혼의 거
처라고 생각한다.

오이를 보내어 아들 낳기를 축원하는 것과 유사한 것으로는 또 〈기린
이 아들을 보낸다〉[麒麟送子]거나
〈기린을 보낸다〉[送麒麟]는 것도 있
다.[그림 80] 불을 켜는 등으로 아
들을 갖고자 하는 것도 오이를 보
내는 것이 변화한 것이다. 여척헌廬
惕軒은 《진주죽지사眞州竹枝詞·
공린등供麟燈》에서 다음과 같이 읊
었다. 『시집가니 틀림없이 기억해
라, 어머니가 오늘밤 더없이 사랑
함을. 우리 애가 기린 같은 아이를
갖는다면, 양가 모두 잘 될 징조지.
記得于歸百兩迎 慈親此夕倍鍾情

80. 麒麟送子

願兒早孕麒麟子 也兆農家宅相成』

　등불을 보내어 아들을 갖고자 하는 일은 대체로 정월 대보름에 행해지는데, 양쯔강 남북 모두에서 비교적 성행했다. 서가徐珂는《청패류초淸稗類鈔·시령류時令類》에 이렇게 기록하고 있다.『화이안에는 아들을 보내는 풍속이 있는데, 항상 정월 대보름 후 2월 초이틀 전에 행해졌다. 대체로 나이는 많지만 아들이 없거나 결혼 후 여러 해가 지나도 아이를 갖지 못한 경우에 친척과 친구들이 모두 풀로 종이를 붙여 만든 작은 붉은 등을 보낸다. 혹은 벽돌로 대신하는 경우도 있는데, 그때의 벽돌은 반드시 동문 밖에 있는 기린교 난간의 것을 써야 하고, 그렇지 않으면 효험이 없다. 일반적으로 기린이 아들을 보낸다는 뜻을 가지고 있다. 보내는 사람은 먼저 좋은 날을 잡아 편지로 받을 사람의 집에 통지한다. 때가 이르면 십여 명을 모아 북을 치며 크게 놀이판을 벌이고 등이나 벽돌을 보낸다. 받는 사람은 멀리 문 밖까지 나가 영접하고 보내 온 등이나 벽돌을 아들을 바라는 사람의 침상에 매달아 놓고, 주연을 베풀어 보낸 사람을 잘 대접한다. 후에 아들을 얻으면 융숭하게 보답한다. 淮安有送子之俗 恒在元宵後 二月初二前. 凡年老無子 及成婚多年而未育者 戚友咸送紙糊小紅燈 間有用磚代者 此磚須受取自東門外之麒麟橋埦 否則無效. 蓋取麒麟送子之意. 由送者先期擇日 備柬通知受者之家 臨時 約集十餘人 鼓樂大作 持燈或磚送往. 受者則遠迎門外 之所送之燈或磚懸于望子者床中 幷以酒筵款待送者 它日得子 則有重酬』《중화전국풍속지》하편 권3에는, 싱화〔興化〕에『어린아이 등이 있는데, 이 등은 진흙으로 만든다. 속설에 이 등은 아들을 보내 주는 관음보살을 맞이하는 것이므로 아이를 갖지 못한 집에 보내 오면 곧 아들을 낳을 수 있다고 한다. 그러므로 몹시 아들을 갖고 싶어하는 사람은 다른 사람이 어린아이 등을 보내 오면, 반드시 술과 먹을 것을 준비했다가 대접하며 이루 말할 수 없이 기뻐한다. 또 이 등을 사당 앞에 모셔놓는데, 만일 이 진흙 등이 손발이 없거나 손상되었으면 앞으로 낳게 되는 아들이 틀림없이 병을 앓게 된다고 한다』

　양쯔강 이남에도 이러한 풍속이 있는데, 기린등이라고 한다. 예를 들면

《금릉쇄지金陵瑣志·병촉리담炳燭裏談》에 수록된 것이 바로 그것이다.
《중화전국풍속지》하편 권6에도 창사〔長沙〕에 유사한 풍속이 있음이 기록
되어 있다.

광둥성 둥완〔東莞〕에는 정월 열사흘에 〈등불 생일〉〔燈頭生日〕을 지내려
면 당일에 등을 경하해야 한다. 만약 새색시가 친정에 가더라도 그날로
시댁에 돌아와 남편과 잠자리를 같이 해야 한다. 사람들의 말에 의하면,
이것은 〈아들을 맞이하기〉〔接子〕 위해서라고 한다. 이 풍속은 등을 보내
는 것과 아들을 갖고자 하는 것의 결합임이 아주 분명하다. 《중화전국풍
속지》 상편 권8에 있는 〈광저우〉〔廣州〕의 세시풍속 활동 중에는 다음과
같은 기록이 있다. 『광저우의 등불 밤에는 남녀가 대부분 동쪽으로 가서
아들을 기원한다. 여러 보물로 치장한 등을 신에게 바치고 밤이 되면 그
등에서 불을 받는데, 대개 3등까지가 이긴 사람으로, 신에게 허락받은 것
이 되어 등을 가지고 돌아온다. 한해를 넘기며 등을 받아 아들을 낳은 사
람은 술과 음식을 성대하게 차려 신께 감사드리는데, 이것을 〈등두燈頭〉
라고 한다.』 이 책 상편 권8에서는 또 『하이펑〔海豊〕의 풍속에 정월 초하
루 저녁에 강변에서 등을 띄우고 시합하여 백白을 얻은 사람이 남자아이
의 징조라고 좋아하고, 홍紅을 얻은 사람은 여자아이의 징조』라고 한다.

이상의 오이 보내기는 또 그로부터 등을 보내어 아이를 갖도록 하거나
기린을 보내는 등으로 변했는데, 모두 여성이 결혼 후에 자식 갖기를 바
라는 일종의 무술이다. 여기서 사람들은 오이 혹은 등을 어린아이에 비유
하여, 아이를 갖지 못한 사람에게 오이나 등 하나를 보내면 하늘로부터
내려왔다고 좋아하며 조만간에 아들을 가질 수 있다고 생각했다.

제7절 화수花樹

구이저우 런화이현[仁懷縣] 허우
산향[後山鄉]의 먀오족이 사는 지
역에서는 채산절踩山節이라는 날
이 있다. 그때가 되면 아들도 딸도
없거나 결혼 후 자식이 없는 집에
서는 모두 산에 올라가 화간花杆
을 세워놓고 자식이 흥성하고 오
곡이 풍년 들기를 기원한다.[그림
81] 이 과정은 다음과 같이 세 단
계로 구분된다.

81. 먀오족 搖鈴舞

1. 화간花杆 만들기

삼나무나 측백나무로 만드는데, 삼나무는 남성, 측백나무는 여성으로,
보통 높이는 6,7미터이고 가지와 잎이 무성한 것이 아들이 많은 것이다.
원료는 섣달에 잘 골라 정월 초하루에 날씨가 맑지 않으면 산에 올라가
전에 태워놓은 나무를 베어 나무 껍질을 벗기고 측백나무 가지를 삼나무
줄기에 묶어, 남녀 교합 혹은 이성 교합을 상징한다.

2. 화간花杆 세우기

화간을 산 위로 가지고 가서 높은 데를 골라 구덩이를 파고 삼나무를

묻고, 몇 사람은 베끈을 삼나무에 묶고 그 옆에 측백나무를 묻는다. 화간 아래에 향단香壇(나무 되·內貯米·고기 등)을 설치하고 그 가운데로 가서 향을 꽂는다. 괘사卦師는 화간 아래 서서 화간——산간보살山杆菩薩의 대리인을 맡아, 신에게의 발원과 소원을 이뤄 준 데에 대한 감사의 예 등, 모든 일을 진행한다. 괘사는 점치는 도구——댓조각으로 점을 친다. 이 댓조각은 대나무 한 마디를 둘로 나눈 것으로, 볼록 튀어나온 것과 오목 들어간 양면으로 되어 있다. 땅에 던질 때에는 위에서 말한 음양면의 분포에 근거하여 길흉을 정한다. 화간 아래에는 또 두 개의 주단酒壇을 벌이고 참예자가 와서 마실 수 있도록 한다. 이 술은 보살주라고 하는데, 제사를 주관하는 사람이 빚은 것이다. 이 술을 마시면 건강하고 오래 살 수 있고 자손이 번성한다. 화간을 세우는 것은 사실 신령의 위패를 세우는 것이므로, 반드시 폭죽을 터뜨리고 조롱박으로 만든 악기를 불며 춤을 추어야 하는데, 이러한 노래와 춤은 신을 기쁘게 할 수 있다는 생각에서 나온 것이다.

신을 구하는 사람은 반드시 향 한뭉치와 종이돈을 가지고 가서 화간신에게 바치고, 자신의 소원을 괘사에게 빌고, 화간을 향해 무릎을 꿇고 세번 읍해야 한다. 괘사는 점복을 행하여 신을 구하는 사람에게 회답을 준다. 만약 그후에 소원과 같이 보답받았으면, 반드시 다음 화간절에 감사의 예를 드려야 한다. 아들을 낳은 사람은 수탉으로 감사의 예를 드리고, 딸을 낳은 사람은 암탉으로 감사의 예를 드린다.

3. 화간 쓰러뜨리기

명절의 네번째날이 되면 다음 번 화간절을 맡은 여인네들은 우산을 쓰고 조롱박으로 만든 악기를 부는 악대와 더불어 화간을 맞으러 가서, 측백나무 기둥을 집에 운반해다가 가운데 기둥에 묶는다.

명절 기간에는 폭죽을 쏘고, 말 경주를 하고, 참새 싸움을 벌이고, 수수

깡 오리 놀이를 하고, 노래를 주고받고, 조롱박 악기를 불며 여기저기 돌아다닌다. 그 중에서 몇 가지 활동은 오락이고, 몇 가지는 들놀이이고, 어떤 것은 자식 갖기를 기원하는 무술이다. 그곳의 전설에 의하면, 옛날에 장타창張打槍이라는 사냥꾼이 몸을 다친 파랑새를 발견하고 불쌍하게 생각하여 상처를 묶어 주었는데, 후에 파랑새가 소녀로 변하여 장타창에게 시집왔다. 남편은 아내를 위하여, 더 이상 사냥을 하지 않았다. 아내는 남편에게 사냥을 하라고 하면서, 청녀靑女 그림을 한 장 그려 남편의 몸에 지니도록 했다. 이렇게 하고는 장타창은 다시 산에 가 사냥을 하였다. 그러나 불행한 일이 발생했다. 황제가 청녀를 빼앗아 간 것이다. 3년 후 여러 가지 우여곡절 끝에 장타창은 황궁에 이르러 직접 황제를 만났다. 그 후 황제는 장타창과 청녀가 도망간 것을 발견했다. 먀오족은 사냥꾼과 그의 아내를 기념하기 위하여, 매년 모두 화간절을 지낸다. 삼나무가 화간을 대표하는데 장타창 혹은 남성신의 상징이기도 하고, 측백나무는 청녀 혹은 여성신의 상징이기도 하다. 사람들은 화간에 제사지내고 절을 하고 주위를 뛰며 춤춘다. 그리고 측백나무 가지와 삼나무 가지를 결합시키는데, 모두 나무를 빌려 아들 갖기를 기원하는 풍속의 반영이다.

화수와 유사한 것으로는 또 일종의 모방 무술 ―〈압자押子〉라는 것이 있다. 산둥의 어떤 지역에서는 소나무와 잣나무 가지 위에 돌 하나를 올려놓고 임신을 기원한다. 그것은 소나무나 잣나무가 항상 푸르고 가지가 많으며 돌은 굳은 것이 옥과 같기 때문에, 아들을 낳는 경사가 생길 수 있다고 생각하는 것이다. 대부분 묘회廟會를 갖는 숲속에 있는데, 예를 들면 타이산의 앞과 뒤편에 있는 두모궁斗母宮·영암사靈巖寺 주위의 나무 위에 많은 돌들이 놓여 있다. 어떤 압은 삼층의 돌로 되어 있는데, 어떤 돌들은 모두 나무 틈에 끼여 있다. 사람들은 압자를 할 때 소나무나 잣나무가 아들을 내려 주기를 기도하면서 다투어 잣씨나 홰나무 열매를 먹는다. 이러한 음식 문화 풍속 또한 아들을 갖고자 하는 뜻이 있다고 한다.(葉濤等,《山東民俗》, 山東友誼書社, 1988年, 173쪽)

앞에서 언급한 쓰촨성 무리현 푸미족〔普米族〕들이 여신 ―〈파딩라수〉

를 제사지낼 때 털공을 던지는 것은, 털공이 나무 위에 걸리면 여인이 임
신할 수 있다고 생각하기 때문인데, 이것 역시 자식 갖기를 기원하는 무
술의 일종이다.

제8절 벽돌과 기와 보내기

《시경·소아小雅·사간斯干》에는 이런 구절이 있다.『사내아이 낳으면 침상에 누이고, 꼬까옷 입혀 구슬 쥐여 주겠네. 乃生男子 載寢之床 載衣之裳 載弄之璋』

남성을 중시하고 여성을 경시했기 때문에 옥구슬은 남성을 대표하고, 실감개는 여성을 상징한다. 후에 실감개와 옥구슬은 또 신분이 다른 것의 상징으로 변했고, 또 벽돌과 기와로 대신하였는데, 이러한 관념은 자식을 갖고자 하는 무술 가운데 상당히 반영되었다.

벽돌을 보내어 자식을 갖게 하고자 하는 것은 상당히 유행된 풍속이다. 《부녕신지阜寧新志》 권15에는 정월『초엿새는 육자야六子夜인데, 아들이 없는 여인들에게 친척과 친구들이 붉은 종이로 벽돌을 싸서 그 집에 보내 준다. 그것은 아들의 징조라고 생각하는 것이다』고 했다.

《중화전국풍속지》 하편 권3에서는《회안풍속지淮安風俗志》를 다음과 같이 인용하고 있다.『음력 원소절 후 2월 2일 이전, 그 십 며칠 동안 이른바 아들을 보낸다는 것이 있었다. 이 일 또한 친척과 친구들이 하는 것으로, 대개 나이가 들었어도 자식이 없는 사람이나 결혼한 지 여러 해가 되었어도 아이를 갖지 못한 사람들에게, 친척과 친구들이 자식을 바라는 그 간절한 마음을 알고 모두 기꺼이 보내는 것이다. 그러나 보내는 것은 사람이 아니고 종이를 풀로 붙인 하나의 작은 붉은 등일 뿐이고, 혹간 벽돌로 대신하기도 한다. 이 벽돌은 반드시 동문 밖 기린교의 난간의 것을 사용해야지 그렇지 않으면 효험이 없다고 하는데, 대체로 기린이 아이를 보낸다는 의미를 담고 있다. 舊曆元宵節後 二月二以前 此十數日間有所謂送子者焉. 此事亦系出于親友之所爲 蓋凡年老無子及成婚多年而無所育者 親友知其盼子心切 咸樂送之. 然所送者非人 乃一紙糊之小紅燈耳 間有用磚代者 此磚須取自東門外麒麟垻 否則無效 蓋取麒麟送孩也』

벽돌을 보내어 아들을 갖도록 하는 것은 등을 보내어 아들을 갖도록 하는 데에서 기원한 것으로, 역시 일종의 자식을 갖고자 할 때의 무술이다.

제9절 조파종祖婆粽 먹기

후난성에 사는 둥족〔侗族〕은 단오절을 지낼 때, 굴원을 기념하고 용 모양 배를 띄우고 종자粽子라는 떡을 먹는 것 외에 또 일종의 특별한 자식 구하는 무술 ——〈배매종揹妹粽〉을 행한다.

이러한 의식은 또 조파절祖婆節이라고도 하는데, 나이가 든 여성이 주관하고 모든 여성이 참여한다. 남자는 배제된다. 먼저 쑥과 창포를 큰 솥에 넣고 끓여 목욕한다. 그런 다음에 결혼한 여성을 불러 누각에 올라 종자떡을 만들어 조상에 제사지내도록 한다. 종자떡을 싸서 만들기 시작하면 다른 여인들은 반드시 서 있다가, 제사를 주관하는 사람이 먼저 열두 개를 싸서 만들어 〈배매종揹妹粽〉이라고 한다. 이것은 베개만큼 큰 두 개의 경단을 합친 것이다. 이것은 조상할머니를 상징하면서 또한 자손의 번성을 상징한다. 〈배매종〉을 싸서 다 만든 후에는 다시 열두 개의 각이 진 떡을 더 싸 만들면 다른 여인들이 비로소 앉아 모두 종자떡을 먹는다. 이때 바로 종자떡이라고 말로는 할 수 없고, 〈조상할머니〉라고 한다. 종자떡을 싸서 만드는 것을 〈조상할머니께 옷을 입혀 드린다〉고 하고, 종자떡을 삶는 것은 〈물을 끓여 조상할머니를 씻겨 드린다〉고 한다. 이런 여성들만이 아이를 가질 수 있다고 생각하는 것이다.

〈배매종〉이라는 자식 갖기를 기원하는 일을 행하는 과정에서, 사람들은 모두 몸이 정결하지 않으면 반드시 약을 넣어 끓인 물로 목욕하는데, 이는 아이를 갖는 데 필요한 청결한 환경을 만들기 위한 것임을 알 수 있다. 그러나 〈배매종〉은 바로 교합하는 형상으로, 〈교합하는〉 종자떡 먹기를 통해야만 아이를 가질 수 있고, 〈먹음〉은 또 일종의 접촉 무술이기도 하다. 종자떡 안의 쌀가루는 자손이 번성한다는 상징이다.

장시성에는 찐빵을 빼앗아 아들을 갖고자 하는 풍습이 있는데, 역시 유사한 아들을 갖고자 하여 행하는 방법이다. 《중화전국풍속지》 하편 권5에는, 지안(吉安)에는 『7월 초하루에서 보름까지 보름 안에 부잣집에서 모두 스님을 모셔와 불을 피우고 경을 외워 귀신을 쫓는다. 불은 대체로 길가 높이 쌓은 누대 옆에 놓는다. 누대 위에는 신의 형상과 징·북·현악기, 그리고 찐빵과 과일 등을 준비한다. 여러 스님들이 징과 북을 치거나 현악기를 뜯거나 독경을 하거나 하면서 한바탕 떠들고 나서 찐빵과 과일을 누대 아래로 아무렇게나 던지면, 일반 신자들은 다투어 그것을 줍는다. 여인네들이 찐빵 하나를 빼앗으면 다음해에 아들을 얻을 수 있고, 아이들이 주우면 평생 놀라는 일을 당하지 않을 수 있다』 여기서 찐빵을 빼앗는 것은 종자떡을 먹는 것과 마찬가지 뜻으로, 모두 자식 갖기를 기원하는 무술의 표현 형식이다.

자식 갖기를 원하는 무술 중에는 음식물이 매우 많다. 위에서 말한 색깔을 넣은 달걀을 던지는 것 외에도, 혼례를 치를 때 대추를 먹거나 밤을 먹거나 땅콩이나 자손과자 등을 먹기도 한다.

제10절 경교敬橋

　구이저우성에서는 경교를 하여 아들을 기원하는 풍습이 보편적으로 유
행해 왔다. 부이족[布依族]은 〈탑화교搭花橋〉라고 하고, 먀오족들은 〈경교〉
라고 한다. 필자가 타이장[臺江]에서 조사한 바에 의하면, 먀오족들은 어
린아이들은 겁이 많고 쉽게 길을 잃는다고 생각하여, 경교를 하는 것은
어린아이가 평탄한 인생 행로에 다시 태어나도록 하기 위한 것이다. 후에
는 이것이 변하여 공덕을 쌓으면 아들을 낳을 수 있다고 생각했다. 예를
들면 징평 나워의 먀오족들에게 이 풍속이 있다. 2월 2일은 먀오족들에게
비교적 특색 있는 명절로, 경교절이라고도 한다. 명절에서 가장 중요한
활동은 다리 놓기이다. 사람들은 〈사람은 천하고 목숨은 짧다〉[人賤命薄]
고 생각하여, 딸만 낳고 아들을 낳지 못하는 집에서는 달걀을 다리 위에
제물로 바치고, 향을 사르고 종이돈을 태우고, 또 흰 종이를 가위로 오려
꽃을 만들어 활 형태의 대나무에 붙여 샘 위의 다리 양쪽에 놓는다.[그림
82] 혹은 돌로 작은 물줄기 위에 다리를 놓는다. 만약 1년 안에 아이가
생기면 3년 후에 닭 한 마리를 잡아서 소원을 이루게 해준 데에 대해 신
령에게 감사를 표한다. 탑교는『다리를 수리하고 길을 보수하며, 많은 아
이를 낳아 기르기 修橋補路 養兒
無數』위한 것이었다. 경교 때는
반드시 색깔을 넣은 밥을 짓고 각
종 색깔 넣은 달걀을 삶아 그물에
넣어 아이들의 목에 걸어 준다. 이
것은 어린아이가 색달걀을 먹으면
건강에 보탬이 되고, 여성이 먹으
면 생육에 이롭다(貴州文化廳,《貴
州節日文化》, 中央民族學院出版社,

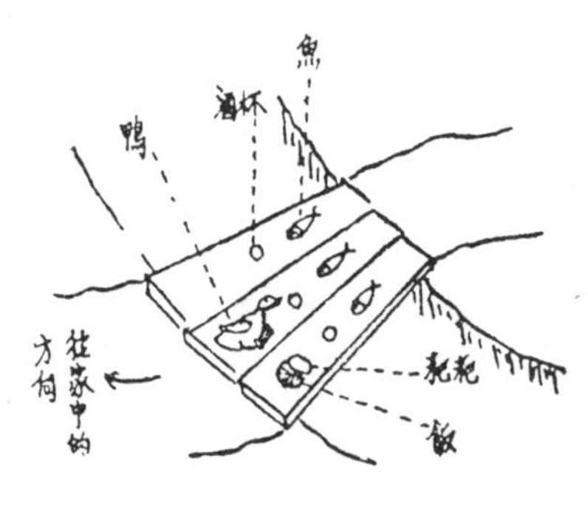

82. 먀오족 祭橋

1988年, 171쪽)는 생각에서이다. 타이장과 지엔허[劍河]의 먀오족들이 조상에 제사지낼 때는, 제사를 주관하는 사람의 아내가 키가 낮은 걸상을 넘어가고, 제례를 지도하는 사람은 대나무 통에 호로박 형상의 생식기를 새겨 그 안에 술과 술지게미를 넣고 여성의 하반신에 차도록 한다. 여성이 걸상을 밟고 넘어갈 때는 반드시 치마를 걷어올려 수정하는 동작을 표시해야만 한다.(楊鵑國, 〈論原始宗敎對民俗的影響〉, 《貴州民族硏究》 1988年 1期) 구이저우성 동남쪽에 사는 몇몇 먀오족들은, 어린아이의 정령은 항상 야외에서 놀거나 심지어는 귀신에 잡혀가기도 하므로 반드시 경교 의식을 거행해야 한다고 생각한다. 닭과 오리를 잡고 물고기와 짐승 고기를 바친다. 다리는 복숭아와 오얏나무로 만든 것으로, 일반적으로 모두 작으며, 성을 상징하는 다리이다. 복숭아나무와 오얏나무는 바로 음양의 결합을 상징한다. 조사에 의하면 경교에는 두 가지 목적이 있다. 하나는 일반적으로 여러 신들이 어린아이를 보호하도록 하기 위함이고, 다른 하나는 어린아이의 정령이 다리를 따라 돌아오도록 하기 위한 것이다.

한족들도 다리를 수리하고 길을 보수하는 풍습이 있다. 음덕을 쌓는 상징으로서 대대로 쉽게 아들을 얻을 수 있다고 여기는 것이다. 《제경세시기승帝京歲時紀勝·주교모정走橋摸釘》에는 이런 기록이 있다. 『대개 다리가 있는 곳을 삼삼오오 함께 건너는데, 이것을 도액이라고 하고, 속설로는 〈다리 걷기〉라고 전해 온다. 또 정남향 문을 지나며 도중에 문에 박힌 못을 어루만지는데, 이것도 남성을 예언하는 것이다. 凡有橋處 三五相率 以過 謂之度厄 俗傳曰〈走橋〉. 又競往正陽門中洞摸門釘 讖宜男也』다리 건너기는 장수를 기원하는 뜻이 있고, 문에 박힌 못을 어루만지는 것은 아들 갖기를 원하는 것이다.

다리를 수리하고 길을 보수하는 것과 유사한 것으로는 또 〈밥 희사하기〉[舍飯]가 있다. 예를 들면 산둥의 민간에서는 자신이 아들이 없는 것은 생리적 원인이 아니고 남모르게 쌓아온 덕이 부족하기 때문이라고 생각하여 일반적으로 겨울, 특히 섣달 초파일에 많은 밥을 짓고, 평상시에도 일부 음식물을 남겨 대추와 밤을 올려놓고 궁핍한 사람들이 먹도록

보내 준다. 밥을 보내 주면서는 이렇게 말한다.『아이를 위해 쌀 한줌을
덜어내고, 아이를 위해 국수 한줌을 덜어내어, 선달 초파일까지 남겼다가
회사합니다.』궁핍한 사람이 〈희사한 밥〉을 먹은 후에는 역시 보내 준 사
람이 아들 딸을 낳도록 축하해 주어야 한다.(葉濤等,《山東民俗》, 山東友誼
書社, 1988年, 673쪽)

제11절 자손주머니〔多子袋〕

윈난성의 홍허와 머장〔墨江〕 경계에 있는 산간 지대에는 〈독기獨氣〉라고 불리는 하니족이 살고 있다. 그들은 대나무로 지은 누각에 사는데, 새로운 누각을 지을 때는 항상 반드시 문틀 위 가로로 댄 나무 위에 〈자손주머니〉를 매단다.

이 주머니는 천으로 만든 장방형으로 아래는 세 가닥의 검은 천으로 만든 술이 달려 있는데, 그 안에는 오곡을 넣어둔다. 이 주머니는 아들을 많이 두고 풍년이 드는 것을 상징하며, 해가 바뀌거나 절기가 바뀔 때는 반드시 〈자손주머니〉에 기도드린다. 이렇게 하면 자녀를 많이 낳을 수 있다고 믿는 것이다.

만주족들에게는 마마커우다이라는 것이 있는데, 실제로는 역시 아들 갖기를 원하여 만들어 놓은 것이다. 헤이룽장성 아청〔阿城〕 서경련가舒慶連家에는 10대째 전해 오는 〈마마커우다이〉가 있다. 황토색 자직포自織布로 만들어졌는데, 길이가 31센티미터, 너비가 22센티미터이다. 윗부분은 노끈으로 입구를 조이거나 여러 가닥의 〈매듭지어 놓은 줄〉도 있다. 줄은 붉은색·노란색 천이 약간 들어 있다. 대체로 각 종교 계파마다 하나의 묶음줄을 사용한다. 자루의 겉 형태는 위가 뾰족하고 아래가 둥글다. 위에 많은 물건을 매는 것은, 자손의 번성을 상징한다. 묶인 것을 열 때는 반드시 돼지를 잡고 향을 살라야 하고, 제를 주관하는 사람은 반드시 손과 얼굴을 깨끗이 씻고 소리내어 기도드리며 〈마마커우다이〉를 조심스럽게 다룬다. 자손줄을 실내에서 마당 동쪽의 버드나무로 끌고 간다. 향불을 피워 올리고 여성과 어린이들이 버드나무 주위를 둘러싸면 여성 샤먼은 주문을 외운다. 「자루에서 생겨나고, 버들잎에서 생겨나고, 많이 생겨나, 가지와 잎처럼 크소서.」 외우는 일이 다 끝나고 바쳤던 물건들을 버드나무 가지 위에 흩뿌리면, 여성과 어린이들은 다투어 먹는다. 버드나무 가지와 접

촉한 제수품을 먹으면 오래 살 수 있고 여성들은 아들을 가질 수 있다고
생각하는 것이다.

제12절 상추 훔치기

채소에는 아들을 낳는다는 의미가 들어 있다. 《청패류초淸稗類鈔·미신류迷信類》에는 다음과 같은 기록이 있다. 『광저우에서는 정월 초하루 저녁에 여성이 이웃집 채소를 훔쳐오는데, 남자를 의미한다고 하며 채청이라고 부른다. 廣州元夕 婦女偸摘人家蔬菜 謂可宜男 名曰采靑』또 이런 언급도 있다. 『광둥에서는 대를 잇기 어려운 부녀들이 종종 밤중에 이웃집에 몰래 들어가 상추를 먹으면 아들을 낳을 수 있다고 한다. 대개 광둥 사람들은 상추를 생채라고 한다. 廣東婦女之艱嗣續者 往往于夜中竊人家

83. 生菜盛會

萵苣食之 云能生子. 蓋粤人呼萵苣爲生菜也』《점석재화보點石齋畵報》에는 〈생채성회生菜盛會〉라는 그림 한폭이 있는데〔그림 83〕 거기에는 이런 문구가 쓰여 있다.『생채의 본래 이름은 와거인데, 광둥 사람들이 그 채소를 생식할 수 있기 때문에 그런 이름으로 불렀다. 매년 새해에는 주민들이 서로 주고받았는데, 보통 생기가 피어나라는 뜻이고, 이제는 더 이상 그것으로 모임을 갖는 것을 이르지는 않는다. 난하이현의 도자기 굽는 사람들은 그곳에 관음묘를 두고, 흰옷을 입고 아들을 보내 주는 관음신상을 가운데에 모신다. 그곳 주민들은 정월 26일에 신령의 탄신을 축하하는데, 그 까닭은 모르지만 생채회라고 한다. 자식을 기원하는 남편과 부인들이 이 사당에 모여 경건하고 정성스럽게 향을 사르는데, 사당 앞에는 음식점과 술집이 줄지어 있어 그곳에 온 사람들이 먹고 마시는 것에 대비하고, 보통 이날의 안주와 반찬 가운데에는…… 반드시 생채를 주로 하고 밭에서 가져와 모두 시장에서보다 가격이 세 배나 되어 상당히 비싸지만 사람들은 깎지 않는다. 시장에 모인 사람들은 안개와 이슬을 머금은 싱싱한 것을 씹어먹는 모임을 갖는데, 제방에서 가져온 싱싱한 것은 푸르고 부드럽다. 生菜本名萵苣 粤人因其菜可生食故以名之. 每屆新歲居民互相贈答 蓋取生發之意 不謂今更有以之爲會者. 南海縣屬人窯墟有觀音廟焉 中奉神像被以白衣送子觀音 土人以元月二十六日祝神靈誕 不知何故 謂爲生菜會. 男婦祈嗣者贇集該廟 虔誠辦香 廟前飯館酒館鱗次櫛比 以備游人飮食 準是日肴饌中……必以生菜爲主 以致花圃皆利市三倍 雖價格稍昂 人亦不靳 有市以赴會者 煙苗露甲嚼齒香生有會 埔以取生機者 嫩綠柔靑』이로 보아 생채生菜 묘회廟會는 신에게 아들을 달라고 비는 것인데, 생채를 자식 갖기 원하는 무술의 도구로 삼은 것임을 알 수 있다. 따라서 《오우여화보吳友如畵寶》와 《생채회生菜會》에서는『이 모임은 당연히 3월 3일 서울 물가에서의 성대함에 뒤지지 않는다 是會也 當不亞三月三日長安水邊之盛』고 생각한 것이다.

제13절 돈 던지기

돈 던지기도 일종의 아들 갖기를 기원하는 중요한 무술로, 두 가지 형식이 있다.

하나는 사원 내에 큰 돈을 걸어놓고 사람들이 구멍에 돈을 던져 아들을 낳아 후사를 잇기를 기원한다. 《제경경물략帝京景物略》 권2에는 다음과 같은 기록이 있다. 『황제의 부인 앞에 금돈을 걸어놓고 도사가 가운데를 맞힌 사람은 아들을 얻는다고 고하면, 들어간 사람들은 그대로 돈을 던지고 맞지 않으면 계속하며, 맞힌 사람은 즐겁게 계속하고, 경쇠를 가지고 점을 친다. 帝妃前懸于金錢 道士贊中者得子 入者輒投以錢 不中不止 中者喜 盆不止 磬所携以出占』《구도문물략舊都文物略·명적名迹》에는 다음과 같은 언급이 있다. 『백운관에서는 구진인을 받드는데, (정월) 19일이 생신일이며, 또 돈을 모으는 모임을 갖는다고 전해진다. 다리 밑에 동전 하나를 매달아 놓았는데, 뚫린 곳이 매우 크다. 보통 사람들은 신에게의 제사가 끝나면 모두 다리 난간에서 함께 돈을 던진다. 그 구멍에 맞히면 큰 이익이 있다. 白雲觀供邱眞人 相傳(正月)十九日生辰 亦求賽之會也 橋下懸一銅錢 其大逾盅 凡人祀神畢 皆于橋欄杆與擲錢 如中其孔 則大利市』 이와 같은 돈 던지기는 아들 갖기 원하는 사람의 측면에서 말하면, 일종의 아들 기원 무술이다. 돈의 구멍은 여성의 성기이고, 돈은 남근이다. 들어가면 임신을 하여 아들을 얻을 수 있고, 가운데에 맞지 않으면 임신하기 어렵다. 일종의 전형적인 모의 무술인 것이다. 도사의 입장에서 보면, 사람들이 아들을 기원하는 미신의 심리를 이용하여 어부지리를 취하는 것이다.

다른 하나는 동굴과 샘에 가서 돈을 던지는 것이다. 어떤 샘물이 솟는 구멍이나 석굴 안에 돈을 던지는 것도 그 의미는 위와 같은 일종의 아들 갖기를 원하는 무술이다. 산둥성 타이산〔泰山〕에는 왕모지王母池가 있고 노산嶗山 아래 청궁淸宮에는 연못이 있는데, 모두 그곳 사람들이 성수聖水 혹은 약수로 생각하여, 아이를 갖지 못하는 남녀들이 뒤질세라 다투어 그곳에 가서 돈을 던진다. 만약 돈이 떠오르면 아들을 얻음을 상징하는 것이다.

　허난성 난웨현[南樂縣] 우촌[吳村]에는 창힐倉頡 사당과 창힐의 묘가 있는데, 그곳에서는 매년 정월 24일이 창힐의 생일이고, 9월 14일은 창힐의 제삿날이라고 생각하여, 이 두 날에 모두 묘회廟會를 거행한다. 아이를 갖지 못하는 여성들이 왕왕 동전으로 비석을 문지르거나 비석에 돈을 붙여, 붙으면 길조라고 여긴다. 그후에 붉은 실로 둘레를 묶어 감춘다. 집에 돌아온 후에 동전을 낙수물 그릇 안에 넣어둔다. 이렇게 하면 재난을 없애고 아들을 낳게 해준다고 한다. 사람들은 또 창힐의 무덤에서 흙을 파면서 이렇게 노래 부른다.『풀을 깎으면 아들이 나오고, 뿌리를 깎으면 여자애가 나온다』(崔燦, 〈造字聖人與送子娘娘〉,《中州民俗》1987年 1期)

제14절 가축 타기

베이징 동악묘東岳廟 편전偏殿의 자손낭랑전子孫娘娘殿 안에는 구리로 만든 말 한 필과 자기로 만든 말 한 필이 있는데, 모두 수컷이다. 아이를 갖지 못하는 여인이 자손낭랑에게 가서 절할 때는 향을 사르고 고개를 숙이는 것 이외에도 반드시 구리 말이나 자기말을 한번 쓰다듬어야 한다. 그래야 아들을 얻을 수 있다고 생각하는 것이다. 화이허〔淮河〕 유역의 징더〔旌德〕와 징현〔經縣〕의 경계 산봉우리에는 돌로 된 말이 한 필 있는데, 생식기가 상당히 크다. 아이를 갖지 못하는 민간의 여인들은 모두 다투어 이 말을 타고 말의 생식기를 쓰다듬는다. 그러면 아이를 가질 수 있다고 생각하기 때문이다. (李暉,〈江淮民間的生殖崇拜〉,《思想戰線》, 1988年 5期) 《청패류초·미신류》에는 다음과 같은 언급이 있다. 『진릉청 북쪽 철묘장에는 쇠로 만들어진 고양이가 있다. 길이가 4자나 되고 물에 누워 있는데, 고색창연하다……. 사람들에 의하면 여인들이 그것을 쓰다듬으면 아들을 얻을 수 있다고 한다. 金陵城北鐵猫場有鐵猫 長四尺許 橫臥水中 古色斑爛……相傳婦人撫弄之可得子』

위에서 말한 모의 무술에는 가축류가 배우자의 한편으로 나타난다. 다른 나라에서는 여성이 신과 교합한다. 『로마인들 중에는 새색시를 푸리아포스 신전에 데리고 가거나, 혼례 전에 사제가 혼자 데리고 가거나, 더욱 일반적인 것은 혼례 후에 남편이나 축하객들이 함께 가거나 한다. 신전에서 새색시는 신과 성교를 해서 그녀의 정조를 제사지내야 한다』(魏勒,《性崇拜》, 中國靑年出版社, 1988年, 300쪽)

만일 상고시대 인류가 생육신에게 제사를 지낼 때 토템이나 고매에게 감응하여 아들을 낳을 수 있도록 빌었다면, 새색시가 신과 교합하는 것은 2차 형태이다. 가축을 타 아들을 갖고자 하는 풍습이 나타난 것은 더욱 나중의 일이다. 《점석재화보點石齋畵報》의 〈구사가신求嗣可哂〉에서 묘사

한 광저우[廣州] 돌사자 아들 기원하기 또한 아들을 갖기 위해 행하는 풍
습과 유사한 것이다.

제15절 물건 바꾸기

  몇몇 한족들이 사는 지역에는 또 하나의 아들 기원 무술이 있다. 이것은 어느 집 여인이 아이를 많이 낳았으면, 그녀의 옷이나 물건에도 다산의 영성靈性이 들어 있다고 생각하는 것이다. 이를테면 변기를 훔치는 것은 아이가 없는 집에서 자녀를 낳기 위한 것으로, 항상 온갖 꾀를 내어 아이를 낳은 집의 변기를 훔쳐와야 한다. 이것은 여성이 그러한 변기를 사용하면 아이를 낳을 수 있다는 생각에서이다. 이러한 변기는 여성 성기의 성질도 갖고 있다. 혹은 누구네 집에서 아들을 낳았다면 반드시 세삼洗三을 하고, 이름을 짓고, 보름달일 때 색달걀을 깨고, 또 남의 집 변기에 앉아 무척 맛있게 먹어야 한다. 그런 다음에 자신의 새 허리띠를 풀어 산모의 옛날 허리띠와 바꾼다. 이렇게 해야 〈아들을 띠어〉〔帶子〕, 자신도 일찍 아이를 갖게 될 수 있다고 한다.

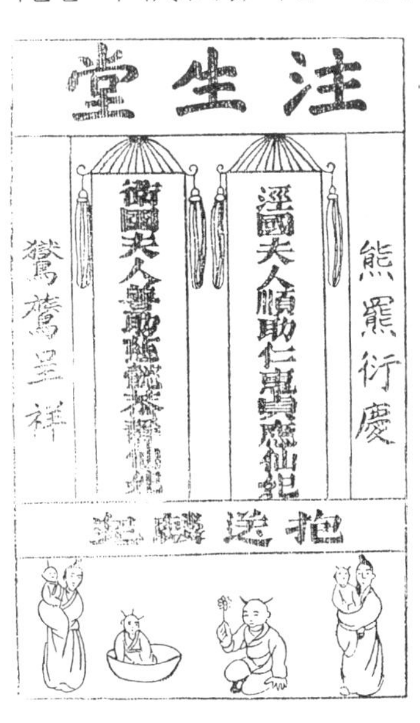

84. 홍콩 求子符

  종교신앙에서 보면, 『문명 정도가 유치한 사람들은 종종 이러한 현상을 귀신 탓으로 돌린다. 이것은 귀신의 유혹이나 자극의 결과라는 생각이다』(羅素, 《婚姻革命》, 中國靑年出版社, 1988年, 23쪽) 위에서 말한 변기나 허리띠·색달걀은 곧 생육의 영성靈性으로 여겨지므로, 그것을 얻고 싶거나 또 원래 주인의 번식 능력을 갖고 싶어하여, 자식을 갖기 위한 물건 바꾸기 무술로 변화된 것이다.

  그 밖에 신혼 의식 중의 침상신에 대한 제사나 홍콩 민간의 〈주생당注生

堂〉〔그림 84〕 쫭족의 침상에 붙이는 아들 기원하는 부적 등은 모두 일련의 아들 기원 무술이다.〔그림 85〕

85. 쫭족 求子符

제 9 장
성무술의 예술에 대한 영향

예술은 인류의 사상 의식 형태 중의 하나로, 관념 형태의 형상적 표현이다. 생육신앙과 성무술은 상고시대에 매우 유행했고, 또 오랫동안 잔존해 오면서 필연적으로 문화 예술에 중요한 영향을 끼쳤다. 이제 몇 가지 구체적인 예증 — 교합 그림·남녀 동체 조각과 교합춤의 예에서 성무술의 예술에 대한 영향을 보기로 한다.

제1절 야합도野合圖

중국의 고고학 보고에는 많은 야합도가 있다. 이를테면 1987년 신장〔新疆〕의 후투비현〔呼圖壁縣〕의 캉자〔康家〕 스먼〔石門〕에서 암각화가 발견되었는데, 면적이 1백20제곱미터이다. 남녀 인물 2백여 명이 새겨져 있는데, 인물은 큰 경우 진짜 사람보다 크고, 작은 경우 겨우 1,20센티미터이다. 자세는 저마다 달라, 서 있기도 하고 누워 있기도 하고, 옷을 입고 있기도 하고 벗고 있기도 하다. 많은 남성 상들은 분명히 생식기와 고환을 드러내 놓고 있으며, 심한 경우 교합 등의 모습도 표현하고 있다.〔王炳華, 〈雕鑿在岩壁上的史頁〉, 《新疆社會科學動態》, 1988年 1期〕 광시성 닝밍〔寧明〕의 화산花山의 13조, 룽저우〔龍州〕 천샹자오〔沈香角〕의 5조에는 모두 야합도가 있다. 전자는 두 사람이 서서 옆으로 포옹하고 있는데, 왼쪽은 남자이고 오른쪽은 여자이다. 여자는 임신한 모습이다. 후자는 남자가 위에 있고 여자가 아래에 있는데, 침상 위에 누워 있다.〔그림 86〕 베트남의 도성陶盛에서 출토된 구리항아리 덮개 위에는 네 조의 남녀 야합도가 있다.〔覃聖敏等, 《廣西左江崖壁畫考察與硏究》, 廣西民族出版社, 1987年〕 윈난성 진닝〔晉寧〕 스차이산〔石寨山〕 구리 장식(M 13:239)에도 남녀 야합도가 새겨져 있다.〔雲南省博物館, 《雲南晉寧石寨山古墓群發掘報告》, 文物出版社, 1957年〕 윈난 장촨〔江川〕

86. 左江交合畫

리자산[李家山]에 있는 동기銅器에도 남녀 야합 형상이 있다. 그 밖에 쓰촨성 청두[成都]에서 발견된 한나라 때의 화상전畵像磚에도 다른 내용의 남녀 야합 형상이 있다.[그림 87]

87. 漢代 交合畵像磚

위에서 언급한 야합도를 어떻게 이해해야 하는가? 그것은 명절 야합의 반영이기도 하면서 또 번식 무술의 의의도 있다.

남녀가 야외에서 결합하는 것은 본래 상고시대 인류의 결혼 형식이었다. 멜라네시아 군도의 원주민들은 어렸을 때는 숲속에서만 성관계를 가질 수 있고, 마을 안에서는 결코 성행위를 할 수 없다. 피지 군도·뉴칼레도니아·뉴기니의 어떤 부락들, 인도의 왕더인과 난지아의 오타인 부락들에서는 심지어 부부가 집안에서 성관계를 갖는 것도 금지되고, 숲속에서 교합해야 한다.(謝苗諾夫,《婚姻和家庭的起源》, 中國社會科學出版社, 1988年, 88-91쪽) 옹정雍正 때의 《속대만부지續臺灣府志》 권14에는, 가오산족[高山族]은 『남녀가 산에서 비파를 뜯으며 노래를 주고받는데, 뜻이 맞으면 야합한다 男女于山間彈彈琴 歌唱相和 意投則野合』는 기록이 있고,《염격기문炎繳紀聞》 권4에는, 야오족은 『땅에 발을 구르며 노래 부르다 짝을 지어 산으로 들어가 버들을 꽂고 사람을 피한다 踏歌而偶奔者 入崑峒 揷柳避人』는 기록이 있으며,《묘강문견록苗疆聞見錄》에는 『남녀가 결혼하는 데는 꼭 중매가 있을 필요는 없다. 여자가 나이가 들면 들에 나가 돌아다니며 노래 부르다 젊은 남자를 만나 서로 노래를 주고받다가 피차 마음이 들면 먼저 야합부터 한다 男女婚娶不須媒妁 女年及笄 行歌于野 遇有年幼男子 互相唱和 彼此心悅則先行野合』는 기록이 있다. 이러한 것들은 모두 상고시대 야합혼의 흔적이다. 이 흔적은 후세에 주로 명절 야합으로 표현되었다.

명절 야합이 최초로 보이는 것은 《주례周禮·지관地官·매씨媒氏》이다.

『매씨는 만민의 재판을 맡고서…… 중춘에 남녀를 만나도록 한다. 이때는 숲이나 들판에서 교합하는 행동도 못하게 하지 않는다. 만일 까닭 없이 명령을 따르지 않는 사람이 있으면 벌을 준다. 집에 상대가 없는 남녀를 만나게 한다. 媒氏掌萬民之判……仲春之月 令會男女 于是時也 奔者不禁. 若無故不用令者 罰之 司男女之無夫家者而會之』《시·정풍鄭風》에는 이런 시가 있다. 『강이라 진수 유수, 맑고도 깊은 물에. 남녀들 모여드네, 물가를 가득 메워. 여자는 말하네, 가보았나요. 사나이 대답하네, 벌써 가보았지. 그래도 다시 한번 가보자구요, 유수물 둘이서 건너가면 거기는 넓고도 즐거운 세상. 그리하여 사내·계집 손을 맞잡고 마음껏 즐긴다네. 헤어질 땐 작약 꽃 한 송이를 정표로 하여. 溱與洧 瀏其清矣 士與女 殷其盈矣 女曰觀乎 士曰旣且 且徑觀乎 洧之外 洵訏且樂 惟士與女伊其相謔 贈之以勺藥』주희朱熹는 《집전集傳》에서 『이 시는 음란한 야합에 대해 스스로 이야기한 것이다 此詩淫奔者自敍之解』고 했다. 《초학기初學記》 권15에서는 《오경통의五經通義》를 이렇게 인용하고 있다. 『정나라에는 진강과 유강이 있는데, 남녀가 모여 노래하며 서로 정을 주고받는다. 鄭國有溱洧之水 男女聚會 謳歌相感』

춘추 시기의 대사상가이며 교육자인 공자는 바로 야합으로 태어난 사람이다. 양옥승梁玉繩은 《사기지의史記志疑》에서 다음과 같이 언급하고 있다. 『옛날에는 혼례가 매우 중요하여 편지 한장이라도 갖추어지지 않은 것을 분분이라고 하고, 야합이라고 했다……. 공자의 어머니 안씨가 아버지의 명을 따라 혼인을 했는데, 어떻게 육례가 갖추어지지 않은 것인가? 古婚禮頗重 一札未備 卽謂之奔 謂之野合……顔氏從父命爲婚 豈有六禮不備者』『대개 공자의 부친 흘이 니구산 기도회에서 부인 안씨를 만났기 때문에 그렇게 이야기하는 것일 뿐이다. 蓋因紇偕顔禱于尼山而爲之說耳』이것은 흘과 안씨가 니구산에서 기도할 때 공자를 임신했음을 설명하는 것이다. 그러므로 야합이라고 한다. 자식을 갖기 원할 때는 야합을 하여 낳았음을 알 수 있다. 청나라 사람 최적崔適은 《사기탐원史記探源》에서 다음과 같은 견해를 밝히고 있다. 『흘과 안씨의 딸은 니구산에서 기도하다

야합하여 공자를 낳았다. 니구산에서 하늘에 제사지내는 단을 청소하고 기도하다가, 마침내 서로 사랑하여 공자를 낳았으므로, 야합이라고 한다. 춘추공양학자가 말하는 성인은 모두 하늘에 감응하여 낳았다는 것은 바로 이 야합하여 낳은 것을 말한다. 紇與顔氏女禱于尼丘野合而生孔子 于尼丘掃地爲祭天之壇而禱之 遂感而生孔子 故曰野合. 春秋公羊學家所謂聖人皆感天而生 卽此所謂野合而生也』사람들이 흘과 안씨가 야합하여 공자를 낳았다고 여러 가지 해석을 하고 있지만, 흘과 안씨가 니산 혹은 니구에서 야합하여 공자를 잉태한 것은 아무런 문제가 없는 것이다.

어떤 학자들은『남녀의 모임이 한나라 때까지 있었다고 하나 그 흔적을 전혀 찾아볼 수 없다』고 한다. 사실은 결코 그렇지 않다.《후한서後漢書·선비전鮮卑傳》에는 다음과 같은 기록이 있다.『이 춘계대회에서는 물 위에서 물을 뿌리며 즐기다가, 잔치가 끝나고 난 후에 짝을 짓는다. 此春季大會 澆樂水上 飮宴畢 然後婚配』《태평환우기太平寰宇記·남의주南儀州》에도 이런 기록이 있다.『매월 중순에 나이 어린 남녀들이 생황을 불며 밝은 달 아래로 서로 불러내어 노래하며 밤새 즐기다가, 이경 후에 짝을 만나 손에 손잡고 여자를 따라가 교합하고 새벽이 되어서야 헤어진다. 每月中旬 年少女兒吹笙 相召明月下 以相調弄號 日夜以爲娛 二更後匹耦兩兩相携 隨母相合 至曉方散』민족학과 민속학에는 명절 야합의 자료가 더욱 많이 남아 있다. 광둥성 롄난〔連南〕의 야오족〔瑤族〕들은 설 전날부터 정월 초사흘까지를 소를 놓아 목책을 넘어가게 한다는 의미의 〈방우출란放牛出欄〉 기간으로 삼는다. 그 기간에는 성년 남녀들이 결혼의 여부와 상관없이 모두 자유로이 성교할 수 있는데, 어떤 관습의 제재도 받지 않는다. 윈난성 훙허의 하니족〔哈尼族〕들은 일찍부터 일부일처제를 만들었지만, 어떤 곳에는 아직도 야합하여 결혼하는 풍습의 잔재가 남아 있다. 훙허 위안양〔元陽〕 지역의 하니족은 사람이 죽은 후, 〈바이마〉〔白瑪〕라는 무당이 장례를 주관하여 관을 매장한 후, 장례를 치른 사람들이 집단으로 〈악작무樂作舞〉라는 춤을 추고 난 후, 전통의 제약을 받지 않고 성교를 한다. 쓰촨성 무리현 어야에는 여성의 날이란 뜻의 〈미화덩거〉라는 것이 있다. 음력 12월 말에서 3월 초까지, 이미 결혼을 했지만 아이가 없는 여성이 주관하여 술과 음식을 마련하여 마을의 넓은 공터에 횃불을 켜놓고 남녀가 쌍쌍이 노래하고 춤춘다. 저녁에 노인과 어린아이들이 집에 가면 젊은 남녀들은 사랑을 속삭이며 〈안다〉(성친구) 관계를 맺은 후 야외로 나가 함께 지낸다.

한족 지역에도 유사한 풍속이 있다. 허난성 화이양의 인조묘회人祖廟會에서는 매년 3월 3일이면 항상 복희伏羲와 여왜女媧를 제사지내는데, 과거에도 일종의 야합 풍속이 유행했었다. 산시성[陝西省] 린둥에도 인조묘가 하나 있는데, 여왜를 받든다. 3월 3일이면 역시 제사를 거행하고 고적을 둘러보며 복숭아물로 씻는다. 조사에 따르면 이 모임 역시 〈단자회單子會〉라고 하는데, 아이를 갖지 못한 여인이 침대 시트를 가지고, 품속에는 헝겊으로 만든 아이 인형을 감추고, 여왜에게 절을 한 후 숲속에 가서 의중에 있는 사람과 밤을 지내고 나서, 다음날 마을로 돌아올 때는 고개를 숙이고 길을 걸어야지 뒤돌아보아서는 안 된다. 그렇지 않으면 〈소원을 망칠〉 수 있다고 한다.

이러한 자료는 과거의 어떤 명절 속에 분명 일종의 야합 풍습이 남아 있음을 설명한다. 뿐만 아니라 대부분 봄에, 일반적으로 2월 말에서 3월 초까지인데 후에는 한족들이 3월 3일을 상사절로 정했다. 상사절은 생육신에게 제사를 지낼 뿐만 아니라 남녀의 미친 듯이 즐거운 밤이기도 하다. 이와 유사한 명절은 외국에도 상당히 유행했다.

베니스의 명절에는 『로마의 여성들이 열을 지어 키리네르 산으로 가서 거기에 거대한 남성 생식기상을 안치한다. 그녀들은 이 남신의 상징을 베니스의 신전으로 가지고 와서 정식으로 베니스의 여신에게 바친다. 그리고 베니스 신전 내의 상징은 바로 거대한 음문상陰門像이다. 종교 의식에서는 이러한 상징을 결합시킨 후, 여성들은 또 남성 생식기상을 키리네르 산으로 다시 호송해 온다』여기서 제기된 두 개의 생식기의 〈결합〉은 먀오족이 조상을 제사지낼 때 남녀 조상의 모형 성기를 교합시키는 것과 어쩌면 그렇게 같은지 모른다. 술의 신 명절에는 술의 신 바코스 혹은 리베르를 기념한다. 그의 아내는 리벨라인데, 명절은 〈고통 혹은 근심에서 벗어난다〉는 뜻의 이름이다. 매년 3월 17일로, 그날은 또 식목일이기도 하다. 왜냐하면 리베르는 원래 식물의 생장을 관리하기 때문이다. 명절 기간에는 사람들이 술의 신상—남근을 받쳐들고 돌아다니며 풍년을 기원한다. 남녀들은 길가에서 성교할 수 있다. 제사 물품 역시 남근이나 여음 형상의 밀가루빵이다.

상술한 해외 자료도, 야합도라는 이러한 예술 형식은 명절 야합의 반영일 뿐만 아니라 번식 무술의 의의도 가지고 있었음을 설명하는 것이다.

제2절 남녀 동체 조소상

양성 동체상은 남녀 양성이 결합된 예술 형상을 가리킨다. 현재 발견되는 여러 가지 예들은 다음과 같다.

쓰촨성 우산[巫山] 다시[大溪] 문화 제64호 묘에서 출토된 두 얼굴의 석조인상은 검은색의 화산암으로 만들어진 타원형의 것으로, 높이가 6센티미터, 너비가 3.6센티미터이고 가운데 두께는 1센티미터이다. 음각으로 사람의 얼굴을 새겼다. 그러나 양면에 각기 두상 하나씩을 새겼는데, 한 측면의 얼굴은 통통하게 살이 쪘고 다른 측면은 말랐다. 두 사람은 콧날이 우뚝하고 두 눈을 부릅뜨고 입을 크게 벌리고 얼굴은 긴장하고 놀란 표정이며, 정수리 양쪽에는 각기 구멍이 하나씩 뚫려 있다.(四川長江流域文物保護委員會考古隊, 〈四川巫山大溪新石器時代遺址發掘記略〉, 《文物》 1961年 11期)

안후이성 왕장[望江] 왕양묘汪洋廟 신석기시대 유적지에서는 사람 얼굴의 소상이 하나 출토되었는데, 모래가 들어간 도기陶器로 둥근 기둥 형태이고 머리가 평평하며 속은 비어 있다. 두 얼굴이 연결되어 있고 아랫도리는 일곱 개의 구멍이 있다. 직경이 6.5센티미터이고 높이가 13.4센티미터이다.(安徽省文物考古研究所, 〈望江汪洋廟新石器時代遺址〉, 《考古學報》 1986年 1期)

랴오닝 둥거우[東溝] 후와後洼 유적지에서도 이와 관련 있는 인물상이 출토되었다.[그림 88]

허난성 안양安陽 인쉬[殷墟]의 부호묘婦好墓에서도 옥에 남녀의 나체를 새긴 상이 출토되었다.[그림 89] 보고에 의하면 『엷은 회색의 나체로 서 있는 모습이다. 한면은 남성이고 다른

88. 둥거우 後洼 出土 兩面人頭像

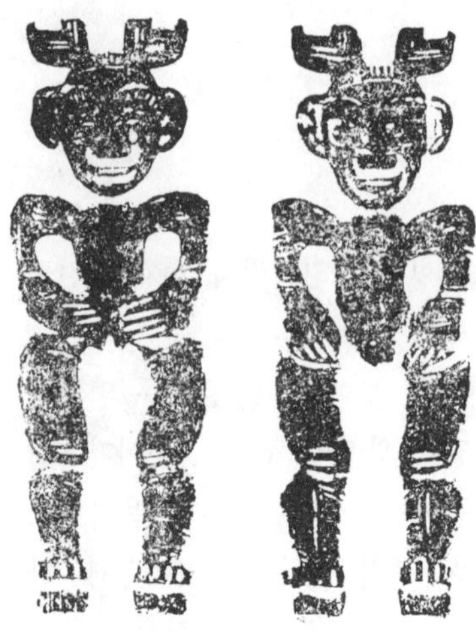

89. 安陽 出土 兩性玉人

한면은 여성이다. 남성은 타원형의 얼굴에 두 눈이 약간 튀어나왔고 귀가 크며 미간이 넓다. 머리는 두 각도로 빗질하여 묶었고 어깨가 치켜 올라갔으며, 두 손은 장딴지 사이에 놓았고 무릎은 안쪽으로 굽혀, 다른 선으로 살이 표현되어 있다. 여성의 형상은 남성과 비슷한데, 눈썹만 약간 굽고 입이 작으며 두 손을 복부에 놓았고, 다리 아래에 퍼진 짧은 바지가 있어 새겨넣는 방법을 쓴 듯하다. 높이는 12.5센티미터, 어깨 너비 4.4센티미터, 두께 1센티미터이다』(中國社會科學院考古硏究所, 《殷墟婦好墓》, 文物出版社, 1980年, 153-154쪽)

네이멍구 사오오다맹〔昭烏達盟〕 닝청〔寧城〕 난산건〔南山根〕 샤자디엔〔夏家店〕 상층에서 양쪽에 날이 있는 청동 단검이 출토되었는데, 칼자루에 나체 입상이 새겨져 있다. 한면은 남자로 두 손이 배를 만지고 있으며, 다른 한면은 여자로 두 손을 교차하여 가슴에 얹고 있는데, 두 사람의 성기가 돌출되어 있다.〔그림 90〕(寧城縣文化館,〈寧城縣新發現的夏家店上層文化墓葬及其相關遺物的研究〉,《文物資料叢刊》第9輯, 文物出版社, 1985年)

신장성 후투비현〔呼圖壁縣〕 생식 암각화에는 두 머리를 가진 사람이나 두 마리 짐승 등 많은 동체 형상이 있다.〔그림 91〕

우리가 토론할 필요가 있는 것은,

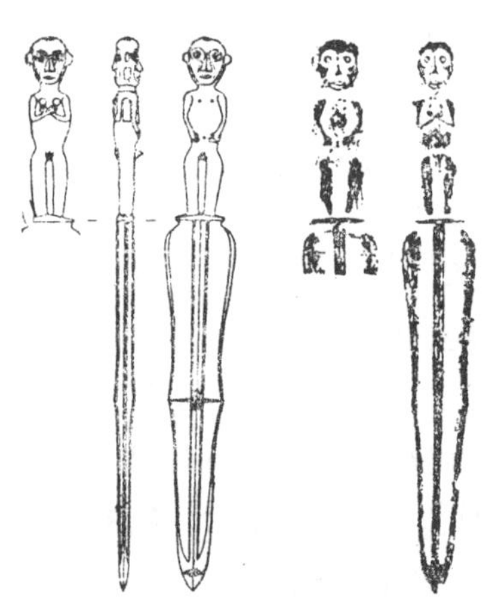

90. 닝청 出土 兩性人銅劍

91. 후투비 生殖岩畵

양성 동체인상이 어떤 사회적 의의가 있으며, 상고시대에는 무엇 때문에 상당히 유행했는가 하는 점이다. 과거에는 대부분『미의 주요 형식은 (공간적) 질서 대칭과 명확함』(亞里斯多德,《形而上學》, 商務印書館, 1959年, 265쪽)이라고 생각했다. 그 중에서『대칭은 동물 형체와 사람 형체의 모방에서 비롯된 것으로, 이러한 형체 자체는 대칭적이다. 이것은 동물 대부분이 갖고 있는 횡적 대칭을 증명하고 있다』(普列哈諾夫,《論藝術》, 三聯書店, 1973年, 144쪽) 이러한 해석은 일리가 있다. 그것은 비교적 성행한 예술 형식일 뿐만 아니라, 왕성한 생명력도 갖고 있다. 그러나 이것은 개체를 말한 것이고, 어떤 특수한 대칭의 도안, 예를 들면 양성 동체인상·대칭 동물 도안과 같은 것은 일반적인 대칭점 이외에 또 나름의 특수한 사회적 의의 — 번식 무술을 갖고 있다. 이를테면《월남수필越南隨筆》권3에 기술된 광둥성 자오칭〔肇慶〕 칠성암七星巖의 원앙석은 사실 남녀 두 명의 석상인데, 사람들은 거기에 아들을 낳게 해달라고 제를 지낸다. 쓰촨성 구린현〔古藺縣〕 마티항〔馬蹄鄉〕 산다오칸촌〔三道坎村〕의 강 양쪽에는 두 산이 마주하고 각기 돌이 하나씩 서 있는데, 하나는 남자이고 다른

하나는 여자이다. 그곳 주민들은 아들을 갖고자
하면 남성 돌에 절하고, 딸을 갖고자 하면 여성
돌에 절한다. 옌웬현(鹽源縣)에는 아버지·어머
니 산이 있는데, 역시 사람들이 아들을 낳게 해
달라고 비는 신산神山이다. 윈난성 닝랑현(寧蒗
縣) 얼취스순촌(二區石笋村)에는 죽순과 비슷한
두 개의 돌이 있는데, 아버지·어머니 돌이라고
하면서 주민들이 대부분 두 돌에 아들을 낳게 해
달라고 절을 한다. 그 밖에 민속공예품 중에도
많은 대칭의 동물 도안이 있다. 이를테면 많은
지역의 혼례에서는 반드시 신방에 가위로 오린

92. 兩性人剪紙

붉은색 종이를 붙이고, 희화喜花라고 부른다. 산시성 융치(永濟) 지역에서
는 나이 든 여인이 새색시를 오려서 양손에 새 한 마리씩 세운다. 간쑤성
칭양(慶陽) 지역에서는 기혼 여성을 오려서 두 다리에 개나 닭 한 마리를
기어오르게 하는데, 이것은 개나 닭이 새끼를 많이 낳는 가축이므로 신혼
여성도 같은 능력을 갖게 한다는 생각에서이다. 간쑤성 칭양 지역에는 또
일종의 희화가 있는데, 삼인일체로(그림 92) 어떤 것은 임신한 형태로 두
다리를 벌렸으며 두 팔은 평평하게 들고 머리·어깨·무릎에는 각각 세
쌍의 새가 있고, 음부에도 남자아이가 하나 잉태되어 있으며, 남자아이
두 손은 각기 토끼 한 마리씩 잡고 있다. 이것은 희화를 붙이는 것이 다
산을 위한 것임을 생동적으로 설명하는 것이다. 안후이성에서 유행하는
두 마리 어린 물고기 종이 오리기의 중간은 여인이다. 사람의 머리 양쪽
에는 한 쌍의 교미하는 형상의 물고기가 있는데, 반퍼(半坡) 유적지에서
출토된 사람 얼굴의 물고기 문양과 아주 비슷하다. 다른 나라에도 이와
유사한 남녀 동체 형상이 있다.『멍마이 부근 자타오의 석굴에는 많은 고
대 공예품 소상이 있다. 그것들은 시바와 그의 아내 설산雪山 신녀神女를
자웅 동체의 성질을 가진 존재물로 표현하고 있다』당시 사람들은『최초
의 신과 인간은 자웅 동체였는데 후에 나뉘어 하나의 성을 가진 존재물

이 되었다』(魏勒, 《性崇拜》, 中國靑年出版社, 1988年, 6쪽)고 본 것이다. 이상에서 열거한 문헌, 민속학과 민족학 자료는 인물·나비·새·뱀·개·조롱박·물고기 등 다른 대상을 묘사하였지만 오히려 공통성, 즉 모두 일 대 일의 조합일 뿐만 아니라 이성의 쌍, 심지어는 이성 동체이고, 개별 인물 도안에도 잉태의 산물 —남자아이가 있다. 따라서 다음과 같은 사실을 보여 준다. 상술한 도안과 조각 형상은 결코 단순한 미학 형식이 아니고 번식 무술이다. 이것은 고대, 특히 상고시대 종교 생활의 중요한 원칙이었다. 이 때문에 생식기를 지나치게 크게 만들거나 유방이나 둔부·복부를 지나치게 돌출시켰거나 하는 것과 같은, 남녀의 성 특징을 두드러지게 하는 목적은, 생육 능력을 과장하여 이어받기 위한 것이다.

무술은 신앙과 행위의 총칭이다. 왜냐하면 그것은 실증할 수 없을 뿐만 아니라 신령에게서 도움을 받을 수 있는 것이 아니기 때문이다. 그러므로 또 종교와는 다른 점이 있다. 가장 중요한 무술 형식은 교감交感 무술이다. 즉 신비한 교감작용에 의해 본래는 관계 없던 두 가지 사물을 발생시킬 수 있다고 믿는 것이다. 구체적으로는 두 가지의 표현 형식이 있다. 하나는 모의 무술로, 서로 같은 사물은 서로 같은 사물에게 영향을 준다는 생각이다. 그것은 유사율에 근거하여 생겨난 무술이다. 이를테면 몸이 붙은 인물상의 제작은 부부를 대표하여, 인류의 번성을 촉진시킬 수 있다는 것인데, 혹은 물고기 한 쌍이나 새 한 쌍을 그려 교미하는 동물을 상징하는 것은, 동물의 번식을 촉진시켜 역시 인류의 번성에 영향을 줄 수도 있다는 생각 때문이다. 따라서 앞에서 말한 양성 동체·대칭 동물 도안은 모두 일종의 모의 번식 무술의 반영이다. 다른 하나는 접촉 무술로, 사물이 서로 접촉할 때 피차 상대방에게 지속적으로 오랜 영향을 끼친다고 믿는 것이다. 이를테면 사람의 머리칼이나 손톱이나 의복을 무술의 매개로 삼아, 그것들에게 영향을 끼치는 것도 이러한 머리칼이나 손톱 그리고 의복의 주인에게 영향을 끼칠 수 있다는 생각에서이다. 양성 동체 인물상이나 몸이 붙은 동물 및 복희와 여왜 형상은 사실 모두 접촉 무술의 성질을 가진 것으로, 그 목적은 역시 생육과 유관한 것이다.

제3절 교합춤

춤은 사람에 의해 만들어진 아름다운 예술 형식으로, 박자를 가진 인체의 동작으로 사람의 사상·감정과 사회 생활을 표현한다. 그것은 『사람의 생산활동이 오락이나 원시 예술 속에 재현된 것으로, 예술은 생산 과정의 직접적 형상인 것이다』(《普列哈諾夫哲學著作選》 第3卷, 三聯書店, 1961年, 754쪽) 수렵춤·채집춤·농경춤 등이 모두 그렇다. 따라서 춤은 생산에서 기원하였고 노동에서 내원하였다고 생각한다. 이러한 관점은 취할 만한 것이지만, 어떤 사람은 그것을 절대화하여 생산활동이 춤의 유일한 기원이라고 생각하는데, 사실은 결코 그렇지 않다.

쓰촨성 량산〔凉山〕 이족彝族이 사는 사오지에현〔昭覺縣〕 보스와헤이〔博什瓦黑〕 암각화 중에는 두 조의 원시 음각 암각화가 있다. 원래의 보고에는 다음과 같이 나와 있다. 『10,81410 각석은, 길게 서 있는 형태로 새겼고, 높이가 1.67미터, 너비는 1.48미터, 위에는 네 명의 인물상이 새겨져 있고, 상하 양층으로 나뉘며 각 층마다 두 사람이 있다. 인물상을 새긴 선은 간단하다. 어떤 것은 오관이 완전하지 못하고, 어떤 것은 팔이 없다. 새긴 모양이 대체로 조잡한 원시 각석이다.

81410 각석 서쪽 몇 미터쯤에 있는 또 하나의 돌(11,81411 각석)은 높이가 1.76미터, 너비가 2.40미터이다. 서남쪽 바위의 왼쪽에는 두 사람의 인물상이 음각되어 있는데, 신체의 간략한 윤곽만 있을 뿐인 원시 암각화이다.』〔그림 93〕(宋

93. 사오지에 裸體舞岩畵

兆麟等,〈凉山博什瓦黑石刻畵像調査簡報〉,《中國歷史博物館館刊》, 1982年 4期)

형상으로 볼 때, 81411 각석 상부의 두 사람은, 왼쪽이 여자로 음부가 돌출되어 있고, 손과 발을 놀리며 춤을 추는 형상이고, 오른쪽은 남성으로 여자와 짝을 이뤄 춤을 추고 있다. 뿐만 아니라 나체 형상으로 만들어진 것은 틀림없이 일종의 교합춤일 것이다.

근래 학자들의 조사와 연구는, 춤은 기타 원시 예술 형식과 마찬가지로 한 가지 원인에서 발생된 것이 아니고 여러 가지 원인 —— 생산 노동·사회 생활·양성 관계에서 발생했으며, 또 무속신앙·전쟁과도 상당한 관계가 있음을 실증하고 있다. 어떤 춤이 어떤 원인에서 발생했는지에 대해서는 반드시 구체적인 분석을 해야 한다. 여기서 우리는 성과 춤의 관계를 고찰하도록 한다.

최초의 춤은 일종의 모방 형식으로, 동물의 활동을 모방하거나 사람의 노동을 모방하거나 하였다. 그 중에는 또 양성의 결합 방식을 모방하기도 한다. 따라서 성춤 혹은 교합춤이 생겨난 것이다.《시·대아大雅·비궁閟宮》에서는『궁중에는 여러 가지 춤들이 흥겹구나, 자손에게 큰 복을 내리시니 萬舞洋洋 孝孫有慶』라고 읊었다. 문일다聞一多는『여러 가지 춤으로 고매를 제사지내는데, 그 춤은 매우 유혹적이어서 고매 제사는 상당히 음란함을 알 수 있다 祀高禖用萬舞 其舞富于誘惑性 則高禖之祀 頗涉邪淫 亦可想見矣』고 말했다.(《聞一多全集》卷1〈高康女神〉) 민족학 자료 중에도 이러한 춤의 흔적이 남아 있다.

앞서 언급한 바와 같이, 구이저우성 타이장〔臺江〕의 먀오족들은 츠구창 때, 발을 구르며 여성을 뒤쫓거나 교합하는 등의 춤을 추는데, 바로 전형적인 교합춤이다.

다른 먀오족 부족들에게도 형형색색의 교합춤이 있다. 마장〔麻江〕의 먀오족들은 보름달 아래 술을 마실 때, 외할머니가 말을 타는 것을 환영하는 의식이 있다.『나무 몽둥이와 빗자루·해몽하는 도구 등을 다리 사이에 끼워 남성 생식기를 상징하며, 서로 껴안고 교합하는 형상을 하면서 미친 듯이 춤을 춘다. 만일 누가 길을 지나면 춤을 추는 사람은 바로 나아가 맞이하면서 손짓으로 이렇게 말한다. 왼손 엄지손가락과 둘째손가락으로 원 형태를 만들고, 오른손 둘째손가락을 계속하여 끼웠다 뺐다 하면서 성교를 상징한다. 그것은 사람들이 더 늘어나고 집안이 흥성하며 민족이 창성함을 경하한다는 뜻이다.』(楊鵾國, 〈論原始宗敎對民俗的影響〉, 《貴州民族硏究》 1988年 1期) 광시성 룽수이〔融水〕의 먀오족들이 껑충껑충 뛰며 망호무芒蒿舞를 출 때 『춤을 추는 사람은 나무에 괴상한 모양을 새긴 가면을 쓰고, 몸에는 볏짚을 태운 재로 까맣게 칠하여 사람들이 보면 흉악한 것을 본 것처럼 두려워하도록 한다. 일반적으로 봄철 기간에 표현한다. 춤을 추는 목적은, 한편으로는 재난을 피하고 온 집안이 두루 평안하기를 바라고, 다른 한편으로는 자손이 많아지고 인류가 번창하기를 기원하기 위함이다. 그러므로 껑충껑충 뛰며 여성을 뒤쫓아가면서 성교를 상징하는 동작을 하는 것이다.』(楊鵾國, 〈論原始宗敎對民俗的影響〉, 《貴州民族硏究》 1988年 1期)

구이저우성의 이족彝族들에게도 교합춤이 있다. 『춰타이 노인이 집집마다 가면 주인들은 모두 술과 고기를 준비했다가 환영을 표시한다. 같은 연배가 있는 사람의 집에 가면, 춰타이 노인은 또 이족의 옛 애정 노래를 부른다. 결혼하고 몇 년이 지나도록 아이가 없는 부부가 사는 집에 가면, 아부모와 아다모가 또 교합을 나타내는 몇 가지 동작을 하여 해를 걸러 아들을 낳도록 한다.』(庚修明, 〈貴州民族民間儺戱與民俗〉, 《苗嶺風謠》, 1988年 4期)

후난성 샹시〔湘西〕 투자족〔土家族〕의 파수무擺手舞에도 교합의 동작이 있다. 《영순부지永順府志・세시歲時》에는 다음과 같은 기록이 있다. 『매년 정월 초하루에서 열이레까지는 남녀가 모두 모여 징을 치고 북을 울리며 춤을 추며 노래하는데, 〈파수〉라고 한다. 每歲正月初至十七日 男女齊集 鳴鑼擊皷 跳舞唱歌 名曰〈擺手〉』 이 춤에는 많은 장면이 있는데, 그 중간 한장면이 〈마오구스〉로, 사람들은 모두 풀옷과 나뭇잎을 걸치고, 머리에는 풀모자를 쓰고, 아래로 다섯 갈래의 변발을 늘어뜨리고, 허리에는 풀을 꼬아 만든 길이가 1백15센티미터나 되는 〈조로봉粗魯棒〉을 차는데, 남성의 생식기를 상징한다. 머리에는 붉은 천을 쓰는데, 이것은 교합과 번식을 상징한다고 한다. 춤을 출 때는 두 손으로 남근을 붙잡고 좌우로 흔들거나 앞뒤로 뛴다. 그것은 조상을 공경하고 매산梅山을 공경한다는 내용이라고 한다. 그리고 끊임없이 「허허허, 하이……」 하고 고함을 친다. 또 수렵·농경·채집의 동작도 있는데, 가사가 조잡하여 귀에 담기 힘들지만, 사람들은 이것도 귀신을 즐겁게 하는 데에 필요한 것이라고 생각한다.(向淵泉, 〈擺手舞探源〉,《北大民俗通訊》1986年 14期) 이러한 〈마오구스〉 춤을 추며 모여 제사지내고 즐기며 자신에게 아들을 갖게 해 달라고 비는 것은, 사람들이 갈망하는 생활의 강렬한 희망을 나타내는 것이다.

샹시 퉁다오〔通道〕의 둥족들은 천재지변을 당할 때마다 항상 사당을 만들고 아들을 갖고자 하여, 〈금랑金郎〉 두 사람을 둥족의 시조 ── 강랑姜郎·강매姜妹로 분장시켜, 그들의 머리에 붉고 두드러진 눈을 가진 가면을 씌우고 손에는 1미터 가량의 긴 몽둥이를 갖고 있도록 한다. 묘회에 참석하는 사람들도 나무 몽둥이를 드는데, 이 몽둥이는 바로 잉태된 아이의 남근을 상징하는 것이다. 그런 후에 붉은 천을 걸치고 푸른 천을 늘어뜨린 암퇘지를 끌고 나와 여러 사람이 둘러싸고, 강랑은 나무몽둥이로 암퇘지의 뒷다리를 후려쳐 이리저리 날뛰게 한다. 그 돼지가 어디로 가든 가는데마다 그곳에 있던 사람들이 몽둥이로 엉덩이를 때린다. 사실 이것은 거칠기는 하지만 일종의 교합춤으로, 단지 암퇘지가 춤의 상대가 되는 것일 뿐이며, 반드시 북을 치고 목어木魚를 두드리며 아들을 갖고자 하는 노래를 불러야 한다.(巫瑞書等,《巫風與神話》, 湖南文藝出版社, 1988年, 218쪽)

샹시 장융현〔江永縣〕의 야오족들은 환반왕원還盤王願을 거행할 때 마지막 날 아들 갖기를 기원하는 활동을 한다. 무술사는 반드시 〈구반둔무狗絆臀舞〉를 추어야 한다. 두 명의 무술사가 남녀로 분장하고, 붉은 천을 사타구니 밑으로부터 둘러입고 한 사람이 한끝을 잡고 서로 등지고 손을 땅에 짚고 다리를 묶고서 뛰면서 음탕한 몸짓을 한다.(巫瑞書等,《巫風與神話》, 湖南文藝出版社, 1988年, 218쪽)

윈난 홍허 하니족의 〈약독독색색무若獨獨色色舞〉 또한 일종의 교합춤으로, 사람들은 나뭇잎과 종려나무 조각으로 몸을 가리고 남녀의 희롱, 서로 쫓아다님, 교합의 과정을 보여 준다. 해가 지고 밤의 장막이 서서히 드리우면 젊은 남녀들은 공개적으로 끌어안고 삼삼오오 숲속으로 들어간다. 여기서 교합춤은 야합의 전주이고, 야합은 교합춤의 종착역이다.

한족의 지역에도 유사한 춤이 있다. 광둥 판위〔番禺〕에 거주하는 사람들은 경사가 있을 때 오어무鰲魚舞를 춘다. 몇십 명이 오어鰲魚(용 머리에 물고기의 몸을 한 것으로, 대쪽으로 만들었다)를 들고 펄쩍펄쩍 뛰며 좌우로 흔들어 오어가 물에서 놀거나 꼭두서니를 입에 물거나 교합하거나 알을 낳는 등의 동작을 한다. 그것은 재난을 물리치고 아들을 갖고자 하는 목적에서 나온 행동이다.(葉春生,〈番禺的沙灣飄色和鰲魚舞〉,《民族民間藝術硏究》第2集, 廣東人民出版社, 1986年) 곽말약은 다음과 같이 언급한 적이 있다.『양저우의 어떤 사람은 나에게 이렇게 말한 적이 있다.「옛날에는 봄 2월 상사일이 되면 양저우의 풍속에 종이로 거대한 암수 기물을 하나씩 만들어 남녀들이 무리지어 지고 순음관 앞으로 달려가 불사르게 했는데, 봄맞이라고 했습니다.」揚州某君爲餘言「往歲于仲春二月 上巳之日 揚州之習以紙爲巨大之牝牡器各一 男女群荷之而趨 以焚火于純陰觀之前 號曰迎春」』(《郭沫若全集》卷1〈卜骨文字硏究釋妣〉) 이것도 상사절에 남아 있는 성춤이다.

광시 허푸현〔合蒲縣〕의 장황張黃·구이저우〔歸州〕·바이스수이〔白石水〕·샤오장〔小江〕 등에서는 봄철 모내기가 끝난 후 사람들이 모두 야외에 나가 커다란 천막을 치고 그 안에 신상神像을 걸고 소와 양을 잡아 제사를 지내면서,『동시에 한 남자와 여자를 분장시켜 기이한 도복을 입게 하고 가면을 쓰고 천막 입구에서 함께 노래를 부르고 춤을 추면서 갖가지 추악한 형태를 연출하여 보는 사람들을 웃기는 것을 능력으로 본다.』마을 이야기를 하고 들일을 하는 것을 〈타오링토우〉〔跳嶺頭〕라고 한다. 그 목적은『요마를 쫓아 — 해충 제거의 의미 — 그해에 곡식이 잘 익어 풍년이 들도록 하는』데에 있다. 근래의 조사에 의하면 타오링토우 때에 춤추는 사람들은 또 손에 납작한 멜대처럼 생긴 남근을 쥐고 교합의 형상을 연출한다.

화이양에서는 인간의 조상을 제사지낼 때 또 성춤을 추는데,〈담화람擔花籃〉이라고 한다. 전하는 바에 의하면 이것은 노모낭랑老母娘娘(여왜)을 공경하여 춤으로 신을 기쁘게 하려는 것이라고 한다. 춤을 추는 사람은 테를 두른 검은 옷을 입고 검은 비단으로 머리를 감싸 뒤로 땅에 늘어뜨리고, 어깨에는 용과 봉의 무늬가 있는 작은 꽃바구니를 멘다. 네 명이 한 조가 되어 그 중의 한 사람은 경판經板을 두드리고 세 사람은 노래하고 춤을 춘다. 이러한 춤은 단지 여성들만 출 수 있는데, 여성들로만 전수되고 남자들은 제외시킨다는 의미가 있다. 춤을 추는 과정에서, 사람들은 반드시 검은 비단이나 각구脚句를 걸어놓고 교합의 흉내를 낸다. 이것도 교합춤의 유풍이다. 한족들이 사는 다른 지역에도 유사한 춤들이 적지 않다.

상술한 성춤은 세계 각지에 모두 있다. 이를테면 브라질의 인디언들은 보통 나체인데, 춤을 출 때만은 의복을 입는다. 그러나 그때도 사람이 만든 성기 모형을 의복 위에 건다.(朱雲影,《人類性生活史》, 上海社會科學院出版社, 1988年, 14쪽) 미국의 허비인들은 새 불 의식을 9일에 걸쳐 치른다. 네 단체가 참가하여 나무에 구멍을 뚫어 불을 일으키는 방법으로 성화를 채취하는데, 그 중간에는 반드시 생식기 모형을 갖고 교합춤을 춘다. 고대 시리아에서는 자궁절子宮節에 여인은 나체를 하고, 남자는 뒤를 따라다니며 몽둥이로 여인의 다리를 때리고 물고, 심지어는 음문을 물기도 하는 등 남녀가 뒤섞여 광란의 춤을 그치지 않았다.(魏勒,《性崇拜》, 中國靑年出版社, 1988年, 257쪽)

이상 다른 나라의 교합춤이나 성춤과 관련 있는 사실에서 볼 때, 이것은 고대에서는 무시할 수 없는 춤의 내용으로, 보편적인 문화 현상이었다.『많은 원시 민족의 춤에서, 남자 성기관의 과시는 때로 확실한 종목이었고, 원시의 춤은 또 종종 본래 성적 의의가 풍부하기도 했으며, 이 과시는 금기에 속하지 않았다.』(靄理士,《性心理學》, 三聯書店, 1988年, 88쪽) 성춤이나 교합춤도 원시춤의 원천이기는 하지만 유일한 원천은 아니라는 것을 알 수 있다. 원인은 간단하다. 사람은 고등 동물이고, 성욕은 기본적인 생활 욕구이므로, 그것은 필연적으로 예술 생활 속에 반영되기 때문이다. 동시에 교합은 곧 인류 번식의 전제이고, 인류 생사 존망의 수단으로, 이것은 또한 진일보하여 성과 춤 예술의 관계를 강화시켰기 때문이다. 그러나 최초의 성춤은 원시적이고 조잡하며 심지어는 적나라하기까지 하다. 우리가 보기에 원시 민족의 연애춤은 매우 외설적인 것 같다. 말할 필요도 없이, 이러한 춤은 모두 경제가 어떠한가와는 직접적인 관련이 없다. 『그들의 감정 표현은 기본적으로 생리적 필요에 의한 아무런 감춤이나 꾸밈이 없는 것으로, 대개 큰 유인원의 사랑의 감정 표현과 적지 않은 공통점이 있다.』(普列哈諾夫, 《論藝術》, 人民出版社, 1963年, 103쪽) 이것은 춤이 성에서 발원한 필연적 결과이다.

제 10 장
생육신앙의 기능

생육신앙의 기능에 관한 과거의 연구가 대부분 그것의 군혼성群婚性에 치우쳐서 설명하였는데, 사실은 그와 같을 뿐만 아니라 그 진정한 기능은 또 그것의 주동성主動性에 있으며, 여러 기능으로 표현된다.『성기 숭배는 두 가지의 목적이 있는데, 모두 인류의 생존과 직접적으로 관련이 있다. 하나는 인류의 생존에 없어서는 안 되는 식생활 기능 ── 오곡의 풍년을 기원하기 위한 것이고, 다른 하나는 종족을 계승할 자손의 번영을 기원하기 위한 것이다.』(朱雲影,《人類性生活史》, 上海社會科學院出版社, 1988年, 12쪽) 현재는 성신앙의 주요 직능에 대해서 몇 가지 연구가 진행되고 있다.

제1절 인간의 번성

  생육신에 대한 제사이건 각종 성무술의 행위이건, 목적은 모두 공통적으로 여성의 생육을 위하고 인류 자신의 번성을 보증하는 것이다. 이것은 중국의 3월 3일 상사절에서 가장 두드러지게 표현되고 있다.

  상사절은 바로 손작운孫作雲이 말한 바와 같이, 그 명칭과 뜻을 생각해 보면 자식을 갖고자 하는 염원에서 비롯된 것임을 알 수 있다. 갑골문甲骨文이나 금석문金石文의 아들 자子라는 글자나 십이신十二辰 중의 〈사巳〉는 곧 아들로, 함께 높이 숭상되었다. 전체적인 의미는 아들 숭상이고 아들을 구함이다.(孫作雲,《詩經與周代社會硏究》, 中華書局, 1966年, 312쪽)《시詩·대아大雅·생민生民》에는 『아들이 없어 제사드리어 以弗無子』라는 구절이 있다.《모전毛傳》에서는 이렇게 해석했다. 『불弗은 거去인데, 아들이 없음을 제사드리고 아들을 구하는 것이다. 옛날에는 반드시 교매를 세웠다. 제비가 오는 날, 큰 소로 교매에게 제사드려 재액을 물리쳤다. 천자가 친히 왕림하면, 천자비는 아홉 후비를 거느리고 천자를 모신다. 천자는 가지고 온 활을 차고 활옷을 입고 활과 화살을 교매 앞에 바친다. 弗去也. 去無子. 求有子 古者必立郊禖焉. 玄鳥至之日 以太牢祠去郊禖 天子親往 后妃率九嬪御 乃禮天子所帶 以弓韣授以弓矢 于郊禖之前』이로 보아 상사절은 아들을 구하는 데에서 기원했음을 알 수 있다.〔그림 94〕

  앞서 언급한 바와 같이 바다처럼 많은 중국의 고서 중에 상사와 관련된 기록은 많다. 상사에 아들을 갖고자 하는 일은 각 민족의 명절 중에 보존되어 있다. 산둥 치허현〔齊河縣〕에서는 3월 3일에 아이를 갖지 못하는 여인이 향과 종이와 돈 등을 가지고, 낭랑 사당에 가서 낭랑신에게 향을 피우고 절을 한다. 무술 치료는

94. 高禖

또 여인들에게 붉은 실을 하나씩 보내면, 각자 진흙 아이 인형 무더기 속에서 인형 하나를 끌어내는데, 이것은 낭랑신에게 아이 한 명을 요청하는 것을 상징한다. 허난성 화이양에서는 3월 3일에 이미 결혼했지만 아이가 없는 여인이라면 묘회에 가서 반드시 몇 개의 진흙 인형을 사서 조상할머니(여왜) 상 앞에 바치거나 조상할머니 몸에 걸어놓아야 하는데, 이것을 〈아이 걸기〉라고 한다. 이렇게 해서 낳은 아이라야 건강할 것이라고 생각한다. 허베이 장자커우〔張家口〕에는 치얼산〔乞兒山〕이 있는데, 낭랑신이 모셔져 있어, 아이를 갖지 못한 여인들이 봄철에 아이를 갖기 원하는 의식을 할 때 역시 산 위에서 하나나 두 개의 진흙 인형을 가져와야 한다. 베이징 먀오펑산〔妙峰山〕 묘회에서는 아들을 구하는 의식이 역시 중심 내용이다. 그 밖에 각지에서 유행하는 기린송자麒麟送子, 투과송자偸瓜送子·송요해送要孩·모추摸秋·모양두자摸羊肚子 등은 모두 상사절에 아들을 갖고자 하여 행하는 의식이 변한 민속이다.

아들을 갖고자 하여 행하는 의식은 상사절의 중요한 목적임을 알 수 있다. 그러나 각 지역 각 민족의 상사절에 남아 있는 〈남녀 모임〉의 풍습에서 볼 때, 상사절은 또한 사람들이 짝을 구하는 성대한 모임이다. 이 역시 상사절의 중요한 내용이다. 기타 지역에서 신에게 제사를 지내어 아이를 갖고자 하는 의식이나 성무술의 성질을 보면 더욱 명확해진다. 그러므로 인류 자신의 번식을 희구하는 성무술의 기본 목적이 결정된 것이다.

제2절 농작물의 번식

인류의 생존을 위해서는 반드시 일정한 물질적 생활 재료가 전제된다. 이것은 생산 노동에 종사해야 한다는 말이다. 처음에는 획득 경제 — 채집·수렵과 어로였는데, 후에 생산 경제 — 농업과 목축업이 생겨났다. 『신석기시대에 가장 관심 있는 일은 농작물의 수확이었다. 그러므로 여성들이 식물을 증산하고 동물을 번식시키기 위하여 몇몇 토템 의식을 거행했기 때문에 더욱 중시되고 발전되었다. 가장 특징적인 일은 사람의 교합으로 풍년을 자극하는 그러한 풍부한 생산을 위한 의식이었다.』(貝爾納, 《歷史上的科學》, 科學出版社, 1983年, 53쪽) 예를 들면, 인도네시아의 자바 원주민들은 『벼꽃이 필 때 농부 부부가 밤마다 논 주변을 거닐고, 또 성교를 하여 벼익기를 재촉한다. 이러한 풍속은 중국에도 전해져, 소위 씨뿌리기라는 상스런 말은 곧 그것의 변화된 모습이다.』(方紀生, 《民俗學概論》, 北師大史學所, 1980年, 46쪽) 중앙 아메리카의 비피르인들은 실제 파종 시작 하루 전날 밤에, 『특별히 강한 효과를 원하면 그전 나흘 동안 (부부가) 매일밤 다른 침상에서 잔다. 그러나 부부들은 반드시 실제 파종 기간 동안에는 같은 침상에서 함께 잔다.』(御手洗勝, 《神與神話》, 聯經出版事業公司, 1988年, 369쪽)『알제리의 농민들은 여인의 음란을 금지하는 어떠한 규정도 반대한다. 그들이 말하는 이유는, 성도덕을 제창하는 어떠한 기도도 모두 농작물 사업의 성공에 해로울 수 있기 때문이라는 것이다.』(羅素, 《婚姻革命》, 中國靑年出版社, 1988年, 23쪽)

교합 무술의 농업 생산에의 응용이 반드시 외국에서 중국으로 전해진 것은 아니다. 중국에도 유사한 많은 기록과 민속 자료가 있다.

《주례周禮》에는 이미 성교가 농업의 풍년을 촉진한다는 기록이 있다. 어떤 학자는 이렇게 설명하고 있다. 『농사를 성공시키려면 밭에 남녀를 많이 모이게 한다. 중국의 경서에도 야합을 금하지 않는 시기가 있었음이

나와 있고, 《주례》에는 한봄에 남녀를 모이게 했는데, 이때에는 야합을 금하지 않았다. 남편이 없는 여자와 남자들을 모이게 했다. 이것은 분명히 〈남에게 베풀면 나에게 되돌아온다〉는 중국식 예교禮敎의 정수지만 또한 〈이때〉 바로 오곡을 파종해야 하기 때문에 〈모여서〉 농사의 풍년에 영향을 미치려는 것이기도 하다. 반대로 자식이 없는 사람은 대부분 과수원이나 논밭에 들어갈 수 없는데, 수확하지 못할 것을 피하고자 함이다. 다른 사람이나 적대자의 농경지에서 수확을 못하게 하려면, 아이가 없는 사람을 시켜 몰래 들어가 그 땅을 밟도록 한다.』(弗雷澤, 《巫術與語言》, 上海文藝出版社, 1988年, 5쪽)

《패문운부佩文韻府》 권4에서는 《상산집湘山集》을 인용하여 다음과 같이 언급하고 있다. 『원유는 곧 호유(향채·고수풀)인데, 사람들의 말로는 종자를 파종할 때 외설스런 말을 하면 그것이 잘 자라기 때문에, 사대부들은 분에 넘치는 말을 원유 뿌린다고 한다. 園荽卽胡荽 世傳拵種時口藝語 則其生滋盛 故士大夫以侈談爲撒園荽』〈상스런 말〉을 하면 향채의 풍성한 수확을 촉진할 수 있다고 생각한다. 주이존朱彝尊은 〈원앙호도가鴛鴦湖棹歌〉에서 이렇게 읊었다. 『가을 등은 불꽃 없어 심지 자를 필요가 없고, 차가운 이슬은 푸른 계수나무에 흠뻑 내렸다. 비단옷 벗고 양귀비 심을까 두려운데, 달은 밝아 마치 물속에 잠긴 궁전 같구나. 秋燈無焰剪刀停 冷露濃濃桂樹靑. 怕解羅衣種鶯粟 月明如水浸中庭』 해설에서는 『곡식 가운데 양귀비가 나온다는 것은, 전하는 말에 8월 보름밤에 여인으로 하여금 옷을 벗고 종자를 심도록 하면 꽃이 두 배로 무성하다고 한다. 禾中産罌粟 相傳八月十五夜 俾女卽解衣播種 則花倍繁』 앵속鶯粟은 곧 앵속罌粟인데, 씨를 뿌릴 때 여성이 벗은 몸으로 해야 한다고 하는 데에도 성무술적 성격이 들어 있다.

후난성의 환난〔皖南〕에서는 옛날에 『벼농사가 꽃이 날리고 여물려고 물알이 들 시기에 부부가 논둑에서 성교를 하는 습속이 있었다. 화이베이〔淮北〕 지역에서는 파종할 때 사람들은 보통 아내가 앞서 소를 따라가고 남편은 파종하는 농기구를 흔들며 뒤따라 간다. 이렇게 하면 농사가 풍년 들

수 있다고 전해진다. 부부가 함께 씨를 덮는 것은 남녀가 함께 〈씨를 덮는다〉(성교)는 의미이다. 더욱이 참깨를 파종할 때는 반드시 부부가 함께 씨를 덮어야 한다. 그렇지 않으면 참깨가 무성하게 자라지 않고, 심한 경우 좋은 수확을 거둘 수 없다고 전해진다. 〈스님이 참깨를 심는다 — 드문드문〉이라는 속담은 아직도 널리 쓰이고 있다』

안후이성 쉬안청〔宣城〕 등지의 밭에는 대부분 〈돌스님〉이 모셔져 있는데, 사실은 남성 우상으로 그것의 남근이 돌출되어 있다. 주민들은 이것을 성의 상징으로 여기어, 번식을 촉진시킬 수 있을 뿐만 아니라 벼농사도 보호할 수 있다고 생각한다.

구이저우성 리핑〔黎平〕의 한족이 사는 지역에서는 귀신절이라는 것이 있는데, 그때에는 두 가지 활동을 한다. 하나는 조상에 대한 제사이고, 다른 하나는 꽃보기 혹은 과음過陰이다. 기간은 7월 11일부터 15일까지인데, 바로 벼이삭이 패기 시작할 때이다. 그 기간에는 처녀들을 모아 논에 나가 벼꽃이 날리는 것을 보게 하고, 총각들은 그와 더불어 짝을 지어 노래 부르며 키를 써서 방울을 흔들어 울린다. (李暉, 〈江淮民間的生殖崇拜〉, 《思想戰線》 1988年 5期)

단차이〔丹寨〕에 사는 먀오족도 유사한 활동을 한다. 〈묘가도苗家稻〉·〈칠고랑七姑娘〉·〈요라신腰蘿神〉을 공경한다. 처녀와 총각들은 반드시 밭에 나가 짝을 지어 노래 부르며 사랑을 속삭여야 한다. 처녀들의 쪽찐 머리에는 반드시 볏잎을 꽂아야 하는데, 이것은 성교를 상징하여 벼농사의 풍년을 촉진할 수 있다고 생각한다. (石靑昌, 〈黎平漢族的鬼節習俗〉, 《苗嶺風謠》 1988年 4期) 구이저우에 사는 먀오족들에게는 도화跳花라는 풍습이 있다. 도화 언덕에 나무를 하나 세우고 그 위에 푸른 나뭇가지를 올려놓고, 이것을 꽃나무라고 부른다. 청춘 남녀들이 이 꽃나무 밑에서 노래 부르고 춤을 추며 사랑을 속삭이면서 풍년을 기원한다. 『먀오족이 도화를 하지 않으면 곡식들이 꽃을 날리지 않는다』는 속담도 있다. 그 활동이 끝나면 사람들은 꽃나무를 결혼하고도 아이를 갖지 못한 집에 가지고 가는데, 이것을 〈충희冲喜〉라고 하고, 다음해 도화 때 다시 꽃나무를 가져온다.

수이족[水族]들은 가을이 되면 곡식신에게 제사드리는 일 외에, 부녀자들은 반드시 양쪽 앞섶을 은으로 만들어 여미는 옷을 입고, 1백 개의 주름을 잡은 치마를 입고, 머리에는 은 장식을 하고, 자신을 새색시처럼 분장하고 논에 나가는데, 그래야 그해 벼농사가 풍년이 든다고 한다.

하이난성 몇몇 리족[黎族]들은 벼의 성장이 좋지 않은 것을 보면, 가족 중 가장 연장자 부부가 함께 강에 가서 머리를 풀어헤치고 교합 무술 형상을 지어 벼농사의 풍년을 꾀한다. 이러한 풍속은 다른 나라에도 있다. 수마트라의 내륙에서는 여인들이 벼를 심을 때 모두 머리를 풀어헤쳐, 벼가 잘 자라고 벼줄기에서 이삭이 잘 나오도록 한다. 멕시코에서는 옛날 한계절에 옥수수 여신이나 장발모長髮母를 숭배하였다. 이러한 〈머리 풀어헤치기〉는 사실 교합의 상징으로 벼농사의 풍년을 기약하고자 하는 것이다.

광시 다야오산[大瑤山]의 야오족[瑤族]들은 추분 때, 볏모 결혼[禾苗結婚]을 한 일반인들은 밭에 나가 일을 할 수 없는데, 벼의 교합에 영향을 주고 벼농사의 풍년에 영향을 줄까 무서워서이다.(《廣西瑤族社會歷史調査》 6, 廣西民族出版社, 1987年, 269쪽) 《중화전국풍속지》 하편 권8에는, 윈난성 『쉬안웨이[宣威]에서는 입추 때의 금기가 가장 크다. 이날 농가에서는 집사람들이 밭에 가서 다니는 것을 금지하는데, 그렇지 않으면 가을에 좋은 수확을 할 수 없다고 생각하기 때문이다』고 기록되어 있다.

남녀의 교합 혹은 사랑의 속삭임이 농작물의 풍년과 연관된 이유는 무엇인가? 이것은 원시인들의 사유와 신앙에 의해 결정된 것이다. 『원시인들은 결혼을 알지 못했다. 여럿이 함께 살면서 집단혼을 했다. 그들은 어떤 저급한 정령도 이러한 성관계를 할 수 있다고 상상했다. 로마 신화에서는 농업과 목축의 신은 남신으로, 토지에서의 농작물의 성장과 동물의 번식과 가축의 생육 능력을 지배하고 촉진한다. 그들은 숲과 들에서 생활했으므로, 대자연을 아름다운 모양으로 만들기 위해, 대부분의 시간을 여신들을 쫓아다니고 즐거움을 나누는 데 썼다』(魏勒, 《性崇拜》, 中國靑年出版社, 1988年, 193쪽) 농업에 반영된 것은, 신과의 교합은 물론 인간의 성

95. 地母

애도 모두 농작물에 영향을 준다는 것이다. 『원시인들은 교합이 종자의 발아와 짐승의 번식을 촉진시킬 수 있다고 깊이 믿었다.』(柯斯文,《原始文化史綱》, 三聯出版社, 1957年, 170쪽) 그러므로 농작물이 풍년 든다.

농작물의 생장은 토지를 떠날 수 없다. 그러나 토지는 또한 땅의 어머니에 의해 주재되는 것이다. 이것이 한걸음 더 나아가 성문화와 토지의 관계를 밀접하게 만든 까닭이다. 땅의 어머니는 원시사회 농업 부락에서 신봉하던 신령으로(그림 95) 사람들은 토지가 만물을 기르는 만물의 어머니라고 믿었다. 이러한 면은 농업 부락에서 더욱 두드러진다. 『농업 생산을 주요 생활 원천으로 시작한 저들 원시 부락으로 말하면, 하늘의 신들을 제외하고 토지가 가장 중요한 숭배 대상이었다. 그들은 비단 바람과 비가 순조로울 것을 요구했을 뿐만 아니라 살아 있는 사람을 희생으로, 사람의 피를 논밭에 뿌리고, 태운 뼛가루를 밭에 흩뿌렸다. 이렇게 한 후에 만약 농작물이 많이 자라면 신령의 힘이라고 생각했다.』(卡納,《性崇拜》, 湖南文藝出版社, 1988年, 30쪽) 이러한 풍속들은 오스트리아에서도 유행했을 뿐만 아니라 중국 타이완의 가오산족, 윈난성의 와족佤族 지역에서도 유행했으며, 후자의 사람 머리 사냥은 사람을 희생시켜 피로 토지신에게 제사지내는 것이었다.

당연히 원시인들이 볼 때, 토지는 결코 그 자신의 의지에 따라 농작물을 생장시키는 것이 아니고, 마치 사람의 생육과 같이 성교에 의한 것이라고 생각하였다. 토지에게도 이러한 문제가 있는 것이다. 따라서 많은 민족들은 토지 위에 남근을 모셨다. 『비석 위에 새겨진 많은 파고스 상들은 손에 커다란 양구陽具를 가지고 토지로 하여금 번식하게 한다』(앞의 책, 46쪽) 렌윈강〔連雲港〕 장군애將軍崖에서 발견된 선사시대 농업 암각화는 농작물이 풍성한데, 많은 농작물에는 사람 머리가 있어서 사람과 작물

96. 렌윈강 將軍崖岩畵

이 한몸으로 되어 있다.〔그림 96〕 이것은 바로 위에서 언급한 신앙의 산물이다.

토지는 식물을 성장시킬 뿐만 아니라 인류를 잉태하여 출생시키기도 한다.《포박자抱朴子·석체편釋滯篇》에는 『땅에서 여왜가 나왔다 女媧地出』는 언급이 있다. 여왜는 대지에서 나와 진흙으로 사람을 만들었는데, 진흙 또한 대지의 조성 부분이다. 이것이 바로 진흙으로 사람을 만들었다는 신화의 기원이다. 『진흙으로 사람을 만들었다는 신화의 가장 중요한 의의 혹은 근원은 원시인들이 애써 〈발견〉하고 〈기록〉하고자 했던 사람과 토지의 밀접한 관계이다. 그들은(더욱이 식물을 파종하는 기술을 습득한 집단) 때때로 인류도 농작물과 마찬가지로 땅에서 생장하는 존재라고 생각했을 것이다. 그러므로 사람 몸에는 〈토질〉이 함유되어 있는데, 진흙은 또한 모양을 만들기에 편하므로, 〈진흙으로 사람을 만들었다〉는 신화와 〈토지가 사람을 낳았다〉는 신화는 종종 겹친다. 여왜가 〈땅에서 나왔다〉면 농작물의 신 겸 토지신·진흙신의 성질을 갖고 있는 것이다.』(蕭兵,《楚辭與神話》, 江蘇古籍出版社, 1986年, 364쪽)

저장성 우이〔武義〕 지역에서는 청명절 후에 반드시 땅에 향불을 피우고 제상을 차리고 땅의 어머니에게 제사를 드리고, 농사짓는 사람들이 땅에서 잠을 자면서 땅의 아버지, 땅의 어머니의 도움을 받고자 한다.

윈난성의 부랑족[布朗族]은 7월 파종시에 산에 올라가 땅을 고르고 먼저 작은 집을 하나 세우는데, 이것은 땅의 어머니를 상징한다. 이것을 〈마마전媽媽田〉이라고도 한다. 무당을 청하여 땅의 어머니에게 제사드리는 의식을 거행하고, 〈마마전〉 중앙과 네 귀퉁이에 나무 막대를 세워 신령이 존재함을 상징한다. 그런 다음에 사람들이 파종할 수 있는데, 그렇지 않으면 땅의 어머니의 보호를 받지 못한다고 한다.

윈난성의 나시족은 자연계 중의 천지는 마치 사람이 교합할 때와 마찬가지로 위아래로 움직인다고 생각한다. 자연은 하늘을 아버지로 땅을 어머니로 하고, 아울러 사람도 천지의 교합에 의하여 태어난다고 여기고 있다. 이것은 나시족의 상형문자에 가장 분명하게 나타나 있다. 𝌆 이 글자는 〈메이넝주이차오차오〉로 읽는다. 위는 하늘이고 아래는 땅이며, 중간은 교차하는 형상, 즉 기氣로, 그 의미는 『하늘의 기가 땅으로 뿜어나오고, 땅의 기가 하늘로 분출한다』는 뜻인데, 사실은 하늘과 땅의 교합으로, 『그것에 의하여 만물이 생겨난다』는 것이다. 𝌆 는 〈메이넝주이뻔바비에〉라고 발음한다. 위는 하늘이고 아래는 땅이며 가운데는 개구리로, 하늘과 땅이 결합하여 개구리를 낳는 것을 상징하여, 만물을 대표한다. 𝌆 는 〈메이커투거간판러지 주이비에시거카이메이밍진〉이라고 읽는다. 위는 하늘이고 아래는 땅이며, 중간의 위는 남자이고 아래는 여자이다. 남자는 하늘문의 입구에서 나오고 여자는 땅에서 태어난다.』(李霖燦,《么些象形文字字典·天文》, 國立中央博物院籌備處出版, 1944年)

결론적으로 나시족은 세상에 먼저 기가 있었는데, 기에 의해 천지가 생겨났으며, 그 중의 하늘의 기는 양이고 남자이며, 땅의 기는 음이고 여자라고 생각했다. 농작물은 또 대지에서 생장하는 것이므로, 사람들은 무술의 역할을 더욱 중시했다. 아직 개화되지 않은 원시인들은 모두, 작물을 심는 기술은 다른 활동에 비하여 기술과 인력면에서 무술의 힘과 행위에 더욱 의지해야 한다고 생각했다. 이것은 성무술이 농업과 토지에 매우 보편적이었던 중요한 원인이다.

토지신은 인성을 갖추었을 뿐만 아니
라 또 인성을 초월하기도 하여, 각 지역
에서 토지신에게 제사지낼 때는 반드시
향불을 피우고 제사상을 차린다. 토지공
土地公은 남성신이기 때문에 토지낭랑
土地娘娘을 배우자로 만들어 주는 것
이외에, 어떤 지방에서는 또 토지신이
아내를 맞이하기도 한다.〔그림 97〕《점
석재화보點石齋畵報》에는 〈토지취부土
地娶婦〉라는 그림이 한폭 있는데, 광저

97. 場公場母

우 지역에서 토지신에게 제사지낼 때 흙 인형을 빚거나 풀로 인형을 만
들어 사당에 보내어 신의 오른쪽에 놓는다. 이것을 사람들은 토지가 장가
간다〔土地娶婦〕고 한다.

토지 숭배 과정에서, 농사의 풍년을 위해 토지신 중에서 마당신, 즉 정
원신을 파견한다. 이 신도 인격화된 신으로 성별의 구분이 있다. 마당 남
편과 마당 부인이 있는데 타작의 좋고 나쁨을 주재한다고 생각한다. 이것
도 일종의 풍년신이다. 타작은 결코 간단한 탈곡 작업만이 아니고, 알곡
을 털어야 할 뿐만 아니라 곡식의 영혼까지 거둬들여야 한다. 윈난성과
구이저우성에 사는 일부 소수 민족들은 수확하고 타작할 때 여러 가지
금기를 지킨다. 곡식신이 놀라 달아날까 염려해서이다. 곡식신이 일단 놀
라 달아나면 곡식은 빈 껍데기만 남을 수도 있다. 한족의 민간에는 또 보
리신 신앙이 있다. 보리도 영성靈性이 있어서, 음력 3월 11일이 보리의 생
일이므로 반드시 제시지내야 한다고 생각한다. 동시에 하늘이 맑은 날이
면 보리를 풍성하게 거둘 수 있고, 날씨가 흐리면 밀이 쉽게 해를 입는다
고 생각한다. 이러한 형식도 당연히 농가에서 풍년을 기원하는 표현이다.

제3절 동물의 번식

성무술은 농업에 응용될 뿐만 아니라 동물 번식을 촉진하는 무술 수단
이기도 하다. 이것은 목축업·양잠업·어업·수렵면에 분명하게 반영되
었다. 《고금도서집성古今圖書集成·세공전歲功典》33 〈계춘회고季春匯
考〉에서는 《예기禮記·월령月令》을 이렇게 인용하고 있다. 『이달 말에 길
일을 택하여 대회를 여니 천자는 이에 삼공·구경·제후·대부를 거느리
고 몸소 가서 구경한다. 是月之末 擇吉日大會 樂天子·乃帥三公九卿諸侯
大夫親往視之』『이달에 마침내 누우와 등마를 몰아 목장에 풀어 방목하
고, 희생에 쓸 망아지와 송아지를 가려 그 수를 모두 기록한다. 是月也 乃
合累牛騰馬游牝于牧 犧牲駒犢擧書其數』진씨는 이렇게 주석했다. 『봄에
양기가 왕성해지면 사물이 모두 출생하는데, 묶어둔 소들과 날뛰는 말들
을 모아 가축들을 골짜기에 몰아넣는다. 春陽既盛 物皆産育 合累系之牛騰
躍之馬 使牝畜就牝』《회남자淮南子·주칙훈肘則訓》에는 다음과 같은 기
록이 있다. 『하순에 길일을 택하여 동쪽에서 큰 모임을 갖고 즐기고, 누우
와 등마들을 모아 목장에서 목욕시키고 교미시킨다. 擇下旬吉日大會東致
歡欣 乃合㸤牛騰馬浴牝于牧』이것은 봄철도 가축들의 번식철임을 설명하
는 것이다. 사람들은 관례대로 무술적 수단을 통하여 목축업의 번성을 촉
진시킬 수 있다고 생각한다. 네이멍구 인산〔陰山〕 암각화에는 가축들의
교배 장면이 많다.〔그림 98〕간쑤성 자위관〔嘉峪關〕에서 출토된 화상전에

98. 牧群

99. 牲畜配種畵像磚

도 교배하는 장면이 있는데〔그림 99〕북조北朝시대의 그림으로 보인다. 이것은 당시의 종자를 교배하는 단순한 기록이 결코 아니고, 죽은 사람을 따라 순장된 희생으로, 종자를 교배하는 무술의 힘을 빌려 가축을 끊임없이 번식시키고, 죽은 사람에게 더욱 많은 가축을 제공함으로써 그가 다른 세계에서 삶을 누리는 데 쓸 수 있도록 한다. 구이저우성 서쪽의 징펑〔貞豊〕지역에 사는 부이족들은 소를 잡아 조상에게 제사지낼 때, 후손들이 두부와 밥을 한데 섞어 들고, 소를 세 바퀴 돈 후 소에게 잘 먹이면서 이렇게 말한다.「너에게 밥을 먹이고 나면, 우리 부모님을 위해 밭을 갈아다오.」그러나 소를 잡기 전에 여인네들은 반드시 한 움큼의 쇠털을 잘라 외양간에 뿌려야 한다. 큰 소는 부모님께 보낸다 하더라도 자손도 소를 써야 하므로, 상징적 무술 — 쇠털을 깎아 새로운 소를 번식시키는 — 을 통해야 한다고 생각하기 때문이다.

　다른 나라에는 여인들과 소·양이 교합하는 무술이 있다.『이집트에서는 매년 나일 강이 범람했을 때 성대한 제전을 거행한다. 이집트의 여자들은 이 신성한 소가 생식 수태신이라고 숭배하여 우유를 바치고, 성스런 소 앞에 자신의 생식기를 내보인다. 이집트인들은 또 산양을 숭배한다. 여인들은 불임증을 치료하기 위하여 이 성스런 산양과 교합한다.』(朱雲影, 《人類性生活史》, 上海社會科學院出版社, 1988年, 15쪽) 이것은 성무술이 가축의 번식을 촉진시킬 뿐만 아니라, 사람들도 가축의 번식력을 빌려 번성력을 제고시킬 수 있다고 생각하기 때문이다.

상사절도 양잠의 풍성을 기원하는 명절이다. 《수경주水經注·장수주漳水注》에는 이런 기록이 있다. 『장수이 건너편에는 조씨 임장궁이 있는데, 그 궁은 상재원에 있다. 뽕잎 따는 기술이 많아 그러한 이름이 붙여진 것이다. 3월 3일이 되면 누에 치는 달이 시작되는데, 석호가 황후와 부인들을 거느리고 와서 여기서 누에를 친다. 漳水對趙氏臨漳宮 宮在桑梓苑 多桑術 故苑其名. 三月三日及始蠶之月 (石)虎帥皇后及夫人采蠶于此』 그리고 봄철에는 누에신 — 잠모낭랑蠶母娘娘에게 제사를 드린다. 근래에는 장쑤 성 이싱〔宜興〕 왕무공교王茂公橋의 3월 동악회東岳會에 일종의 〈알잠화軋蠶花〉 풍속이 유행했다. 〈알軋〉은 한꺼번에 몰린다는 뜻이다. 묘회하는 그날, 아가씨들이 모두 잘 차려입고 다투어 가서 사람들 틈에 비집고 들어가면, 총각들은 일부러 손발을 비벼대고 심지어는 아가씨들의 의복을 찢기도 한다. 그래도 아가씨들은 화를 내지 않고 다른 사람들도 간섭하지 않는다. 동악노인東岳老人은 남녀가 함께 모여 북적대는 것을 좋아한다는 전설이 있어, 이렇게 북적거리면 누에가 일어나고 인구도 증가한다고 생각한다. 따라서 〈알잠화〉는 남녀가 접촉하는 무술을 통하여 양잠업의 풍성한 수확을 촉진하려는 것이다. 양잠 풍습 중에는 또 〈모잠화내내摸蠶花奶奶〉라는 것이 있다. 누에를 기르는 아가씨가 묘회에서 사람들과 〈비비적대는〉 일 이외에 『결혼을 하지 않은 누에 치는 아가씨는 알고 있거나 알지 못하는 어떤 총각이 그녀의 유방을 애무해 주기를 몹시 바라는데, 이것을 〈모잠화내내〉라고 한다. 결혼하지 않은 아가씨들이 알잠화를 할 때 아무렇게나 어떤 총각에게 유방을 애무받으면 설령 우연한 부딪침이 더라도 그녀가 누에를 칠 수 있는 자격을 가진 아가씨가 된다는 것을 의미하며, 뿐만 아니라 그녀 집안의 금년 양잠이 반드시 풍성할 것이라고 생각하는 풍습이다.』(張紫晨主編,《民俗調查與研究》, 河北人民出版社, 1988年, 26쪽)

농업이 바야흐로 일어나기 시작했을 때는 인류가 먹고 입는 것을 완전히 해결할 수 없었으므로, 어업과 수렵 경제도 일정한 역할을 하였다. 따라서 번식 무술도 어업과 수렵활동면에 응용되었다. 예를 들면 허무두[河姆渡] 문화에서 출토된 뿔칼에 있는 한쌍의 새, 반퍼[半坡] 양사오[仰韶] 문화 유적지에서 출토된 채도彩陶 대야의 개구리 문양 등과 역대에 유행되어 온 적지 않은 대칭형 동물 도안들은 대부분 동물이 교미하거나 교배하는 것의 변형이다. 사람들은 이러한 교합 무술을 이용하여 동물의 번식을 증가시키고 통제하여, 어업과 수렵활동에 더욱 풍부한 대상을 제공하고자 꾀했다. 반퍼에는 채도 대야가 있는데, 대칭의 물고기도 있고 대칭의 그물도 있다. 이것은 어류의 번식 무술을 통하여 많은 물고기를 포획하고자 기원한 분명한 증거이다. 또 물고기는 다산의 상징이고, 나아가서는 모체의 숭배물이었음을 지적해야 할 것이다.『시베리아어로 물고기란 글자는 번식이라고 해석할 수도 있고, 또 〈싹틈·증식〉으로 해석할 수도 있다.』(卡納, 《性崇拜》, 湖南文藝出版社, 1988年, 51쪽) 이것으로 보아, 반퍼인들은 이미 물고기를 번식의 상징으로 여겼음을 알 수 있다.

제4절 교합과 기우祈雨

물은 인류와 동물과 농작물이 생존하는 데 없어서는 안 되는 기본 조건이다. 가뭄은 일찍이 인류에게 커다란 위협이었다. 따라서 비를 기원하는 것은 고대에 가장 유행한 무술이었다. 인류의 성과 교합 무술을 이용하여 비를 기원하는 것은 다른 나라에서도 모두 유행했다.

중국 상商나라 때의 갑골문에는 비를 기원한 기록이 많이 있다.

『今日奏午, 㞷從雨』(《粹》744)
『乙未卜今夕奏午, 㞷從雨』(《前》3·20·4)
『炆婵㞷雨一勿炆婵亡其雨』(《佚》1000)
『其婊求雨于南口.』(《甲》753)

유사한 기록은 많다. 이것은 상나라 때 비를 기원하는 것이 무당에 의해 진행되어, 무당을 불속이나 햇볕 아래 두고 비를 기원했음을 나타내는 것이다. 이처럼 폭염에 굽고 더위에 말리는 일은 과거에 모두 무당에 대한 징벌로 해석되었지만, 사실은 반드시 이와 같았던 것은 아니다. 당시 사람들이 볼 때, 비가 내리거나 내리지 않는 것은 완전히 비의 신이나 하늘의 신이 하는 것이어서 죄가 무당에게 있는 것이 아니었다. 무당은 상당히 지위가 있고 때로는 왕권을 좌우하기도 했는데, 어떻게 큰 가뭄이 닥친 상황에서 비를 기원하는 사람을 징벌할 수 있겠는가? 따라서 다르게 해석해야 할 것이다. 비가 오는 것은 음에 속한다. 그것은 불에 대응되는 것이다. 비는 양에 속한다. 빗물과 불이나 햇볕은 대립 통일체이다. 《한서漢書·예문지藝文志》에는 이런 기록이 있다. 『이를테면 물과 불 같은 것은 서로를 없애기도 하고 돕기도 한다. 인과 의, 공경과 조화는 상반되기도 하지만 모두 서로를 돕기도 한다. 辟猶水火 相滅亦相生也 仁之與

義 敬之與和 相反而皆相成也』오랫동안 가물고 비가 오지 않는 것은 음양이 조화를 잃은 것의 반영이므로, 반드시 음양을 교합시켜야 비와 바람이 순조롭게 된다는 것이다. 옛날에는 비를 기원할 때 무녀를 불 위에 올려놓거나 햇볕 아래 쬐었는데, 사실은 불과 무녀의 결합으로 교합을 상징함으로써, 비를 기원하는 목적에 도달하고자 한 것이다.

학자들의 연구에 의하면,《초사楚辭·구가九歌》는 바로 비를 기원한 악곡으로, 남녀가 서로 즐기고 사랑하는 것을 이용해서 하늘을 유혹하여 비를 내리도록 한 것이라고 하는데, 이러한 견해는 상당히 일리가 있다. 한나라 때에도 여전히 무녀를 이용하여 비를 기원했다. 동중서董仲舒는《춘추번로春秋繁露·구우편求雨篇》에서 다음과 같이 언급하고 있다.『봄에 가뭄이 들어 비를 기원했는데…… 여드레 동안 무당을 햇볕에 쬐이고 뱀을 모았고, 가을에는 아흐레 동안 무당을 햇볕에 쬐이고 독사를 모았다. 春旱求雨……暴巫聚蛇八日 秋暴巫虺至九日』《춘추번로春秋繁露·청민지우請民止雨》에는 이렇게 기재하고 있다.『사계절 모두 경자일에 관리와 백성 부부로 하여금 모두 배우자를 찾게 했다. 보통 비를 기원하는 큰 의식에는 남편은 숨고 여자는 나아가 신을 즐겁게 했다. 四時皆以庚子之日 令吏民夫婦皆偶處. 凡求雨之大禮 丈夫欲藏 女子欲和而樂神』《노사路史·여론餘論》에서는 동중서의〈청우법請雨法〉을 이렇게 인용하고 있다.『관리의 아내에게 각기 자기 남편을 찾아가 보고, 비가 오기 시작하면 멈추게 했다. 令吏妻各往視其夫 到起雨而止』이러한 기록들은,〈비가 오도록〉하기 위하여 무녀로 하여금 비를 기원하게 하기도 하고, 또〈관리와 백성 부부로 하여금 모두 배우자를 찾게〉하기도 한 것으로, 각기 다른 곳에서 생활하던 부부에게 정부에서〈관리의 아내에게 각기 자기 남편을 찾아가〉함께 지내도록 했음을 나타내는 것이다.

민속 중에도 여인이나 과부로 하여금 비를 기원했다는 자료가 남아 있다. 예를 들면, 산둥에서의 여인들이 두 번 울고 한번 흙(샘·구덩이·도랑)을 파내는 비 기원 의식도 매우 재미있다. 먼저 고아가 고아 국자로 물을 뜨고 두 아이가 배꼽에 물을 뿌리고 바른다.『이어 또 물을 샘·구덩이에 붓고 이와 동시에 생선 말린 것으로 까마귀집을 쑤시면서 까마귀가 날개를 펴서 해를 가릴 때를 기다렸다가, 머리에 키를 쓴 늙은 과부의 머리에 비오듯 쏟아붓는다. 이때 늙은 과부는 방성통곡하기 시작하면서 이렇게 울다가 노래한다 한다.「울지 않는 녀석, 울지 않는 계집애 때문에, 우리 하느님이 비를 내리지 않으신다.」일정한 시간 동안 울면 다른 여인이 이렇게 권한다.「울 필요 없어요, 소리칠 필요 없어요. 큰비가 바로 내려요.」도랑을 파는 것은 큰비가 곧 올 것이므로, 물이 흐를 때의 장애물을 청소해야 한다는 의미이다. 이 일은 여덟 명의 여인이 함께 해야 효험이 있다고 한다.〈일곱 도랑 여덟 여자, 도랑을 파면 큰비가 내린다〉는 속담이 있다.」(葉濤等,《山東民俗》, 山東友誼書社, 1988年, 380쪽) 그 중 일곱 도랑은 양이고, 여덟 여자는 음으로, 역시 여인의 생육을 빌려 비를 기원하는 것이다. 윈청〔郓城〕에서는 비를 기원할 때 대관撞關 나으리가 순시를 나가는 것 말고 또『과부와 늙은이에게 (불상을 청소하도록) 하는데, 소위 〈두 수레 앞에 여덟 개의 다리(말 두 필), 열 명의 과부, 아홉 명의 여자(수레 위에 앉은), 네 명의 늙은이가 바짝 따른다〉는 것이다. 불상을 청소할 때는 한편으로는 비질을 하면서 다른 한편으로는 기도한다.〈부처님 머리를 쓸고 또 쓰니 온 땅에 비가 내려 흐르고, 부처님의 어깨를 쓸고 또 쓰니 온 땅에 비가 내려 넘치고, 부처님의 다리를 쓸고 또 쓰니 비가 내리지 않는 곳이 없네. 부처님의 몸을 쓸고 또 쓰니 사람 키보다 더 많이 비가 오네.〉불상을 다 청소하고 다시 묘당을 청소하며, 남녀 늙은이들이 함께 이렇게 노래 부른다.〈쓸고 쓸고 안고 안고, 3일만 비가 와도 도랑이 가득하네.〉』(앞의 책) 이른바 〈안고 안고〉는 사실 남녀의 교합이다.

기생들이 비를 기원하는 일은 중세 각국에 모두 유행했다. 계선림季羨林의 연구에 의하면, 고대 인도의 시거왕十車王이 천하를 통치할 때에 아들이 없으면 아들을 기원하는 제사를 거행했는데, 대신 소만다라蘇曼多羅가 국왕에게 건의하여 녹각선인鹿角仙人에게 나와서 제사를 주관해 달라고 하였다. 그는 신선의 아들로 숲속에 살며 고행을 하면서 경건하게 수도하여 사람들이 사는 세상을 알지 못했다. 그래서 국왕은 기녀를 숲으로 파견하여 그를 유인하도록 했는데, 우여곡절 끝에 녹각선인은 삼림 속으로 도망쳤다.『이 고귀하고 존엄한 바라문이 그녀에게 유인된 이후, 하느님이 바로 비를 내려 전세계가 모두 속으로 떨었다.』(季羨林, 〈原始社會風俗殘餘——關於妓女祈雨的問題〉,《世界歷史》, 1985年 10期)

중국어로 번역된 불교 경전인 《대지도론大智度論》 17에는 녹각선인에 대해 더욱 자세히 묘사하고 있다.『바라내국婆羅㮈國 산중에는 신선이 살았는데, 봄이 한창일 때 소변을 보면 정액이 쟁반에 흘러넘쳐 암사슴이 그것을 마시고 임신하여 아들을 낳았는데, 머리에 긴 뿔이 하나 있었다. 신선이 그를 거두어 길렀다. 그후 뿔이 하나인 신선이 저주하자 하늘이 오랫동안 비를 내리지 않아 온갖 곡식과 과일이 모두 나지 않았다. 바라내국 왕은 대신의 권고를 받아들여 음탕한 여인 선타에게 산에 가서 뿔이 하나인 신선을 유인하도록 명령했다. 그녀는 먼저 그에게 과일을 보내어 먹도록 하고 또 머물면서 몸을 씻었다. 여인의 부드럽고 연약한 손이 닿자 마음이 움직여 삶을 바꾸고 싶은 생각이 들어 마침내 정사를 벌여 신통력을 잃었다. 그러자 하늘에서 7일 밤과 낮 동안 큰비가 내렸다. 마지막으로 그 음탕한 여인은 뿔이 하나 달린 신선의 목에 올라타고 성으로 돌아왔다.』(《大正新修藏經》 25, 183a-b) 유사한 전설들은 인도 불경 가운데에도 매우 많이 기록되어 있는데, 모두 기녀와 뿔 달린 신선이 교합한 후에야 하늘에서 큰비가 내렸다는 것을 강조하고 있다.

불교의 전파에 따라 위에서 언급한 이야기들이 많은 나라에 전해져, 기녀로 하여금 비가 내리도록 하는 풍속도 널리 퍼지기 시작했다. 중국의 원나라·명나라 시기에는『만약 오랫동안 가뭄이 들고 비가 내리지 않으면 관리들이 황제에게 상소를 올리고, 황제는 기녀에게 비가 내리도록 기도하라고 명령을 내렸다. 비를 기원하라고 파견된 기녀는 신세 한탄이 허락되지 않았다. 그녀들은 모든 알고 있는 사람들과 결별하면서도 무슨 말을 남길 수 없었다. 왜냐하면 비를 기원해도 비가 내리지 않으면 모조리 머리를 베이기 때문이었다. 비를 기원하는 방법은 다음과 같다. 기녀들이

조를 나누어 앉아 노래를 부르고 악기를 연주하고 나서 한조의 사람들이 일어나 열두 지점에서 춤을 추며 기괴한 몇 가지 동작을 연출하는데, 한 조의 동작이 끝나면 다른 한조가 들어와 보살 면전에서 춤을 추며 연희를 한다. 그녀들은 자신의 머리를 두드리며 통곡하고 눈물을 흘린다. 이렇게 돌아가면서 오랜 시간 동안 연출하는데, 한 사람 한 사람 자신의 생명을 걸고 먹지도 않고 잠을 자지도 않고 쉬지도 않고, 낮이건 밤이건 속이 깨질 듯한 곡소리를 발출한다. 무당이 말하길 「상심한 눈은 비를 내리게 할 수 있다」고 했다.』(季羨林,〈原始社會風俗殘餘──關於妓女祈雨的問題〉,《世界歷史》1985年 10期)

왜 비를 기원할 때 꼭 무녀와 기녀를 이용하는가? 계선림은 이렇게 정교하게 분석하고 있다.『거기에는 두 가지 이유가 있다. 하나는 인류 최초의 분업 노동으로, 일정 시간에 여인들은 농업을 관리하고 남자들은 수렵을 관장하기 때문이고, 다른 하나는 원시인들의 신앙 혹은 미신과 관련이 있다. 원시인들은 대자연에 대한 이해가 아주 부족하거나, 심지어는 전혀 이해하지 못했다. 이들은 여인이 아이를 낳는 현상에 대해 관찰할 수 있기 시작하면서 인류의 풍요와 다산, 특히 여인의 풍요와 다산은 대자연의 풍요·다산과 동일한 범주에 속한다고 믿었다. 바꿔 말해서, 그들은 인류의 재생산과 농업의 생산을 연계지었던 것이다. 그들은, 양자가 서로 모방해야 영향을 줄 수 있다고 믿었다.』(季羨林, 앞의 책) 중국의 관리와 백성 부부가 〈배우자를 찾는〉 것은 물론이고, 또 무녀를 불 위에 올려놓거나 폭염 아래 두거나, 기녀의 〈기괴한 몸짓〉──성교 무술은 모두 사람의 교합을 이용하여 비와 불을 유발하거나, 무녀가 비의 신과 교합하여 대지에 비를 내리도록 촉구하는 것이다. 보충해야 할 것은, 비를 기원함에 있어서 무녀를 이용해야 비가 많이 내리거나 또 소청랑掃晴娘으로 하여금 비를 그치게 하는 것은 모두 일종의 음양 교합 무술임을 설명하는 것이다.

이러한 생산 영역의 무술은, 번식 무술과 인류 사회의 생산은 모두 밀접한 관련이 있었음을 나타내는 것이다.

엥겔스는 이렇게 지적했다.『유물주의 관점에 근거하면, 역사상의 결정적 요소는 생활의 직접적 생산과 재생산으로 귀결되지만, 생산 자체는 또 두 가지가 있다. 하나는 생산 자료, 즉 음식물·의복·주거 및 이를 위해 필요한 도구의 생산이고, 다른 하나는 인류 자신의 생산, 즉 종의 번식이다.」(《馬克思恩格斯選集》, 人民出版社, 1972年, 4卷 2쪽) 그 중의 물질적 생산은 인류 생존의 기초이지만, 사람에 의해 실현되는 것이다. 그러나 사람의 생명은 유한하기 때문에 생산을 보장하고 지속하기 위해서는 인류가 반드시 항상 자신을 번성시켜 새로운 생명을 끊임없이 생산해서 생산력 중에서 가장 중요한 요소 ─ 사람을 제공해야 한다. 그러므로 상술한 두 가지 생산은 인류 생존의 양대 지주로 상보적인 관계에 있기 때문에 하나라도 없어서는 안 된다. 특히 상고시대에는 도구가 간단하고 조잡했기 때문에 생산 수준이 낮았으므로, 반드시 비교적 많은 사람들의 힘에 의지하여 그러한 부족을 보충해야 했다. 당시에는『씨족의 모든 역량, 온갖 생활 능력은 그 성원의 숫자에 의해 결정되었기 때문에, 한 성원의 죽음은 그 나머지 사람에게 중대한 손실이었다. 씨족들은 힘을 다하여 새로운 성원을 흡수하여 그러한 손실을 보충했다.」(普列哈諾夫,《論藝術》, 三聯書店, 1965年, 58쪽) 물론 이렇더라도 사람의 번성은 물질 생산에서 벗어날 수 없기 때문에, 이 점 또한 번식 무술상에 반영되었다.

물질 생산과 사람의 번성은 차이도 있지만 공통성도 있다. 이러한 공통성은 무술에 부합하는 〈상사율相似律〉로 교감작용을 일으킬 수 있으므로, 상호 영향을 끼친다. 소위 사람의 성교에 의하여 농업의 풍년과 목축업의 풍성함을 촉진한다는 것은, 바로 사람의 번식력이 농·목축업에 작용한다는 것의 표현이다. 반대로 민간에 널리 퍼져 있는 오이를 보내어 아들 낳기를 기원한다거나 혼례에서 대추와 밤을 던진다거나 하는 것은 농작물의 번식으로 인류 생육을 촉진한다는 것의 표현이다.

무엇 때문에 두 생산 영역에서 이와 같이 번식 무술을 유행시켰는가 하는 점에 대해서 깊이 생각해 볼 일이다. 이것은 우연한 것이 아니고, 원인이 있다. 첫째, 물질 생산과 사람의 번식은 인류 사회가 존재하는 양대 지주이고, 인류의 존망과 관련된 큰일이기 때문이다. 둘째, 상고시대에는 생산력이 매우 낮고 인간의 인식이 제한적이어서, 사람들은 자신들이 하고 있는 두 가지 활동의 결과를 이해하지 못하고 있었다. 특히 천재지변이 사람을 엄습했을 때마다 항상 곤경에 빠지곤 했고, 심지어는 생존에 위협까지 받았다. 사람들은 이러한 재앙에 대해 과학적인 이해를 하지 못하고, 많은 귀신들이 자신들의 운명을 좌우한다고 생각했으므로 원시신앙이 나타났고, 제사·점·무술 등을 통하여 각종 재난에서 벗어나고자 했다. 『일반적으로 우연성이 있는 부분과, 희망과 두려움 사이의 감정이 작용하는 범위가 넓은 부분에서 우리는 무술을 발견할 수 있다. 사업이 틀림없이 믿음직하고 또 이지적인 방법과 기술적인 과정에 의해 지배되는 부분에서는 무술을 발견할 수 없다. 더욱이 위험성이 큰 부분에는 무술이 있고, 절대 안정하고 어떤 징조의 여지가 없는 부분에는 무술이 없다고 말할 수 있다.』(馬林諾夫斯基,《巫術科學宗敎與神話》, 中國民間文藝出版社, 1986年, 122쪽) 물질 생산은 물론 인류 자신의 생산까지도 모두 상고시대에는 〈위험성이 큰 부분〉이었기 때문에, 무술로 가득했다. 이로 보아 번식 무술의 유행은 상당한 역사적 원인이 있었음을 알 수 있다.

제 11 장
생육 관념의 변천

생육신앙이 제기되었어도, 과거에는 사소한 과제여서 연구할 가치가 없다고 여겨졌기 때문에, 무엇이 생육신앙인지 깊이 알지 못한 상태에 있었고, 그것의 문화사적인 의의를 논하기는 더욱 어려웠다. 어떤 것에 대하여 이해하지 못하면 못할수록 사람들은 더욱 홀시한다. 게다가 정치적인 원인 때문에 사람들은 생육신앙을 높은 누각에 묶어놓고, 금지 구역으로 설정했다. 사실상 생육신앙은 깊고 오묘한 문제로, 그 중에는 문화 유산이 들어 있을 뿐만 아니라 중요한 역사적 의의도 있다. 인류의 생육 관념은 어떻게 변천해 왔는가? 어떠한 신앙 방식을 갖고 있는가? 생육신앙의 기능은 무엇인가? 이러한 문제들에 대해 정확하게 대답하는 것은 종교학의 임무일 뿐만 아니라 역사학·고고학·민족학과 민속학의 임무이기도 하다.

인류는 수많은 사람들로 구성되어 있다. 개인의 생명은 유한하여, 일반적으로 몇십 살을 살 수 있는 데 지나지 않는다.『일흔 살은 예로부터 드물었다. 七十古來稀』낳고 또 낳고, 죽고 또 죽는 것이 인생의 법칙이다. 그러나 개인으로 구성된 인류는 네가 죽으면 그가 살고, 그녀가 살면 네가 죽으면서 끊임없이 계속되어, 영원히 그침이 없는 생명의 긴 강을 이룬다.

인류는 어떻게 생육하는 존재인가? 어느 정도 과학적 상식을 가진 현대인이라면 모두 대답할 수 있다. 그러나 역사적으로, 더욱이 상고 역사에서는 오히려 수수께끼였기 때문에 가지가지의 생육신앙이 생겨났고, 그 중의 생육관 또한 천태만상이다. 인류 최초의 생육관에는 대체로 세 가지 형식이 있다. 물생物生·감생感生·성생性生인데, 그것들은 인류 생육관의 발전 과정을 나타내고 있다.

제1절 물생物生

인류는 어디서 왔는가? 만물은 어디서 왔는가? 이것은 인류에게 사유가 생긴 이래 생각해 온 문제이고, 또 인류가 자신과 객관적 사물의 근원에 대해 탐구한 것이기도 하다. 이러한 관념이 싹튼 것은 매우 오래 전이고, 오랫동안 생각했지만 이해할 수 없었기 때문에 완전히 신비한 장막에 갇혀 있었다. 인류가 최초로 생각했던 것은, 대자연·해와 달·산천·초목·금수이다. 대지는 수목을 생장시킬 수 있고, 삼림은 금수가 살게 할 수 있을 뿐만 아니라, 자연히 인류도 태어나게 할 수 있다. 지금 남아 있는 학술 자료로 볼 때, 고고학 자료에서는 자연이 사람을 만들어 냈다는 실마리를 찾아낼 수 없다. 그러나 민속학 자료에는 오히려 허다하다. 그것은 사람들에게, 인간은 자연계에서 출생한 것임을 말해 준다. 구체적으로, 동물·식물 혹은 무생물과 같은 어떤 자연물에서 생겨난 것이지만, 지역마다 해석은 전혀 같지 않다.

물생은 또 화생化生이라고도 한다. 사람과 만물은 모두 자연물이 낳았다는 것으로, 표면적으로는 여러 신들이 사람을 만들었다고 하지만 실제로는 자연물에 의해 태어난 사람은 자연의 자식이라는 것이다. 주로 다음과 같은 형식이 있다.

1. 천지가 사람을 낳았다

원시신앙에서는 천지를 인류의 근원으로 본다. 남방에 널리 퍼져 있는 반고盤古 신화는 천지에서 발원하고 있다. 《석사釋史》 권1에서는 《오운역년기五運歷年記》를 이렇게 인용하고 있다. 『원기가 뒤섞여 아득할 때 붕아가 시작되어 마침내 천지가 나뉘고 하늘과 땅이 비로소 만들어져 음을 열고 양을 느껴 원기가 나뉘어 퍼져, 중화를 잉태하여 사람이 되었는데, 가장 먼저 반고를 낳고 죽어 몸이 변화하였다. 元氣蒙鴻 萌芽玆始 遂分天 地 肇始乾坤 啓陰感陽 分布元氣 乃孕中和 是爲人也 首生盤古 垂死化身』 윈난성 바이족의 전설에서는, 사람은 태양이 변한 것이라고 하는데, 역시 하늘이 사람을 낳았다는 것이다. 나시족들은 천지가 교합하여 인류를 낳 았다고 생각한다. 동파東巴의 상형문자 중의 지地라는 글자에는 대지 혹 은 땅의 여신이 사람을 낳는 형상이 있다. 티베트 뤄바족〔珞巴族〕 전설에 는, 천지가 결혼하여 인류를 낳았는데, 하늘은 남자가 되고 땅은 여인 혹 은 여인의 성기가 되었다고 한다. 광시성 쫭족〔壯族〕의 시조 부뤄타도 천 지에 의해 태어났다고 한다.

2. 바위가 사람을 낳았다

한족의 전설에서는, 대우大禹는 바위에서 태어났다고 한다.《회남자淮 南子·수무훈修務訓》에는 『우는 바위에서 태어났다 禹生于石』는 기록이 있다. 그의 아내 도산씨가 돌로 변했는데, 또 계를 낳았다.《한서漢書·무 제기武帝記》 안사고顏師古의 주석에서는《회남자》를 이렇게 인용하고 있 다. 『우가 돌에 뛰어올랐는데, 잘못하여 북을 두드렸으므로 도산씨가 가 니 우가 곰으로 변한 모습을 보고 부끄러워 가버렸다. 호고산 아래에 이 르러 돌로 변하였으며, 계를 낳으려고 하였다. 우가 「내 아들을 돌려 줘!」 라고 외치자, 북방에서 돌이 깨지고 계를 낳았다. 禹跳石 誤中鼓 涂山氏往 見禹方作熊 慚而去. 至嵩高山下 化爲石 方生啓. 禹曰「歸我子」 石破北方而 生啓』 이것은 바위가 사람을 낳았다는 아주 오래 된 신화이다. 광시 쫭족 의 전설에는 부뤄타의 음경이 사냥 채찍으로 변하여 모든 것들을 내몰았 는데, 여신 메이뤄지아가 앞을 막자 부뤄타의 음경이 또 동굴로 변하여 사람과 만물이 모두 동굴 속으로 들어갔고, 나중에 또 동굴에서 태어났다 고 한다. 윈난성 와족의 전설에는, 사람이 〈쓰강리〉에서 태어났다고 하는데, 〈쓰강리〉는 바로 동굴이다. 투자족과 가오산족에게도 유사한 전설이 있다. 가오산족 타이야인의 전설에는, 상고시대에 큰 산이 하나 있었는데, 그 위에 거대한 바위가 하나 있었다. 후에 바위가 갈라지면서 오빠와 누이가 태어나, 두 사람이 결혼하여 후손을 낳았다고 한다. 량산〔凉山〕 얼수인〔耳蘇人〕(藏族의 한 계열)의 전설에서는, 동해에 흰 바위가 하나 있었는데, 바위에서 얼수인이 태어났기 때문에 지금까지도 얼수인들은 흰 바위를 받든다고 한다.

3. 물이 사람을 낳았다

많은 민족들이 자신은 물속에서 태어났다고 생각한다. 윈난성 하니족들에게는, 그들의 조상이 물속에서 잉태되어 77만 년이 지나 사람으로 변했다는 전설이 있다. 이족들에게는 역사시 〈육조사시六祖史詩〉가 있다. 『사람 조상은 물에서 나왔고, 우리 조상은 물속에서 태어나셨다네.』 라후족의 전설에, 먼저 천지가 있었고, 나중에 지상에서 나무와 풀이 자랐으며, 날짐승과 뭍짐승이 있었지만 인류는 없었다고 한다. 오래 지나지 않아, 나무 위의 이슬이 땅에 떨어져 나무 뿌리를 치면서 라후족으로 변했다고 한다. 나시족의 전설에는, 먼저 하늘과 땅과 해와 달이 있었지만, 음양이 뒤섞이고 흑백이 나뉘어지지 않았는데, 후에 바다가 나타났고 또 바다 속에서 산이 솟아올랐다고 한다. 동파경東巴經에서는 『큰 바다가 변하여 인류의 조상을 낳았다』는 말이 있다.

4. 식물이 사람을 낳았다

두룽족 전설에는, 상고시대에는 숲만 있었는데, 후에 큰 나무가 변하여 남자로 되고, 천신이 여자를 그 남자에게 시집 보내어 비로소 두룽족이

있게 되었다고 한다. 더앙족 전설에는, 원래 사람
이 없었는데, 바람이 한바탕 불자 나무 위에서 1
백2개의 나뭇잎이 떨어지면서 이 나뭇잎들이 사
람으로 변하고 남자와 여자가 생겨, 그들이 결혼
하여 인류를 낳았다고 한다. 먀오족의 전설에서는,
단풍나무를 베어 쓰러뜨리자 나무 뿌리는 북이 되
고, 나무 끝은 변하여 닭이 되고, 나뭇잎은 제비로
변하고, 나무 껍질은 잠자리로 변하고, 나무 조각
은 꿀벌로 변하였고, 또 나무 속에서 메이방메이
리우라는 여인이 태어났다. 그녀는 물거품과 〈유
방游方〉(사랑의 속삭임)하여 열두 개의 알을 임신
하고 부화시켜 사람을 낳았다고 한다.〔그림 100〕

100. 먀오족 楓樹生人

5. 동물이 사람을 낳았다

구이저우성 둥족의 전설에서는, 인류가 거북 알에서 태어났다고 한다.
윈난성 부랑족들은, 사람은 물소의 뇌가 변해 된 것이라고 한다. 다이족
의 전설에서는, 세상에 가장 먼저 나타난 것은 물소와 새매라고 한다. 물
소는 3년 살면 죽는데, 죽을 때 알 세 개를 낳는다. 그러면 새매가 알을
부화시키는데, 그 중 하나에서 조롱박이 나오고, 조롱박 속에서 또 다이
족의 조상이 나왔다고 한다.

자연이 사람을 낳았다거나 혹은 자연물이 사람을 낳았다는 것은, 인류
가 자연계를 자신들의 근원으로 보는 것이다. 어떤 자연물이 인류를 낳았
다는 것은, 인류의 기원신앙이 생육신앙과 결합된 것일 가능성이 있다.
여기서는, 생육에서의 인간의 역할이 아직 명확하지 않다. 설사 어머니를
안다고 해도 모호하고 확정적이지 않다. 사물이 사람을 낳았다는 것은 자
연에 대한 신격화이면서 또 자연의 인격화이기도 하므로, 당연히 자연 숭

배의 산물이고 생육신앙의 시작이라고 말해야 할 것이다. 물론 이러한 사물이 사람을 낳고 자연이 사람을 낳았다는 것은, 단지 민족 전설과 원시 종교신앙 자료에서 추측할 수 있을 뿐인 하나의 가설로서, 고고학적 실증이 필요하다.

제2절 감응 탄생〔感生〕

자연이 사람을 낳았다는 것은 아주 간단한 생육관으로, 후에 변화가 일어났다. 즉, 사람은 어머니가 낳는 것이지만, 여성 스스로에 의해서 완성되는 것이 아니고, 신령한 감응을 받아 잉태하고 낳는다는 것이다. 이러한 생육관의 출현은 우연한 것이 아니고, 일정한 역사적 원인이 있다.

하나의 원인은, 여성의 지위와 역할의 제고이다.

대략 1만여 년 전에 생태 환경이 따뜻해져, 채집과 어업과 수렵이 크게 발전하고 많은 발명을 했다. 이를테면 인공으로 불을 만들거나 표창에 줄을 달거나 활과 화살을 만들거나 한 것 등이다. 물질 생활은 적지 않게 바뀌고 발전하여, 사람들의 주거 지역도 확대되어 한랭한 지대도 정복할 수 있었다. 효과적으로 생산하고 사회 생활을 조직하기 위하여, 인류는 벌써 과거의 협소한 혈연 공동체를 버리고 모계 씨족을 조직하기 시작했다. 씨족은 모계 혈연을 유대로 한 것인데, 모계만이 유일한 유대였다. 할머니·어머니가 씨족의 중심이었다. 이러한 여성들은 채집의 주력이면서도 어업과 수렵에도 참가하여, 경제적으로 하나하나 중대한 영향력을 미치고 있었으며, 남자는 숲에 나갔다. 당시의 가사 또한 사회적인 것으로 밥을 짓거나 불씨를 간직하거나 자녀를 관리하거나 하는 것은 물론, 거주지의 보호 역시 여성의 임무였다. 더욱 중요한 것은, 여성은 또 자녀를 낳고 기르는 담당 주체이고, 혈연은 할머니에게서 어머니에게 전해지고, 또 어머니에게서 그 딸로 전해지는 것이었다는 점이다. 이러한 원인 때문에, 사람들은 어머니에 의해 낳아 길러짐을 이미 확실하게 믿고 있었다. 그녀들의 배우자는 다른 씨족 사람이었고, 일정한 시간 동안 여성들과 교합하는 일 외에 거의 아무런 관계가 없었다. 따라서 생육에서의 그들의 역할은 가려져 있어 자녀들이 알 수 없었다. 《장자莊子·도척편盜跖篇》에 바로 이러한 언급이 있다. 『신농씨의 시대에는 누웠을 때는 편안하고 고요

했고, 일어났을 때는 편안하고 한가로웠다. 사람들은 자기 어머니는 알지만 아버지는 몰랐고, 크고 작은 사슴과 함께 살며 농사지어 밥먹고 옷감 짜서 옷을 해입어 서로 해치려는 마음이 없었다. 神農之世 臥則居居 起則于于 民知其母 不知其父 與麋鹿共處 耕而食 織而衣 無有相害之心』 그러므로 여성을 생육의 중요한 내원으로 본 것이다.

다른 하나의 원인은, 원시신앙의 변화이다.

여성이 자녀를 낳아 기를 수 있다는 것은 사실이지만, 여성이 어떻게 생육할 수 있는가? 당초에는 그것이 남녀 교합의 산물이라고는 전혀 생각하지 않고, 자연신과 감응하여 태어난다고 생각했다.

인류는 자연 숭배의 과정에서 어떤 자연물이 자신과 특별히 가까운 관계가 있거나 혹은 자신들에게 큰 위협이 되고 재난을 가져옴을 발견했다. 그래서 이러한 자연물을 특별히 숭배했다. 즉, 어떤 동식물 혹은 무생물을 인류의 다른 원천으로 보았는데, 다시 말해 생식은 생물에 감응하여 낳았다는 것인데, 외국에서는 토템이라고 하고, 중국에서는 습관적으로 족휘族徽와 족표族標라고 한다.

감응하여 태어난다는 것은 두 가지 사물이 결합하여 인류를 생육한다는 것이다. 하나는 여성이고, 다른 하나는 어떤 감응 생물인데, 대부분 동물이나 식물이고, 또 무생물도 몇 가지 있다. 이러한 사물들은 여성에게 어떤 감응을 주어 잉태하고 출산하게 한다. 구체적으로 구분하면 다음의 세 가지 상황이 있다.

하나는 사람과 동물의 감응형이다.

동물의 감응을 받아 생육하는 사례는 많다. 《위지魏志·고거국高車國》의 기록을 보면, 흉노의 공주가 『늑대의 아내가 되어 아들을 낳았는데, 후에 번성하여 나라가 되었다 下爲狼妻而産子 後遂繁衍成國』고 했

101. 犬公人母

다. 남방의 먀오족·야오족·서족의 전설에, 그들의 여성 시조가 개와 결혼하여 후대가 번성했다고 하며, 그곳에 널리 퍼져 있는 조도祖圖〔그림 101〕·반호도盤瓠圖는 모두 이러한 역사를 묘사한 그림이며, 성대한 종교 제사를 거행하고 있다. 다이족의 전설에 상고시대에 두 처녀가 있었는데, 밭에서 물소 무리가 야자와 사탕수수를 먹는 것을 보고, 처녀들도 밭에 가서 물소가 먹다 남긴 야자를 먹었는데, 그 일이 있고 나서 잉태하여 아라우라는 아들을 낳았다. 그가 바로 시쌍판나 다이족의 조상이라고 한다. 바이족의 한 계열로 러머라는 부족이 있다. 시조는 아부티에·아우에티에 오누이인데, 다섯 명의 딸을 낳아 그들이 각기 다른 동물과 교합하였다. 송충이에게 물려죽은 다섯째를 제외하고 다른 네 명의 처녀들이 모두 후대를 낳아, 곰·호랑이·뱀·박쥐 등 네 개 씨족으로 발전했다고 한다. 쓰촨성 량산 이족의 전설에 여성 시조 푸잉이머가 나무 밑에서 옷감을 짜는데 거대한 독수리 한 마리가 급강하하였다가 솟구쳐 오르면서 피 세 방울을 떨어뜨렸다. 그 중 한 방울이 바로 푸잉이머의 치마에 떨어졌는데, 그후에 잉태하여 즈시아루라는 아들을 낳았다고 한다.

동물과의 감응과 관련된 것으로 알에서 사람이 나왔다는 이야기가 있다. 예를 들면, 상족商族의 시조 간적簡狄은 알에서 나왔다고 하고, 진秦나라 사람들도 같은 유형의 신앙을 갖고 있었다.《사기史記·진본기秦本紀》에는『진의 선조는 제 전욱의 후예로, 손녀를 여라고 했다. 여가 옷감을 짜는데 제비가 알을 떨어뜨려 그것을 삼키고 아들을 낳아 대업을 이룩했다 秦之先 帝顓頊之苗裔 孫曰女 女脩織 玄鳥隕卵 女脩呑之 生子大業』는 기록이 있다. 그외에 먀오족·만주족·이족들에게 모두 새알과 감응하여 인류를 낳았다는 전설이 있다.

하나는 사람이 식물의 감응을 받아 사람을 낳았다는 것이다.

이러한 감응 탄생은 여자가 어떤 식물의 과일을 먹거나 혹은 어떤 식물에 감응하여 아이를 낳는 것을 가리킨다.《오월춘추吳越春秋·월왕무여외전越王無餘外傳》에는 이러한 기록이 있다.『우임금의 아버지 곤은 제 전욱의 후예로, 유신씨의 딸을 아내로 삼았는데, 이름이 여희였다. 나이가 찼지만 아직 결혼을 하지 않았을 때 지산에 갔다가 율무가 생겨 먹었더니, 다른 사람의 느낌이 있고, 그로부터 임신하여 갈비를 가르고 고밀을 낳았다. 禹父鯀者 帝顓頊之後 娶于有莘氏之女 名曰女嬉. 年壯未孳 嬉于砥山 得薏苡而吞之 意若爲人所感 因而妊孕 剖肋而産高密』 이것은 율무를 먹고 아들을 낳은 이야기이다. 야랑夜郎의 시조는 대나무에 감응하여 아들을 낳았다. 《후한서後漢書·서남이열전西南夷列傳》에는 다음과 같은 기록이 있다. 『야랑은, 전에 어떤 여자가 둔수에서 빨래를 하고 있는데 큰 대나무 두 마디가 발 사이로 떠내려왔고, 거기서 무슨 소리가 들려 가르고 보니 남자아이가 한 명 있어서 데리고 돌아와 길렀다. 성장하자 재주와 무예가 있어 자립하여 야랑후가 되었고, 대나무 죽자를 성으로 삼았다. 夜郎者 初有女子浣于遯水 有三節大竹流入足間 聞其中有號聲 剖竹視之. 得一男兒 歸而養之 及長 有才武 自立爲夜郎侯 以竹爲姓』〔그림 102〕

하나는 사람과 무생물이 감응하여 사람을 낳는 것이다.

이처럼 감응하여 탄생시키는 신비한 무생물도 많다. 예를 들면 여절女節과 큰별, 여등女登과 신룡神龍, 경도慶都와 적룡赤龍, 화서華胥가 거인의 발자국을 밟았다거나, 강원姜嫄이 거인의 발자국을 보았다는 등의 것으로, 모두 감응하여 아들을 낳는다.

이상의 여러 예들에서 보면, 감응 탄생 생육에는 세 가지 특징이 있다. 첫째, 여성이 생육의 주체임을 설명하는 것이다. 예를 들면, 토지가 농작물을 기르는 것과 같은 것이다. 둘째, 여성이 어떤 자연물 ─ 동식물 혹은 무생물에게서 감응을 받는 것이다. 셋째, 감응의 방식이 교합이 아니고 접촉 혹은 삼키거나 먹어서 여성을 임신시키고, 위대한 영웅 혹은 군왕을 낳는 방식이다. 필자는 전에 이렇게 개괄한 적이 있다. 『당시에는 한편으로 토템을 숭배하면서, 다른

102. 夜郎竹王面具

한편으로는 여성을 숭배했다. 뿐만 아니라 오직 양자가 결합해야만 후대를 생육할 수 있었다. 남자의 역할은 배척되었는데, 이것이 모계 씨족사회의 생육관이다. 따라서 당시에는 토템과 여신신앙이 보편적으로 널리 퍼져 있었다.』(宋兆麟, 〈原始的生育信仰 — 兼論圖騰和石祖崇拜〉, 《史前研究》 創刊號, 1983年) 토템이 반드시 보편성을 띠는 것은 아니고, 감응 탄생 영물靈物로 바뀔 수 있다고 하는 것이 어느 정도 확실하다.

감응 탄생의 진보성은, 그것이 이미 자연이 사람을 낳는다는 단계를 넘어, 생육에서의 인간의 역할을 인식했다는 데에 있다. 즉 여성이 어떤 자연물로부터 감화를 받아 사람을 낳는다고 보는 것은, 사람의 생명을 순수 자연의 산물에서 인류 자신의 번식의 위대한 과정으로 보는, 여성이 새생명을 잉태하는 모체임을 인정했다는 것이다. 이것은 생육관의 일대 비약이라고 할 수 있다.

이러한 역사단계에서는 여성이 감응하여 낳기 때문에, 생육신앙에는 분명히 특징이 있다. 첫째는 여성 조상에 대한 지나친 숭배이다. 여왜女媧와 서왕모西王母 등은 모두 이 시대의 산물로, 고고학에서의 발견된 여신은 위에서 말한 신앙의 확고한 증거이다. 민속에도 같은 유형의 자료가 많이 남아 있다. 진저우〔錦州〕 지역에서는 임신한 부인의 모습을 종이로 오려 어린아이가 가지고 놀도록 하거나, 창문 위에 붙인다. 길상吉祥 도안이면서 또 아들을 기원하는 신비한 우상이기도 한데, 그곳 사람들은 그것을 〈식부인媳婦人〉·〈식부신媳婦神〉이라고 부르는, 사실은 생육 여신이다. 둘째, 여음女陰 숭배이다. 당시에 널리 퍼졌던 감각·동작·사유는 단지 생육과 관련된 사물이나 현상, 이를테면 배나 음문 등에만 주의를 기울였기 때문에, 생육에서의 남자의 역할은 살펴보지 못했다. 그래서 당시에는 여신 숭배 이외에 또 여음도 숭배했다. 최초의 여음 숭배는 여음 자체 형상에 대한 숭배이다. 예를 들면 《도덕경道德經》에는 이런 언급이 있다.『곡신은 죽지 않으니, 이것을 현빈이라고 한다. 현빈의 문, 이것을 천지의 근원이라고 한다. 穀神不死 是謂玄牝. 玄牝之門 是謂天地之根』허베이성 치현〔淇縣〕 윈멍산〔雲蒙山〕에는 동굴이 하나 있는데, 매년 3월 3일

묘회에서 아이를 갖고자 하는 여인들이 반드시 동굴에 제사를 지내고 아들을 기원한다. 문 밖 돌에는 이렇게 새겨져 있다. 『하늘이 구멍을 내어 어진 사람을 보내고, 땅이 마을 옆에 신비한 샘을 솟게 했다. 天開去竅授名賢 地涌靈泉在里邊』 윈난성 지엔촨〔劍川〕의 아앙백阿央白, 카주〔個舊〕의 노음여석老陰女石, 옌웬〔鹽源〕의 타아와打兒窩, 쓰촨성 량산〔凉山〕 시더〔喜德〕의 모아동摸兒洞은 모두 여음 숭배물이다. 나중에는 상징적인 여음 부호로 발전했다. 이를테면 조개·달·연꽃·조롱박·개구리·여성 삼각三角 등이 모두 그것이다. 셋째, 감응 탄생 영靈에 대한 숭배이다. 이것들은 모두 감응 탄생단계의 생육신앙이다.

제3절 성생性生

성생은 남녀 양성이 교합해서 아이를 낳는 것을 가리킨다. 명나라 사람 장개빈張介賓은 《경악전서景岳全書·자사류子嗣類》에서 『남녀의 정이 얽혀 만물이 생겨난다. 이 조화는 자연의 이치이다 男女精構 萬物化生 此造化自然之理也』고 했고, 진자명陳自明은 《부인대전양방婦人大全良方》에서 『남녀의 정이 얽혀 만물이 생겨나는 것은, 천지음양의 기가 그곳에 존재한다는 것이다 男女構精 萬物化生 天地陰陽之形氣存焉』고 했다. 이러한 생육관은 생육의 근거를 남녀 쌍방에 두는 것이다. 한쪽은 여성으로 그녀들은 생육의 모체이고, 다른 한쪽은 남자로 그들은 감응 탄생물이나 토템을 대신하여 여성과의 성교를 통하여야 잉태하고 출산하는 것이다. 어린 아이는 남녀가 결합해야 생겨난다. 남자가 생육에서 주도적인 역할을 하는 것이다. 이것은 사물이 낳는다거나 감응하여 탄생한다는 것에 대한 부정으로, 사람에 대하여, 더욱이 남성의 생육에 있어서의 역할을 인식한 새로운 돌파였다. 그러나 이것은 경험에서 인식한 것으로, 남녀의 교합으로 어떻게 임신하는지, 또 남자의 정기와 여자의 혈기에 대한 경험적 인식에서는 아직 진정한 과학적인 인식이 아니었다. 때문에 성적 교합으로 태어난다는 관념이 있다 하더라도 생육신앙이 계속되어 왔고, 단지 형식에 변화가 생겼을 뿐이다.

그렇다면 성적 교합으로 태어난다는 것은 어떻게 나타났는가? 이에는 중요한 사회적 근원이 있다. 먼저, 대략 5,6천 년 전부터 중국 사회는 많은 변화가 발생했다. 농기구 농업이 비교적 크게 발전하고, 가축 사육업도 상당히 활성화되었으며, 전문적으로 도자기 만드는 일이나 옥을 다듬는 수공업에 종사하는 사람들이 나타났다. 그리하여 남자가 주요 생산 영역의 주인이 되었다. 당시의 씨족 수령이나 제사장이나 군사적 우두머리는 직무를 이용하여 공적인 것을 사적으로 만들거나 개인 재산을 축적하기 시작하였다. 당연히 개인이 재산을 점유하는 것이다. 이 시기 남자들은 벌써 원래의 대우혼對偶婚에 만족하지 못하고, 남자의 재산과 권력을 기반으로 여성 포로나 빈곤한 여인을 거두어 아내로 삼기 시작했다. 후에는 다시 남자는 아내를 맞이하고 여자는 시집가는 형태가 되어, 부계 가정이 확립되었다.『이러한 가정의 주요 지표는, 하나는 비자유인이 가정 내에 소속되는 것이고, 다른 하나는 부권父權이다.』《馬克思恩格斯選集》第4卷, 人民出版社, 1972年, 52쪽) 부권제가 일어나자 대우혼이 그 자리를 일부일처제에 양보하게 되었고, 모계제는 부권제에 자리를 내주게 되었다. 이것이 성적 교합으로 낳는다는 관념의 사회적 기초이다. 다음, 모계제와 대우혼의 조건하에서는 자녀들이 자기 어머니는 알면서 아버지는 몰랐는데, 부계 가정 내에는 이미 아버지가 나타났다. 그는 생산의 주력일 뿐만 아니라 가정의 핵심이기도 하여, 아내와 자식을 지배했다. 동시에 사람들은 생육 관념에 대해서도 새로운 인식을 하게 되어, 남녀 성교가 생육에 이름을 명확히 알게 되었다. 그리하여 여성의 임신과 출산은 결코 신령의 감화가 아니고, 남자와 여자가 교합한 결과임을 인식하였다. 셋째, 모계제 아래서는 감응 탄생과 토템 신앙이 널리 퍼져 있었지만, 모계제의 와해에 따라 그 위에 있던 여신·여음·감응 탄생 신앙도 역사의 무대 뒤로 퇴장하고, 대신 남녀 양성이 결합하여 출생한다는 생육 관념이 나타났다.

당시의 생육신앙에는 세 가지 특징이 있었다. 첫째, 남신이 여신을 대신한 것이다. 소위 남신이란 남성 조상 신앙이 일어난 것이다. 가정·가족은 물론 씨족·부족에는 모두 자기의 남성 조상이 있었고, 아울러 조상에 대한 성대한 제사 의식이 있었다. 둘째, 남근 숭배가 여음신앙을 대신했다. 〈성기신앙〉이란 장에서 이미 남근 숭배에 대해 상세히 언급했으므로, 여기서는 몇 가지 예만 든다. 허베이성 청더〔承德〕에는 방춰이산〔棒槌山〕이 있는데, 그곳 사람들에 의해 남근으로 받들어진다. 싱탕현〔行唐縣〕 싱안촌〔杏庵村〕에는 포해석抱孩石이 있는데, 송자삼랑送子三郎이라고도 불린다. 역시 남근 모양을 하고 있어, 아이가 없는 여인들이 그 앞에 가서

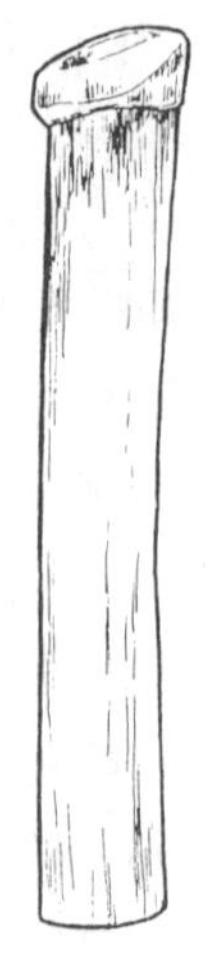

103. 먼바족 木祖

제사를 드리고, 바위를 안아 보고 쓰다듬어 보고 하면서 아이 갖기를 기원한다. 산시성〔陝西省〕 치산〔岐山〕에는 돌기둥이 하나 있는데, 〈황석璜石〉이라고도 한다. 사람들은 그 머리 꼭대기에 돌을 던져 맞히면 아들을 얻을 수 있다고 한다.(宋孟演,〈中原生殖崇拜與子嗣觀淺議〉,《華北民間文藝選集》) 시솽판나〔西雙版納〕 샤오멍룬〔小勐倫〕에는 관음동觀音洞이 있는데, 안에 석조石祖를 모시고 있다. 자녀를 갖고자 하는 여인들은 찹쌀로 밥을 지어 남자 성기 모형을 만들어 석조에 대고 문지르고 물에 적셔 먹으면 집에 돌아온 후에 임신할 수 있다고 한다. 먼바족〔門巴族〕은 밭가에 나무로 만든 남근을 꽂아놓고 풍년을 기원한다.〔그림 103〕 가옥 문이나 지나가는 길에도 나무로 만든 남근을 걸어놓는데, 귀신을 물리치고 사악함을 내몰고 인구의 번창을 위한 목적이다.(티베트文聯 冀文正 同志 提供) 그 밖에 또 남근 상징물에는, 새·뱀·화살·문설주·남성 삼각형 부호 등이 있다. 셋째, 성행위 숭배인데, 이를테면 양성 동체 인상·야합도 등이다.

결혼 후에 아이를 갖지 못할 때는 반드시 신에게 제사를 드리고 아들을 기원하는 것은 또한 대부분 여성들의 책임이다. 그러나 이때 남자도 아들의 기원에 참여해야 한다. 이것은 모계제 시대의 불가사의한 일이다. 우리는 푸미족 지역에서, 아들 갖기를 기원하기 위하여 시행된 병치료 무술이 여성에 대해서 뿐만이 아니고 남자에게도 행해짐을 보았다. 이 민족 무당인 한귀漢歸는 여성의 불임증을 치료할 때, 여성이 아이를 갖지 못하는 것은 몸에 귀신이 붙었기 때문이라고 생각하여, 먼저 여인상을 조각하여 복부에 달걀을 하나 놓고, 머리에 여성의 머리카락을 붙여서 나무로 만든 귀신을 집안 땅에 묻는다. 귀신을 치료할 때 한귀 한 명이 북을 치며 경을 읽고, 다른 한 명은 칼을 잡고 춤을 추다가 갑자기 발을 멈추고 말한다. 「여신의 뜻이로다. 아이를 갖지 못하게 하는 귀신이 너희 집에 숨

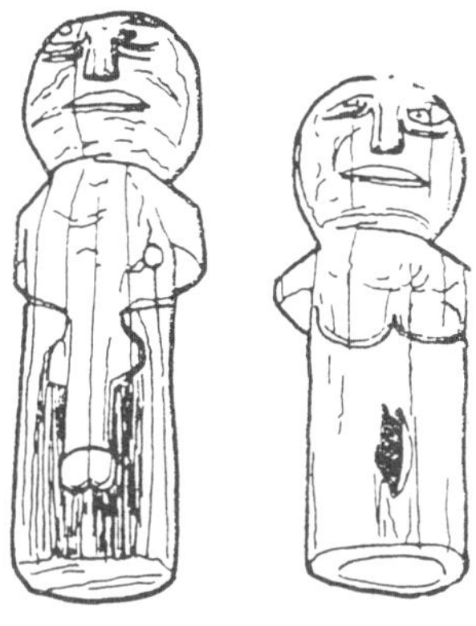

104. 먀오족 祖先

었으니, 빨리 파내어 쫓아라.」 다른 한귀는 나무로 만든 귀신상을 파내어 사람들에게 보여 주고 나서, 마을 밖 숲에 버린다. 귀신이 가면 사람은 병이 나아, 여성이 임신하는 것이다. 이러한 불임증은 여성 때문이 아니고 남자가 음란하여 생기는 것이므로, 남자에게서 음귀淫鬼를 몰아내야 한다. 예를 들면 남자의 양위陽萎·유정遺精에는, 한귀를 청하여 진흙으로 열두 개의 음귀 형상을 만들어 색칠하고 머리에 여성의 머리카락을 붙이고, 수박·실·팔찌 등을 바치고, 한귀는 음귀를 쫓는 경문을 외운다. 대체적인 의미는 이렇다.『동방에서 온 한족 여자귀신, 남방에서 온 이족 여자귀신, 북방에서 온 티베트족 여자귀신, 서방에서 온 머숴 여자귀신, 그대들은 휘파람을 불며 돌아가시오. 그대들은 피리소리를 따라 들에 나가 춤을 추며 먹으시오.」』 외우기가 끝나면, 한귀는 귀신 가면을 환자 몸에 문지르고, 환자로 하여금 귀신에게 침을 뱉도록 하고, 한밤중에 귀신 가면을 버린다. 이렇게 하면 남자의 병이 나아, 아내와 교합하여 아들을 낳을 수 있다.(相學政,《藏族·納西族·普米族的藏傳佛敎》, 雲南人民出版社, 1994年, 64-66쪽) 이러한 사실에서 볼 때 성을 통한 출생단계는, 습관적으로 잉태하지 못하는 것을 여성 탓으로 돌리기는 했지만, 때때로 남자 몸에서도 병의 원인을 찾아 함께 불임증을 치료하기도 했다. 따라서 남녀 선조를 조상으로 본다.〔그림 104〕

　이상에서 언급한, 사물이 사람을 낳았다거나, 감응하여 탄생했다거나, 성을 통하여 낳는다는 세 가지 생육 관념과 신앙은, 상고시대 생육관의 발전 과정이라고 할 수 있다. 당연히 상술한 세 단계는 한계가 분명한 것은 결코 아니고, 발전단계의 성격을 갖고 있을 뿐만 아니라 교차하거나 뒤섞인 것이다. 그러므로 상당히 복잡한 생육신앙을 이루고 있는 것이다.

제 12 장
생육신앙의 사회적 근원

생육신앙은 세계적인 문화 현상으로, 어느 민족이건 예외가 없다. 그러나 중국의 생육신앙은 세계에서도 보기 드물게 다양하면서도 역사가 유구하다. 생육신앙은 연원이 길 뿐만 아니라, 비교적 강한 생명력도 가지고 있다. 이것은 무엇 때문인가? 그것은 주로 오래 되었지만 낙후된 농업 경제에 뿌리박고 있기 때문이다. 한편으로는 전통의 낙후된 소농 경제가 노동자들에 의해 지속적이고 절실하게 요구되어 왔고, 다른 한편으로는 농업 경제가 인구를 부양하는 데에 있어 비교적 큰 가소성可塑性을 갖고 있어서 인구에 대해서 비교적 큰 부양 능력을 갖고 있었다. 이것은 또 위에서 말한 사회적 수요에 생존의 토양을 제공했다. 따라서 농업 경제는 중국 인구가 끊임없이 폭발적으로 증가한 주요 원인이다. 낙후된 농업 경제와 상응하는 봉건 종법宗法 가족제도는 또 단순하게 인구 증가를 추구하는 관념을 공고하게 하고 만연하도록 했다. 그 밖에 거대한 낙후된 민간 신앙이 바로 이러한 수요에 영합하기도 했다.

제1절 각 가정의 아들 욕심

진나라·한나라 이래, 소농 경제가 주요 지위를 차지하여 2천여 년 동안 계속되었고, 지금까지도 일정한 활동력을 갖고 있다. 이러한 경제 지배하의 생육관은 자녀를 많이 낳는 것이었다. 자녀가 많으면 노동 인력도 많아 농업 생산의 정상적 진행을 보증하기 때문이었다. 소농 경제에서의 강력한 아들 욕심이 중국 인구가 끊임없이 증가하고 생육신앙이 오랫동안 쇠퇴하지 않은 근본 원인이다.

농업·임업·목축업·어업 등의 경제 유형 중에 농업이 비교적 큰 우월성을 갖고 있다. 예를 들면 농업은 생산력이 비교적 높아 잉여 생산물과 사유제가 최초로 출현했다. 그래서 세계에서 가장 역사가 오래 된 국가들은 모두 농업 발원지에서 시작되었다. 《논어·헌문憲問》에는 『우와 직은 몸소 농사를 짓다가 천하를 차지했다 禹·稷躬嫁而有天下』는 언급이 있다. 농업 경제는 안정된 생활 환경을 갖도록 하고 다양한 부산물이 나오므로, 인구의 증가에 유리한 조건을 제공한다. 나소羅素는 『활의 발명, 반추동물의 순화, 농업의 개발과 공업 혁명의 출현, 이 모든 것들은 제곱미터당 인구 생존수를 증가시켰다. 통계에 의하면, 경제의 발전은 모두 이러한 목적을 위한 것이었고, 다른 방면의 발전도 대부분 이 목적을 위한 것이었다. 인류의 지적 능력은 발전에 이용되었는데, 인구는 그 어떤 다른 단일한 목적보다 우선했다』(羅素, 《婚姻革命》, 中國靑年出版社, 1988年, 157쪽)고 하였다.

현새 남아 있는 고고학 자료에서 볼 때, 늦어도 8천 년 전후에 이미 중국에는 비교적 발전된 원시 농업이 있었고, 7천 년 전후에는 벌써 남쪽에서는 벼농사로, 북쪽에서는 조농사로 분리되었음을 알 수 있다. 금속과 농기구가 출현한 이후, 중국의 농업에는 중대한 발전이 있어, 사회 생활의 경제적 기초가 되었다. 농업 경제는 사회 전체에 대해 중요한 영향을 끼쳤다. 정치적으로는 생산자가 분산되고, 진보를 하지 못하고 제자리에 머물렀으며, 피차『닭이 우는 소리와 개 짖는 소리를 들으면서도 서로 오가지 않았기』때문에, 필연적으로 고도로 집중된 권력기구, 즉 중앙집권제가 생겨났다. 이것이 동방의 전제주의로, 정권·군권·재산권·문화권이 한 사람, 즉 군주의 손에 집중되었다. 왕권은 사회를 안정되게 통제하고 조절했다. 이렇게 농업이 발전해야 사회가 상대적으로 안정되고 인구가 번성할 수 있었다. 그렇지 않으면 사회 모순이 격화되고 투쟁이 그치지 않으며, 백성들이 편안하게 살지 못하고 정체되어 진보하지 못하며, 심지어는 왕권을 무너뜨리는 지경에 이른다. 농업 민족은 사회의 안정을 갈망하고, 심리적으로도 그러기를 요구한다.《장태염정론선집章太炎政論選集》권하에는 이런 말이 있다.『국민의 보통 성정은, 정사가 일반적인가를 살피고, 물건 만들고 장사하고 농사짓는 데에 힘쓰며, 사는 것에 신경쓰고……. 國民常性 所察在政事凡用 所務在工商耕稼 志心于有生……』종교 신앙에는 농업신앙이 두드러지게 반영되어 있다. 이를테면 하늘이나 땅에 제사지내고, 농신農神에게 기원하며 때맞는 비를 빌고 사직신에 제사지내며, 동시에 각 종교에 대해서도 받아들여 쌓으며, 실용을 우선으로 한다. 아들 갖기를 바라는 예에서 보더라도 각종 종교가 모두 적극적으로 흡수되어 있다.

중국 고대의 농업 경제는 그 토지 소유제가 계속 자영농 소토지 소유제였다. 가정은 규모가 비교적 작고 생산 범위도 한정되어 있었다.《회남자·주술훈主術訓》에서는『한 사람이 따비를 밟아 밭을 가는 것은 십 무에 지나지 않았다 一人踏耒而耕 不過十畝』고 했고, 상앙商鞅은 진나라에『백성들에게 두 아들이 있어도 다른 것을 구분하지 않고 세금을 두 배로 부과하는 民有二男不分異者倍其賦』정책을 시행했다. 소농 경제를 고무하여 세금을 증가시키기 위해서였다. 그러나 개체 소농은 경제 규모가 작아 영농이 분산되고, 재해를 극복하는 능력에 차이가 있고, 생산이 단일했다.《후한서後漢書·환담전桓譚傳》에서는『선제는 백성들이 두 가지 일에 종사하는 것을 금지했다 先帝禁人二業』고 했고,《여씨춘추呂氏春秋·상농上

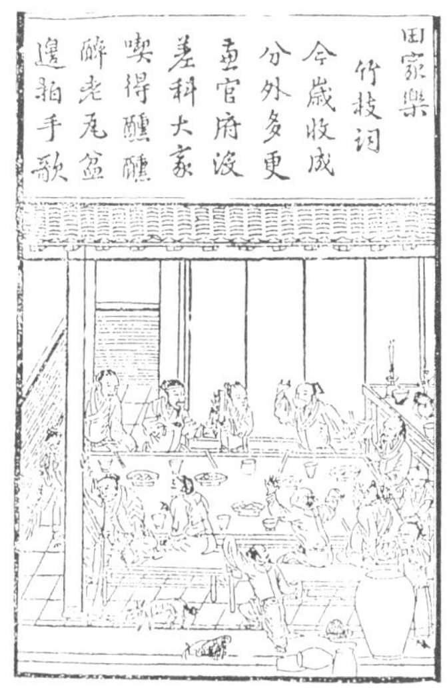

105. 農家樂

農》에서는 『농사짓는 사람은 장사를 할 수 없다 農不敢行賈』고 했다. 농사짓는 사람은 항상 농사를 지어 영원히 일을 바꿀 수 없고, 죽을 때까지 토지에 붙어서 자급자족하고 계속 순환하여 간단한 생산에 종사한다. 농민의 시각은 한정되어 토지를 중시하여 이사하기 어렵다. 하량준何良俊은 《사우재총설四友齋叢說》 권13에서, 『백성들은……죽을 때까지 도시라는 것을 알지 못했다 百姓……有終身不識城市者』고 하였다.〔그림 105〕

과거에는 소농 경제가 보수적이고 낙후되었다고 생각했지만, 그것의 활력에 대한 생각이 부족한 것으로, 사실 소농 경제에는 이중성이 있다.

한편으로 소농 경제는 자급자족의 자연 경제이므로, 생산력이 낮고 상품 경제와의 연계가 부족하며, 장기적으로 단절 상태에 처하며, 보수성과 폐쇄성과 배타성을 갖게 되고, 정체되어 전진하지 못하여, 2천여 년 동안 변화가 크지 않았다.

다른 한편으로, 소농 경제는 강한 생명력이 있다. 농업 생산의 특징은 토지 위에서 노동력이 작용하여 입고 먹는 자원을 얻는 것이다. 소농은 토지와의 결합이 쉽다. 왜냐하면 토지는 소농의 생명선으로 입고 먹을 것을 의지하는 근원이므로, 농민들이 갖은 방법으로 토지를 이용하기 때문이다. 설사 천재지변이나 인재人災를 만나더라도 농민들은 여전히 참고 견디며 온갖 어려움을 무릅쓰고 자신의 토지를 경작하는 것이다.

소농 경제의 활력은 어디서 오는가? 생존 유지는 소농이 농업 생산에 종사하는 기본 동력이다. 농업 생산을 위해, 사람들은 대대로 사용해 온 간단한 농기구를 이용하고 정성들여 가꾸는 일 이외에, 주로 노동 인력의 증가에 희망을 건다. 따라서 옛날부터 모두 인구의 번성을 강조했다.《국어國語・월어越語》에는 이런 기록이 있다. 『요즘에는 젊은 사람은 늙은 아내를 맞이하지 않고, 늙은 사람은 젊은 아내를 맞이하지 않는다. 여자가 열일곱 살이 되어도 시집가지 않으면 그 부모에게 죄가 있고, 남자가 스물이 되어도 장가가지 않으면 그 부모에게 죄가 있다. 아이를 분만하려고 할 때 알리면 고을 수장은 의사를 보내어 보살펴 준다. 아들을 낳으면 술 한 동이와 개 한 마리를 주고, 딸을 낳으면 술 두 동이와 돼지 한 마리를 준다. 셋을 낳으면 고을 수장이 유모를 보내 주고, 둘을 낳으면 고을 수장이 충분한 음식을 준다. 今壯者無娶老婦, 老者無娶壯妻, 女子十七不嫁 其父母有罪, 丈夫二十不娶 其父母有罪. 將娩者以告 公令醫守之. 生丈夫 二壺酒 一犬, 生女子 二壺酒 一豚, 生三人 公與之母, 生二子 公與之餼』《관자管子・입국入國》에 이런 기록이 있다. 『어린아이가 세 명 있는 부인에게는 세금을 물리지 않고, 넷이 있는 경우는 집 전체에 세금을 물리지 않는다. 아이가 다섯이면 또 포대기를 주고, 두 사람이 먹을 것을 준다. 有三幼者 無婦徵, 四幼者 盡家無徵, 五幼又予之葆 受二人之食』《백호통白虎通・가취嫁娶》의 언급을 보자. 『천자와 제후는 한 사람이 아홉 명의 여자를 맞이하는 것이 어떻습니까? 여럿으로 널리 뒤를 잇게 하는 것이지요. 天子諸侯一娶九女者何 重廣繼嗣也』고대에는 아들이 후대를 잇는 것을 중시하여, 여러 명 낳는 것을 장려했다. 전설에 의하면 주周 문왕文王은 열 명의 아들을 낳았고, 무왕武王은 5남 2녀를 낳아, 다산의 모델이 되어 민간에서는 항상 그것을 본받으려고 하여 대부분 〈5남 2녀〉 동패銅牌를 차고〔그림 106〕 〈문왕 열 아들〉〔文王十子〕의 이상을 추구한다.〔그림 107〕

상술한 상황은 민족학에서도 자주 보인다. 필자가 궤이조우성 먀오족과 동족 지역에서 보니, 남자가 배필을 구하는 조건은 여자가 얼마나 예쁜가 하는 것이 아니고, 건강한가의 여부, 유방이 크고 둔부가

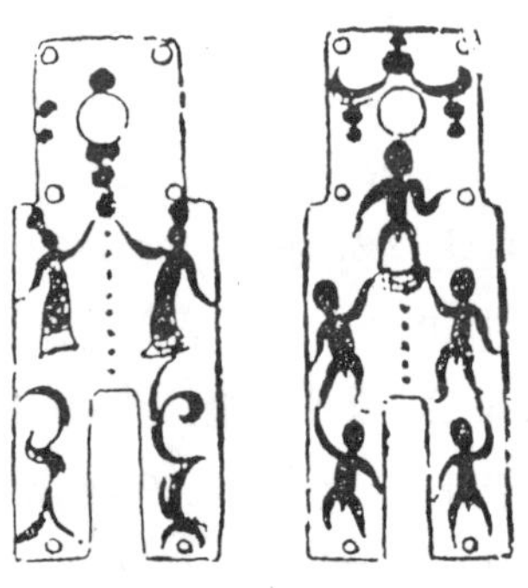

106. 〈五男二女〉 銅牌

107. 文王十子

살쪘는가의 여부를 보았다. 이러한 여자라야 아이를 낳을 수 있다는 생각 때문이다. 어머니가 커야 자식이 튼튼하다. 마르고 약하지만 아름다운 여인은 사람들에게 냉대받았다. 필자는 진사강〔金沙江〕 강가에 사는 많은 모계 대가정과 일처다부·일부다처 대가정을 방문했을 때 보니, 이런 가정의 활력은 인구가 많아 노동 인력도 많고, 농업 생산에 노동력이 부족하지 않고, 또 일정하게 간단한 협업도 할 수 있는 데에 있었다. 어떤 사람은 씨를 뿌리고, 어떤 사람은 가축을 방목하고, 어떤 사람은 집에서 아이들을 돌보고, 어떤 사람은 돼지와 닭을 기르고, 또 어떤 사람은 밖으로 나가 말에 짐을 싣고 다니며 팔면서 상업 활동에 종사하기도 한다. 위에서 말한 활동에는 반드시 비교적 많은 노동력을 필요로 하게 된다.

2천여 년 동안 소농 경제는 『봉건 생산 방식을 구성하는 기초였다.』(馬克思, 《資本論》第1卷, 人民出版社, 1987年, 3쪽) 농민은 재생산을 위해 반드시 인력과 도구와 가축과 종자와 토지를 투입해야 한다. 생산 도구와 기술 기본이 변하지 않은 조건하에서는 주로 노동력과 노동의 강도가 결과를 좌우한다. 여기서 인구는 바로 힘이므로, 인구의 번성은 재생산을 위한 것이었다. 『가정을 흥성한 시기로 진입시킨 것은 고대의 목축과 농업 사회의 경제적 조건이었다. 당시 대다수 사람들은 모두 노예를 가질 수 없었기 때문에, 노동자를 얻는 가장 편리한 방법은 노동자를 많이 낳는 것이었다.』(앞의 책, 115쪽) 이러한 소농 경제에서의 아들 욕심은 필연적으로 종교신앙에도 심각하게 각인되어, 중국의 민간 생육 관념과 그와 관련된 신앙을 가장 두드러지게 만들었다. 문물제도 측면에 유사한 내용들이 많다. 예를 들면, 고대에 유행했던 〈장의자손長宜子孫〉 구리거울, 〈백자도 百子圖〉 휘장[그림 108] 종이 오리기에 서의 〈왜좌연娃坐蓮〉, 자손 만대 조롱박 등등은 모두 생육신앙의 반영이다. 당연 히 농업 경제는 인구 수용량이 컸고, 게 다가 농민들도 어려움을 참고 견디며 일을 했다. 이것은 중국 농업이 인구 수 요량이 크면서도 큰 압력이 없었던 원 인이며, 또 중국의 인구가 팽창하고 증 가한 사회적 근원이기도 하다.

108. 百子圖

제2절 농업의 인구 감당력

농업 경제는 노동 인력과 인구의 번성이 절박하게 필요할 뿐만 아니라, 비교적 많은 인구를 감당할 수 있기 때문에, 인구 증가가 가능했다.

농업은 일종의 비교적 안정적인 생산활동이고 비교적 많은 부산물도 생기므로, 사람들이 먹고 입는 자원과 재생산을 제공하는 이외에 또 가정의 사육업과 수공업에 원료와 조건을 제공하기도 한다. 그러므로 각 가정마다 모두 약간 명의 사람들을 부양할 수 있는데, 적게는 3-5명, 많게는 6,7명을 부양할 수 있다. 그래서 많은 농민들이 또 현상에 쉽게 만족하고 가난에 안주했다. 《고금도서집성古今圖書集成 · 직방전職方典》 권778에서는 『땅이 좁고 가파르면 백성들이 인색하고 거칠며, 배와 수레가 다니지 않으면 상인들이 오갈 수 없어 풍속이 검소하고 쉽게 만족한다 地狹而脊 民嗇而野 舟車不通 商賈不行 俗儉而易足』고 했다. 자급자족의 소농 생활을 한다는 것이다. 따라서 한가정에 한두 사람이 증가하면, 그 가정에서는 전혀 표시가 나지 않고 압력도 크지 않지만, 수많은 가정마다 각각 한두 사람의 구성원이 증가하면 물이 졸졸 흘러 강이 되듯, 사회적으로는 큰 문제가 된다. 옛날의 어떤 의식 있는 사람은 벌써 이에 대해 민감하게 느껴 자신의 견해를 밝힌 바 있다. 서광계徐光啓는 《농정전서農政全書 · 전제田制》에서 이렇게 말했다. 『사람의 증가 비율은 대체로 30년에 두 배가 되는데, 큰 전란이 없으면 줄어들지 않는다. 生人之率

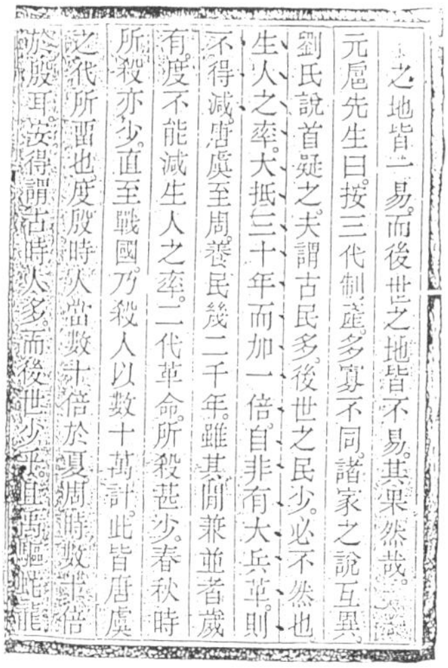
之地皆一易而後世之地皆不易其果然哉
元扈先生曰按三代制産多寡不同諸家之說互異
劉氏說首疑之夫謂古民多後世之民少必不然也
生人之率大抵三十年而加一倍自非有大兵革則
不得減唐虞至周養民幾二千年雖其間兼並者歲
有度不能減生人之率二代革命所殺甚少春秋時
所殺亦少直至戰國乃殺人以數十萬計此皆唐虞
之代所留也度殷時人當數十倍於夏周時數十倍
於殷耳安得謂古時人多而後世少乎且禹

109. 農政全書

大抵三十年而加一倍 自非有大兵革 則不得減』〔그림 109〕 명나라 때는 인구 증가가 매우 빨라 30년에 한 번 뒤집히는데, 이것은 심각한 문제였다. 청나라 사람 왕사탁汪士鐸은 《왕회옹을우일기汪悔翁乙雨日記》에서 이렇게 말하고 있다. 『세상 인구는 30년에 두 배가 되므로, 순치 원년(1644)의 한 사람이 지금은 1백28명이 되었다. 天下人丁 三十年加一倍 故順治元年 一人者 至今一百二十八人』 이것은 청나라 초에도 인구 증가가 빨랐지만, 정책 입안자들이 아직 압력을 느끼지 못하고 있음을 설명하는 것으로, 이것은 농업 경제의 인구 감당력이 비교적 컸음을 반영하는 것이다.

물론 중국은 땅도 넓고 인구도 많으며, 민족도 여럿이고 경제 유형도 차이가 있어서, 각 지역 각 민족의 인구 증가나 농업 민족 자체도 같은 양상이 아님을 지적해야 한다. 예를 들면, 벼농사 지역의 생육력이 조농사 지역보다 왕성하다. 이것은 쌀의 성질과 관련이 있다. 어떤 학자는 이렇게 지적했다. 『쌀을 주식으로 하는 민족의 번성력은 왕성하다. 그것은 이렇게 해석된다. 쌀을 먹는 민족이 성에 일찍 눈을 뜨는 것은, 벼농사는 열대나 아열대 지대가 부적합하고, 마찬가지로 열대에서 거주하면서 고구마를 주식으로 하지만 성에 대해 결코 일찍 눈뜨지 못하는 보리니아인과 비교하면 바로 분명해진다. 이것은 쌀 단백질이 구성하는 아미노산 중에 정안산精氨酸의 비율이 보리의 함량에 비해 더 많고, 다른 한편으로는 정자를 구성하는 주요 성분인 핵단백질의 정단백 중의 정안산도 함량이 비교적 많기 때문에, 쌀 단백질이 보리 단백질보다 정자를 쉽게 만든다』(篠田統,《中國食物史研究》, 商務印書館, 1987年, 3쪽)

농업의 정착 환경도 인구 번성에 유리하다.

농업은 식물을 심는 것을 특징으로 하고, 농작물은 토지를 떠날 수 없으며, 오랜 성장 기간을 갖는다. 봄에 심어 가을에 열매를 맺는 것은 1년의 주기를 필요로 하는 것 같지만, 어떤 농작물도 1년을 심고 토지를 버리지는 않으며, 토지 사용 주기가 있다. 민족학 조사에 의하면, 화전 지역은 2년 이상을 심은 다음에야 다른 숲을 베고 태우는데, 그곳 부근의 농지 모두가 황폐해진다. 또 3,40년이 지나면 이사가야 한다. 김을 매고 밭을 가는 토지의 사용 연한은 더욱 길어 정착 기간이 더 길다. 그러므로 농업은 반드시 안정적인 거주 환경이 있어야 하는데, 정착 생활은 자녀의 생육에도 도움이 된다. 고고학적으로 볼 때, 수렵시대의 구석기시대 유적지는 비교적 적어 마치 새벽에 드문드문 떠 있는 별 같지만, 농업이 출현하여 정착 생활이 시작된 이후의 유적지는 마치 밤하늘의 별처럼 밀집되어 있다. 이로 보아, 인구의 증가는 농업의 흥성과 밀접한 관계가 있음을 알 수 있다.

또 이동 민족의 인구 증가 속도를 보면, 다싱안링〔大興安嶺〕의 어룬춘족〔鄂倫春族〕은 과거에 수렵 생활을 하고 정착하여 생활하지 않았는데, 출생이 저조하고 사망률이 높아 해방 전에는 단지 3천여 명이 남았을 뿐이었다. 물고기를 잡아 생활하는 허저족〔赫哲族〕은 단지 4백여 명이 남아 있을 뿐이었다. 방목을 하는 몽골족도 인구가 하강하는 추세였다.《중화전국풍속지中華全國風俗志》에는 다음과 같이 기록되어 있다.『몽골인들은 아이를 기르는 기술이 없어, 처음 낳은 아이를 결코 포대기에 싸는 법이 없이 담요에 재우고 불에 쬐인다. 그러므로 머무는 곳 근처에 아이들이 돌아다니는 것을 보기 힘들다.』민국 후에 정착해서 농업에 종사하도록 하여, 이들 민족의 인구가 비교적 크게 발전했다.

인구 증가에 영향을 미치는 요소에는 또 몇 가지가 있다. 예를 들면, 전쟁·전염병·세금·인구정책·의약·위생 등의 조건이 그것이다. 일반적으로 말해서, 사회가 안정되고 경제가 발전하고 나라 안팎에 근심거리가 없을 때가 인구 증가에 가장 좋은 시기이고, 혼란한 시대에는 출생률이 저조하고 사망률이 높아 인구가 자연적으로 감소한다. 그런데 일단 사회가 안정되고 생산이 회복되면 인구는 빠르게 증가한다. 문경文景 시대·정관貞觀 시대·건륭康乾 시대는 모두 중국 고대에 인구가 크게 증가한 시기이다. 신중국이 성립한 이후 평화로운 환경이 되고, 농민도 토지를 갖게 되고, 의약·위생 조건도 개선되고, 게다가 인적 요소를 강조하면서 인구 증가는 전에 없이 정도를 더했다. 이것도 농업 경제의 발전과 일정한 관계가 있는 것이다.

농경 민족에서는 보편적으로 다산을 추구하는데, 청나라 때에 이르러 더욱 심했다. 《점석재화보點石齋畫報》에는 〈송흡다남頌洽多男〉이라는 그림이 있는데, 이 그림에는 『예로부터 아들이 많은 단서는 이보다 성한 적이 없었다 自古多男之端 未有盛于此者也』는 해석문이 쓰여 있다. 여성은 생육의 주요 구현자이지만, 여성의 생육 연한은 극히 제한되어 있다. 원매袁枚는 《속자불어續子不語》 권8에서 《저씨유서褚氏遺書》를 이렇게 인용하고 있다. 『남자는 열여섯 살이 되면 정이 통하여 여자를 가까이 할 수 있고, 예순네 살에 정이 쇠약해진다. 그런데 요즘은 타고난 기의 정도가 달라 열서넛에 아내를 맞이하여 아들을 낳는 사람도 있어 정해진 나이에 한정하기 힘든 듯하다. 男子二八精通能近女 八八六十四而精衰 然近日稟氣厚薄不同 有十三四娶妻生子者 似又難拘于定數也』옛날에는 열여섯 살 소녀를 〈파과녀破瓜女〉라고 했다. 진晉나라 사람 손작孫綽은 〈정인가情人歌〉에서 이렇게 읊었다. 『푸른 구슬로 박을 깨뜨릴 때, 남자의 마음은 쓰라렸다. 碧玉破瓜時 郞爲情顚倒』문헌의 기록에 의하면, 가장 일찍 아이를 낳은 여자는 열두 살이었다. 원나라 사람 도종의陶宗儀는 《철경록輟耕錄》에서 이렇게 말하고 있다. 『지정 정축년에…… 핑장 쑤다향에 열두 살 먹은 여자애가 있었는데, 마을 포중명의 아들에게 시집가서 다음해에 아들을 낳았다. 至正丁丑……平江蘇達鄕有女十有二 贅里人蒲仲明之子爲婿 明年生一子』《견고광집堅瓠廣集》 권1 〈진주선眞珠船〉에는 『습닝 장온의 딸이 열두 살에 아들을 낳았다 隰寧張媼之女 十二歲而得男』고 기록하고 있다. 이것은 최연소의 출산 연령이다. 가장 나이가 많은 출산자는 45세이고, 사람에 따라서는 6,70세에도 아들을 낳는다. 《소문素問·상고천진론上古天眞論》에는 이런 기록이 있다. 『이에 비록 아들은 있었지만, 남자는 불과 열여섯 살에 지나지 않고, 여자는 겨우 열네 살에 불과했지만, 천지의 정기가 고갈되었다. 此雖有子 男不過八八 女不過盡七七 而天地之精氣竭矣』이것은 여성의 출산 연령은 한계가 있어서, 다산에는 반드시 출산 시작 연령을 파악하여 일찍 결혼하고 일찍 낳아 기를 것을 설명하는 것이다. 이것도 인구 팽창을 촉진하는 원인 중의 하나이다.

고대에도 이미 조혼에 대한 평이 있었는데,《한서·왕길전王吉傳》에 다음과 같은 기록이 있다.『세속에서는 결혼이 너무 빨라 부모가 되는 것이 아직 이른데도 아들이 있다. 이것은 잘 가르치지 않아서 백성들이 일찍 죽는 것이다. 世俗嫁娶太早 未爲人父母之道而有子 是以敎化不明而民多夭矣』조혼은 우생에 위반될 뿐만 아니라 부모의 신체도 손상시킨다. 원나라 사람 이붕비李鵬飛는《삼원연수참찬서三元延壽參贊書·욕불가조편欲不可早篇》에서 다음과 같이 언급하고 있다.『서에 이르길, 남자가 양을 너무 일찍 깨면 정기가 손상되고, 여자가 너무 일찍 음을 깨면 혈맥이 상한다. 書云 男破陽太早則傷其精氣 女破陰太早則傷其血脈』청나라 사람 강앙江昻은《물약무전勿藥無詮·색욕편色欲篇》에서 이렇게 말했다.『남자는 열여섯 살에 천계에 이르고, 여자는 열네 살에 천계에 이른다. 교합이 너무 빠르면 천원을 잃어 일찍 죽는 원인이 된다. 男子二八而天癸至 女人二七而天癸至 交合太早 斫喪天元 乃夭之由』고대에는 군왕들에게 조혼·조산이 가장 유행했지만, 일이 왕왕 바라는 것과는 반대로 군왕의 인구가 번성하지 못하고 자녀들도 대부분 요절했다. 동시에 또 여럿 낳는 것을 권장하여 한 사람이 여러 아들을 낳도록 권했다.《점석재화보》에는〈일태오자一胎五子〉라는 그림이 한폭 있는데, 공공연하게『한 태에 아들이 셋이면 지방관이 당연히 상을 받았다. 원나라·명나라로부터 지금에 이르기까지 계속되는 예로 좋은 일을 표창하는 것이다 一胎三子地方官應給獎賞 自元明以迄我朝相沿爲例 所以彰人瑞也』고 하였다. 역대 통치계급들도 다산다육정책을 장려하여, 중국 인구의 증가를 부채질하는 역할을 했다.

제3절 종법제宗法制의 영향

봉건 종법제도는 중국 고대의 인구 증가에도 상당한 영향을 미쳤다.

이른바 종법제도란 가정을 핵심으로 혈연의 멀고 가까움〔遠近〕에 의거하여 적자와 서자, 가깝고 먼 것〔親疏〕을 구별하는 법칙을 가리킨다. 관건은 적장자嫡長子 계승제인데, 대종大宗과 소종小宗으로 나뉜다. 《예기禮記·대전大傳》에서는 이렇게 설명하고 있다. 『별자別子를 조祖로 해서 계승하는 것이 조祖이고, 이를 계승하는 것이 소종小宗이다. 1백 세가 되어도 옮겨지지 않는 종이 있고, 5세가 되면 옮기는 종이 있다. 別子爲祖 繼別爲祖 繼稱者爲小宗. 有在世不遷之宗 有五世則遷之宗』 군왕은 대종大宗으로 적장자에 의해 계승되어 대대로 대종의 지위를 유지한다. 기타 왕자들은 제후가 되어 왕에 대해서 말하면 소종이다. 그들이 봉해진 나라 또한 대종이고 역시 장자 계승제이며, 기타 아들들은 대부大夫가 된다. 계급이 다른 귀족들도 모두 장자 계승제이므로, 일찍 결혼하여 일찍 아이를 낳아야 한다. 동시에 나라가 있으면 백성이 있어야 하는데, 그것은 노동과도 관계가 있고, 또 병력 자원과도 연관이 있어서 생육을 장려한다. 원래 『남자는 서른 살에 장가가고 여자는 스무 살에 시집갔는데 男三十而娶 女二十而嫁』 월越나라 왕 구천句踐은 『남자는 스무 살에 장가가고, 여자는 열일곱 살에 시집보내자 男二十而娶 女十七而嫁』는 의견을 내놓았다. 민간에는 이런 속담이 있다.

> 한대가 십대로 전해지고 십대가 백대로 전해지며,
> 백대가 천대로 전해지고 천대가 만대로 전해진다.

종족이 정상적으로 태어나면 종족의 존재와 발전에 도움이 되어, 통치계급의 단결과 피통치계급에 대한 압력에 대해서도 중요한 역할을 했다.

110. 孝敎育

왜냐하면 종법제 아래에서 부친은 가정의 주재자이고, 족장은 종족의 주재자이며, 황제는 국가의 주재자로, 〈가국일체家國一體〉·〈가천하家天下〉는 종법제 국가의 특징이기 때문이다. 종법제는 정권과 왕권을 구현하기 때문에 정치·군사·경제·문화 등의 영역에서 모두 지배적 위치를 차지하고 있을 뿐만 아니라, 또 종교를 이용하여 종법제도를 공고하게 한다. 《국어國語·초어楚語》에서는 『제사는 효를 밝히고 백성을 쉬게 하며 국가를 어루만지고 백성을 안정시키는 것이다 祀所以昭孝息民 撫國家 定百姓也』고 했고, 《좌전左傳·은공隱公 11년》에서는 『예는 국가를 경영하고 사직을 안정시키며 백성을 질서 있게 하고 후대를 이롭게 하는 것이다 禮 經國家 定社稷 序民人 利後嗣也』고 했다. 종법제에서 생육을 외치는 것은, 『후대가 끊기지 않도록 하는 데 이롭고』 종족이 건재하고 발전해야 정치·경제적으로 더욱 큰 영향력을 행사할 수 있기 때문이었다. 일단 대가 끊길 처지에 직면하면, 최대의 타격이고 또 조종祖宗에 대한 불효이기도 했다. 《맹자·이루상離婁上》에서는 『불효에는 세 가지가 있는데, 후사가 없는 것이 크다 不孝有三 無後爲大』고 했다.〔그림 110〕 만약 생육에서 불효한다는 것은, 통치자의 입장에서는 왕권을 상실하고 사직이 위급해지고 대권이 추락하는 것이고, 국가에 대해 말하면 몇 가정에 후사가 없으면 틀림없이 세금이 줄어들고 병력 자원이 모자라게 되는 것이다. 《송서宋書·주랑전周朗傳》에는 이런 기록이 있다. 『일반적으로 나라는 위협받거나 제대로 서지 못하는 것을 걱정하는 것이 아니고 은택이 내려가지 못하는 것을 걱정하며, 땅이 넓지 않음을 걱정하는 것이 아니고 백성이 아이를 낳지 못함을 걱정한다. 凡爲國 不患威之 不立 患恩之不下 不患土之不廣 患民之不育』일반 백성들에 대해 말하면, 후사가 없는 것은 최대의 재난이다. 생산에 차질이 생기면 가산이 기울고, 늙어서도 빈곤하며 가정이 소멸된다. 민국民國시대의 《통화현지通化縣志·민간문예民間文藝》에는 〈절세자絶世者〉라는 노래가 한 수 실려 있다.

> 스무 살에 아이가 없으면 땅을 등지고 싶고
> 서른 살에 아이가 없으면 다른 사람에게 하소연하고
> 마흔 살에 아이가 없으면 길을 가며 소리지르고
> 쉰 살에 아이가 없으면 절망하고
> 예순 살에 아이가 없으면 옷이 젖도록 운다.

이로 보아 후사가 끊어지는 것은 개인이나 가정의 큰일일 뿐만 아니라 종족의 큰일이기도 하므로, 반드시 방법을 강구하여 후사를 잇는데, 신에게 제사드려 아들을 기원하는 일 외에 또 몇 가지 특이한 결혼이나 후계 방식이 있다.

하나는 배를 불룩하게 하여 임신한 체하다가 양자를 들이는 것이다.

명나라 사람 서응추徐應秋는 《옥지당담회玉芝堂談薈》 권7 〈고총차종固寵借種〉에서 다음과 같이 말했다. 『……소위 〈배를 불룩하게 하여 임신한 체하기〉란 상당 기간 동안 배를 불룩하게 하고 있다가 밖에서 하나를 데리고 들어와 자기가 낳은 것처럼 여기도록 하는 것이다. 이것은 한편으로는 마치 종자를 빌려오는 것처럼 사랑을 확실하게 하고, 다른 한편으로는 다른 성의 양자를 들여 동성으로 삼는 것을 허락하지 않고, 또 양자를 들일 수 없거나 양자 들이는 것을 원하지 않는 곤란함을 피하려는 의도이다. 所謂〈裝假肚〉假肚裝到相當時期 便從外間抱進一個來 算是自己生的 此其用意 一部分也許在固寵 象借種一樣 一部分也所以回避異姓不許抱養而同姓又無可抱養或不願抱養的困難』 사실 이것은 양자 들이기 형식 중의 하나로, 종법제에 따르면 양자 들이기는 반드시 종족 내에서 들이고, 종족의 동의를 받아야 하는 것이다. 이와 같이 하고도 자신이 임신하여 낳는 것처럼 가장해야 하는데, 첫째는 체면을 생각하고, 둘째는 남의 이목을 피하기 위한 것이다.

또 하나는 씨를 빌려 아들을 낳는 것이다.

명나라 사람 정선鄭宣은 《작비암일찬昨非庵日纂》 권20에서 이렇게 밝히고 있다.『장원한 주선의 아비는 아들은 많았지만 가난하여 부자 노인의 집에서 잠시 살았다. 노인에게는 아들이 없어 아내에게 씨를 구해 주고 싶어서 불러다 술을 마셨는데, 반쯤 마시니 잠이 들었다. 아내에게 나가 함께 하며 이렇게 말하라고 일렀다. 「그대는 아들이 많으니 첩은 부끄러움을 무릅쓰고 씨를 구합니다.」 그는 깜짝 놀라 일어났지만 문이 닫혀 나갈 수가 없어 책을 들어 허공을 가리키며 이렇게 말했다. 「남의 씨를 빌리고자 하면 아마 하늘 위의 사람이 방해할 것입니다.」 부자의 아내는 문을 열고 그를 내보냈다. 그해 가을에 주선이 향시에 붙었는데, 태수가 꿈에 장원을 영접하며 가마 위에서 〈인간의 씨를 빌리고자 하다〉라는 말을 썼다. 다음해에 장원했다는 소식이 와서 태수는 가서 축하하고 꿈에서의 일을 물으려다 꺼려하여 말하지 않았다. 周狀元旋之父 多子而貧 館富翁家 翁無子 欲妻求種 召飮 酒半 伴入睡. 令妻出隔曰「君多男 妾冒恥求種」 某愕然遽起 而門閉不得出 以指書空云「欲借人種 恐妨天上人.」 妻 啓門放之 是秋中鄕榜 太守夢迎狀元 轎上寫〈欲借人間種〉二語. 明年大魁報至 太守往賀 因詰所夢 諱之而不言』 씨를 빌리는 것은 여러 종류가 있는데, 기본적으로 남자 씨를 빌리거나 여자 씨를 빌린다. 예를 들면 전처典妻는 후자에 속한다.

또 하나는 전처典妻이다.

전처는 또 〈조처租妻〉라고도 한다. 송나라와 원나라 시기에 상당히 유행했고, 명나라와 청나라 때는 더욱 심했다. 일반적으로 남편이 주인이되어 잠시 부부 관계를 중단하고 아내를 다른 남자에게 세 주거나 저당잡아 아들을 낳아 주고 때가 되면 돌아오는 것이다. 이것은 일종의 가난한 사람이 몸을 파는 형식인데, 또한 종법제 아래에서 남자가 후사를 구하는 방식이기도 했다. 《중화전국풍속지》에는 이런 언급이 있다.『가난하

111. 典妻

고 어려운 집에서는 아내를 따뜻하고 배불리 먹일 수가 없어 남에게 돈을 받고 빌려주어 동거하도록 하고, 반년이나 1년·3년 동안 본남편이 필요로 하는 것을 구하고 기간의 길고 짧음을 정한다. 기한이 되면 돌아오면 그만이다』(그림 111)

그 밖에 또 첩을 얻어 후사를 얻는 상황도 있다.

이상의 여러 예에서 가정과 종족에서는 아들을 두어 후사를 잇는 것이 매우 중요함을 충분히 설명할 수 있다. 자녀를 낳아 가정관계를 유지하고 정상적인 생산활동을 하는 이외에, 또 하나의 내용은 재산 상속이다. 종법제 아래에서 종족은 일정한 공동 재산을 가지고 있다. 각 가정에도 자신들의 재산을 갖고 있다. 예를 들면, 토지·집·사당·희생용 가축과 기타 동산이 그것이다. 《의례儀禮·상복喪服》에서는 『따로 살면서 재물을 함께 하고, 남으면 종宗에 돌리고 부족하면 종에게 얻어쓴다 異居而同財 有餘則歸之宗 不足則資之宗』고 기록하고 있다. 《시詩·주송周頌·양사良耜》에서는 이렇게 기록하고 있다. 『백실은 한족이다…….백실이란 나가서는 반드시 같은 도랑 사이에서 함께 농사짓고, 들어와서는 같은 족에서 기거하는 것이다. 百室 一族也……百室者 出必共洫間而耕 入必共族中而居』 씨족·종족의 재산은 집단이나 씨족·종족이 계승하는 것이고, 개인에게는 계승권이 없다. 씨족과 종족이 해체된 다음에야 적장자가 계승할 수 있었다. 방현령房玄齡은 《진서晉書·사이전四夷傳》 권97 〈숙신肅愼〉에서 『아비와 아들이 대대로 군장을 한다 父子世爲君長』고 기록하고 있다. 이것은 군주권이 부자에 의해 계승되고, 재산도 아버지에게서 아들에게 전해지는 것을 말함이다. 일부 이족彝族들은 그와 반대로 유자幼子 계승제를 시행하고 있다.《중화전국풍속지》하편 권10에 이런 기록이 있다.『추장이 죽으면 가장 젊은 사람이 대를 잇고, 젊은 사람이 죽으면 최연장자가 대를 잇는다.』위에서 말한 나이 든 사람과 어린 사람의 차이는 혈연의 순결성과 관련이 있다. 일 대 일 결혼이 절대적 우세를 차지하는 상황에서는 생부에게서 장자가 태어나므로,『장자를 적자로 세우고, 어진 사람을 세우지 않는다. 立嫡以長不以賢』만약 집단혼이어서 결혼하고도 남편의 집으로 가지 않으면, 장자의 혈연이 의심을 받게 되므로, 어린아이를 귀하게 여겨 어린아이 계승제가 나온 것이다. 신혼 첫날밤의 순결 검증, 사생아 익사시키기, 궁중의 태감太監제도 등은 모두 사람들이 가정의 혈연 관계를 중시하여, 갖은 방법으로 다른 혈연의 끼어듦을 막고자 한 것이다. 이를 위해 여성에게는 정절을 요구하여, 죽을 때까지 한 사람만을 따르도록 하였다.

정절은 늦게 나타난 관념이다. 상당히 오랜 역사적 기간 동안 사람들은 정절이 무엇인지 몰랐는데, 후에 남자는 여자를 맞이하고 여자는 시집가는 것이 널리 퍼지자, 여자의 정절이 생겨났다. 그러나 결혼 전에는 여전히 정절을 지키지 않았다.《위서魏書·물길전勿吉傳》에는『결혼한 여자는 정절을 지키고 결혼하지 않은 여자는 성에 자유로웠다 婦貞而女淫』는 기록이 있고,《진서晉書·사이전四夷傳》권97에서는, 숙신은『결혼한 여자는 정절을 지키고 결혼하지 않은 여자는 성에 자유로웠다. 건장한 사람을 귀하게 여기고 늙은 사람을 천시했다 婦貞而女淫 貴壯而賤老』는 기록이 있으며, 두우杜佑의《통전通典》권189에는, 읍루挹婁에서는『결혼한 여자는 정절을 지키고 결혼하지 않은 여자는 성에 자유로웠다 婦貞而女淫』고 했으며,《태평어람太平御覽》권784에서는, 숙신에서는『결혼한 여자는 정절을 지키고 결혼하지 않은 여자는 성에 자유로웠다 婦貞而女淫』고 했다. 유사한 기록들은 헤아릴 수 없이 많다. 이것은 많은 민족들이 결혼한 여성의 정절은 강조하면서도 결혼하지 않은 여성의 자유로운 성생활을 부르짖은 것은 아님을 설명하는 것이다. 왜냐하면 씨족외혼제 아래에서는

남녀의 성이 자유로웠지만, 일 대 일 결혼이 실행되면서부터는 결혼 전에
는 여전히 자유로워 〈여음女淫〉이 성행했지만, 결혼 후의 여성은 그렇게
자유롭지 못하고 반드시 『정절을 지켜야 했다. 婦貞』『남자들은 부권제를
세운 후에야 비로소 그들의 신부가 처녀일 것을 요구하기 시작했다.』(羅
素, 앞의 책, 18쪽)

　처녀의 숫처녀성을 보장하기 위하여 어려서부터 각종 성교육을 시킨다.
《예기禮記·내칙內則》에는 『일곱 살이 되면 남녀가 같은 자리에 앉지 않
고 함께 밥을 먹지 않는다 七年 男女不同席 不共食』·『여자는 열 살이
되면 외출하지 않는다 女子十年不出』는 기록이 있다. 결혼 후에는 각종
검증을 받는다. 윈난성의 푸미족 남자들은 아내를 맞이하고 나면 반드시
시아버지의 조종하에 시어머니가 나서서 신부를 심사하는 의식을 행한다.
즉, 신부에게 결혼 전에 누구와 성 관계를 가졌으며, 어떤 사람의 아이를
임신했었는지 자백하도록 강요하는 것이다. 자백하지 않으면 가혹하게 다
루어 반드시 자백하도록 하고 어린아이를 물에 빠뜨리고 사생아의 생부
에게 책임지도록 한다. 후이족의 신부들은 결혼 전날 밤에 잔털 등을 다
듬고 화장을 해야 하는데, 『그런 다음에 정절을 지켰는지를 시험한다. 붉
은 달걀 한 개를 신부의 머리에 부딪쳐 깬 후, 껍질을 벗기고 반을 갈라
신부 얼굴에 잠시 얹어둔다. 그런 후에 달걀을 살폈을 때 핑크빛을 띠면
처녀이고, 붉은빛을 띠면 처녀가 아니라고 생각한다.』(丁大林, 〈回族婚喪禮
俗槪略〉,《苗嶺風謠》1988年 4期) 만주족들은 시어머니가 신부에게 흰 천
을 주고 남편과 교합할 때 침상에 깔았다가 다음날 신랑을 시켜 가져오
도록 하여, 천 위에 혈흔이 있는지의 여부를 가지고 처녀인지 아닌지를
검사한다. 한족들에게도 이러한 풍속이 있다.《박물지博物志》권4에는 이
런 기록이 있다. 『도마뱀이나 납작도마뱀을 그릇에 길러 주사로 온몸을
붉게 만든다. 먹여서 만 일곱 근이 되면 여러 개의 옹이로 만들어 여인의
팔다리에 박으면 죽을 때까지 없어지지 않고, 오직 방사를 했을 때만 없
어지므로 수궁이라고 한다. 蜥蝪或名蝘蜓　以器養之 以朱砂體盡赤. 所食
滿七斤 治擣萬杵 點女人支體 終年不滅 唯房事則滅 故號守宮』이러한 방

법은 얼마 전까지만 해도 푸젠성 후이안(惠安)의 농촌에 여전히 남아 있
었다. 당연히 처녀성이 파괴되는 것은 혼전 성생활 때문만이 아니다. 이
점에 대해서는 옛날 사람들도 이미 상식으로 알고 있었다. 청나라 사람
채형자采蘅子는《충명만록蟲鳴漫錄》에서 어떤 소녀에 관해 이런 이야기
를 하고 있다.『고쟁이와 치마를 입었는데 너덜거리고 괭이자루를 가랭이
에 끼고 타고, 키를 엎어놓고 장난하다가 잠시 후에 갔다. 한 노인이 괭이
자루에 선혈이 여러 줄 난 것을 보고 낙홍임을 알고 살펴보고 보관하여
아무에게도 말하지 않았다. 몇 년 후 시집갔는데 처녀성을 의심받자 노인
이 괭이자루를 꺼내어 보여 주니 의심이 풀렸다. 服破襠褲 偶騎鋤柄 顚簸
爲戲 少頃而去. 一老翁見鋤柄有鮮血縷褸 知爲落紅 檢而藏之 未以告人. 數
年後 女嫁婿 疑不貞 翁出鋤柄視之 乃釋然』이러한 이야기는 두 가지를
설명하는 것이다. 하나는 청나라 때에도 처녀성을 따졌다는 것이고, 다른
하나는 이른바 〈낙홍落紅〉은 성교·지나친 노동·장난·자위 행위 등 여
러 가지 원인이 있을 수 있음을 말하는 것이다.

　이상의 분석을 통해 볼 때, 종법제에는 생육제도가 포함되는데, 생육은
종법제의 생명선이고, 아들이 후대를 이어야 종족이 존재하고 발전할 수
있지 그렇지 않으면 종족의 존재가 위급하다고 생각했음을 알 수 있다.
이러한 종족 관념의 지배하에서는 아들이 후대를 잇는 것을 매우 중시했
다. 약혼·결혼에서부터 자녀를 낳아 기르는 것에 이르기까지 모두 계통
적인 의식이 있었다. 동시에 과거에는 생육에 대한 지식이 없었기 때문에
많은 생육신앙이 만들어졌다.

제4절 민간신앙의 저급성

　중국의 생육신앙은 그 뿌리가 깊고 아주 오랫동안 계속되어 왔다. 그리고 그것은 경제와 종법제의 원인 이외에, 민간신앙의 저급성과도 상당한 관계가 있다.

　종교는 사회 의식 형태 중의 하나로 상층 건축에 속한다. 종교는 현실 세계 외에 또 초자연적·초인간적인 신비한 세계가 존재하여 자연과 사회를 주재한다고 믿는다. 종교는 일정한 역사적 조건하에서 탄생한 것이다. 원시사회는 생산 수준이 낮고, 자연계에 대해 연약하고 무력하였고, 동시에 인류의 사유도 간단하여 자신과 자연을 분명하게 구별하지 못하고 종종 자신을 자연과 혼동하였다. 사람에게는 영혼과 육체가 있는데, 자연물도 영혼이 있다고 믿어 자연 숭배가 나타났고, 그 중에 어떤 것들은 인류 자신의 기원과 불가분의 관계가 있어, 감응 탄생 신화나 토템 신앙이 생겨났다. 후에는 또 조상 숭배가 탄생했다. 사실, 감응 탄생·토템·조상 숭배는 모두 생육신앙의 요소들인데, 또 형형색색의 성무술·성금기가 들어 있다.

　생육신앙은 일종의 사회 역사 현상으로, 그 사회의 근원과 인식의 근원을 담고 있다. 현 중국의 상황에서 분석해 보면, 종교를 탄생시킨 계급적 근원은 이미 기본적으로 소멸되었다. 그러나 착취계급과 적대분자는 아직도 있어서, 그들은 여전히 자신들을 위해 종교를 이용하고 있다. 경제적 원인에 있어서는 중국 사회의 생산력이 비교적 저급하기 때문에 각 지역 사회의 발전이 균형을 이루지 못하고 있다. 특히 광대한 한족 지역과 민족 지구에서는 그 생산력이 상당히 낮아 생활이 빈곤하여, 수재·한재·지진·질병조차 효과적으로 통제할 수 없어 때때로 사람들의 생존을 위협하고 있으며, 돌발적인 재난은 더욱 막을 방법이 없다. 동시에 인위적 원인도 적지 않다. 예를 들면 부패·관리의 부정·절도·비적질·폭행 등

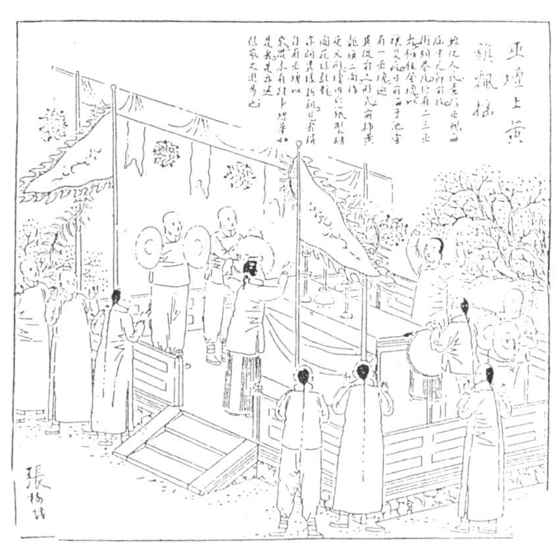

112. 巫壇

은 또 사람들의 고통과 곤혹을 더 가중시켰다. 두려움은 신앙을 낳는다. 그러므로 사람들은 신령을 생각해 내었다. 인식면에서 말하면, 사람들은 위에 말한 재난의 인과 관계를 전혀 이해하지 못하고, 항상 『사람의 운명은 하늘이 정해 주고』 운명이 사람의 삶을 좌우한다고 생각하여 종교에 귀의하게 하는 심리를 조장하고, 신령의 비호를 기원하여 심리적으로 의탁할 수 있었다. 이로 보아 종교를 탄생하게 한 사회적 근원과 인식의 근원은 아직 존재하고 있었기 때문에, 민간신앙도 흔들리지 않고 보존되어 내려왔다. 무당이나 박수도 민중의 종교 심리를 이용하여 귀신을 꾸며내어 무술적 치료와 자식을 기원하는 일에 종사하면서, 그를 빙자하여 사람들의 재물을 탐하였다. 그리하여 민간신앙은 대대로 전해 내려온 것이다.〔그림 112·113〕 본래 토지 개혁과 문화대혁명 시기에 이러한 민간신앙은 이미 거의 다 소거되었지만, 풀만 베었지 뿌리는 여전히 남아 있어 환경이 적당해지자 민간신앙이 또 고개를 들어 사방에서 일어났다. 특히 아들을 기원하는 신앙과 관련된 것은 집집마다 관련이 있으므로, 자연히 완강하게 보존되어 내려오는 것이다.

113. 巫

이러한 생육신앙이 완고하게 보존되어 내려온 이유는, 그것이 인구의 번성에 도움이 되는 것을 근간으로 하여, 사람들이 조상들의 생육력을 계승하기 바랐기 때문이다. 예를 들면 쓰촨성 량산에 사는 이족들에게 이러한 신앙이 있는데, 조상들을 위한 기도에서는 반드시 조상의 번성 능력을 남겨두어야 한다. 그러므로 의식 중에 〈직좌直左〉라는 것이 있다. 〈직〉은 씨·뿌리이고, 〈좌〉는 연결로서, 그 의미는 생식력을 계승한다는 뜻이다. 땅에 세 개의 동굴을 파고, 그 입구 밖에 풀로 매듭을 지은 올가미를 하나씩 놓는다. 그것은 여성의 생식기를 상징하는데, 주변에 소나무·삼나무·잣나무의 양수陽樹 세 그루를 꽂고, 큰 돼지를 그 나무 위에 걸어놓고, 머리가 아홉에 꼬리가 아홉 달린 생육신을 만든다. 주인은 먼저 돼지 기름을 양수 뿌리에 발라 광을 낸 후 어린아이에게 붙잡도록 하고, 비머〔畢摩〕의 〈접종경接種經〉 외우기가 끝나면 아이는 양수를 들고 동굴로 들어가는데, 이것은 성교를 상징한다. 비머는 풀로 엮어 만든 생육신에게 술을 뿌리고 주인에게 주면, 주인은 입을 벌리고 받는다. 비머는 또 얼굴에 바르는 분을 주인 얼굴에 뿌리는데, 그러면 주인은 또 받는다. 이것은 조상의 생식 능력을 후손이 전해 받는 것이다. 마지막으로 흰 닭을 잡아 양수의 오물을 제거하고, 양수를 밭에 버린다. 이족들이 죽은 조상을 위해 제사지낼 때는 제수품인 돼지와 면양을 서로 포옹하도록 하고 앞장 선다. 마치 두 가축이 교합하는 형상인데, 또 관이나 위패를 교합하는 가축 사이에 놓고, 비머가 〈혼인경婚姻經〉을 외우면서 면양과 돼지를 교합하도록 한다. 이 의식은 얼핏 보면 망령의 결혼 같지만, 사실은 성교육이다.

이로 보아 생육신앙은 민간신앙의 일부분으로, 그것은 또 다산을 바라고 초조함을 돕는 것이기도 하다. 다만 앞으로 생산 수준이 고도로 발전하고 재산이 아주 풍부해지고 과학 문명의 수준이 비교적 높아지고, 사람 사이의 관계가 완전히 평등하게 되고, 사람과 자연의 관계가 합리적인 상황이 되고 나서, 사회의 힘과 자연의 힘이 인류에게는 이미 달라졌을 때에야 비로소 종교가 지구상에서 사라질 것이다. 오늘날의 생육신앙은 단지 인류가 이미 경험한 적이 있는 일종의 우매한 기록일 뿐이다.

결어結語

《생육신과 성무술》이라는 글을 끝맺으면서, 또 몇 가지 문제에 대하여 일부 결론을 지어야 하겠다. 생육신앙의 사회적 성격 문제, 생육신앙의 연속 및 그 역사적 근원, 현재 연구되고 있는 성교육과 성도덕 수호에 대한 생육신앙의 의의 등에 관해서다.

1. 생육신앙의 사회적 성격 및 역사적 층차

인류 사회에는 두 가지 생산이 있다고 마르크스는 생각했다. 물질 생산과 인류 자신의 번성이다. 전자는 어업·수렵·채집·농업·목축업 및 각종 수공업·공업을 가리키는 것으로서, 인류에게 입을 것과 먹을 것 그리고 도구를 제공하기 위한 원천이다. 이것은 인류 사회 발전의 결정적인 요소이다. 그러나 물질 생산은 인류의 수요에 따라 나타난 것이며, 또 인간을 통하여 실현되는 것으로, 인류가 존재하지 않으면 물질 생산은 존재할 수 없고 또 필요하지도 않다. 따라서 인류 자신의 생산도 무시할 수 없는 결정적 요소인 것이다. 『매일마다 모두 자신의 생명을 거듭 새롭게 만드는 사람들은 또 다른 사람들을 만들어 낸다. 즉, 증식이다』(《馬克思恩格斯選集》, 人民出版社, 1972年, 1권 32쪽) 이러한 〈증식〉은 바로 인류의 생육으로, 종교상에 반영되면 생육신·성무술 및 갓난아이 기르기와 보호, 성년 등 한 계열의 종교신앙을 포함한 생육신앙을 형성한다. 그렇다면 생육신앙은 어떤 성격의 종교인가? 이것부터 명확히 해야 할 문제이다.

현대인들이 보기에, 인류의 성기와 성행위는 인류 특유의 생리기관이고, 그러한 기능을 갖고 있어서 성신앙은 일종의 종교신앙 범주이고 의식 형태의 반영이며, 양자는 관계가 없는 것이다. 그러나 원시시대의 범신론의 지배하에서 당시 인류는 천체·대지·산수·동식물을 숭배했을 뿐만 아니라 인류 자신, 이를테면 조상·귀신 등도 숭배했으며, 그 중에는 또 남녀 생식기관 및 성행위에 대한 숭배까지도 포함한다. 이것은 다른 나라 각 민족의 공통적인 현상이다. 마르크스는 『상당히 오랜 시간 동안 사람들이 계속 미신으로 역사를 설명했지만, 우리는 현재 역사로 미신을 설명한다』(《馬克思恩格斯全集》, 人民出版社, 1957年, 1권 425쪽)고 말했다. 생육신앙은 이후의 논의에서 계속 중요한 위상을 차지하였다. 그러나 생육신앙의 성격 문제는 일괄적으로 논할 수 없고, 역사적 층차를 분명히 해야 한다.

먼저 생육신앙은 비교적 낮은 층차의 원시신앙으로, 후에 계급사회의 민간신앙 속에 잔존해 왔다.

생육신은 생육신앙의 유기적 조성 부분으로, 역사 이전 사회의 씨족시대에서 기원한 시조 여신과 토템에서 비롯된 것으로, 나아가 또 조상신과 성기신앙을 출현시켰다. 이것은 고대 사회의 주요한 생육신이다. 이러한 의의에서 말하면, 생육신앙은 원시 종교이지만, 또 비교적 낮은 층차의 종교신앙이기도 하다. 즉, 이러한 신앙들은 일부는 생육신이고 일부 신들은 더욱 오래 된 성무술인 것이다. 고대 문명의 기원과 발전에 따라, 이러한 생육신앙도 점차 생육을 주재하는 신의 권위를 잃었지만 여전히 민간신앙의 형식으로, 심지어는 어떤 민간 예술의 형식으로 보존되어 내려왔다. 전자는 돌을 던져 아들을 기원하거나 아기 인형을 묶거나 하는 것들이고, 후자는 아기 인형의 머리를 땋거나 종이를 오려 꽃을 만들거나〔喜花〕 하는 것들이다.

역사 이전 시대에는 물질 생활 수준이 낮았고, 출생률이 저조하고 사망률이 높았기 때문에, 어떻게 하면 인구를 번성시킬 것인가 하는 것이 비교적 큰 문제였고, 물질 생산의 위상과 막상막하였음을 지적해야 한다. 이와 상응하여 생육신앙은 원시 종교에서도 중요한 위상을 차지하고 있었다. 그러나 고고학적 발굴은 물론 민족학이나 민속학 자료를 보면 상고시대의 물질 생산은 인류 생존의 가장 기본적인 활동으로, 먹고 입는 문제를 해결하는 것이 가장 중요했음을 보여 주고 있다. 그러나 생육신앙과 성무술의 유적은 오히려 상대적으로 적은데, 이것은 생육신앙이 사람들이 생각하는 것과는 전혀 달리 역사를 결정하는 주재적인 것이었음을 나타내는 것이다.

다음으로 생육신앙을 종적인 각도에서 보면, 복잡한 역사적 발전 과정을 갖고 있었고, 예나 지금이나 뒤섞여 있어 피차 구분하기 어렵고, 횡적인 측면에서 연구해 보면 경제적·민족적·지리적 요소의 영향 때문에 생육신앙 또한 서로 다른 유형과 신앙 대상이 있음을 알 수 있다.

현재 우리가 알고 있는 생육신은 결코 어떤 한 시대의 산물이 아니고, 역사의 긴 과정 동안 끊임없이 누적되고 퇴적되어 온 것이다. 역사 이전 시대의 시조 여신·고매·토템·조상·성기신앙이 있고, 동시에 또 계급 사회의 낭랑신·장선 및 태 바꿈·아들 기원 무술 등도 있다. 그러므로 생육신앙의 연구에는 반드시 역사적 층차를 분명히 하고, 시대가 다른 생육신앙에 대해서 역사적 분석을 해야만 한다.

생육신앙에서는 신앙 대상이 다르면 그 성격과 역할도 서로 다르다. 그 중의 어떤 것들은 신으로, 기본적으로 제사의 형식을 취하고, 많은 것들은 일종의 무술 수단으로, 사람들이 무술을 실행할 때의 매개이다. 이를테면 아기 인형을 묶는 데 쓰는 진흙 인형, 아들을 기원할 때 사용하는 등, 아들을 기원할 때의 박, 동굴 안의 희화喜花 등은 모두 일종의 무술의 반영으로, 그것들 자체는 신령도 아니고, 신령으로 나타날 수도 없다. 따라서 민간의 종이 오리기에서의 〈머리 땋기〉를 일괄적으로 중화민족의 번식신으로 보는 것은 정확한 것이 아니다. 이러한 생육 무술은 양이 많고 역사적으로도 가장 오래 되었으며, 지속되어 온 역사도 가장 길다. 신에게 기원하는 것 이외에 사람들은 또 항상 무술 수단을 써서 아들 갖기를 기원한다. 생육의 영역은 이해하기 힘든 인류의 신비한 부분일 뿐만 아니라 〈위험성이 큰 분야〉이기도 하다. 따라서 성무술로 가득 차 있다. 그러나 이러한 무술 수단은 또 사람들이 숭배하는 신령의 경지로 상승하지는 못했다. 그 밖에 성무술은 또 성기 숭배와는 다르다. 후자는 비교적 나중에 나타났다.

사실, 생육신은 확실히 존재했다. 예를 들면, 여 시조·토템·고매·조상·낭랑신·장선 등이 그것이다. 성기신앙 자체의 일부는 사람들에게 신령으로서 숭배되었지만, 결코 모든 성기신앙을 생육신으로 볼 수는 없다. 성의 상징은 나중에 나타난 신앙이다.『성숭배와 성 상징의 출현은 후에 발전한 결과로, 바빌론이 그러할 뿐만 아니라 이러한 관념을 갖고 있는 모든 종교에서는 모두 그렇다』(魏勒,《性崇拜》, 中國靑年出版社, 1988年, 228쪽) 분명히 사실이 그렇다. 최초의 고고학적 발견에는 시조 여신 우상, 장례 유적이나 영혼 숭배가 있지만, 아직 성기신앙은 없다. 부권제가 일어난 후에야 사람들은 보편적으로 성기를 신앙하여, 그것을 신령·몸 바꾸기 혹은 무술 수단으로 신앙한 것이다. 그러므로 성기신앙은 나중에 나타난 것으로, 최초의 생육신 — 여성 조상과 토템에 비해 훨씬 나중이다.

2. 생육신앙의 연속과 그 역사적 근원

생육신앙은 본래 원시사회의 중요한 신앙이지만, 이 신앙은 중국에서 오랫동안 계속되었다. 예를 들면 하·상·주시대의 고매제高禖祭 — 상사절上巳節은 계속하여 내려와, 한나라 이후에도 비록 그것이 궁중의 제사로서는 소멸되었지만, 민간신앙과 문화·오락에는 남아 있다. 중국의 종교가 다신교에서 일신교 — 도교와 불교의 과도기로 넘어가면서, 생육신은 또 새로운 형식으로 나타났다. 이것이 바로 불교와 도교 두 종교에서 숭배하는 관음觀音과 낭랑신娘娘神이다. 그 밖에 또 시조 여신과 고매신의 기초 위에 몇몇 지방적 색채를 띤 민간 생육신이 발전되었다. 민간에서 유행된 아들 기원 무술이나 성무술에 이르면 더욱 다양하게 나타난다. 이러한 사실들은 우리에게, 생육신앙은 강한 생명력을 갖고 계속 이러저러한 형식으로 보존되어 사람들의 정신에 하나의 족쇄가 되었음을 알려 주고 있다.

생육신앙은 왜 중국에서 그렇게 오랫동안 계속될 수 있었는가?

첫째, 농업 경제는 비교적 많은 노동력의 투입을 요구할 뿐만 아니라 그 자체 또한 가정 인구를 비교적 많이 수용했기 때문이다. 이것이 생육 신앙이 중국에서 지속되어 온 주요 경제적 근원이다.

역사상의 경제 유형 — 어업·수렵·농업·목축업을 종합적으로 관찰해 볼 때, 농업은 그 가운데에서 비교적 우월성을 갖고 있다. 이를테면 생산이 비교적 안정적이고, 수확이 비교적 많으며, 생산품의 종류도 고루 갖추었고, 안정적인 주거 환경이 있고, 비교적 높은 과학·문화 수준을 갖추고 있다. 세계 문명 중 오래 된 나라들이 모두 농업 지역에서 일어난 까닭은, 그 원인을 살펴보면 여기서 벗어나지 않는다. 농업 생산에서 요구하는 비교적 많은 노동력은 내부적으로 간단한 분업을 해야 한다. 예를 들면, 어떤 사람은 농경에 종사하고, 어떤 사람은 가축을 관리하고, 어떤 사람은 가사를 관리하고, 어떤 사람은 수공업을 관리해야 하는 것이다. 그러므로 농업의 기초 위에 세워진 가정은 혈연과 혼인의 단위일 뿐만 아니라 모든 것을 포함한 생산 단위이기도 하다. 이것은 바로 자급자족의 자연 경제의 기초이다. 따라서 가정은 인구 번성의 중요한 임무를 지고 있다. 『가정을 흥성한 시기로 진입시킨 것은 고대의 목축과 농업사회의 경제적 조건이었다. 당시 대다수 사람들은 모두 노예를 가질 수 없었기 때문에, 노동자를 얻는 가장 편리한 방법은 노동자를 많이 낳는 것이었다』(羅素, 《婚姻革命》, 中國靑年出版社, 1988年, 114-115쪽) 동시에 농업 경제는 또 인구의 증가에 필요한, 입고 먹을 원천과 안정적인 생활 환경을 제공했다. 이것은 인류가 생존하는 데 있어서의 물질적 보장이었다. 중국은 옛날부터 농업국가로, 기본적인 생산 단위가 개체 가정이었다. 이러한 가정에서는 비교적 많은 노동력을 필요로 했을 뿐만 아니라 그 수확으로 비교적 많은 인구를 먹여살릴 수 있었고, 게다가 농민은 괴로움을 참고 힘든 일을 견뎌냈으므로 인구 수용량이 비교적 컸다. 일반적으로 다섯 명의 가정이 한두 세대 지나면 둘 혹은 둘 이상의 가정으로 나뉘었다. 이러한 가정의 발전은 바로 인구 증가의 필연적인 결과였다. 이것이 중국의 광대한 농촌이 인구 수요량이 크고 생활에서도 큰 압력이 없었던 경제적 근원이며, 중국 인구가 끊임없이 팽창해 온 근본 원인이다.

둘째, 중국의 봉건 가족제도가 비교적 완고했기 때문이다. 이 가족제도는 인구 증가를 가장 큰일로 보아 생육신앙이 사람들의 마음 속 깊이 차지할 수 있었다.

신석기시대 말기에서 시작하여, 중국에는 부권제 가정 단위가 나타났고, 후에 또 개체 가정으로 분열했다. 이러한 가정은 계속하여 중국 봉건 사회의 기본 생산·생활 단위가 되었고, 물질 생산은 물론 인구 증가는 가정에 이 두 가지의 중요한 임무를 짊어지게 했다. 따라서 유교에서는 가정의 존재를 충효와 연계시켜『불효에는 세 가지가 있는데, 대를 잇지 못하는 것이 크다 不孝有三 無後爲大』고 했다. 가정이 일단 후대가 끊어질 상황이 되면, 그 가업도 자신들의 소멸에 따라 다른 곳으로 흘러가게 되기 때문에 생육은 가정의 생명선이었다. 후사가 끊어질 위험이 있는 가정은 자연 경제의 기초에 서 있기 때문에, 의외의 자연 재해나 인위적 파괴를 받지 않아도 항상 일종의 위기감을 느끼며, 더욱이 나이가 든 사람은 항상 후대를 바란다 ——『아이를 기르면 늙음을 막는다』따라서 한걸음 더 나아가 사람들은 생육에 대한 절박감이 가중되었다. 인구의 감소는 의심할 바 없이 또 봉건 통치계급의 압박 대상을 감소시켰다. 따라서 통치계급은 물론 피통치계급도 모두 생육을 매우 중시했고, 생육신앙은 의심 없이 철저했다. 이것이 생육신앙이 중국에서 오랫동안 존재한 사상 인식의 근원이다.

셋째, 생육신앙이 역사 이전의 종교 내용이기는 하지만, 중국 사회의 생산력이 비교적 낮았고, 특히 광대한 농촌에서는 생산 도구가 조잡하고 경작 기술이 단순하여 수천 년 동안 기본적으로 아직 원시 상태에서 크게 벗어나지 못하고, 대부분 농기구들이 아직도 진·한 시기의 수준에 머물렀다. 다시 말해서, 그곳에는 아직도 생육신앙의 물질적 기초가 존재하고 있었다. 이와 동시에 과학·문화도 비교적 낙후되어, 사람들은 아직 생육과 사람의 생리기능의 관계를 완전히 이해하지 못하고 자녀의 생육을 귀신과 연관지어, 생육신이 인간의 생육을 주재하고, 성무술이 자녀 생육과 자손이 많아지는 것을 도울 수 있다고 생각했다. 이렇게 생육신앙이 중국의 광대한 농촌에서 지속되는 데는 광범한 토양이 있었던 것이다. 그러나 민간의 무격·도사 및 불교도 역시 생육신앙을 이용하여 많은 신도들의 불임증이나 그와 관련 있는 질병을 〈치료〉하여, 생육신앙이 대대로 전해 내려올 수 있도록 만들었다.

이상이 중국 고대 생육신앙이 장기적으로 지속되어 온 주요 원인이다. 현재에도 신앙에 대한 연구에 있어서는, 당연히 상술한 역사적 원인을 살펴보아야 할 것이다. 특히 생육제도를 추진·계획하고, 중국 인구의 발전을 효과적으로 통제하기 위해서는 생육신에 대한 미신을 타파해야 할 뿐만 아니라, 더욱 중요한 것은 사회 경제를 발전시키고, 가정 관념을 변화시키고, 과학·문화를 발전시켜야 한다.

3. 생육신앙에 대한 연구는 성교육과 성도덕 유지에도 상당한 의의가 있다

본래 성기·성욕·성행위·성생활·성신앙 및 이와 관련된 혼인 가정·인생 예의는 모두 인류 사회 생활의 객관적 존재이고 역사·문화 중의 유기적 조성 부분으로, 정치·경제·문화·도덕·윤리·심리·법률·인구와 사회 각 방면에까지 미친다. 그것은 문화 예술에 표현되어 인류 자신의 사고를 심화시키고, 자신의 생존 상태, 생명 본체 의식에 관심을 갖게 한다. 사실, 성과 성생활은 결코 개인의 사적인 일이 아니고, 인류의 사회 생활 속에 보편적으로 존재하는 가장 활동적인 생활 요소 중의 하나로, 사회 생활(개인·가정·사회·민족·국가 등에 대한 것과 같은)에 중요한 영향을 미친다. 따라서 생육신앙·성무술 내지는 성문화의 연구에 대해서는 당연히 그에 상응하는 학술계의 중시하는 태도가 있어야 한다.

오랫동안 여러 가지 역사적 원인 때문에, 중국에서는 생육신앙과 성문화의 연구작업이 비교적 미약했고, 일부 사람들은 또 일정한 편견을 갖고 있어서, 학술 저작이 이야기적 〈성격〉이었던 것은 부끄러운 일이다. 이러한 견해에는 일정한 사회적 근원이 있다. 중국은 오랜 봉건사회와 반식민지·반봉건사회를 거치면서, 유교에서 말하는 소위 정통 사상이 오랫동안 지배적 지위를 차지하였기 때문에, 성에 대해서 말하지 못했다.《시경·용장풍鄘墻風》에서는『그 속에서 있은 일은 말할 수 없어. 말할 수는 있지만 말해 봤자 부끄러우니까 中冓之言 不可道也 所可道也 言之羞也』라고 읊고 있다. 이러한 사상은 광범한 사회적 기초였다. 근현대에 이르러 과학과 교육 사업의 발전에 따라 성교육은 이미 어느 정도 전개되었지만, 가리고 감추며, 교육은 폭이 좁고 방법도 일정한 문제가 있었기 때문에 효과가 거의 없었다. 이것은 우리 학교교육과 사회교육의 한 결함이다.

　최근 몇 년 동안 자산계급 자유화 사조가 범람하여 색정이 음란하고 폭력이 흉흉하며 봉건 미신 등 저급한 하류의 서적들이 대량으로 나오면서, 사회를 정신적으로 심각하게 오염시켰다. 이들 〈정신적 아편〉은 사람들의 영혼에 해독을 끼치고 청소년을 타락시키며 중국인의 연애·혼인·가정을 파괴시켜, 너무 이른 나이의 연애·삼각 관계·성병·낙태 등의 사건이 수시로 발생하고, 또 그것들은 증가일로에 있다. 학술계에서도 몇몇 다른 사람들은 인류의 물질 생산이 인류의 가장 기본적 수요임을 부정하고, 생육제도와 생육신앙의 인류 역사에서의 역할을 지나치게 과장하여, 풍부하고 다채로운 고대 문화에 모두 〈성〉의 낙인을 찍었고, 일부 문예작품들도 성에 대해 있는 그대로 묘사하였으며, 어떤 사람은 〈성〉을 사회 생활의 각종 갈등 해결의 신묘한 영약으로 간주했고, 어떤 사람들은 〈성해방〉을 공공연히 외치고 있다. 이러한 현상들은 우리가 사회주의적 물질문명과 정신문명을 건설하고 네 가지 현대화를 실현하는 데 있어서 심각함을 느끼게 한다. 우리는 생육신앙과 성문화라는 이 문제를 엄숙하게 대하여 이 연구 업무를 논의 대상에 올려놓을 필요가 있다. 이 영역에서는 필연적으로 무산계급은 배제되고 자산계급만이 차지하게 되는데, 어떤 의미에서 이 역시 사회 안정과 관련된 문제이다. 이를 위해서는 반드시 많은 일을 해야만 한다.

먼저, 마르크스주의의 입장·관점·방법으로 생육신앙과 성문화를 연구하여, 생육신앙과 성문화를 마땅한 역사적 위상에 올려놓아야 한다. 그것을 과소평가해서도 안 되고 지나치게 확대해서도 안 되는 것이다.

다음으로, 중국에는 아직 봉건 사상의 영향이 존재하고 있기 때문에 사상 해방을 계속하고, 성에 대해 과학적 태도를 취하며, 정책을 이해하고, 성교육을 진행해서 사회주의적 성도덕을 수립해야 한다. 오직 정확한 성 지식과 성도덕이 있어야 정확한 성행위가 있을 수 있다.『개인적인 성의 욕구는 반드시 사회의 건전한 운동에 영향을 미치지 않는 범위 내에서만 만족해야 한다』(靄理士,《性心理學·後記》, 三聯書店, 1988年, 556쪽)

그 밖에 성문화 영역에서는 법률적 지렛대를 사용해야만 한다. 일반적으로 사회주의 도덕과 혼인 도덕에 부합하는 합법적인 언행은 당연히 법률적으로 보호받아야 한다. 음란서적·매춘·성범죄 등의 위법 사건에 대해서는 반드시 결연하게 제재하여 사회 생활 속의 〈정신적 아편〉을 제거해서, 사회주의 정신문명의 건설을 위해 장애물을 치워야 한다.

《생육신과 성무술》이라는 책은 많은 학문이 결합된 연구 방법을 사용하여, 생육신앙과 성무술의 맥락 및 사회 발전에서의 그 역할을 밝혔다. 생육신앙과 성무술에 대한 신비감을 깨뜨려 어느 정도의 역사 지식을 증가시켰다. 본서가 많은 독자들에게 적으나마 도움이 될 수 있다면, 필자는 더할 수 없는 기쁨과 위안을 느낄 것이다.

역자 후기

　사람이 살아가는 데 불가결의 것으로 흔히 의·식·주·성을 거론하는데, 본서에서는 마지막의 성을 주로 다루고 있다. 사실은 앞의 세 가지에 대해 깊이 있게 연구한 후에 이 분야에 대해 공부했으면 더욱 이해가 깊어 다른 분의 글을 소개하는 데에도 수월했겠지만, 그렇게 하지 못하여 이 글을 접하는 분들께 미안한 생각이 앞선다.

　본서는 출판된 이듬해인 1991년에 처음 접했었다. 더구나 나의 친구인 대진대학교의 권호權瑚 교수와 나는 상당히 비슷한 분야에 관심을 같이해서 이 책을 함께 우리말로 옮기기로 했었는데, 마침 내가 필자에게 전공 분야를 공부할 기회를 갖게 되자 친구가 사양하는 바람에 혼자서 공부를 겸하여 번역하게 되었다. 뿐만 아니라 출판사측과도 이미 이에 대한 이야기가 오갔으나, 차일피일 미루다가 타이완에서 개정보충판을 출판한다는 소식을 접하고서 더 이상 미룰 수가 없어 바삐 끝내려고 시작은 했었다. 그러나 그것도 마음대로 되지 않아 이제서야 어설프게나마 마쳤다.

　본서를 우리말로 옮긴 데에는 사실 더 중요한 까닭이 있다. 우리 민족의 전통문화에 대한 이해를 위해서이다. 국문학사나 한문학사 등과 연관된 저술들을 살펴보면, 한문의 전래를 문헌의 기록을 근거로 하여 삼국시대 전후로 잡고, 여러 정황 근거를 들어 그 훨씬 이전이었을 것이라고 추정하고 있다. 그러나 한자가 전래되기 이전부터 이미 민족의 이동과 문화의 교류 및 융합이 빈번하게 이루어져 왔으며, 이런 현상은 고고학·역사학·민속학 등 여러 분야에서 그 흔적을 찾아볼 수가 있다. 그리고 현지 조사를 통하여 양국 간의 문화현상을 비교하다 보면, 우리 문화의 근원에 관하여 깊이 있게 연구하려면 중국의 문화 제반에 관한 연구가 없이는 많은 어려움에 부딪힐 수밖에 없다는 사실을 알게 되었다. 그 이유는 정치·경제나 문학 분야의 영향뿐만 아니라, 우리 풍습 중의 삼칠일·백일·돌·결혼식 때 대추나 밤을 던지는 일 등이 저들의 풍속과 거의 흡사하기 때문이었다. 물론 이러한 내용들은 빙산의 일각일 수도 있다. 각 분야의 구석구석을 이렇게 넓혀 본다면 우리의 민속학, 나아가 우리의 전통문화에 대한 이해도 더 깊어지리라 생각한다. 이것이 이 글을 우리말로 옮겨본 주요 까닭이다.

내가 본서를 우리말로 옮긴 것과 같은 이유에서 많은 분들이 이 글을 보리라 생각된다. 제대로 옮기지 못하여 오히려 읽는 분들께 누가 되지 않을까 염려되지만, 오랜 역사를 가진 우리와 관계 깊은 저들의 민속을 이해하여 우리 민족의 전통문화를 이해하는 데에 조금이라도 도움이 된다면 하는 생각에 부끄러움을 무릅쓴다.

본서 번역에 어려웠던 점이 몇 가지 있다.

첫째는 많지는 않지만, 각 소수 민족의 언어를 중국어로 옮긴 내용을 다시 우리말로 옮길 때의 난점이었다. 이에는 필자가 의미를 바로 중국어로 옮겨놓은 경우와, 그 민족 언어를 그대로 쓰고 뒤에 중국어로 의미를 풀이해 놓은 경우가 있었는데, 두 경우 모두 대부분 우리말로 바로 옮겼다. 따라서 중역重譯에서 오는 오류를 얼마나 피할 수 있을지 걱정이다.

둘째는 각주의 처리 문제이다.

원서에는 각주로 되어 있으나, 번역에서는 각주 표시 부분에 괄호를 하고 본문에 옮겨놓았다. 그러나 각주를 본문에 옮겨놓는 데에도 문제가 있었다. 중국에서 번역 출판된 외국 서적이나 논문을 표기할 때, 원저자의 이름을 중국어로 음역하여 표기하고, 저서와 논문 역시 중국어 번역본으로 표시했으며, 출판사와 출판 연도·쪽수도 중국에서의 것을 그대로 표기하고 있다. 이를테면 아리스토텔레스의 《형이상학》의 경우, 〈亞里斯多德, 《形而上學》, 商務印書館, 1959年, 265頁〉과 같은 경우가 그것이다. 이런 경우 맨 뒤의 쪽수를 나타내는 〈頁〉만 〈쪽〉으로 바꾸고, 나머지는 그대로 옮겼다. 그 이유는 여러 사전을 찾아봐도 알 수 없는 사람 이름이나 책 혹은 논문의 경우 달리 방법이 없기 때문에 일관성 있게 하기 위해서였다. 사실 필자에게 하나하나 확인하여 이왕이면 완벽하게 옮겼으면 좋았겠으나, 필자는 이 정도의 글을 읽는 사람들은 대부분 알고 있을 것이라 생각하고 있고, 또 이런 방법은 영어권이나 불어권 번역서에서는 흔한 일이기 때문에 그대로 따르기로 했다.

셋째는 고문의 경우, 우리말 번역 뒤에 원문을 제시하여 오역에 대비했다. 당연히 백화라고 해서 완벽한 것은 아니겠으나, 확인조차 힘든 고문들의 경우 아무래도 자신이 없는 부분이 적지 않았기 때문이다.

널리 이해해 주시기 바란다.

부족한 점에도 불구하고 번역을 허락하신 송조린 교수님, 흔쾌히 출판을 맡아 준 동문선 사장님, 그리고 옆에서 항상 격려를 아끼지 않은 분께 감사드린다.

1998년 9월　洪　熹

宋 兆 麟

1936년생. 요녕 요양시 사람.
1960년 북경대학 역사학과 고고학 전공 졸업.
중국 역사박물관에서 연구원으로 근무.
중앙민족대학 겸임교수. 중국민속학회 부이사장.
선사사·고고학·민족학 연구에 종사.
전문 학술 저작 : 《중국 상하 5천 년》(상·하),
《중국 원시 사회사》《연녕 납서족 모계제》《공처제와 공부제》
《무와 무술》《무와 민간신앙》《중국 생육·성·무술》
《중국 민간 신상》《생존의 지혜―중국 소수 민족 농구》 등.
그외에 학술 논문 수백 편이 있음.

洪 熹

57년 충남 공주생.
87년 성균관대학 중어중문과 졸업.
91년 성균관대학 중어중문과 대학원 석사.
97년 북경 중앙민족대학 민족학 박사.
박사 학위 논문 : 〈薩滿敎物貸文化硏究〉
역서로는 《河殤》《神의 起源》《붉은 수수밭》
《星星草》《中國古代社會》《禮의 精神》《선종 이야기》
《生育神과 性巫術》 외.
《完譯詳註 山海經》(東文選, 근간)
《주역의 예측학》(東文選, 근간)
현 대진대 국제학부 중국학과 전임강사.

生育神과 性巫術

초판발행 : 1998년 9월 10일

지은이 : 宋兆麟

옮긴이 : 洪　熹

펴낸이 : 辛成大

펴낸곳 : 東文選

제10-64호, 78. 12. 16 등록

서울 종로구 관훈동 74번지

전화 : 737-2795

ISBN 89-8038-049-6 94380
ISBN 89-8038-000-3 94000(세트)

【東文選 文藝新書】

1	저주받은 詩人들	앙리 뻬이르 / 최수철·김종호	개정근간
2	민족문화론서설	沈雨晟	40,000원
3	인형극의 기술	A. 훼도토프 / 沈雨晟	8,000원
4	전위연극론	J. 로스 에반스 / 沈雨晟	12,000원
5	남사당패연구	沈雨晟	10,000원
6	현대영미희곡선(전4권)	N. 코워드 外 / 李辰洙	각 4,000원
7	행위예술	L. 골드버그 / 沈雨晟	10,000원
8	문예미학	蔡 儀 / 姜慶鎬	절판
9	神의 起源	何 新 / 洪 熹	10,000원
10	중국예술정신	徐復觀 / 權德周	18,000원
11	中國古代書史	錢存訓 / 金允子	8,000원
12	이미지	J. 버거 / 편집부	12,000원
13	연극의 역사	P. 하트놀 / 沈雨晟	12,000원
14	詩 論	朱光潛 / 鄭相泓	9,000원
15	탄트라	A. 무케르지 / 金龜山	10,000원
16	조선민족무용기본	최승희	절판
17	몽고문화사	D. 마이달 / 金龜山	8,000원
18	신화 미술 제사	張光直 / 李 徹	10,000원
19	아시아 무용의 인류학	宮尾慈良 / 沈雨晟	8,000원
20	아시아 민족음악순례	藤井知昭 / 沈雨晟	5,000원
21	華夏美學	李澤厚 / 權 瑚	10,000원
22	道	張立文 / 權 瑚	18,000원
23	朝鮮의 占卜과 豫言	村山智順 / 金禧慶	15,000원
24	원시미술	L. 아담 / 金仁煥	9,000원
25	朝鮮民俗誌	秋葉隆 / 沈雨晟	12,000원
26	神話의 이미지	J. 캠벨 / 扈承喜	근간
27	原始佛教	中村元 / 鄭泰爀	8,000원
28	朝鮮女俗考	李能和 / 金尙憶	12,000원
29	朝鮮解語花史	李能和 / 李在崑	15,000원
30	조선창극사	鄭魯湜	7,000원
31	동양회화미학	崔炳植	9,000원
32	性과 결혼의 민족학	和田正平 / 沈雨晟	9,000원
33	農漁俗談辭典	宋在璇	12,000원
34	朝鮮의 鬼神	村山智順 / 金禧慶	12,000원
35	道教와 中國文化	葛兆光 / 沈揆昊	15,000원
36	禪宗과 中國文化	葛兆光 / 鄭相泓·任炳權	8,000원
37	오페라의 역사	L. 오레이 / 류연희	12,000원
38	인도종교미술	A. 무케르지 / 崔炳植	14,000원
39	힌두교 그림언어	안넬리제 外 / 全在星	9,000원

40 중국고대사회	許進雄 / 洪 熹	22,000원
41 중국문화개론	李宗桂 / 李宰碩	15,000원
42 龍鳳文化源流	王大有 / 林東錫	17,000원
43 甲骨學通論	王宇信 / 李宰錫	근간
44 朝鮮巫俗考	李能和 / 李在崑	12,000원
45 미술과 페미니즘	N. 부루드 外 / 扈承喜	9,000원
46 아프리카미술	P. 윌레뜨 / 崔炳植	10,000원
47 美의 歷程	李澤厚 / 尹壽榮	15,000원
48 曼茶羅의 神들	立川武藏 / 金龜山	10,000원
49 朝鮮歲時記	洪錫謨 外 / 李錫浩	30,000원
50 河 殤	蘇曉康 外 / 洪 熹	8,000원
51 武藝圖譜通志 實技解題	正 祖 / 沈雨晟 · 金光錫	15,000원
52 古文字學 첫걸음	李學勤 / 河永三	9,000원
53 體育美學	胡小明 / 閔永淑	10,000원
54 아시아 美術의 再發見	崔炳植	9,000원
55 曆과 占의 科學	永田久 / 沈雨晟	8,000원
56 中國小學史	胡奇光 / 李宰碩	20,000원
57 中國甲骨學史	吳浩坤 外 / 梁東淑	근간
58 꿈의 철학	劉文英 / 河永三	15,000원
59 女神들의 인도	立川武藏 / 金龜山	13,000원
60 性의 역사	J. L. 플랑드렝 / 편집부	18,000원
61 쉬르섹슈얼리티	W. 챠드윅 / 편집부	10,000원
62 여성속담사전	宋在璇	18,000원
63 박재서희곡선	朴栽緖	10,000원
64 東北民族源流	孫進己 / 林東錫	13,000원
65 朝鮮巫俗의 研究 (상 · 하)	赤松智城 · 秋葉隆 / 沈雨晟	28,000원
66 中國文學 속의 孤獨感	斯波六郎 / 尹壽榮	8,000원
67 한국사회주의 연극운동사	李康列	8,000원
68 스포츠 인류학	K. 블랑챠드 外 / 박기동 外	12,000원
69 리조복식도감	리팔찬	10,000원
70 娼 婦	A. 꼬르벵 / 李宗旼	20,000원
71 조선민요연구	高晶玉	30,000원
72 楚文化史	張正明	근간
73 시간 욕망 공포	A. 꼬르벵	근간
74 本國劍	金光錫	40,000원
75 노트와 반노트	E. 이오네스코 / 박형섭	8,000원
76 朝鮮美術史研究	尹喜淳	7,000원
77 拳法要訣	金光錫	10,000원
78 艸衣選集	艸衣意恂 / 林鍾旭	14,000원
79 漢語音韻學講義	董少文 / 林東錫	10,000원

동문선

80	이오네스코 연극미학	C. 위베르 / 박형섭	9,000원
81	中國文字訓詁學辭典	全廣鎭 편역	15,000원
82	상말속담사전	宋在璇	10,000원
83	書法論叢	沈尹默 / 郭魯鳳	8,000원
84	침실의 문화사	P. 디비 / 편집부	9,000원
85	禮의 精神	柳肅 / 洪熹	10,000원
86	조선공예개관	日本民芸協會 편 / 沈雨晟	30,000원
87	性愛의 社會史	J. 솔레 / 李宗旼	12,000원
88	러시아 미술사	A. I. 조토프 / 이건수	16,000원
89	中國書藝論文選	郭魯鳳 選譯	18,000원
90	朝鮮美術史	關野貞	근간
91	美術版 탄트라	P. 로슨 / 편집부	8,000원
92	군달리니	A. 무케르지 / 편집부	9,000원
93	카마수트라	바쨔야나 / 鄭泰爀	10,000원
94	중국언어학총론	J. 노먼 / 全廣鎭	18,000원
95	運氣學說	任應秋 / 李宰碩	8,000원
96	동물속담사전	宋在璇	20,000원
97	자본주의의 아비투스	P. 부르디외 / 최종철	6,000원
98	宗敎學入門	F. 막스 뮐러 / 金龜山	10,000원
99	변 화	P. 바츨라빅크 外 / 박인철	10,000원
100	우리나라 민속놀이	沈雨晟	15,000원
101	歌 訣	李宰碩 편역	20,000원
102	아니마와 아니무스	A. 융 / 박해순	8,000원
103	나, 너, 우리	L. 이리가라이 / 박정오	10,000원
104	베케트 연극론	M. 푸크레 / 박형섭	8,000원
105	포르노그래피	A. 드워킨 / 유혜련	12,000원
106	셸 링	M. 하이데거 / 최상욱	12,000원
107	프랑수아 비용	宋勉	18,000원
108	중국서예 80제	郭魯鳳 편역	16,000원
109	性과 미디어	W. B. 키 / 박해순	12,000원
110	中國正史朝鮮列國傳 (전2권)	金聲九 편역	120,000원
111	질병의 기원	T. 매큐언 / 서일 · 박종연	12,000원
112	과학과 젠더	E. F. 켈러 / 민경숙 · 이현주	10,000원
113	물질문명 · 경제 · 자본주의	F. 브로델 / 이문숙 外	절판
114	이탈리아인 태고의 지혜	G. 비코 / 李源斗	8,000원
115	中國武俠史	陳山 / 姜鳳求	12,000원
116	공포의 권력	J. 크리스테바 / 서민원	근간
117	주색잡기속담사전	宋在璇	15,000원
118	죽음 앞에 선 인간 (상 · 하)	P. 아리에스 / 劉仙子	각권 8,000원
119	철학에 관하여	L. 알튀세르 / 서관모 · 백승욱	10,000원

■ 서기 1000년과 서기 2000년　　J. 뒤비 / 양영란　　　　　　　8,000원
　 그 두려움의 흔적들
■ 미래를 원한다　　　　　　　　J. D. 로스네 / 문 선·김덕희　　8,500원

【完譯詳註 漢典大系】
1 說 苑·上　　　　　　　林東錫 譯註　　　　　　　30,000원
2 說 苑·下　　　　　　　林東錫 譯註　　　　　　　30,000원
3 韓詩外傳　　　　　　　林東錫 譯註　　　　　　　　　근간
4 晏子春秋　　　　　　　林東錫 譯註　　　　　　　30,000원
5 潛夫論　　　　　　　　　　　　　　　　　　　　　　근간
16 搜神記·上　　　　　　林東錫 譯註　　　　　　　30,000원
17 搜神記·下　　　　　　林東錫 譯註　　　　　　　30,000원

【한글고전총서】
1 설원·상　　　　　　　　임동석 옮김　　　　　　　7,000원
2 설원·중　　　　　　　　임동석 옮김　　　　　　　7,000원
3 설원·하　　　　　　　　임동석 옮김　　　　　　　7,000원
4 안자춘추　　　　　　　　임동석 옮김　　　　　　　8,000원
5 수신기·상　　　　　　　임동석 옮김　　　　　　　8,000원
6 수신기·하　　　　　　　임동석 옮김　　　　　　　8,000원

【통신판매】 가까운 서점에서 小社의 책을 구입하기 어려운 분은 국민은행(006-21-0567-061 : 신성대)으로 책값을 송금하신 후 전화 또는 우편으로 주소를 알려 주시면 책을 보내 드립니다. (보통등기, 송료 출판사 부담)

보낼곳 : 110-300 서울 종로구 관훈동 74번지
　　　　東文選 고객관리부　　(02)733-4901

神의 起源

중국에는 신화가 있는가 ? 한국신화의 뿌리는 ?
중국의 고대신화를 훈고와 고증이라는 어학적
측면에서 해석한 신화의 세계

著 —— 何　新
譯 —— 洪　熹
定價 —— 8,000원

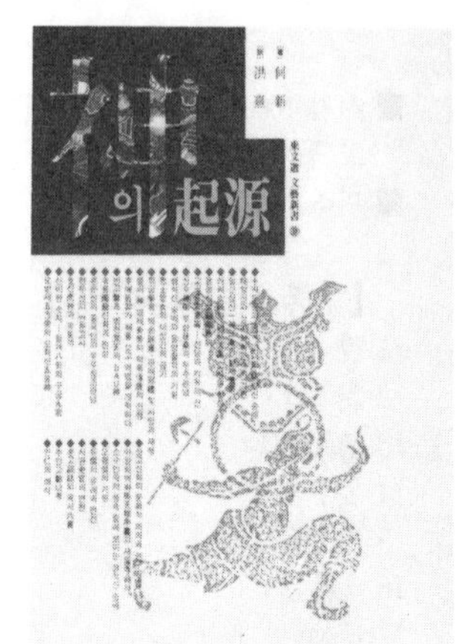

　　중국신화 속 인물들의 실재에 관해서는 아직도 해
결되지 않는 문제들이 많이 내재되어 있다. 이 책은
중국 상고의 태양신숭배를 주안점으로 하여, 중국의
원시신화·종교 및 기본적인 철학관념을 계통적으로
거슬러 올라가 그 기원을 추적하고 있다. 저자는 신화의 연구가 고대문화를 이해하는 첩경이라
인식하고 문자와 훈고를 기초로 하여 풍부하고 광범위한 문헌과 고고자료를 인용하여 실증하
고 있다. 또한 언어의 분석과 문화인류학의 관점에서 사람들의 이목을 새롭게 하는 다양한 견
해를 제시하고 있으며, 중국의 고대신화계통에 대한 심층구조의 탐색을 통하여 전통문화의 뿌
리를 찾고자 하였다.

◇ 십자도문十字圖紋과 중국 고대의 태양신 숭배
◇ 태양신과 상고 화하민족華夏民族의 기원
◇ 일신삼신一神三身의 황제黃帝
◇ 고곤륜古崑崙 - 천당과 지옥의 산
◇ 신수부상神樹扶桑과 우주관념
◇ 생식신 숭배와 음양철학의 기원
◇ 사사사녀思士思女와 이성간의 금기
◇ 학궁學宮·벽옹辟雍·관례 및 사망과 재생
◇ 불의 신 염제炎帝와 탁록涿鹿의 전쟁
◇ 후예后羿가 해를 쏘고 역법을 개혁하다
◇ 반고盤古·범천梵天과 BAU神
◇ 촉룡신화燭龍神話의 진상
◇ 혼돈신과 중국인의 우주 창조관념
◇ 신비한 숫자 - 팔괘八卦와 구궁九宮
◇ 오방제五方帝와 오좌신五佐神
◇ 상고신화의 문화적 의의와 연구방법을 논함
◇ 마왕퇴백화馬王堆帛畵의 새로운 해석
◇ 소수민족의 풍속 중에 보이는 생식신 숭배

◇ 용봉신설龍鳳新説
◇ 현무신玄武神의 변천고사
◇ 호신虎神과 옥토끼
◇ 오행설의 기원
◇ 〈유儒〉의 유래와 변천
◇ 훈고訓詁와 육서六書
◇ 추연고鄒衍考
◇ 〈인仁〉자의 해석

道敎와 中國文化

葛兆光……………著

沈揆昊……………譯

중국에서의 도교는 단지 종교적인 의미보다는 중국문화 전반에 걸친 역사이자 중국인의 삶의 흔적이다. 본서에서는 중국문화의 토양 속에서 도교의 철리와 신의 계보, 의식과 방법 등의 형성과 정형화 되는 과정, 도교의 발전과정, 도교와 사대부, 도교와 문화, 도교와 세속문화의 관계를 상세히 논술하고 있다.

중국문화를 받치고 있는 세 가지 커다란 기둥인 유학·불교·도교를 각기 구분한다는 것은 불가능할 뿐만 아니라 아무짝에도 쓸모없는 일일 것이다.

그러나 보다 정밀하게 살펴본다면, 이 세 가지가 중국문화에 끼친 영향 가운데에는 각기 나름의 고유한 영역이 있으며 그 흔적이 남아 있음을 알 수 있다.

만약 유가의 학설이 사람들의 사회생활 속에서 자아가치를 실현하는 측면에 치중하고 있다면, 불교는 사람들의 내재적인 정신생활의 심리적 만족의 측면에 치중해 있고, 도교는 사람들의 생명의 영원함과 즐거움에 치중해 있다고 말할 수 있다. 또한 유가의 학설이 인간의 의식 심층에 잠재되어 있는 욕망의 역량을 매우 다양하게 사회이상의 방향으로 승화시키고, 전화시키는 방향으로 노력하고 있다고 말한다면, 불교의 경우는 내심으로 억압하고 소멸시키는 방향으로 나아가고, 도교의 경우는 오히려 이러한 것에 영합하는 쪽으로 나아가 허황된 것일망정 만족과 배설의 기쁨을 만끽하도록 만든다고 말할 수 있을 것이다.

〈중국의 뿌리는 도교이다〉라고 일찍이 노신이 말한 것처럼 이 도교를 모르고서 중국문화, 더 나아가 동양문화를 이해한다는 것은 불가능하리라. 중국에서의 도교는 단지 종교적인 의미보다는 중국문화 전반에 걸친 역사이자 중국인의 삶의 흔적이다.

북경의 청화대학淸華大學의 젊은 학자인 저자는 이 책의 상편에서 중국문화의 토양 속에서 도교의 철리와 신의 계보, 의례와 방술 등의 형성과 정형화되는 과정을, 중편에서는 도교의 발전과정을, 하편에서는 도교와 사대부, 도교와 문학, 도교와 세속문화와의 관계에 대해 논술하고 있다.

그는 특히 이 책에서 이제까지 중국 대륙에서 유행해 온 교조주의적이거나 판에 박은 듯한 틀을 벗어나 사상사나 철학사에 예속된 종교연구이거나, 다만 종교 자체에 대한 논술에 그치지 않고 도교를 완전한 의미의 종교로 환원시키고자 하였으며, 또한 중국문화의 관점에서 이를 연구 검토하고 있다. 한 걸음 더 나아가 도교 역시 인간이 만든 문화일 뿐이라는 사실을 새삼 주지시켜 주고 있다. 이 점은 자칫 빠지기 쉬운 함정, 도교는 귀신에 관한 허황된 이야기일 뿐 우리의 삶과는 하등의 관계가 없다는 오해를 불식시켜 준다.

기독교를 앞세운 서양문화가 이 땅에 밀려오면서 현대화·과학화·사대주의 탈피·미신타파라는 구호 아래 뿌리째 뽑혀 사라져간 우리의 소중한 것들, 민속·무속, 등등. 이것들과 함께 불태워진 우리의 도교문화를 되돌아보고 연구하는 데 일조를 할 것으로 믿으며, 아울러 민족종교라는 이름으로 번창하는 〈종교사업〉들 실상을 냉철하게 바라볼 수 있는 가늠자 역할을 충분히 해낼 수 있으리라고 생각한다.

꿈의 철학 — 꿈의 미신, 꿈의 탐색

劉文英 ——————— 著
河永三 ——————— 譯

꿈의 미신과 꿈의 탐색은 종교와 과학이라는 서로 다른 두 개의 범주에 속한다. 저자는 꿈의 미신에서 占夢의 기원과 발전, 占夢術의 비밀과 流傳, 꿈에 대한 갖가지 실례와 해석을 들어 고대인들의 꿈에 대한 미신을 종교학적 측면에서 다루고 있으며, 꿈의 탐색에서는 꿈의 본질과 특징, 꿈에 관한 구체적 문제들과 꿈을 꾸는 생리적, 정신적 원인들에 관한 토론을 계통적으로 연구하고 있다.

이 책은 중국 남개대학南開大學 철학계 교수인 리우원잉劉文英 교수의 《꿈의 미신과 꿈의 탐색 夢的迷信與夢的探索》을 완역한 것이다. 1989년 초판이 나온 이래 여러 차례 인쇄를 거듭하고 있다. 또한 이 책은 1991년 중국 〈광명배光明杯〉 최우수 저작상을 획득하였으며, 대만판에 이어 영문판도 곧 출간될 예정이다.

프로이트 이후 최대의 업적으로 평가받고 있는 이 책은, 그 동안 꿈에 대한 서양식의 절름발이 해석에서 벗어나 동양인의 서양인과는 다른 독특한 사유 구조와 이에 반영되어 있는 문화체계를 이해하는 데에 크게 도움을 줄 것이다.

이 책은 꿈의 미신과 탐색이라는 부분을 중국 고대문화의 한 측면으로서 고찰하고 있다. 꿈에 대한 미신은 인간의 꿈에 대한 일종의 몽매성을 반영하고 있으므로 해서중국문화를 연구하는 현대 학자들은 오랫동안 일고의 가치도 없는 것으로 여겨왔다. 그러나 꿈에 대한 미신은 하나의 문화현상으로 그 역사적인 측면에서도 매우 오랜 원류를 갖고 있을 뿐만 아니라 사회생활과 사회심리학적인 수많은 부분에 대해 영향을 미쳐왔으니 만큼 각종의 다른 종교를 대하는 것과 마찬가지로 진지하게 이를 분석하고 연구해야 할 것이다.

이 책의 저자는 오랫동안 중국 고대철학을 전공한 학자로서 꿈에 관련된 갖가지 문화현상을 둘러보고, 그로부터 고대 중국인들의 심리상태와 그들이 추구하고자 했던 바와 사유방식 등을 이해하고자 하였다. 이를 위해 저자는 중국 고대의 해몽의 기원과 발전에서부터 현대의 꿈에 대한 정신적 분석에 이르기까지 방대한 자료와 해박한 지식으로 명쾌하게 꿈을 분석해 나가고 있다.

東北民族源流

우리 고대사·민족사에 절대적으로 연관이 있는 중국 동북지방, 즉 만주지역을 중심으로 형성·발전·융합·분화·소망해갔던 부여족·말갈족·거란족·여진족 등 수많은 민족들의 원류를 탐색해 나간 역작.

孫進己 ——— 著
林東錫 ——— 譯

아시아 동북지방의 민족의 흥망성쇠는 이 지역은 물론 중원과 멀리는 유럽에까지 지대한 영향을 미쳐왔었다. 그럼에도 불구하고 아직 이에 대한 연구가 대단히 불충분하다. 각 민족의 역사를 자세히 파악하려면 먼저 그들 민족의 원류를 밝혀야 할 것이다. 그래야만 서로 다른 역사시기 속에서 그 민족의 형성, 발전, 변화의 연결고리를 풀어낼 수 있기 때문이다. 왜냐하면 동북민족은 장기간의 역사 속에서 중원민족과 또는 동북민족 자신끼리의 교류와 융합이 가장 빈번했던 민족들이기 때문이다.

동북의 각 민족은 부단히 중원이나 북방 초원지역으로 이동하면서 한족 및 기타 여러 족에게 융입되기도 했고, 이와 동시에 한족도 역시 끊임없이 동북으로 이주하여 동북 여러 민족 속으로 융입되기도 했다. 따라서 동북 각 민족의 원류를 정확히 파악하는 일은 곧 중국 각 민족의 원류는 물론, 각 민족간의 융합과정을 밝히는 관건 중의 하나이기도 하다.

그러나 동북민족의 원류를 정확히 파악하는 데는 어려운 점이 한두 가지가 아니다. 왜냐하면 동북민족은 갈래수도 많고 이동과 융합도 빈번했으며, 원류도 대단히 복잡했기 때문이다. 게다가 동북의 대부분 민족은 자신들의 역사를 스스로 기록한 문자도 없어서, 겨우 남겨진 일부 기록은 대개 중원의 한족사漢族史의 부수적인 단편기록에 불과했기 때문에 더욱 큰 어려움이 있게 마련이다.

동북의 각 민족들은 한참 후에야 자신들의 민족역사를 기록한 경우가 많다. 그러나 대부분 너무 늦게 기록사업을 시작하는 바람에 초기의 역사는 부득이 전설이나 중원 사서史書의 기록에 의지할 수밖에 없게 된다. 이 또한 비과학적인 요소를 많이 함유하게 될 뿐만 아니라, 여러 가지 원인에 의해 적지 않은 가탁지사를 후대에 가미하여 더욱 혼란스럽게 하는 경우도 종종 있다. 그러므로 동북민족 원류를 연구하는 일은, 긴 기간 동안 이 지역 민족사를 연구하는 최우선의 관건으로 인식됨과 아울러 동시에 동북민족사 연구의 가장 큰 난제難題로 여겨져 왔다.

중국 요령성 사회과학원에서 오랫동안 동북민족사 연구에 몸바쳐 온 저자는 고고학, 역사지리학, 민속학, 인류학, 언어학의 해박한 지식을 토대로 수많은 동북민족의 원류를 탐색해 나가고 있다.

東文選 文藝新書 125

중국은사문화

馬　華・陳正宏【著】
姜炅範・千賢耕【譯】

　중국에는 이 세상에서 은사가 가장 많았고, 그 은사들의 생활은 〈숨김(隱)〉으로 인해 더욱 신비스럽게 되었다. 이 책은 은사계층의 형성에서부터 은사문화의 특징에 이르기까지 구체적이고 생동감 넘치는 수많은 사례를 인용하였고, 은사의 성격과 기호·식사·의복·주거·혼인·교유·예술활동 등을 다각도로 보여 준다. 또한 각양각색의 다양한 은사들, 즉 부귀공명을 깔보았던 〈세습은사世襲隱士〉, 험한 세상 일은 겪지 않고 홀로 수양한 〈일민逸民〉, 부침이 심한 벼슬살이에서 용감하게 물러난 조정의 신하, 황제의 곡식을 먹느니 차라리 굶어죽기를 원했던 〈거사居士〉, 입조入朝하여 정치에 참여했던 〈산 속의 재상〉, 총애를 받고 권력을 휘두른 〈처사處士〉, 그리고 기꺼이 은거했던 황족이나 귀족 등 다양한 은사들의 다양한 은거생활과 운명에 대해 서술하였다. 그들 중에는 혼자서 은거한 〈독은獨隱〉도 있으며, 형제간이나 부부·부자나 모자 등 둘이서 은거한 〈대은對隱〉도 있으며, 셋이나 다섯이서 시모임(詩社)이나 글모임(文社)을 이루어 함께 은거하는 경우도 있었다. 그들은 대부분 산 속 동굴에 숨어 살거나, 시골 오두막에 깃들거나, 산에서 들짐승과 함께 평화롭게 살거나, 혹은 시체 구더기와 한방에서 산 사람도 있었다. 이들은 소박한 차와 식사를 했지만 정신만은 부유하여, 혹 산수시화山水詩畵에 마음을 두고 스스로 즐기거나 물외物外의 경지로 뛰어넘어 한가롭고 깨끗하게 지냈으며, 심지어는 마음이 맑고 욕심이 적어 평생 아내를 맞이하지 않기도 하였다. 이 책은 은사생활의 모든 면을 보여 주는 동시에, 중국 고대사회에서 은사들이 점했던 특수한 지위와 중국문화에 은사문화가 미친 영향 등에 대해 깊이 있는 연구를 진행하였다. 풍부하고 생생한 내용에는 재미있는 일화도 있지만, 깊이 있는 견해 또한 적지 않다. 중국문화의 심층을 이해하는 데 상당한 도움을 줄 것이다.

원시미술 Primitive Art

아프리카 미술 일반을 시대별 지역별로 구분하고 많은 그림자료와 함께 객관적인 시각에서 효과적으로 서술한 미술서. 주술이나 종교의식 등의 풍속과 예술과의 관계를 통해 아프리카 미술을 새롭게 조명하고 있다.

著 —— L. 아담　　　譯 —— 金仁煥
定價 —— 9,000원

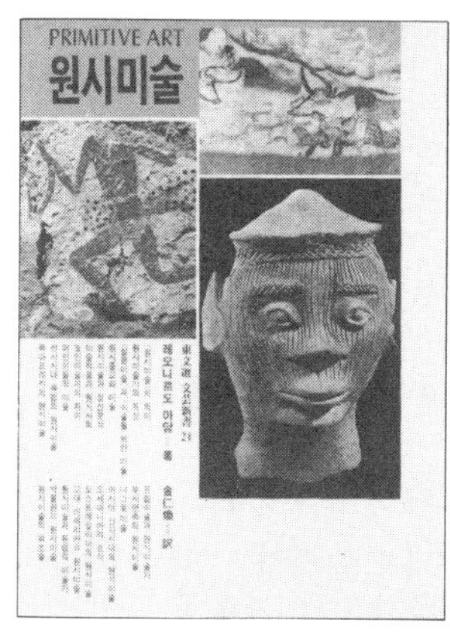

「예술은 예술가의 심정 표현인 동시에 그의 생활 전체·환경·역사와 따로 떼어 놓을 수 없으며 밀접한 관련이 있다」

원시미술은 우리들, 즉 현대 문명사회를 살아가는 사람들에게 신비의 존재일 뿐만 아니라 깊이를 헤아리기 힘든 마술적 힘과 본원적 감성의 세계를 일깨워 준다. 원시미술은 본질적으로 비문명적인 상황 속에서의 인간생활의 초기단계에서 형성된 미술임에도 불구하고 문명인에게 거듭 시사하는 바가 많다.

우리가 원하는 것은 원시미술에 대한 일반적 정의라기보다는 그것을 올바르게 이해함으로써 얻을 수 있는 학문적 성취이다. 더불어 원시미술의 본질과 실체를 파악하여 모든 현대미술가들에게 모종의 창의적 영감을 불어넣을 수 있는 단서가 얻어지리라는 기대를 저버릴 수 없다. 원시미술과의 만남이란 그 자체가 즐거움이며 기존의 문화가치나 척도만으로는 해결하기 힘든 예술의 자생력을 키울 수 있는 능력의 원천이 되리라 믿는다.

고대 인도의 性사상과 윤리를 집대성한 세계 최고의 性典.
祕傳 성풍속화와 함께 최초 공개.

카마 수트라

바짜야나……著
鄭泰爀………譯

본서 〈카마 수트라〉는 기원전 6세기경 바라문의 성현, 학자 들이 삼림의 깊은 곳에 은거하여 논술한 경전을 모태로 하여 대략 3세기부터 4세기에 걸쳐서 성립·편찬한 경전이다. 바짜야나는 12명의 학자의 각종 성애학 경전을 수집하고, 그것을 집대성하여 〈카마 수트라〉를 완성하였다.

〈카마〉로 불리는 인간 애욕의 영위는, 고대인도의 지체 높은 사람들이 교양으로 학습해야 할 3가지 지혜 중의 하나이기도 했다. 귀족계급 신사·숙녀 들은 다르마(正法. 戒律), 아루타(利財, 實利), 카마(性愛)의 세 가지를 학습하고 습득하지 않으면 귀족으로서의 자격을 인정받지 못하였다.

그러면 왜 〈카마〉가 학문으로서 필요한가. 말하자면 인간의 性행위는 동물 일반의 성행동과는 엄격히 구별된다. 性愛는 인격적인 투영을 기초로 한 정서적인 본질을 지니고 있다. 단순히 야합적인 조잡함, 정서의 결여, 무기술의 성행위는 동물적인 생식행위이며, 비인격적이고 비인간적인 행위에 불과하다. 가장 인간답고 풍부한 성애는 성적 기교를 충분히 습득하고, 애정어린 눈빛 속에서, 수치심을 숨긴 부드러움 속에서 육체와 육체가 液化하고 서로 융합하는 상호성·상승성이라야 한다.

기교도 애교도 없는 생리적인 정액의 배설은 성쾌락의 낭비적인 행위에 지나지 않는다. 〈카마 수트라〉의 목적은 인간의 가장 인간다운 성애행위의 훈도이다. 그리고 성애를 상호적인 정서가 풍부하고 품위 있는 것으로, 그리고 세련된 기교에 의해 한층 감미로운 애욕을 주고자 하는 성교육·성교양의 증진에 있다.

고대 인도의 바라문 성현, 학자 들은 이미 2천5백 년 전에 性을 해방하고 새로운 성의식·성사상을 만들어냈다. 고대인도의 사회·종교에서 성애는 늘 聖性이며, 그 쾌락은 神들의 사랑으로 찬미되었고 환영받아야 할 행위였다. 성의 환희의 충실감, 그 쾌락의 향수는 사랑하는 사람의 상호 성의식의 소유법, 도덕관, 수치심, 고정관념, 심리상태에 의해 그 수용성은 서로 다르다. 그러나 성의 환희는 상호 깊은 신뢰성, 성의식의 공감성, 애정의 깊이에 의해 향수되고 충실해진다.

본서 〈카마 수트라〉는 이와 같은 성의식과 성애에 관한 의의를 규명, 덧붙여서 성애에 관한 예절의 습득, 그리고 성애술의 기교를 설명한 바라문 철학에 의한 경전이다. 즉 바라문의 성현, 학자 들이 그 예지를 기울여서 만든 인간의 性愛學이다.

인간에게 있어서 성애는 단순히 안다는 것만으로는 이해할 수 없는 심오한 세계이다. 그것은 성애가 단순한 육체만의 피부, 점막의 접촉적인 쾌감만의 것이 아니라 정신적인 자율성을 갖고 전인적인 존재라는 점을 알게 해주는 것이다.

지금 현대적인 우리들이 〈카마 수트라〉를 접했을 때, 어둡지 않은 순수한 쾌감으로서, 육체애로서 사랑하고 더구나 이 성의 환희를 넘어서 정신적인 사랑의 환희를 향수하는 지혜를 배우게 된다. 〈카마 수트라〉는 생애로부터 사랑을 기르는 지식을 부여하는 진정한 사랑의 경전이다.

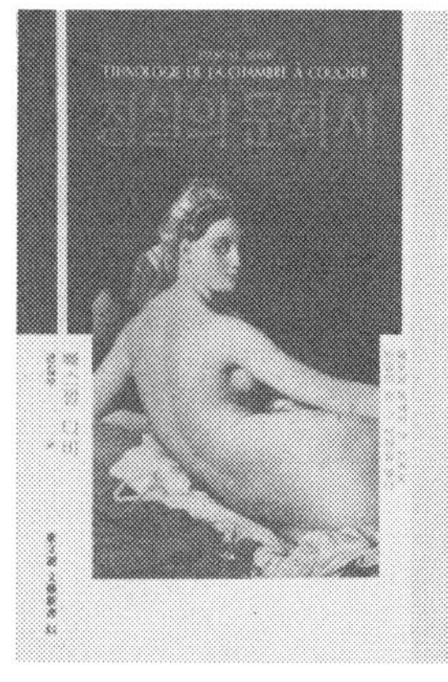

침실의 문화사

著 —— 빠스깔 디비

寢室을 통해서 본 世界史, 비밀의 문—그 빗장을 열다.

왜 인간은 집을 짓고 잠자리를 만들고 잠을 자는 것일까. 어두운 방 안에서 인간은 그 옛날 동물로부터 받은 유산을 꿈꾸는 일에 몰두한다. 그토록 좋은 장소에서 너그러워지고, 옷을 벗고, 거북해하지 않고, 잠에 빠져드는 순간에 우리들은 결국 죽은 자들의 동작을 익히는 것이다.

어떠한 책이건 정확하게 연구하면 사회 전체가 드러난다. 이 책은 침실과 관계 있는 모든 것을 총망라해 좋은 읽을거리라 할 수 있다. 시대(수직)적으로는 선사시대부터 이집트·그리스 로마·중세·르네상스·고전주의시대·19세기까지를, 공간(수평)적으로는 오늘날의 침실(20세기)에서 중남미·인도·중국·일본에 이르기까지 총 183가지 이야기로 구성되어 있다. 저자 빠스깔 디비는 긴 여행 속에서 다양한 서적과 자료를 구사하여, 우리가 침실에 관해 알고 싶어했던 모든 것을 언급한다. 또한 침실을 문화의 한 지표로서 시점을 정하고 있는 이 책은, 잠자는 것이란 하나의 테크닉이며 침실은 문화의 공간이라는 사실을 우리들에게 알려 준다. 인류 역사의 3분의 1을 차지하고 있는 잠과 가장 가까이 있는, 보다 다양한 문화로서의 주제—침실은 세계사 속의 은밀했던 공간의 빗장을 살며시 열어 보이고 있다.

【주요목차】죽음의 잠자리 / 최초의 모기장 / 욕실 / 왕들의 애정 토로 / 남성은 어떻게 〈해결〉하였는가? / 잠의 신 / 최후의 잠자리 / 밤일 / 사나이다움 / 초야권 / 나체로 잠자다 / 신중함과 대담함 / 눈길 / 비밀로 가득한 방 / 사랑의 공모 / 피임 / 공창公娼 / 죽음의 기술 / 새로운 수치심 / 궁정사회 / 죄를 만들어내는 침대 / 요강과 실내용 변기 / 성적인 빛 / 여성의 기쁨 / 불능 / 침대의 기생충 / 빛이 한창일 때의 쾌락 / 바라문 승려의 취침 / 치아를 지닌 질과 음경 / 서른 가지 체위 / 전족 / 배꼽 목욕 / 밤꾀꼬리의 잠자리 / 일본의 풍속화…… 등.

우리나라 민속학의 효시로는 1927년에 발표된 이능화의 《조선무속고》를 들지 않을 수 없다. 그는 무속 가운데서 우리의 민중문화를 찾아볼 수 있다고 확신하고 무속에 관한 사료史料를 모아 정리하였을 뿐만 아니라 학문적인 연구를 깊이 하였던 것이다. 고대 무속의 유래에서부터 시작하여 고구려·백제·신라의 무속과 고려·이조의 무속에 이르기까지의 무속의 역사·제도·신격神格·의식儀式 등을 분석했고, 또 민중사회의 무속과 각 지방의 무속 등을 사적 문헌을 통하여 세밀히 정리하였으며, 나아가 중국과 일본의 〈巫〉에 대한 연구까지를 곁들여 비교연구하기에 이르렀다. 따라서 그의 무속에 관한 이와 같은 연구는 우리나라에서 최초의 토착신앙에 대한 전적典籍의 위치를 점하게 되었다. 아울러 그의 이러한 연구는 후학들에게 무속의 신앙성과 신화성·문학성·음악성·무용성을 비롯해서 민중의 집단회의集團會議로서의 역할, 맹인무당盲人巫堂의 유래와 지방별의 차이, 맹인무당과 광대와의 관계 등 무속이 갖는 사회기능적社會機能的 측면에 이르기까지 구체적 항목들을 과제로 남겨 놓은 셈이 된다.

무속과 불교·도교·현대 기독교와의 관계, 중국·일본·만주 및 시베리아 무속과의 비교연구, 서구의 기독교적 관점에서 본 〈샤머니즘〉과 무속과의 차이, 무속이 우리 문화에서 차지하는 성격과 기능에 관한 연구도 우리에게 남겨준 과제이다. 이러한 점에서 《조선무속고》는 원문原文이 한문이어서 불편한 점은 있었으나 이번에 번역 출간됨으로서 이 방면의 유일한 안내 또는 입문서가 되는 것이다.